CHRONIQUE AGENOISE

ou

ANNALES D'AGEN

MONTAUBAN. — IMPRIMERIE MONTALBANAISE.

HISTOIRE
DE LA
Ville d'Agen & Pays d'Agenois

SUIVIE DES ANNALES OU CHRONIQUE AGENOISE

COMPOSÉE PAR

M. LABENAZIE

CHANOINE & PRIEUR DE L'ÉGLISE COLLÉGIALE D'AGEN

ET COLLIGÉE PAR

M. DARRIBEAU DE LACASSAGNE
Avocat, Seigneur d'Artigues

PUBLIÉE PAR

M. le Vicomte Antoine-Godefroy de DAMPIERRE

Membre de la Société de l'Histoire de France

TOME I

PRIX : 5 FRANCS

SAINT-NICOLAS-DE-LA-BALERME

Par Saint-Romain (Lot-et-Garonne)

CHEZ Mlle ANNA BARRÈS

—

1888

—

TOUS DROITS RÉSERVÉS

Chaque volume sera numéroté et ne sera livré que portant
le nom de l'acquéreur.

N° 75.

Monsieur le Marquis de Chateaurenard,
Rue de Varenne, 65, Paris.

A Monsieur le vicomte Godefroy de Dampierre,

au château de Saint-Philippe

(Lot-et-Garonne).

Mon cher ami,

Un heureux hasard vous a ouvert les archives du château de Prades, et vous avez trouvé, chez M. Dauré de Prades, un manuscrit précieux pour l'histoire locale de notre vieille province d'Agenois.

Vous aviez fait une place d'honneur dans votre bibliothèque à ce document historique, signé d'un nom aimé des chercheurs. Labenazie, le prieur de l'église collégiale d'Agen, n'est pas un inconnu pour ceux qui ont à cœur d'élucider l'histoire locale de nos provinces.

On peut dire, sans crainte d'être démenti, que l'histoire locale intéresse aujourd'hui tout le monde. Ce n'est, en effet, qu'à l'aide des archives provinciales que l'on parviendra à écrire la véritable histoire de France. Le gouvernement, lui-même, l'a compris et a créé des comités départementaux dont la mission est de rechercher pièce à pièce les documents enfouis dans les bibliothèques communales ou privées.

Il vous était certes loisible de garder avec un soin jaloux l'œuvre de Labenazie et de son interprète, Darribeau de Lacassagne, avocat, seigneur d'Artigues; mais vous n'êtes pas égoïste, mon cher ami, et vous voulez faire profiter le public de votre découverte.

C'est une noble et belle pensée dont je vous félicite pour ma part, en attendant que le monde des savants et des chercheurs vous en remercie avec une autorité que je n'ai pas.

Vous me demandez une préface! Qu'en feriez-vous? et quelle valeur aurait-elle sous ma plume? Votre amitié vous aveugle, et je ne puis, en fait de préface, que vous offrir mes remerciements pour le plaisir que vous m'avez procuré en me laissant parcourir ces très intéressantes Annales.

Mon plaisir sera partagé par tous ceux qui ouvriront ce volume, et l'histoire de l'Agenois vous sera redevable d'un document que vous avez fourni avec un désintéressement que tous les érudits sauront apprécier.

Labenazie, colligé par Darribeau et divulgué par vous, prendra sa place dans l'histoire de nos provinces. L'avenir sera reconnaissant à tous les trois, à vous surtout, qui n'avez pas voulu garder pour vous seul cette œuvre d'une réelle valeur. En la publiant, vous rendez un service à notre province d'Agenois, et je vous en félicite cordialement.

Bien à vous,

Comte DE MAC-CARTHY.

Paris, mars 1886.

NOTE

Il existe deux exemplaires du manuscrit de Labenazie : l'un est celui que M. le vicomte de Dampierre donne aujourd'hui au public, et qui se trouve dans la Bibliothèque de Saint-Philippe ; l'autre est en la possession de Mme Martinelli, petite-nièce de M. Darribeau de Lacassagne. La collation des deux manuscrits eût été difficile. Mme Martinelli a, d'ailleurs, fort gracieusement autorisé la publication que nous faisons aujourd'hui.

Il nous a paru que l'œuvre de Labenazie devait être publiée telle qu'elle a été écrite. Son mérite, aux yeux des amateurs de documents historiques, proviendra de la naïveté même du style de l'auteur.

Nous n'y avons donc rien changé, et nous livrons à l'impression l'œuvre du prieur de la Collégiale d'Agen telle qu'elle est sortie de sa plume, sans aucune de ces retouches qui sont si souvent maladroites en voulant être habiles.

Nous ne donnons ici que l'*Histoire de la ville d'Agen et des pays d'Agenois*. Les Annales, qui font suite dans le manuscrit, ont été déjà publiées par M. le vicomte de Dampierre, chez M. Roche, libraire à Agen.

PRÉFACE

L'histoire de la ville, pays, diocèse et comté d'Agen, est divisée en trois parties :

La première renferme l'histoire en général de la ville, pays et comté d'Agen, par rapport aux souverains, empereurs, rois, ducs, comtes et gouverneurs, qui l'ont gouvernée, partagée en cinq livres.

La seconde est l'histoire en particulier des églises d'Agen, par rapport aux évesques qui l'ont régie, partagée en cinq livres.

La troisième est le tableau chronologique et la Chronique agenoise, contenant tout ce qui s'est passé dans Agen, avec rapport à ce qui s'est passé dans la chrétienté, dans le royaume de France, dans les duchés d'Aquitaine et de Gascogne ; le triomphe de l'église naissante d'Agen ou les vies de Saint-Caprasi, avec un catalogue raisonné des évesques d'Agen ; une liste des prieurs de Saint-Caprasi ; des rois, ducs, comtes et sénéchaux d'Agen, divisée en cinq livres.

M. Labenazie, qui a fait cette histoire, ne l'a pas mise au jour pour attirer des louanges et acquérir de l'estime, ni pour faire cognoistre son nom ; il n'a prétendu que faire cognoistre les antiquités et les privilèges de la ville d'Agen, qui est une des anciennes villes des Gaules et des mieux privilégiées. Il a été dans la nécessité d'y mesler plusieurs faits de l'histoire générale, ou pour faire la liaison des faits particuliers ou pour leur éclaircissement, comme aussi de citer les autheurs modernes, comme plus connus en ce pays que les anciens autheurs qu'ils ont suivis. Mais, pour contenter en ce point les estrangers et les curieux de ce pays, M. Labenazie a rapporté les anciens historiens avec les modernes, afin que ceux qui ont les autheurs modernes voyent la fidélité des citations, et que les curieux voyent les faits appuyés sur l'authorité des anciens autheurs.

L'origine de la ville d'Agen n'a pas été bien établie, comme l'on pourra voir dans le corps de cet ouvrage. Il avait été remis à M. Labenazie un vieux mémoire trouvé dans les archives de Lauzun, qui donne à Agen et aux Nitiobriges une origine plus ancienne qui va être rapportée tout au long.

Ce mémoire, extrait d'un ancien caïer qui s'est perdu, rapporte que, lorsque Hérule (1226 ou 27 avant Jésus-Christ) vint en Espagne, un héros nommé Caumont, d'où la maison de Caumont prétend tirer son origine, le suivit; que ce héros descendoit d'une illustre et ancienne famille de Caumonts d'Asie, qui avoit fait bastir deux villes en Asie en son honneur, à qui ils avoient donné leur nom de Caumont; que ce héros se joignit à Hérule parce que les oracles avoient promis à ceux de sa famille que dans les pays occidentaux ils devoient s'acquérir un règne et un royaume considérables, ou une grande seigneurie vers les pays occidentaux.

Ce mémoire portoit que ce Caumont, attiré par cette espérance, vint avec Hérule dans l'Espagne, 55 ans avant l'embrasement de Troye; qu'il s'arresta dans le pays renfermé depuis les Pyrénées jusqu'à Garonne, et que ce fut Caumont qui donna à ce pays le nom d'Aquitaine, et aux peuples le nom de Gârites; qu'il donna le nom de Bazadois au pays qui en porte encore aujourd'hui le nom.

PRÉFACE

Ce mémoire porte que le premier Caumont aquitain fit bastir la ville de Caumont sur Garonne, en mémoire des villes d'Asie qui portoient leur nom ; qu'il fit bastir plusieurs autres villes dans l'Aquitaine ; qu'iceluy premier Caumont avoit porté dans les Gaules la milice des dévots Solduniens ; que l'Ognior, duc des Gaulois, fut fils dudit premier Aquitain Caumont ; que le combat anniversaire de la course des taureaux qui se faisoit à Bazas est de l'institution dudit Ognior, et qu'Agen a été construit par les Caumonts ; que la peuplade nitiobrigienne de l'Agenois fut faite par les Caumonts.

Ce mémoire rapporte que cette famille fut partagée en trois branches, qui furent souveraines en divers pays ; que les chefs de deux furent nommés rois, amis et alliés du peuple romain ; que le fort chasteau Garèse fut basti par les Caumonts ; que la troisième branche des Caumonts, ayant vu que les deux autres avoient été ruinées par les Romains, combattit par deux fois en bataille rangée et défit les Romains ; que les Caumonts, ayant, avec les autres princes des Gaules, été vaincus et soumis aux Romains par les forces de César, se maintinrent dans les Pyrénées et dans le Gévaudan et même dans la Gascogne jusqu'à l'arrivée des Visigoths ; que les Caumonts se joignirent aux Visigoths et rentrèrent par leur secours dans partie de leurs anciennes souverainetés ; que les Caumonts formèrent et tinrent par un long temps le duché d'Aquitaine ; que les Caumonts donnèrent le nom d'Armagnac au pays qui en est appelé ; que les Caumonts furent restreins par les Pépin, Martel et Charlemagne, et réduits pour un temps à la condition de simples seigneurs ; que les Caumonts possédèrent le comté d'Aragon, depuis fait royaume ; qu'un des Caumonts fut s'establir en Angleterre ; que ses descendans ont été deux fois restablis par les masles en Guienne.

Si cet ancien mémoire ne tient pas de la fable, Agen a une origine plus ancienne que la destruction de Troye, et les

Nitiobriges et les Garites estoient déjà establis avant qu'Antenor et les héros d'Asie qui suivirent son sort ne vinssent dans le pays.

Enfin, si ce mémoire est véritable, Ollouicon et Teutomate, rois des Nitiobriges, estoient de la famille des Caumonts, et leur royaume s'estendoit sur tout le peuple appelé Garites. Ainsi, bien avant, dans la Gascogne, ils avoient dans le Gévaudan une des branches des Caumonts : c'est peut-être pour cela que César rapporte que Leuctérie vint *ad Nitiobriges et Gabalos* dans l'Agenois et le Gévaudan.

Si, enfin, ce mémoire n'est pas une fable, les descendans d'Ollouicon et Teutomate, rois d'Agen, de cette ancienne famille des Caumonts, après la victoire de César se maintinrent dans les Pyrénées et dans le Gévaudan, jetèrent les fondemens du duché d'Aquitaine. Il faudroit aussi que Eudes, Renaud et Goifer fussent de cette famille, qui furent dépouillés de leur duché d'Aquitaine par Charles Martel et par Pépin.

Comme ce mémoire n'est appuyé d'aucun autheur et que cet extrait ne fait que rapporter ce qu'il contenoit, sans aucune preuve, M. Labenazie n'a pas voulu establir, sur cette seule relation, une opinion qui ne seroit pas mieux fondée que les autres ; il a cru devoir rapporter ce qui s'est trouvé dans les archives de Lauzun, qui est un des plus anciens chasteaux de l'Agenois.

Après avoir recherché l'origine des Nitiobriges, M. Labenazie ne peut rien découvrir qui ne soit un peu de l'ancienne histoire fabuleuse des anciens Gaulois qui adoroient la nuit ; et, comme en grec elle est appelée Νὺξ νυκτος ou *acren*, on appeloit les adorateurs de la nuit Nitiobriges.

Le culte du dieu de la nuit estoit conforme au culte des druides, qui disoient que les Gaulois tiroient leur origine du dieu de la terre, surintendant des richesses, qu'ils appeloient Samothie, que Borose, au livre V^e, dit avoir été fils de Japhet, qui fut le fondateur des colonies de l'Europe.

Les Gaulois croyoient Samothie dieu de la nuit et des ténèbres ; c'est pourquoi, suivant Jules César, *lib. 6°, Bello Gallico*, ils comptoient les commencemens des années et autres actions publiques par les nuits et non pas par les jours.

Leurs temples estoient sans fenestres ; ils les honoroient dans des lieux souterrains et des grottes obscures ; on alloit à ces temples par des caves et conduits souterrains : ceux qu'on trouve dans Agen peuvent bien avoir servi à cet usage.

La raison pour laquelle les Gaulois adoroient plutôt le dieu des ténèbres que le dieu de la lumière estoit qu'ils croyoient que la nuit et les ténèbres estoient plus tost que le jour. Ainsi Orphée, dans l'Hymne de la nuit, l'appelle déesse toute-puissante, principe des hommes et des dieux : *Teste diva voco omnipotens divumque hominumque principium nox*.

TABLE SOMMAIRE

LIVRE PREMIER

Chapitres.		Pages
Ier.	— Ce que les autheurs ont dit d'Agen..................	1
II.	— L'origine d'Agen................................	3
III.	— Agen estoit le siège royal des Nitiobriges.............	7
IV.	— De l'estendue du royaume d'Agen....................	9
V.	— La manière de juger pendant le règne des Nitiobriges..	11
VI.	— Fin du royaume d'Agen...........................	13
VII.	— Agen régi par le droit écrit.......................	15
VIII.	— Ce qu'estoit Agen sous les empereurs du haut empire..	17
IX.	— Ce qu'Agen feut sous Constantin et ses enfans.........	19
X.	— Les événemens sous les successeurs de la famille de Constantin et des hommes illustres qui florissoient dans Agen................................	21
XI.	— Agen sous le règne de Théodose, et des révolutions d'Agen sous les Vandales et les Huns...............	23
XII.	— Le royaume des Goths et l'estat d'Agen sous leur domination. Lupus, Agenois, florissoit pour lors dans Agen.	25

LIVRE SECOND

Chapitres.		Pages.
Ier.	Agen sous les roys de France............................	35
II.	Agen sous le duc Renaud, agenois. Le sort d'Agen sous Gontran...	37
III.	Guerre dans l'Agenois à l'occasion de Gondebaut......	41
IV.	Des divers ducs établis dans l'Aquitaine. — Agen sous leur domination..	45
V.	Agen sous les ducs de Gascogne et sous Charles Martel. — Les révolutions d'Agen, sous ces divers règnes, par les guerres des Sarrasins...............................	47
VI.	Suite des révolutions d'Agen sous les successeurs de Charles Martel..	55
VII.	Changement dans le duché d'Aquitaine, devenu royaume sous Charlemagne...	57
VIII.	L'Agenois érigé en comté et donné par Charlemagne aux comtes de Toulouse......................................	61
IX.	Agen sous les comtes d'Angoulesme faits comtes d'Agen.	65
X.	Agen, sous les ducs de Gascogne, eut des comtes de la famille des ducs de Gascogne............................	67
XI.	Agen revient aux ducs d'Aquitaine et aux comtes de Toulouse...	69
XII.	Les diverses révolutions d'Agen sous ces divers ducs et comtes de l'Agenois.......................................	71
XIII.	Origine des fiefs, seigneuries. Agen libre de fiefs à censive	73
XIV.	Des ducs d'Aquitaine et de Gascogne..................	75
XV.	De la manière de juger les affaires sous les divers ducs de ce pays..	77
XVI.	Suite des ducs et des comtes de l'Agenois.............	81
XVII.	L'origine des tours qu'on voit aux maisons des particuliers dans les villes..	89
XVIII.	Suite de l'histoire des roys, ducs et comtes, maistres de l'Agenois..	93
XIX.	Origine des communautés, des corps de ville et chasteaux ou forteresses de la campagne............................	99

LIVRE TROISIÈME

Chapitres.		Pages.
Ier.	Agen sous la domination des Anglois..................	107
II.	Origine des Séneschaux...........................	111
III.	Guerre avec les Anglois..........................	113
IV.	Origine des murs et tours aux murs de la ville d'Agen. — Guerre avec Richard. — Les lois de la guerre reçoivent quelque changement. — Usages d'Agen...	115
V.	L'Agenois revient aux comtes de Toulouse. — Violence du comte Raymond dans l'Agenois.................	119
VI.	Guerre des Albigeois............................	123
VII.	L'origine des hôpitaux des lépreux et le comté d'Agen donné à Alphonse, frère de Saint-Louis.............	131
VIII.	Le roy de France se saisit de l'Agenois...............	135
IX.	L'Agenois rendu aux Anglois. — Les consuls d'Agen prestèrent serment de fidélité à Philippe, en 1271. — Ce feut lui qui rendit l'Agenois aux Anglois.........	137
X.	L'Agenois saisi par les roys de France...............	141
XI.	L'Agenois rendu aux Anglois.......................	143
XII.	Etablissement des parlements et quels tribunaux il y avait auparavant.............................	145
XIII.	Suite de l'histoire..............................	147
XIV.	Guerre avec les Anglois et autres faits concernant les deux nations..................................	149
XV.	Privilèges accordés à la ville d'Agen.................	155
XVI.	L'Agenois sous les roys de France...................	161
XVII.	La guerre entre les François et les Anglois. — L'Agenois pris par les Anglois et repris par les François........	163
XVIII.	Pour éclaircir le droit du comté d'Agen pour treize bateaux de sel exemps de péage...................	167
XIX.	Sujet d'une nouvelle guerre entre les François et les Anglois.......................................	171
XX.	Fidélité des Agenois pour Charles, Dauphin, et ensuite Charles Septième, roy de France. — Inondation de 1434.	183

Chapitres	Pages
XXI. — Les Anglois chassés de Guienne. — Louis eust le mesme gouvernement..	189
XXII. — Fidélité des Agenois pour la France, contre les Anglois.	193
XXIII. — L'Agenois du ressort de Toulouse. — Le Parlement de Bordeaux establi......................................	197
XXIV. — Les désordres et les vexations des seigneurs sur le peuple pendant la guerre des Anglois...............	199

LIVRE QUATRIÈME

Ier. — Agen du ressort de Toulouse...........................	203
II. — Agen soubs les roys de France et les ducs gouverneurs de l'Agenois..	205
III. — L'Agenois donné à Charles, frère de Louis Onze.....	209
IV. — La juridiction des consuls conservée. — Le droit d'y battre monnaie y feut aussi conservé.................	213
V. — Des tribunaux de justice qui ont esté dans l'Agenois...	215
VI. — De la sédition dont parle Boyer........................	221
VII. — Guerre dans la Guienne et des quelques gouverneurs de Guienne. Les suites de la prise de François Premier..	223
VIII. — Le comté d'Agenois donné à Eléonore, veuve de François Premier. — Marie, Infante de Portugal, en jouit après Eléonore, sa mère	225
IX. — De la famille de Scaliger	233
X. — De la justice en paréage avec les Evesques d'Agen......	237
XI. — Etablissement du siège présidial	239
XII. — Marguerite d'Autriche, duchesse de Parme, jouissoit du comté d'Agenois	241
XIII. — Naissance de la Ligue et commencement des troubles huguenots...	245
XIV. — Troubles des huguenots dans Agen...................	249
XV. — La juridiction des consuls reçoit quelques brèches	261
XVI. — Suite des troubles des huguenots dans l'Agenois.......	263
XVII. — La reyne Marguerite, comtesse d'Agenois, et ce qui s'est passé dans Agen pendant sa domination	281

Chapitres	Pages
XVIII. — Les suites de la Ligue....	289
XIX. — Ce qui s'est passsé dans Agen sous divers gouvernemens	309

LIVRE CINQUIÈME

Ier. — Agen sous Louis Treizième, et ses voyages dans Agen et dans l'Agenois	313
II. — La guerre des huguenots	317
III. — M. d'Epernon fait gouverneur de la Guienne. — Ce qui se passa dans l'Agenois durant son gouvernement	325
IV. — Le comté d'Agenois vendu à Madame de Vignerot, duchesse d'Aiguillon	331
V. — La diligence des consuls d'Agen pour conserver leurs droits. — Louis Treizième déroge de l'édit de Moulins et maintient les consuls dans la justice ordinaire. — Inondation des 25 et 26 septembre 1652	335
VI. — De la guerre civile dans la province et de ce qui se passa dans Agen	341
VII. — Le Parlement transféré à Agen	361
VIII. — Des divers gouverneurs de la province. — Froid de 1870.	367
IX. — Raisons du franc-alleu à Agen	371
X. — Les éloges d'Agen	381
XI. — La généalogie de la maison de Durfort	389
XII. — Ce qui s'est passé dans Agen durant la guerre des princes confédérés contre la France	393
XIII. — Lauzun érigé en duché-pairie en faveur du comte de Lauzun, qui feut commander l'armée du roy jusques en Irlande	399
XIV. — Ce qui s'est passé dans Agen depuis 1700 jusqu'à la mort de Louis Quatorzième, arrivée le 1er septembre 1715. — Gresle de 1703	403

PREMIÈRE PARTIE

L'histoire en général de la ville et comté d'Agen est divisée en cinq livres.

LE PREMIER LIVRE

contient ce qui s'est passé depuis son origine sous ses rois, sous les empereurs et les rois des Visigoths jusqu'à Clovis, roi de France.

LE SECOND LIVRE

contient ce qui s'est passé depuis Clovis sous les rois de France, rois d'Aquitaine, sous les ducs de Gascogne et d'Aquitaine, et sous les comtes particuliers d'Agen et d'Agenois jusqu'à la domination des Anglois.

LE TROISIÈME LIVRE

contient ce qui s'est passé dans Agen depuis le commencement du règne des Anglois jusques à Charles Septième qui mit fin à leur domination.

LE QUATRIÈME LIVRE

contient ce qui s'est passé depuis Charles Septième, roi de France, jusqu'à Louis Treizième du nom.

LE CINQUIÈME LIVRE

contient ce qui s'est passé depuis Louis Treizième et sous Louis Quatorzième jusques à l'an 1721.

LIVRE PREMIER

Ce qui s'est passé depuis l'origine d'Agen jusqu'à Clovis, roi de France ; les diverses opinions sur la fondation de la ville d'Agen ; les raisons qui prouvent que l'Agenois est le pays des Nitiobriges ; qu'Agen était leur siège royal ; étendue du royaume des Nitiobriges ; les hommes illustres qui sont sortis d'Agen, comme Drepanius, qui fut fait proconsul de Rome et qui harangua Théodose ; Alcimus, à qui Sidonius donne pour caractère *fortitudo Alcimi* ; Sévère Sulpice et Lupus, avec la lettre de Sidonius écrite à cet illustre Agenois ; l'établissement des Visigoths en ce pays, leurs violences et la décadence de leur règne.

AVANT-PROPOS

L'histoire de la ville d'Agen, que j'ai résolu d'écrire, est remplie de tant de révolutions, soit qu'on la considère dans le profane, soit qu'on la regarde dans le christianisme, qu'il a été très difficile de la débarrasser de la confusion et de distinguer fidèlement les temps de son origine, de ses progrès et de ses renversements.

J'ai pris tout le soin qui m'a été possible pour éclaircir les endroits les plus embarrassés de cette histoire, que la longueur du temps et la négligence de nos ancêtres avoient fait oublier : je les rapporterai avec autant de fidélité et de netteté que je pourrai.

Je commence par la situation de cette ville, qui est une des villes anciennes des Gaules. Agen est situé entre le 44ᵉ et le 45ᵉ degré de latitude, et plus près du 44ᵉ que du 45ᵉ degré, environ la 20ᵉ minute, et entre le 21ᵉ et le 22ᵉ degré de longitude, tout près du 21° degré, environ la 10ᵉ minute. Cette ville, qui fut autrefois un siège royal et la capitale d'une nation, est maintenant la seconde ville de la province de Guienne, en une distance presque égale entre Bordeaux et Toulouse, sur le canal de la rive droite de la Garonne.

HISTOIRE
DE
LA VILLE D'AGEN

REMARQUES
SUR
L'ORIGINE DE LA VILLE D'AGEN

CHAPITRE PREMIER

CE QUE LES AUTHEURS ONT DIT D'AGEN

Les anciens autheurs en font mention comme d'une ville qui estoit chef de peuple. Pline Second a reconnu ce pays sous le nom d'Agesinates. Antoine Pinet, seigneur de Novoy, en la traduction de Pline Second, dit que les Agesinates dont parle Pline sont les Agenois. Ptolémée a connu cette ville sous le nom d'Agen.

Il est prouvé que cette ville s'appeloit Agen longtemps avant que Ptolémée en ait écrit. Grégoire de Tours, dans le livre IVᵉ de l'*Histoire de France*, l'appelle *Aginensis Urbs*. *Notitia provinciarum* l'appelle de même que Grégoire de Tours.

Tous ces noms de villes et de cités ne nous en font pas si bien cognoistre l'antiquité et la noblesse que ce que Ptolémée en a dit dans son second livre, chapitre vii; il appelle Agen la capitale des Nitiobriges.

Jules César, avant Ptolémée, fait d'Agen un siège royal et nomme Teutomate roi des Nitiobriges. Le docteur d'Ablancourt, dans sa traduction des *Commentaires de César,* dit : *Rex Nitiobrigum,* le roi d'Agen. Joseph Scaliger soutient qu'Agen est la capitale des Nitiobriges. Ce ne sont pas les seuls qui donnent le même nom aux Agenois ; c'est enfin l'opinion communément reçue parmi les savants qu'Agen estoit autrefois le siège royal des Nitiobriges, ce qui a donné occasion à Oienard d'appeler Agen *dinastiam Aginnensem,* le royaume d'Agen.

CHAPITRE II

L'ORIGINE D'AGEN

La diversité des noms que les autheurs ont donnés à Agen n'a pas moins contribué à confondre l'histoire de cette ville que son origine. Elle est trop éloignée de nous pour être venue clairement, et les historiens du tems auquel Agen a été basti tiennent plus du roman et de la fable que de la vérité. Le nom de son premier fondateur n'est pas venu jusqu'à nous : tout ce que l'on dit du fondateur et de la fondation de cette ville sert plus à rendre ce fait douteux qu'à l'éclaircir.

Il y a, dans les anciennes histoires, trois Agennor : ils ont eu chacun leurs partisans qui leur attribuent l'origine d'Agen. Le premier est Agennor, roi de Phénicie, en Asie, qui régnoit vers l'an du monde 2621 (1). Le deuxième fut Agennor, roi d'Etolie, vers l'an du monde 2863. Suivant La Payne et sa *Sainte Chronologie*, le troisième est Agennor ou Agennot, fils d'Antenor ou d'Ajax, petit-fils de Télamon, roi de Mégare, qui se trouva enveloppé dans la destruction de Troye, vers l'an du monde 3018. La conformité de leur nom avec la ville d'Agen a partagé les sentimens sur l'origine de cette ville. Quelques-uns regardent le premier Agennor comme leur fondateur sur une faible conjecture. Il y a eu, autrefois, sur la montagne de Pecaut (2), un village ou un

---

(1) Lequel fut l'auteur des *Agenorides*. — Petau, *Ration. Provinciarum*.
(2) Près Sainte-Radegonde, à un quart de lieue d'Agen.

chasteau nommé Cadmus et, par corruption, nommé Canus : ceux qui ont cette opinion se persuadent que Cadmus, fils d'Ageanor, vint en ce pays lorsque son père l'envoya pour chercher sa sœur Europe, que Jupiter avoit enlevée ; mais cette opinion n'a aucun fondement sur les anciennes histoires, où il est prouvé que Cadmus s'arrêta en Grèce, où il fit bastir la ville de Thèbes. Cadmus, n'ayant pas trouvé sa sœur, n'osa pas retourner chez son père Agennor et profita de l'argent qu'il lui avoit donné pour chercher fortune ailleurs.

D'autres ont creu qu'Agennor, roi d'Etolie, ne pouvant se contenir dans les bornes de son Etat, avoit poussé ses conquestes jusqu'en ce pays et que la beauté du climat lui fit jeter le fondement de la ville d'Agen pour éterniser son nom. Cette opinion a moins de solidité que la première, puisqu'elle n'est appuyée sur aucun fondement tiré de l'histoire ni d'aucune conjecture apparente.

La troisième opinion s'est déclarée pour Agennor ou Agennot, fils d'Ajax. Elle a même entraisné le sentiment public d'Agen et donné naissance à la tradition qui fait cet Agennor fondateur d'Agen. Tout Agen croit que ce prince se trouva dans la ville de Troye lorsqu'elle fut prise par les Grecs et que ce fameux défenseur de cette ville suivit le malheur et le sort d'Enée ou d'Antenor.

L'histoire apprend qu'Antenor vint dans l'Italie par le golfe Adriatique, appelé la mer de Venise ; qu'il fit bastir la ville de Padoue ; qu'Enée vint, par la mer Méditerranée, s'establir dans l'Italie, où il fit bastir la ville *Lavinium*. Les Agenois croient qu'Agennor vint dans ce pays et qu'il y fit bastir Agen, à qui il donna son nom. Cette opinion n'a d'autre appui que la tradition publique d'Agen.

D'Arnaud, dans ses *Antiquités*, s'est déclaré contre cette tradition : il porte l'origine d'Agen beaucoup plus avant dans les siècles qui ont devancé la destruction de Troye. Il dit que, de son tems, ceux d'Agen aimoient mieux devoir leur origine aux anciens Gaulois qu'à des Troyens exilés. Le fondement de cette opinion est que, lorsque Somathes ou Dos conduisit les premières colonies qui vinrent dans les Gaules, il commença à peupler le voisinage de l'Espagne, où il estoit venu avec Thubal; et que ces colonies s'establirent plutost dans ces parties méridionales que d'aller vers le septentrion; parce qu'on voit dans la liste des anciens ducs des Gaulois que Narbo, qui fit bastir Narbonne, est plutost que Luddus, qui fit bastir Lyon, et Luddus, plutost que Pâris, qui fit bastir Paris. D'où il semble que ces colonies s'establirent plus tost dans les parties méridionales des Gaules que dans les septentrionales. Sur ce fondement, d'Arnaud a creu que la beauté du pays, l'étendue de ses plaines, le canal de la rivière, obligèrent ces premiers habitans des Gaules de s'arrêter en ce pays. Quelque vraisemblance qu'ait cette dernière opinion, elle n'a que de faibles conjectures qui ne peuvent establir aucune certitude. Tout ce que l'on dit de Somathes et de Thubal tient un peu de la fable; il vaudroit mieux croire qu'Agen doit sa fondation aux Nitiobriges, dont on ne sait pas l'origine, que de l'attribuer à des Grecs qui ne sont pas si anciens que ces Gaulois.

Pour l'étymologie du nom d'Agen, *Aginnum*, quelques-uns ont creu qu'il tiroit son origine de certains artisans ramassés au bord de la rivière de Garonne, qui, par leurs travaux et leur négoce, jetèrent le fondement de cette ville, qui fut appelée Agen, *ab Agentibus*, comme si elle empruntoit son nom du terme *agens*.

D'autres ont dit que Japhet, fils de Noé, eut sept enfants qui furent la souche de quinze invasions, à qui ils donnent le nom conforme aux nations qu'ils vouloient rendre recommandables. Entre autres, ils en font venir un, nommé Nitiobrigus, duc d'Aquitaine, d'où l'on a creu que les Nitiobriges ont tiré leur nom : c'est porter l'origine d'un peuple bien loin.

Sur des opinions si peu fondées, on ne peut raisonnablement tirer aucune conclusion solide. Tout ce qu'on peut inférer de la diversité de ces sentimens est qu'Agen est une de ces anciennes villes et les Agenois une de ces nations anciennes dont il est difficile de dire l'origine et le premier establissement.

La tradition d'Agen est une marque de son antiquité, mais elle n'est pas une preuve certaine de sa fondation. Tout ce qu'il y a de solide se tire des *Commentaires de César,* puisque, de son tems, il nomme deux rois d'Agen ; qu'avant l'establissement de l'Empire romain, Agen estoit une ville royale et que les Agenois estoient un peuple qui avoit eu plusieurs rois : c'est une preuve de son antiquité.

CHAPITRE III

AGEN ESTOIT LE SIÈGE ROYAL DES NITIOBRIGES

Joseph Scaliger dit qu'Agen estoit la capitale des Nitiobriges. Le sieur d'Ablancourt, dans la traduction des *Commentaires de César*, lib. VII, pag. 174, dit que, sur ces entrefaites, Teutomate, roi d'Agen, dont le père avait été déclaré ami du peuple romain, vint trouver Vercingétorix avec grand nombre de cavalerie qu'il avoit levée en Gascogne. Un nouveau livre, page 122, dit que Luctérie passa dans l'Agenois et le Gévaudan, tellement qu'Agen estoit pour lors un siège royal, un peuple establi depuis longtemps, puisque, avant l'Empire romain, Agen estoit un royaume florissant, et la ville, capitale des Nitiobriges, dont on ne sait ni l'origine, ni la durée de leur règne. Jules César fait mention de deux rois : Ollouicon fut le pénultième qui régnoit dans Agen cent ans, ou environ, avant Jésus-Christ. Il avoit fait alliance avec les Romains et régnoit dans ce pays avant que César vinst dans les Gaules. Teutomate, son fils, roi d'Agen, suivant d'Ablancourt, se déclare contre les Romains pour Vercingétorix, seigneur auvergnat, général des Gaulois.

Vercingétorix, pour s'assurer de tout ce pays, envoya Luctérie, gentilhomme du Quercy, lequel vint dans Agen ; il y prit des otages pour engager Teutomate dans le parti des Gaulois contre les Romains. Luctérie passa de l'Agenois vers le pays de Gévaudan, le long du Tarn, et il tascha, avec les troupes qu'il avoit prises dans l'Agenois, d'entrer dans la province de Narbonne, qui tenoit pour les Romains. Cependant, Teutomate fut joindre Vercingétorix avec la cavalerie qu'il avoit levée dans le pays de Gascogne, qui estoit de sa dépendance. Il se trouva que César tira aux troupes qui venoient secourir Clermont.

César dit, dans ses *Commentaires*, lib. VII, traduits par d'Ablancourt : « Les soldats de César forcèrent trois quartiers avec tant de vitesse que Teutomate, roi d'Agen, se sauva à toute peine, sans pourpoint, comme il estoit couché pour reposer sur le jour, et il eut un cheval blessé sous lui. » (Pag. 284, nomb. 8 du lib. VII de la *Guerre des Gaules*.)

Toutes ces raisons sont, en fait d'histoire, des preuves manifestes de l'antiquité d'Agen. Il y a de l'apparence que Ollouicon et Teutomate, son fils, tous deux rois d'Agen, ne furent pas les premiers qui jetèrent les fondemens de ce royaume des Nitiobriges et qui donnèrent le nom à ce peuple. L'origine en vient de plus loin, qui, pour estre trop ancienne, nous est inconnue.

CHAPITRE IV

DE L'ESTENDUE DU ROYAUME D'AGEN

L'estendue du royaume d'Agen, selon Pline, parlant des Agesinates, nous apprend qu'ils estoient voisins des Poitévins; c'est sans doute parce que le royaume d'Agen renfermoit, du costé du Poitou, le Périgord et l'Angoumois, ayant le Poitou pour limite du costé du Septentrion. Il s'estendoit du levant, le long de la rivière du Tarn, qui prend naissance vers le Gévaudan, puisque Luctérie, gentilhomme du Quercy, envoyé à Teutomate par Vercingétorix, suivit cette route. Du côté du Midi, il s'estendoit au delà de la Garonne, dans l'Aquitaine, puisque Teutomate fit cette grande levée de cavalerie dans cette partie d'Aquitaine qui joint la rivière de Garonne et qui estoit de la dépendance de son royaume. Il renfermoit le Condomois, l'Albret, l'Armagnac et Lectoure avec ses dépendances. Ses limites, du côté du couchant, renfermoient Bazas et le Bazadois; le pays où est maintenant la ville estoit aussi du royaume d'Agen.

CHAPITRE V

LA MANIÈRE DE JUGER PENDANT LE RÈGNE DES NITIOBRIGES

Pendant le règne et la domination des Nitiobriges, la manière de juger les affaires, dans le royaume d'Agen, estoit semblable à celle que pratiquoient les Gaulois. Il y avoit dans Agen, comme dans les autres villes considérables, un Sénat composé des plus notables de chaque ville qui avoient toute l'autorité de juger et de terminer les différens des peuples. Cette sorte de justice estoit commune à toutes les Gaules ; elle fut continuée sous les empereurs romains après la réduction des Gaules. Les juges de ce Sénat s'appeloient magistrats municipaux et devoient avoir reçu le droit romain. Les villes avoient leurs lois particulières, leurs coustumes et leurs usages qui faisoient le fond de leur droit. Agen avoit ses coustumes, qui servoient de règle à ses magistrats, et cette ville royale ne cédoit pas en équité aux autres villes des Gaules.

CHAPITRE VI

FIN DU ROYAUME D'AGEN

On ne sçait pas au vrai si, dans la guerre que fit César dans les Gaules ou dans celle que son lieutenant, Publius Grassus, fit en Gascogne, le royaume d'Agen prit fin ; mais, quoi qu'il en soit, il ne porta pas sa domination plus loin que le règne d'Auguste, lorsque Marcus Agrippa fut fait gouverneur des Gaules.

M. Valerius, Messala, sous le règne d'Auguste, entrèrent dans l'Aquitaine, la soumirent aux lois des Romains et la réduisirent en province.

Suivant de Lurbe, en sa *Chronique bordeloise,* Agen perdit alors le titre de royaume. Cette ville ne déchut pas entièrement de son honneur. Agen, dans la division que fit Auguste des trois Aquitaines, conserva un rang considérable. Lorsque le titre de métropole de la seconde Aquitaine fut accordé à la ville de Bordeaux, Agen, suivant Jules Scaliger, obtint le second rang entre les villes de la seconde Aquitaine. Il paroist que la ville d'Agen, qui avoit perdu, sous le gouvernement des empereurs, l'honneur d'estre un siège royal, ne déchut pas entièrement de son éclat sous les divers présidens que les empereurs y envoyèrent.

Agen resta chef de peuple, car, sous les métropoles qui furent establies dans les Gaules et dans les Aquitaines, il y avoit plus de cent cités ou villes chefs de peuple. Dans les métropolitaines furent placés, dans la suite, les archeveschés, et les éveschés dans les cités ou villes chefs de peuple.

Sous ces villes, il y avoit plusieurs cités et chasteaux appelés *oppida* et *castra*. Des gouvernements de ces dix-sept provinces, il y en avoit six consulaires et onze présidiales tenues par les présidens des empereurs : les premières dépendoient du Sénat, les autres des empereurs ; mais, bientôt après, les empereurs s'attribuèrent le pouvoir de les donner tous. La justice s'y rendoit partout suivant les lois des Romains, à la réserve de plusieurs villes et cités, entre autres celles qui conservoient leurs lois municipales. D'autres, se soumettant au droit des Romains, ne renoncèrent pas à leurs lois particulières. Tous les actes s'y faisoient en latin ; les Gaulois furent obligés de l'apprendre, et le peuple le corrompit et fit ce jargon qui paroist encore dans plusieurs anciens actes publics.

CHAPITRE VII

AGEN RÉGI PAR LE DROIT ÉCRIT

Agen suivit le sort général des Gaules et fut sous la conduite des présidens; il en devint mesme le siège. Cette ville libre, qui, jusqu'alors, avoit suivi ses usages, se soumit au droit écrit des Romains, tellement qu'Agen eut deux règles pour la conduite de sa justice : les lois particulières et le droit romain; il n'eut, à la fin, que le droit écrit. Quoique la ville d'Agen fut déchue du titre de siège royal, elle ne fut pas entièrement dégradée; il n'y eut aucun changement dans l'autorité de ses magistrats. Le Sénat, composé des plus considérables, subsista bien longtems et conserva le droit d'establir les officiers inférieurs nécessaires pour exercer la justice et se maintint dans cette autorité sous le règne des empereurs; c'est ce qui confirme la possession immémoriale qu'avoient les consuls d'Agen de nommer des assesseurs, et le droit qui leur reste d'avoir des procureurs-syndics et de créer des notaires. Les magistrats se sont maintenus dans le gouvernement particulier de leur ville. Dans la suite du tems, les Agenois n'ont pas eu moins de soin de se maintenir dans ce privilège; ils l'ont encore aujourd'hui comme un reste de leur première autorité.

CHAPITRE VIII

CE QU'ESTOIT AGEN SOUS LES EMPEREURS DU HAUT EMPIRE

Jusques vers la fin du règne de Dioclétien, c'est-à-dire vers l'an 303, Agen, avec toutes les Gaules, jouit du calme d'une paix solide que la domination souveraine des empereurs avoit establie : tout concouroit à faire d'Agen une ville de délices.

Pendant ces trois siècles, sous les empereurs infidèles, Agen estoit idolastre : la déesse Diane estoit la divinité que ceux d'Agen adoroient. Le séjour des présidens et la passion du plaisir contribuoient à son idolastrie. L'aveuglement superstitieux fut si grand que les Agenois firent bastir un temple à Diane : c'estoit un édifice magnifique et des plus enrichis ; il en reste encore quelque vestige hors-la ville, près la Porte-Neuve, au-dessous de la Plateforme, du côté du levant.

L'aversion que Dacien eut pour les chrétiens fit d'Agen le théastre de sa fureur. Il fit massacrer environ cinq cents habitants ; ces illustres martyrs mirent toute la ville en deuil. Ce funeste accident arriva l'an 303. Dioclétien, lors empereur, se démit de l'empire l'an 304. Constance Chlore fut son successeur ; il eut les Gaules pour son partage ; il ne régna que deux ans ; il révoqua, dans ce court espace, tous les édits sanguinaires et cruels que ses prédécesseurs avoient fait contre les chrétiens. Son fils Constantin lui succéda à l'empire des Gaules l'an 306.

CHAPITRE IX

CE QU'AGEN FUT SOUS CONSTANTIN ET SES ENFANS

La tranquillité de la ville d'Agen fut interrompue en 338. Sous le règne de Constantin, lors empereur des Gaules, prince fort ambitieux, Agen, qui estoit devenu riche par le séjour des présidens, fut une ville des plus opprimées de l'Aquitaine, pour soutenir la guerre que Constantin, fils aisné du grand Constantin, entreprit contre son frère Constans, empereur d'Italie. Après avoir opprimé les Gaules et les Aquitaines pour fournir aux frais de cette guerre, il fut tué, l'an 340, dans le combat qu'il donna à son frère Constans. L'Agenois, comme le reste des Gaules, tomba sous la domination d'un nouvel empereur.

La ville d'Agen, pendant toutes ces guerres et ces divers événements, ne perdit aucun de ses privilèges ; elle paya les imposts généraux que les empereurs tiroient sur les peuples. Le territoire d'Agen n'eut aucune charge particulière ; comme le fief n'estoit pas en usage et ne prit naissance que longtems après, l'Agenois estoit franc et sans redevance particulière. Cette ville se vante d'avoir conservé cette franchise jusques à la perte du procès que l'Agenois a eu contre M. le duc d'Aiguillon comme engagiste, procès qui a été perdu contre toute équité.

L'Aquitaine, étant soumise aux Romains, ne perdit pas sa liberté ; elle jouissoit du droit de propriété en ses domaines. Agen fut toujours exempt de toute sorte de droits et devoirs seigneuriaux, soit qu'ils ne fussent pas encore connus, soit qu'Agen fust une ville libre. De là vient qu'elle est dépeinte dans les anciennes médailles couronnée et ayant un tour de perles qui marque la franchise.

CHAPITRE X

LES ÉVÉNEMENS SOUS LES SUCCESSEURS DE LA FAMILLE DE CONSTANTIN ET DES HOMMES ILLUSTRES QUI FLORISSOIENT DANS AGEN

Quelque renversement qu'il y eust dans l'empire, les sciences florissoient dans Agen. Il en sortit trois fameux orateurs; le premier s'appeloit Latinus-Pacatus-Drepanius. Ausone lui donne, en plusieurs endroits, le titre de proconsul, et il le fait au rapport d'Auteserre, *anno Christi* 371, à son tome I, page 326. Il harangua l'empereur Théodose. Sa harangue est rapportée dans le Code de Théodose; c'estoit un homme des plus éloquents de son siècle. Le second s'appeloit Alcimus; il estoit d'une probité singulière et d'une éloquence également forte et douce, qui oblige Sidonius-Appollinaris, dans ses lettres, de lui donner pour caractère : *fortitudo Alcimi*. Le troisième s'appeloit Sévère Sulpice, fameux prestre, qui a si doctement escrit. Il estoit riche en biens et en mérite; il fut marié avant d'estre prestre. Sa belle-mère s'appeloit Basula. Il habitoit Toulouse pendant son mariage et son veufvage. La famille de sa femme estoit consulaire.

On attribue un esprit naturel aux Agenois, aimant beaucoup le plaisir et le repos, se bornant en quelque réplique heureuse et quelque gentillesse d'esprit. Cependant, ces trois hommes, malgré l'inclination naturelle au pays, ont rendu la réputation d'Agen aussi fameuse que leur nom s'est rendu célèbre dans l'histoire.

CHAPITRE XI

AGEN SOUS LE RÈGNE DE L'EMPEREUR THÉODOSE, ET DES RÉVOLUTIONS
D'AGEN SOUS LES VANDALES ET LES HUNS

Agen fut assez heureux jusques au règne d'Honorius, fils de Théodose, qui lui succéda à l'empire d'Occident l'an 395. Son frère Arcadius estoit empereur d'Orient sous la tutelle de Ruffin, natif d'Agen, suivant Claudian et le P. Petau, dans son livre *Rationarium Temporum*, où il dit, parlant de Ruffin, qu'il s'éleva jusques à estre préfet, qui estoit la seconde charge de l'empire après l'empereur. Ayant voulu marier sa fille avec son maistre et le dépouiller de l'empire, si les soldats romains ne l'eussent déchiré pour le punir de sa conspiration contre l'empereur.

Si nous devons en croire Duchesne dans ses *Antiquités et Recherches des villes*, Agen fut pillé deux fois par les Huns, pris par les Vandales, Alains, Suèves et Bourguignons. Ce fut sous le règne d'Honorius, vers l'an 408, que les Alains et les Vandales, après avoir ravagé toute la Germanie, première et seconde Belgique, une partie des Lionoises, se jetèrent dans l'Aquitaine, venant des bords du Rhin. Ils entraisnèrent les Bourguignons, ruinèrent Lyon, ravagèrent tout ce qu'ils trouvèrent sur leur chemin, parcoururent toute l'Aquitaine.

Suivant Prosper, l'Aquitaine et la Novempopulanie furent dépeuplées. Leur séjour, depuis 409 jusqu'à 411, leur donna le loisir de ruiner tous ces pays par la démolition des églises et par le sac et l'incendie des villes. Agen, seconde ville de la province, plus riche que forte, fut un puissant attrait pour ces barbares, qui, n'étant pas retenus par une place forte, attirés par l'espérance du butin, se jetèrent dans l'Agenois et dans la ville d'Agen, où ils exercèrent toute sorte de brigandage et de volerie pendant deux ans. Ces barbares, après avoir tout ruiné, se retirèrent, poursuivis par les Goths, qui avoient fait un armement à ce sujet.

Le sort d'Agen n'en fut pas plus heureux : Atolphe, roy des Visigoths, à qui Honorius avoit donné l'Aquitaine, poursuivit les Vandales et les Alains, et jeta la frayeur dans l'esprit de ces peuples féroces, qui s'enfuirent en Espagne l'an 409. Si on en doit croire Delurbe, Atolphe vint dans ce pays; quoiqu'il ne fist que passer, il fit plus de ravages que les Alains; il n'épargna ni les églises ni les villes. Quoique sa course fust précipitée, il ravagea toute l'Aquitaine et particulièrement Agen. Atolphe fut contraint de retourner en Languedoc, où Constantin, général des Romains sous Honorius, ruinoit les affaires des Goths. Enfin, Constantin chassa les Visigoths de Narbonne et de la province narbonnoise, et contraignit Atolphe de passer en Espagne, où ses gens mesmes le tuèrent. Les Visigoths élurent à sa place Sigeric; sept jours après son élection, il fut tué par ses soldats, comme son prédécesseur. Vuallia fut élu roy des Visigoths à la place de Sigeric.

CHAPITRE XII

LE ROYAUME DES GOTHS ET L'ESTAT D'AGEN SOUS LEUR DOMINATION. — LUPUS, AGENOIS, FLORISSOIT POUR LORS DANS AGEN.

Pendant que toutes ces violences se commettoient en Espagne, Agen et la province furent délivrés des Visigoths et Vandales. Son repos ne fut pas long : Constantin fut associé à l'empire par Honorius, l'an 415. Cet empereur nouveau eût besoin des Visigoths pour s'assurer du titre d'empereur qu'il venoit d'acquérir. Honorius et Constantin rappelèrent les Visigoths sous leur roy Vuallia, l'an 419. Constantin leur donna la seconde Aquitaine, à prendre depuis Toulouse jusqu'à l'Océan, qui renfermoit les villes de Bordeaux, Agen, Périgueux, Angoulesme, Saintes et Poitiers. Constantin fit la paix avec Vuallia, roy des Visigoths, qui establit son siège royal à Toulouse. Vuallia, qui fut le premier roy d'Aquitaine, fut obligé de forcer les peuples de ces provinces, qui ne pouvoient souffrir la domination des Goths à cause des violences qu'ils avoient commises. Agen fut enveloppé dans le malheur de la province ; il ressentit la violence de ce nouveau maistre hérétique et barbare. Vuallia, après s'estre rendu maistre plus par la force des armes que par une soumission volontaire, vécut jusques à l'an 440. Théodoric lui succéda et régna jusques à l'an 443.

Sous le règne de Vuallia, Agen vit naistre un illustre Agenois nommé Lupus, doué d'une vertu et d'une érudition singulières; il florissoit sous les successeurs de Vuallia. D'Arnault, dans ses *Antiquités*, le met au rang des saints d'Agen Il fut fait évesque de cette ville après la mort de saint Dulcide. Ce fut un siècle où la science régnoit dans Agen. Drepanius, Alcimus, Sévère Sulpice et Lupus, ces quatre fameux Agenois furent la gloire de leur patrie.

Après la mort de Théodoric, roy des Visigoths et de Toulouse, Tursimundus lui succéda; il ne régna que trois ans. Théodoric Second lui succéda l'an 457; il régna jusqu'à l'an 470. Il fut estranglé cette mesme année.

L'esprit de cette nation, joint à l'arianisme dont ce peuple estoit infesté, fit souffrir à toute l'Aquitaine des persécutions continuelles et par la férocité de leur naturel et par l'opposition de leur doctrine. Agen estoit odieux à ces barbares hérétiques à cause de saint Phébade, qu'ils avoient en horreur, et de saint Dulcide, qui estoit le fléau vivant des ariens, comme saint Phébade, son prédécesseur, l'avoit été pendant sa vie. Agen reçut de furieuses traverses, des oppressions et des surcharges extraordinaires.

Après la mort de Théodoric Second, Evarite ou Eovix lui succéda, l'an 470. Ce fut le comble du malheur des Aquitains. Ce prince ambitieux entreprit la conqueste de toutes les Aquitaines; il en vint d'abord à bout. Ce conquérant, enflé et orgueilleux par tant de victoires, se mit en teste d'establir les lois golliques, ou plutost, sous le prétexte d'abolir les lois romaines, il entreprit d'abolir la religion catholique. Lorsqu'il voulut establir ses lois, les Sénats des villes, composés des plus notables, qui avoient joui jusqu'alors de la liberté de suivre le droit romain, s'opposèrent à un changement qui alloit ruiner la religion et la manière de leur justice. Ces lois golliques estoient contraires au droit romain et aux lois particulières des villes; et, parmi la foule de ces lois, il y en avoit qui abolissoient la religion catholique, en interdisoient l'usage et ordonnoient la pratique de l'arianisme. Agen, qui avoit son Sénat et qui estoit jaloux observateur du droit romain et de sa juridiction, s'attira, comme le reste de l'Aquitaine, l'indignation de ce prince, qui, dès ce moment, commença à régner par les meurtres. Tout le reste de son règne ne fut que brigandage, meurtrès, emprisonnemens, bannissemens, confiscations de biens ; il ne fut jamais de domination plus violente et plus tyrannique que la sienne. Agen eut sa bonne part de ces violences ; rien ne fut épargné. Cette persécution dura jusqu'à l'an 484. Alaric, son fils, lui succéda la mesme année. Le fils, que quelques autheurs disent avoir été plus doux que le père, continua la persécution durant son règne.

Pendant qu'Agen gémissoit sous la domination des Visigoths, les roys de France establissoient leur empire dans les Gaules. L'Aquitaine doit sa liberté à Clovis, roy de France. La servitude fut longue sous la tyrannie de Varix : elle commença l'an 475 et finit l'an 484 ; mais elle fut plus longue sous Alaric, qui la continua jusques à l'an 507. Suivant Isidore, dans sa *Chronique*, ce fut cette année que Clovis défit les Visigoths, et qu'il tua de sa propre main Alaric, roy des Visigoths. Après cette défaite, Clovis sceut profiter de sa victoire : il donna une partie de son armée à son fils naturel, Thierry, qui conduisit ses troupes du costé de l'Orient, réduisit aisément sous l'obéissance du roy l'Auvergne, l'Albigeois, le Rouergue, le Quercy et l'Agenois ; il réduisit aussi les autres provinces jusqu'au Languedoc. Clovis, après avoir réduit le Poitou, entra dans l'Aquitaine, se rendit maistre de Bordeaux, défit, à deux lieues dans les Landes, une armée de Visigoths, composée de ceux qui gardoient cette province et de ceux qui s'estoient sauvés de la bataille de Poitiers ou de Voclade. Le village où les Visigoths furent entièrement défaits sans ressource porte encore le nom de *Camp arien*, au rapport de Lurbe. Clovis étant dans Bordeaux, où il passa l'hiver, toutes les villes de la Novempopulanie, qui estoit l'ancienne Aquitaine, et qui est maintenant la Gascogne, vinrent se soumettre à Clovis. Le printemps après, il fut à Toulouse ; il passa du costé de Gascogne. S'étant saisi des trésors d'Alaric, il s'en retourna du costé de la seconde Aquitaine, fut à Angoulesme pour y forcer quelque reste des Visigoths qui s'y estoient fortifiés. Ce fut là qu'il extermina le reste de cette nation. Agen se trouva délivré avec le reste de la province et tomba avec toutes les Aquitaines sous la domination des roys de France, comme nous allons voir dans la suite du second livre.

Avant de finir ce livre, je dirai seulement que les Goths, s'étant rendu les maistres de l'Aquitaine, ne dépouillèrent pas entièrement les peuples naturels de leurs domaines ; mais ils leur en laissèrent une troisième portion, s'emparèrent des deux autres, qui furent soumises aux coustumes des Goths. Le tiers restant aux naturels du pays fut libre comme il estoit sous la domination romaine.

Après la décadence de l'empire des Goths, les François se saisirent des lieux délaissés par les Goths. L'autre portion demeura aux anciens peuples libres et francs comme ils estoient auparavant. Les François se contentant de les avoir soumis sans establir aucun tribut sur leurs domaines, les portions qui s'appeloient auparavant portions golliques ou romaines furent appelées, les unes francs-alleux, les autres terres saliques. Les premières appartenoient aux anciens habitans, appelés Romains parce qu'ils suivoient leurs lois et jouissoient de la liberté naturelle de leurs biens ; les autres furent unies au domaine ou baillées à bénéfice. Agen, qui prétend estre un franc-alleu, fait par ses prétentions une preuve qu'il fut toujours possédé par les Romains, c'est-à-dire par des habitans naturels du pays, et que cette ville fut une portion libre appartenant aux seuls anciens habitans naturels du pays, où les Goths naturels ne s'establirent pas, puisque Agen se vante d'estre franc de nature par la disposition du droit écrit et romain. Cette ville étoit lors *Romana ;* les Goths n'y eurent aucun domaine : de là vient qu'Agen, étant conquis, demeura libre sous les roys de France, et que ses habitans suivirent le droit écrit et romain comme ils faisoient auparavant, les François n'ayant établi leurs lois et leurs coustumes que sur les terres délaissées par les Goths. Les roys des Goths avoient des terres et des domaines en leur particulier qui faisoient leur revenu : c'estoit ce qui s'appeloit *fisque* ou le domaine du roy.

Les roys de France, après la défaite des Goths, jouirent de ces domaines. Les roys des Goths faisoient leur séjour indifféremment ou dans les villes du partage des Goths, ou dans celles du partage des Romains, c'est-à-dire des habitans naturels du pays. Leurs gouverneurs en faisoient de mesme : ce qui peut servir de preuve qu'Agen estoit une ville de la portion romaine. Le préfet des Goths, Valduam, mit son lieutenant Eutichius, père de saint Maurin, dans Agen : il estoit natif de ce pays. La légende de saint Maurin assure l'un et l'autre ; ce qui fait présumer que les portions des habitans naturels du pays estoient régies par des officiers du pays mesme, sous l'autorité du roy des Goths, comme sachant les lois romaines, que les naturels du pays observoient.

Lettre de Sidonius Apollinaris, avant d'estre évesque de Clermont, n'étant encore que préfet de cette ville, écrite au nommé Lupus, illustre Agenois, natif d'Agen, d'une vertu et d'une érudition singulières; il florissoit sous les successeurs de Vuallia. D'Arnault, dans ses « Antiquités », le met au rang des saints d'Agen. La lettre est intitulée : Sidonius Lupo suo salutem. *Savaro, interpreste de Sidonius, dit clairement :* Manus scripta melioris nota addunt Lupo Aginnensi. *J'ai creu que je ferois plaisir aux curieux de rapporter ce que Sidonius dit de ce fameux Agenois. Voici la teneur de la lettre :*

» Quid agunt Nitiobriges, quid Vesunnici tui quibus de te sibi
» abhinc secùs vindicando noscitur semper sancta contentio unus
» te patrimonio populus alter etiam matrimonio tenet ; cum hic
» origine, iste conjugio, melius illud quod uterque judicio, te
» tamen munere Dei inter esto salvem de quo Diutiùs occupando,
» possidendoque ope prætium est., votiva populorum studia con-
» fligere, tu vero utrique præsentiam dispositè, vicissimque par-
» titus nunc Drepanium illis, modo istis restituis Anthedium,
» si a te instructio, rhetorica postulatur, hi Paulinum, illi Alci-
» mum non requirunt, undè te magis miror quem quotidiè tam

5.

» multiplicis bibliotheca ventilata lassat egueris aliquid à me vete-
» rum flagitare cantilenarum, pareo quidem licet intempestiva
» videatur recordatio jocorum tempore dolendi, Lampridius orator
» modo primum mihi occisus agnoscitur. »

Il lui demande par cette lettre : Que font vos Agenois ? que font vos Périgourdins, qui se disputent sainte contention l'honneur de vous avoir, et la gloire de se pouvoir vanter que vous leur appartenez ? Vous estes natif d'Agen, et vous estes marié du Périgord ; vous appartenez aux Agenois par la naissance et aux autres par l'alliance, ou plutost vous estes à tous deux ces peuples, et dans ce combat vous estes heureux de voir ces peuples se disputer à qui vous aura. Je ne leur en sens pas mauvais gré, lorsque vous vous partagez et que vous vous donnez en divers temps aux uns et en divers temps aux autres. Vous rendez à ceux d'Agen leur Drepanius, ce fameux orateur, et vous rendez à ceux du Périgord leur Anthédius. Quand ils vous possèdent, ils ne trouvent pas à dire Paulin, et ceux d'Agen, quand vous estes chez eux, ne trouvent pas à dire leur Alcimus puisque vous ne cédez ni à l'un ni à l'autre en éloquence et en mérite. Je suis néanmoins surpris qu'ayant une belle bibliothèque, qui vous fatigue tous les jours par la multitude des livres que vous y lisez, vous vous soyez avisé de me demander de mes anciens vers. Je vous les envoie pour vous obéir, mais dans un temps où je suis affligé de la nouvelle que j'ai receu de la mort de Lampridius, qui arriva vers le commencement du règne de Varix, pendant que Gallius estoit vivant et archevesque de Bordeaux, lequel fut martyrisé sous la persécution de Varix, au rapport de Sidonius Apollinaris.

On pourroit douter que ce fust le sens de la lettre de Sidonius si Savaro, son interpreste, ne disoit positivement sur cet endroit de cette lettre : « Unus te patrimonio populus Nitiobrigum alter etiam matrimonio tenet, matrimonio populus petrocororum, hic origine id est Aginnensis; hic conjugio id est Petrogoricus unde Lupus Aginnensis recte dictus ». Cette lettre fut écrite après que Lampridius fut tué à Bordeaux. C'estoit un orateur qui tenoit les collèges de Bordeaux, et enseignoit les bonnes lettres, du tems que saint Aman et Gallius, archevesques, vivoient à Bordeaux. C'est vers l'an 450 que Lampridius florissoit avec éclat; il fut étranglé par ses domestiques, vers l'an 470 ou environ. Nous cognoissons par cette lettre de Sidonius que Lupus devoit estre un homme de grande probité, puisqu'il dit que la contention qu'avoient les Périgourdins et les Agenois d'attirer l'honneur de le posséder estoit sainte, *sancta contentio*. Il marque par là qu'il estoit en odeur de sainteté, car autrement leur émulation eust été une pure gloire humaine, qui n'eust pas mérité le titre de sainte. La seconde chose qui paroist dans cette lettre, est que Lupus estoit un homme de grande littérature, puisqu'il luy parle d'une bibliothèque nombreuse où il se lasse tous les jours à lire. La troisième, que Lupus devoit estre un fort habile homme, puisqu'il le compare à Drepanius et à Alcimus, Agenois qui ont fait tant de bruit dans l'histoire, et à Paulin, de Bordeaux, qu'on sçait avoir esté le plus éloquent, le plus disert et le plus délicat orateur de son siècle. Cet illustre Agenois, par sa sainteté et par sa science, devint évesque d'Agen, après la mort de saint Dulcide : les preuves sont dans la seconde partie; tellement que ce fut un siècle où la science régnoit dans Agen. Drepanius, Alcimus, Sévère Sulpice et Lupus, ces quatre fameux Agenois furent la gloire de leur patrie.

Les incursions des barbares et la persécution des Goths éteignirent l'affection pour les lettres; ils brusloient les bibliothèques, renversoient les écoles; ils se plaisoient, comme ennemis de toute politesse, à anéantir toutes les choses qui donnoient de l'avantage aux Romains par-dessus eux. Alors ceux qui avoient de la littérature se jetèrent dans les ordres sacrés pour y trouver leur seureté et sauvèrent avec eux, comme dans un asile, les débris et les restes des sciences et des arts libéraux ; et voilà la raison pourquoi, par-deçà le cinquième siècle, on n'en trouve presque plus en autre part qu'auprès des évesques, et des écoles que dans le clergé.

LIVRE SECOND

CE QUI S'EST PASSÉ DANS AGEN. DEPUIS CLOVIS SOUS LES ROYS DE FRANCE ET D'AQUITAINE, SOUS LES DUCS D'AQUITAINE ET DE GASCOGNE, SOUS LES COMTES PARTICULIERS D'AGEN JUSQU'A LA DOMINATION DES ANGLOIS.

L'Agenois fut uni à la couronne sous Clovis, mais sous ses descendans il fut le partage de Gontran, qui donna à Agen Renaud, natif d'Agen, pour duc de ce pays, d'où il fut chassé par Didier, duc de Toulouse, et restabli par Gontran. Renaud mourut dans Agen et fut enterré à Saint-Caprais, où sa femme s'estoit réfugiée pour se garantir de la fureur de Didier. Le miracle arrivé à saint Vincent contre les soldats sacrilèges de l'armée de Gontran ; le combat des armées de Gontran et de Gondebaud au Passage d'Agen. La destruction d'Agen par les Sarrasins. Agen, sous le royaume d'Aquitaine, fut donné par Charlemagne aux premiers comtes de Toulouse, lesquels comtes de Toulouse ont été comtes d'Agen. Comme le comté d'Agen passa dans la maison d'Angoulesme, et de la maison d'Angoulesme dans celle de Gascogne, et de Gascogne dans la maison des ducs d'Aquitaine et ensuite dans celle de Toulouse, et enfin comment il revint aux ducs d'Aquitaine, auteurs de Elionor.

CHAPITRE PREMIER

AGEN SOUS LES ROYS DE FRANCE

Depuis la défaite des Visigoths, Agen demeura sous la domination des roys de France, à qui il s'estoit soumis avec autant de plaisir que la liberté luy estoit agréable. Les François retinrent la manière de lever les imposts que les Romains gardoient dans les Gaules, mais ils furent beaucoup plus légers. Les roys se mirent en possession des domaines que les roys des Goths possédoient en leur particulier et qui faisoient leur revenu. Il est à présumer que les lieux de l'Agenois qui portent le nom de *regalis*, comme Villeréal, *Villa regalis*, estoient du nombre des terres que les roys jouissoient. Dans l'Agenois elle est encore pour le domaine du roy et pour le fief. Les roys estant absolument libres de l'empire romain, et s'estimant aussi souverains que les empereurs, créèrent des comtes et des ducs, des grands maistres, de la gendármerie et des maires du palais qui tenoient lieu de préfets du prétoire. Sous le règne de Clovis, il y eut un duc d'Aquitaine, nommé Basole ou Balle. Agen fut sous le gouvernement de ce duc jusqu'au temps qu'il fut mis en prison à Sens, par le commandement de Clovis, l'an 510. Clovis dégrada ce duc parce qu'il fut accusé du crime de lèse-majesté : il avoit voulu usurper cette province et y exciter du trouble. Clovis mourut l'an 511. Son fils Clodomir fut roy d'Aquitaine ; il establit duc d'Aquitaine Vuilichaire. Clodomir régna roy d'Aquitaine jusqu'à l'an 525. Chramne fut fait duc d'Aquitaine ; il avoit épousé Calte, fille de Vuilichaire, duc d'Aquitaine.

Après la mort de Clodomir, Clotaire devint roy d'Aquitaine par une cruauté inouïe. Clodomir laissa trois enfans qui devoient hériter de son royaume ; Clotaire Premier, son frère, en fit mourir deux ; le troisième fut dérobé à sa férocité et mis dans un cloistre : il s'appeloit Cloud ou Clodoald. L'Eglise le révère comme saint sous le nom de saint Cloud, dont les reliques sont à Saint-Cloud, près Paris.

Clotaire, après l'homicide de ses neveux, se fit roy d'Aquitaine, et donna à son fils Chramne la qualité de duc d'Aquitaine ; mais, comme Chramne malversa dans sa charge, son père, oubliant les sentimens de la nature, le fit mourir l'an 534. Clotaire, qui n'estoit que roy d'Aquitaine, devint roy de France par la mort de Childebert, qui mourut sans enfans l'an 558. — Clotaire lui succéda ; il régna jusqu'à l'an 562. — Sous ces divers règnes, Agen ne receut aucun changement ; c'est sous les enfans de Clotaire qu'Agen devint le théastre des sanglantes tragédies qui s'exécutèrent dans l'Aquitaine.

Clotaire, à sa mort, laissa quatre enfans légitimes et un enfant qui prétendit estre son fils, nommé Gondebaud, qui fut la source de la guerre d'Aquitaine. Ces quatre enfans estoient : Charibert, Gontran, Chilpéric et Sigebert. Ils se partagèrent le royaume de leur père, et firent quatre portions de l'Aquitaine et la Provence : ce fut l'éloignement qu'il y avoit de ces provinces au reste de leurs Estats qui leur fit prendre ce parti, afin de les engager, en cas de guerre, à les défendre à frais communs. L'Agenois fut le partage de Gontran, qui devint le roy dominant d'Agen et du Périgord, l'an 562.

CHAPITRE II

AGEN SOUS LE DUC RENAUD, AGENOIS. — LE SORT D'AGEN SOUS GONTRAN

Gontran fit son duc, dans l'Agenois et le Périgord, Renouald ou Renaud, *Renouald, duc*; il estoit duc aussi du pays à qui on a donné le nom de Condomois. Ce fut ce Renaud qui fit son séjour dans Agen; il en estoit natif. Son chasteau estoit au bout du Gravier, à la chapelle appelée vulgairement la Lotche, qui porte encore le nom de Chasteau-Renaud. Ce Renaud estoit d'une de ces anciennes familles qui s'estoient distinguées du commun par leur mérite et leur richesse. Les ancestres de ce duc Renaud avoient fait bastir ce chasteau pour servir d'ornement et de rempart à la ville. Il fut trouvé nouvellement, en creusant au lieu de ce chasteau, le pavé d'une chambre, d'un carreau à l'antique, petit et plombé, avec des figures de femme et d'animaux, et d'autres figures de losanges, avec des globes imprimés sur le carreau. Il n'y a pas d'apparence que, dans le peu de temps que Renaud fut duc, il eust fait bastir un palais si riche et si beau, selon le rapport d'Arnault, dans ses *Antiquités*, imprimées il y a cent ans. Dit avoir leu, dans les anciennes recognoissances qui confrontoient, *Paladio exteriori*, à un palais hors la ville; c'estoit sans doute aux masures de ce palais qui avoient résisté à la fureur des guerres. Ce dernier Renaud s'estoit rendu recommandable par son mérite; et, pour ne pas céder à ses ancestres, il s'estoit signalé dans les armées de nos roys de France. Il s'estoit acquis dans les guerres la réputation d'un grand capitaine. Son mérite obligea Gontran de le faire duc de l'Agenois et du Périgord ; il crut qu'il ne pourroit mieux s'assurer de ces deux comtés, qui le recognoissoient pour souverain, que de commettre à Renaud le gouvernement de son propre pays.

La ville d'Agen estoit alors dans une autre assiette et bien plus étendue, plus éloignée de la montagne de Pompéjac. Elle s'étendoit dans ce vignoble et dans cette presqu'isle qui est à la Porte-Neuve, et dans ce terrain et ces vignes qui s'étendent depuis la situation de la ville présente jusqu'au ruisseau du Pont-Rompu, y comprenant l'enclos de Malconté, les vieilles masures du temple de Diane, l'enclos des Pères Carmes déchaussés, des Pères de la Mission. Le Chasteau-Renaud, où ce duc faisoit son séjour, estoit au midi de cette ville et s'estendoit depuis cette élévation où est maintenant la chapelle de la Lotche, appelée de Saint-Benoist, jusqu'au ruisseau qui est entre cette chapelle et la ville. Cet édifice estoit, à la manière de ce tems, également beau et fort, et dominoit sur la ville et la Garonne dont il faisoit l'ornement et la défense. Les tombeaux de marbre, les médailles de diverse matière qui se trouvent tous les jours dans les défrichemens de ces vignes, les fondemens de tours et les pavés souterrains, de petites pièces carrées à la manière antique, sont des témoins qui nous convainquent que la ville ancienne estoit bastie en cet endroit, selon le rapport d'Arnault dans ses *Antiquités*. Il y avoit un chasteau aussi au septentrion de la ville, appelé de Montrevel, tout près des fossés, qui, ayant été renfermé dans la nouvelle ville, a été détruit et employé pour y placer le palais du Présidial. Ainsi, la ville ne s'estendoit pas plus loin du costé du septentrion. La seconde raison est l'église de Notre-Dame du Bourg, qui est la chapelle d'un des premiers cimetières des chrétiens qui, suivant la pratique de la primitive Eglise, plaçoient les cimetières hors les villes, dans lesquels ils faisoient bastir une chapelle pour y faire les prières pour les morts. Cette chapelle de Notre-Dame du Bourg indique par son nom qu'elle estoit bastie hors la ville, qui estoit située au delà de cette chapelle et du chasteau de Montrevel, qui est dans la mesme ligne que la chapelle du Bourg. Agen estoit basti au midi de cette chapelle et de ce chasteau de Montrevel qui estoient hors la ville, du costé du septentrion.

Renaud fut duc de l'Agenois et du Périgord depuis l'an 561 jusqu'à l'an 581. Chilpéric Premier fit la guerre à Gontran, roy d'Orléans et de l'Agenois, l'an 581. Renaud, que la recognoissance attachoit au parti de son maistre, entraisna les Agenois dans le parti de Gontran contre Chilpéric. La fidélité de ce duc et celle des Agenois leur attira la guerre sur les bras. Didier, duc de Toulouse, qui suivit le parti de Chilpéric, fit la guerre contre Renaud. L'armée de Didier eut tout l'avantage sur l'armée de Renaud; Didier le poursuivit et le chassa du Périgord et de l'Agenois. Didier prit Périgueux. Ayant fait prester le serment à ceux de la ville, il vint à Agen. La femme de Renaud, qui estoit dans cette ville, ayant appris la défaite de son mari, se réfugia dans la basilique de Saint-Caprais. Didier, maistre de la ville d'Agen et de tout l'Agenois, pour se faire une illustre conqueste de la femme de Renaud, n'eut aucun respect pour l'asile où cette dame s'estoit réfugiée, força l'église de Saint-Caprais, fit la femme de Renaud prisonnière de guerre, et fit conduire cette dame à Toulouse. Agen et toutes les villes de la dépendance de Gontran envoyèrent leurs députés à Chilpéric pour se soumettre à ce prince.

CHAPITRE III

GUERRE DANS L'AGENOIS A L'OCCASION DE GONDEBAUD

Agen fut alors joint à la portion de Chilpéric et au duché de Toulouse, sous la conduite de Didier. Toutes les villes de l'Agenois eurent le mesme sort; il ne demeura sous cette domination que quatre ans. En 585, Didier et Momole avoient fait proclamer Gondebaud roy de cette portion que Gontran avoit dans l'Aquitaine : c'estoit un prince supposé qui se disoit le cinquième fils de Clotaire ; il avoit été élevé à Constantinople; il fut attiré dans l'Aquitaine pour brouiller les affaires. Didier et Momols le firent proclamer roy à Brives-la-Gaillarde, l'an 585, et le mirent en possession des terres de Gontran. Toute l'Aquitaine, au delà de la Garonne, le reconnut. Agen mesme qui avoit esté pris par Didier, l'an 581, estoit gardé par les troupes de Didier, qui l'engagea dans ce parti. Gontran qui, outre le royaume de Bourgogne et d'Orléans, avoit dans son partage l'Agenois et cette partie de Gascogne qui suivoit Gondebaud, envoya une puissante armée contre cet usurpateur, sous la conduite de Legedislaus, ou Leudegesile, et du patrice Egila ; vint dans l'Agenois pour y combattre Gondebaud. L'armée de Gontran estoit si mal disciplinée que ses soldats ravagèrent, bruslèrent, tuèrent tous ceux qui s'opposoient à leurs forces, jetèrent la frayeur partout ; il n'y avoit plus de discipline. Ces gens de guerre, la plupart Bourguignons, se jetoient aussitost sur leurs chefs qui les vouloient retenir que sur le simple peuple.

Les Agenois, au bruit de la marche de cette armée, portèrent leurs meubles les plus précieux à l'hermitage, en 585, dans l'église de Saint-Vincent, située sur la montagne de Pompéjac, creusée dans le rocher et la mesme qu'on y voit encore. La vérité généralement consentie par tous les savants nous apprend que l'armée indisciplinée de Gontran, conduite par Leudegesile, ayant défait Gondebaud au Passage-d'Agen, l'armée de Gontran poursuivit quelque reste des soldats fuyards de cette armée défaite, qui se retirèrent dans Agen. L'armée victorieuse passa la rivière de Garonne, pilla la ville d'Agen, et quelques soldats irréligieux montèrent à l'église de Saint-Vincent, où quelques habitans d'Agen s'estoient réfugiés. Ces soldats forcèrent l'église, tuèrent ceux qui estoient dedans, pillèrent ce qu'ils y rencontrèrent. Aimoin, lib. III, cap. 71 ; Grégoire de Tours, lib. VII, cap. 35 ; et *De Gloria Martyrum*, cap. 105, rapportent que le sacrilège ne fut pas impuni. Grégoire de Tours dit que les soldats qui avoient osé forcer un lieu si saint furent punis dans le moment. Les mains de quelques-uns fumoient comme si elles eussent esté dans le feu ; d'autres se jetèrent dans la rivière ; d'autres furent possédés du démon ; d'autres enfin furent affligés de douleurs qui durèrent toute leur vie. Grégoire de Tours assure avoir veu des complices de ce sacrilège tourmentés de douleurs violentes, qui estoient la peine de leur crime.

Il a été trouvé sur la montagne de Pompéjac quantité d'urnes pleines de cendres. L'antiquité de ces urnes fait croire que c'estoit l'endroit où ceux d'Agen, pour ne pas blesser les lois des Romains, ni l'usage de ce tems, alloient brusler hors leur ville les corps des morts, et renfermoient leurs cendres dans des urnes qui, jusqu'à ce siècle, se trouvent encore sur cette montagne.

Agen revint, par la défaite de Gondebaud, sous la domination de Gontran, et, peu de tems après, passa de nouveau sous le gouvernement de Renaud. Ce duc, qui, après sa défaite, avoit été envoyé ambassadeur en Espagne par Gontran, fut à son retour rétabli dans le duché d'Agen et de Périgord. La femme de Renaud s'estoit réfugiée dans l'église de Notre-Dame de Toulouse pour éviter les mauvais traitemens de Chilpéric. Renaud revint à Agen résider dans son chasteau, et fut duc de l'Agenois pendant la vie de Gontran. Renaud mourut à Agen et fut enterré à Saint-Caprais, au tombeau qui estoit au cloistre, au coin de la porte par où l'on entre dans le cloistre, où il paroist encore quelque reste de son mausolée. Comme, du tems de sa mort, on n'enterroit pas dans les églises, il eut le privilège d'estre enterré à la porte de l'église où sa femme avoit trouvé son asile pendant sa disgrâce. La tradition, confirmée par la circonstance de son tombeau hors de l'église, nous apprenant que c'est le tombeau d'un duc d'Aquitaine, nous fait cognoistre que c'est le tombeau de Renaud, qui est le seul duc d'Aquitaine qui soit mort dans Agen.

CHAPITRE IV

DES DIVERS DUCS ÉTABLIS DANS L'AQUITAINE. — AGEN SOUS LEUR DOMINATION

Gontran mourut l'an 593 ou 594. Childebert succéda à la portion que Gontran avoit dans l'Agenois et dans le Périgord. Ce prince ne régna pas longtems; il mourut l'an 595 ou, suivant Mézeray, l'an 598. Théodebert lui succéda et régna jusques à l'an 610. Toute sa famille fut exterminée avec lui. Clotaire Second succéda au royaume d'Aquitaine; il fit duc de son royaume Sadregesille. Après Clotaire Second, Dagobert, son fils, lui succéda l'an 628. L'année après, Dagobert donna à son frère Caribert le royaume d'Aquitaine, contenant le pays de Toulouse, de Quercy, d'Agenois, de Périgord, de Saintes, et tout ce qui est entre ces provinces et les monts Pyrénées. Ce roy plaça son siège à Toulouse; Sadregesille, qui avoit été son précepteur, fut continué duc d'Aquitaine. Caribert mourut sans enfans, en 631. L'Aquitaine revint au roy de France; l'Agenois y revint avec elle. Dagobert n'y régna pas longtems après. Suivant Mézeray, il mourut l'an 638. Il avoit duc en Aquitaine Boggis; il y a eu un autre duc nommé Bertrand, père de saint Hubert, et Boggis ou Bugisse, mari de la tante de saint Hubert, nommée Ode ; il en est parlé comme de deux célèbres ducs d'Aquitaine.

Clovis Second succéda à Dagobert, qui mourut le 18 janvier 638. Depuis ce tems-là jusqu'à Louis le Débonnaire, on ne trouve pas clairement quels ducs ont régné sur la Gascogne et l'Agenois.

Suivant un extrait de la *Fondation de l'église de Condom*, conservé dans les archives du chapitre de cette ville, il est prouvé qu'Agalsius a été duc d'Aquitaine, vers l'an 799 ou environ, sous le règne de Charlemagne, roy de France, et Louis le Débonnaire, roy d'Aquitaine. Quelques autheurs nomment, après Agalsius, Loup Centule, duc d'Aquitaine, sous Pépin, fils de Louis le Débonnaire, lequel Loup s'estant voulu approprier le duché de Gascogne, Béranger, comte de Toulouse et d'Agen, fut envoyé contre lui avec Vuarin, comte d'Auvergne.

CHAPITRE V

AGEN SOUS LES DUCS DE GASCOGNE ET SOUS CHARLES-MARTEL. — LES RÉVOLUTIONS D'AGEN, SOUS CES DIVERS RÈGNES, PAR LES GUERRES DES SARRASINS.

M. Pithon dit que, depuis Clovis jusqu'à Charlemagne, l'Agenois fut uni à la couronne de France, sous les ducs arbitraires, à la réserve qu'il fut démembré avec l'Aquitaine en faveur de Caribert; mais, depuis Dagobert jusqu'à Thierry Second, l'Aquitaine fut unie à la couronne de France. Après la mort de Clovis, qui mourut l'an 655, Clotaire Trois lui succéda la mesme année et mourut l'an 668.

M. Marca dit que, sous le règne de Clotaire Troisième, on mit sous les ducs douze comtés; il ajoute que le duché de Gascogne, ou Vasconie, fut accreu du comté d'Agenois, quoiqu'il soit au delà de la rivière de Garonne. Agen fût du duché d'Aquitaine, et ne vint sous les ducs de Gascogne que longtems après. Thierry Premier succéda à Clotaire Troisième et ne régna qu'un an : Childéric Second le chassa et régna en sa place pendant quatre ans. Thierry fut ensuite restabli dans son royaume et y régna dix-sept ans. Clovis Troisième lui succéda l'an 691 ; Childebert IIe succéda à Clovis Troisième et régna dix-sept ans ; Dagobert Deuxième succéda à Childebert et régna cinq ans ; Chilpéric IIe succéda à Childebert l'an 714. Eudes, profitant de la foiblesse de ces roys, se fit duc d'Aquitaine. Charles-Martel estoit maire du Palais, sous Chilpéric, et conserva cette charge jusqu'à sa mort.

Chilpéric mourut l'an 722. Thierry II succéda à Chilpéric. Charles-Martel, qui estoit maire du Palais, se saisit de l'Aquitaine, suivant Bouchel en ses *Annales*, et la démembra de la couronne de France pour s'en faire un royaume particulier ; ce fut le comble du malheur de l'Aquitaine. Il avoit commencé à régner sous la foiblesse des roys qui avoient devancé Thierry ; la foiblesse de ces roys avoit donné occasion aux seigneurs de se rendre souverains et tyrans. Les églises furent pillées, les ecclésiastiques dépouillés des biens d'église, les peuples oppressés ; Agen eut sa part de cette disgrasce comme le reste du royaume.

Charles-Martel, qui s'estoit saisi du royaume d'Aquitaine, ne rendit pas Agen plus heureux ; il acheva de le ruiner. Eudes, qui s'étoit rendu maistre à son tour de l'Aquitaine, ne pouvant souffrir la domination de Charles-Martel, rompit avec lui. Ce duc attira sur Agen les malheurs que sa mauvaise conduite et sa mauvaise fortune rendirent communs à toute l'Aquitaine. Les Sarrasins, pour profiter de la division des François et des Aquitains, vinrent par le Roussillon, vers l'an 721, suivant la *Chronique de Moissac*, écrite et finie sous Louis le Débonnaire, vers l'an 818. Cette Chronique dit, après avoir raconté ce qui se passa en France les ans 713 et 714, que les Sarrasins entrèrent en Espagne vers l'an 713, et que, neuf ans après, ils entrèrent en France ; que Zama assiégea Narbonne, fit tout passer au fil de l'épée, à la réserve des femmes et des enfans ; qu'il courut tout le Languedoc et assiégea Toulouse; mais qu'ayant appris que Eudes, duc d'Aquitaine, venoit à lui avec une armée de Gascons, Aquitains et François, il leva le siège et vint au-devant. On croit que les deux armées se rencontrèrent à la plaine de Castelsarrasin, où Eudes tua Zama et défit les Sarrasins. Cette première guerre attira en ce pays les malheurs qui accompagnent les guerres. Cinq ans après, Ambisa, chef des Sarrasins, vint assiéger Carcassonne et alla jusqu'à Nismes ; il ne vint pas à Toulouse parce que Eudes estoit armé en Aquitaine et avoit son armée en ce pays.

Enfin, Abdérame vint en ce pays; les autheurs ne sont pas

d'accord du tems : les uns disent que c'estoit l'an 734, les autres en 731 et d'autres vers l'an 725. Le passage par où il entra en Aquitaine est incertain ; le maréchal d'Arles dit qu'il passa par Pampelune, et qu'il vint assiéger Bordeaux. Rodrigue Ximénès dit qu'il entra par le Roussillon, qu'il vint dans le Languedoc et fut à Arles, qu'il assiégea. Eudes le suivit; mais Abdérame défit Eudes en bataille proche d'Arles. Les chrétiens qui furent tués furent enterrés dans le cimetière d'Arles, où l'on voit tant de tombeaux que ceux du pays tiennent estre les tombeaux des martyrs. Abdérame, au lieu de revenir par le Languedoc, suivit le Vivarois, le Rouergue, le Quercy, l'Agenois. D'autres Sarrasins passèrent à Pampelune, ruinèrent la Gascogne, et se joignirent à Abdérame devant Bordeaux. Voici le détail de cette guerre, l'an 725. Suivant le P. Petau et les *Annales* de Pitou, Eudes, duc d'Aquitaine, rompit avec Charles-Martel, fit alliance avec un seigneur sarrasin, nommé Munuza, à qui il donna, pour gage de son union, sa fille Lampaggias, une des belles princesses de son tems, l'an 731. Ce Munuza, gouverneur des provinces au-deça de l'Ebre, s'estoit révolté contre Iscan, calife des Sarrasins. Eudes et Munuza firent une ligue offensive et défensive : ce fut le malheur de toute l'Aquitaine, car cette alliance attira sur le duché d'Eudes les forces de Charles-Martel pour punir sa révolte, et celles des Sarrasins pour se venger de l'alliance qu'il avoit faite avec Munuza, Sarrasin révolté.

Charles-Martel, qui estoit alors général des armées de Thierry Second, roy de France, et maire et duc des François, ayant appris qu'Eudes revenoit en Aquitaine, employa toutes les forces de France pour le réduire. Il fondit aussitost avec toute sa cavalerie dans les terres d'Eudes, et, pour le chastier de son infraction, il saccagea toute l'Aquitaine jusqu'à la rivière de Garonne et le long de ce fleuve. Au rapport de Mézeray, Agen se trouva enveloppé dans cette funeste expédition qui fut le commencement de la ruïne et du renversement de cette ville et du chasteau de Renaud, qui en faisoit la force et la beauté. Mais Eudes ne feut pas quitte pour cela ; ce traité qu'il avoit fait avec Munuza attira non seulement Charles-Martel pour le punir de son infidélité, mais encore toutes les forces du calife et des Sarrasins, pour se venger de l'union qu'Eudes avoit faite avec le rebelle Munuza. Abdiramun ou Abdérame, lieutenant-général du calife Iscan, feut envoyé en Aquitaine à mesme que Charles en sortit. Ce général, avec les forces des Sarrasins, y entra d'un autre costé. Après avoir vaincu Munuza et l'avoir fait prisonnnier avec Lampaggias, fut repoussé vers la Sardaigne, l'an 731 ; quelques-uns ont creu qu'il entra dans la troisième Aquitaine par Pampelune ; qu'il y ruina tout jusqu'à Bordeaux. Rodrigue Ximenes dans son *Histoire arabique*, chap. 13 et Duplex, qui l'a suivi, disent qu'il entra par le Roussillon ; qu'il assiégea Arles, où il défit Eudes ; qu'ensuite il parcourut le Rouergue, le Quercy, l'Agenois, et que d'autres Sarrasins passèrent par la Gascogne, ruinèrent tout le pays, vinrent se joindre à Abdérame près de Bordeaux. Il y a encore dans les Landes un chasteau qui porte le nom de Castelmauron, *Castram Maurorum*.

Cependant, Eudes, que Charles-Martel avoit ruiné, voyant qu'il se formoit un orage contre luy plus grand que le premier, se réconcilia avec Charles-Martel, pour s'appuyer des forces de son allié. Eudes fut au-devant d'Abdérame, le combattit proche d'Arles, où il fut défait. Après sa défaite, ayant ramassé les débris de son armée, le suivit par le Rouergue, le Quercy et l'Agenois : ce fut un tems de désolation. Les Sarrasins, d'un costé, pillèrent tout, rasèrent les villes par où ils passèrent ; les seigneurs, d'un autre costé se saisirent des biens et revenus des évesques et des ecclésiastiques, sous prétexte de cette guerre. Cette usurpation des biens ecclésiastiques a donné naissance aux dismes inféodées de Gascogne et de ce pays. Cette usurpation des biens ecclésiastiques a duré jusqu'aux XIIe et XIIIe siècles. Il y a encore des restes de ces usurpations dans plusieurs maisons de Gascogne.

Eudes, qui suivoit en queue Abdérame, fut défait une seconde fois à Castelmauron, *Castram Maurorum*, proche Larcolle, Haute-Garonne et Dordogne. Abdérame, après cette défaite d'Eudes, courut tout le pays qui est entre la Dordogne et Garonne, pilla, brusla toutes les villes, ou pour ne laisser rien derrière luy, ou pour oster à ses ennemis des asiles et des retraites. Agen fut alors démoli ou bruslé; cette ancienne ville, qui estoit vers le vignoble de la Porte-Neuve, feut entièrement ruinée. Abdérame, après avoir mis tout à feu et à sang, s'avança plus avant dans les terres d'Eudes et de Charles-Martel, parcourut le Périgord, le Limousin, l'Angoumois, laissant partout les marques funestes de son armée et de sa fureur. Il ne les porta pas au delà de Poitiers; Charles-Martel le défit dans une bataille, près de Poitiers. Abdérame feut accablé par ses propres gens, que Charles-Martel renversa sur le corps que ce général des Sarrasins commandoit : on le trouva mort sans blessures, étouffé sous la multitude des corps morts qui furent tués dans cette bataille. Suivant Regino, abbé, lib. I, *Chronique*, les fuyards qui s'embarrassèrent, s'entassèrent les uns sur les autres, ce qui causa l'accablement d'Abdérame. Je ne scais où Belle-Forest a leu ce qu'il dit, lib. I, cap. 47, pages 124 et 125, qu'Abdérame se sauva par Agen, car il compte qu'il périt dans cette bataille.

Ce fut dans cette incursion des Sarrasins que l'ancienne ville d'Agen fut démolie, et les éminens et beaux édifices que les premiers habitans d'Agen avoient foit bastir du tems mesme de leurs roys furent rasés ou bruslés; car, suivant Isidore, Abdérame ruina les villes et les églises d'Aquitaine, et quoique Agen eut esté diverses fois exposé aux Huns, Alains et Vandales, il souffrit plus des Sarrasins que des autres barbares. Ce feut encore après ce malheureux tems que l'on commença à rétablir la ville d'Agen; qu'on coupa les bois qui estoient en nos montagnes pour bastir des maisons presque toutes de bois. La religion attira les habitans dans le voisinage de Saint-Caprasi et de Sainte-Foy; les prestres firent bastir des maisons de bois. Ces petits et foibles commencemens donnèrent occasion aux habitans d'approcher la ville de la montagne de Pompéjac; la dévotion que les Agenois ont toujours eue pour les saints tutélaires d'Agen y contribua beaucoup. Les prestres mesmes, par le moyen des aumosnes que faisoient les pèlerins, en firent la plus grande partie, et les louages faisoient tous leurs revenus, après avoir été dépouillés de tous les autres, jusques mesme aux oblations. Ils ne furent pas longtems sans estre dépouillés de ces maisons, car les ducs, pour subvenir aux frais de la guerre, s'en saisirent peu de tems après.

Eudes ayant esté s'establir dans l'Aquitaine après la ruine de son pays et après la défaite d'Abdérame, souffroit avec peine le traité qu'il avoit fait dans sa disgrasce et forcé par la nécessité d'avoir du secours contre les Sarrasins, et que ce traité estoit conceu avec des conditions peu avantageuses à Eudes; il creut n'estre pas obligé de les tenir; dès que le péril feut passé, il se déclara contre Charles-Martel, ce qui attira la guerre de nouveau en cette province. Charles-Martel rentra dans ce pays, poursuivit Eudes de lieu en lieu; mais ne l'ayant peu joindre, il pilla, ruina et emporta tout ce qui avoit échappé aux voleries des Sarrasins. Ce coup ruina toute l'Aquitaine et a été cause, par la pauvreté qu'il y avoit alors dans les provinces, que les villes qui se rétablirent ne furent basties que de chaume. Agen, qui avoit esté une des villes des plus magnifiques des Aquitaines, eùt bien de la peine à se remettre; il se rétablit en un état qui ne ressentoit pas la magnificence des anciens habitans d'Agen et qui publioit la misère de ce siècle.

Eudes étant mort, ses enfans, surtout Hannoud, ou Huor, qui eust la première et la seconde Aquitaine pour son partage (Loup tenoit la troisième), ne voulut pas recognoistre Charles-Martel. Charles-Martel revint avec toute son armée, parcourut toute la province jusques à la rivière de Garonne, força toutes les villes, ruina et démolit tous les forts; s'il restoit encore à Agen quelque reste du fort de Renaud, il fut entièrement démoli : voilà l'état misérable où ces guerres réduisirent Agen. Cette ville, qui estoit l'agrément de la province par les édifices et par les ornemens qui les accompagnoient, fut ruinée; l'ancienne ville feut mesme rasée; il n'en resta que quelque misérable vestige. Tout le terrain où estoit cette ancienne ville est maintenant en champs et en vignes;

la ville a été relevée dans une autre situation, plus près de la montagne de Pompéjac; mais cette nouvelle ville n'approche pas de la somptuosité de la première.

CHAPITRE VI

SUITE DES RÉVOLUTIONS D'AGEN SOUS LES SUCCESSEURS DE CHARLES-MARTEL.

Après la mort de Charles-Martel, arrivée l'an 741, Hannoud ou Huor, duc d'Aquitaine, vers l'an 742, fit effort de secouer le joug que Charles-Martel lui avoit imposé. Il attira la guerre de Pépin et de Carloman ; mais, ne pouvant leur résister, il se jeta dans un cloistre. Goifer, son frère, suivant quelques auteurs, ou son fils, suivant d'autres, tascha de réparer ses affaires et de secouer le joug de Pépin, successeur de Charles-Martel, son père, et à sa charge et au royaume d'Aquitaine. Goifer se servoit des Sarrasins qui furent de toutes les guerres que Goifer fit dans ce pays. Pepin fit plusieurs voyages contre Goifer. Mézeray dit que, l'an 765, Pepin prit sur Goifer Angoulesme, Périgueux et Agen, et y receut plusieurs Gascons qui se donnèrent à lui. Enfin, l'an 768, Goifer fut défait dans le Périgord et ensuite, au rapport de Frédégoire, Pepin, l'an 768, honora Agen de sa présence, et les Aquitains luy prestèrent serment de fidélité, après la défaite de Goifer. Le titre de la fondation de Clayrac porte que Pepin, fondateur de cette abbaye, feut dans Agen, qu'il y tint l'assemblée des notables de Gascogne, de France et d'Aquitaine, et qu'il y confirma la fondation de Clayrac. Pepin prit soin d'établir des églises pour réparer les maux que les Sarrasins avoient faits. Charlemagne succéda à Pepin, et Hannoud, que Pepin avoit forcé de se faire moine, sortit du cloistre et tascha de rentrer dans son duché d'Aquitaine, appuyé sur l'alliance du duc de Gascogne ; mais Charlemagne, ayant appris ce parti naissant, s'avança dans l'Aquitaine, vers l'an 769. Au bruit de ses approches, Hannoud médita de fuir, mais le duc de Gascogne appela Lupus, craignant la puissance de Charlemagne, le retint et le luy livra, suivant Eginard dans la *Vie de Charlemagne*

CHAPITRE VII

CHANGEMENT DANS LE DUCHÉ D'AQUITAINE, DEVENU ROYAUME SOUS CHARLEMAGNE.

Ce fut dans ce tems-là que le duché d'Aquitaine prit fin. Les ducs estoient arbitraires et destituables; cette sorte de gouvernement prit fin par la fuite de Hannoud, qui se retira en Italie, ayant échappé des mains de Charlemagne. Agen passa sous la domination de Charlemagne. Ces guerres étant finies, les Sarrasins, qui estoient en Espagne, obligèrent Charlemagne de venir en ce pays, l'an 777. Charlemagne passa les festes de Noël à Duriac et fit la Pasque à Casseneuil, en Agenois, et il s'y arresta pour faire les préparatifs du voyage d'Espagne contre les Sarrasins. Ce prince, partant de Casseneuil pour aller en Espagne, laissa la reine Hildegarde, sa femme, dans ce chasteau où elle accoucha de Louis le Débonnaire et de Clotaire, frères jumeaux. Ce dernier mourut bientost après sa naissance, et fut enterré dans l'église de Casseneuil en un tombeau de brique. Le chasteau estoit alors sur la montagne, lequel fut démoli par les Normands, et une seconde fois par les troupes du comte de Montfort pendant la guerre des Albigeois, l'an 1214.

Si le second voyage que Belle-Forest, Serres et d'Arnault, dans ses *Antiquités*, font faire à Charlemagne, d'après le livre attribué à Turpin, archevesque de Reims, contemporain de Charlemagne, estoit conforme aux annalistes et histoires de ce tems-là, je croirois le siège d'Agen indubitable; mais, comme toutes les annales de France disent que, l'année 779, Charlemagne fut en Allemagne, le fait que Turpin rapporte d'Agen me paroist suspect. Quoique ce roman ait ses partisans et qu'il soit fait depuis le dixième siècle, il n'a pas tout le crédit qu'il devroit avoir pour passer pour véritable. Néanmoins, comme il rapporte quelques circonstances assez plausibles, et qui d'ailleurs se trouvent véritables, je crois ne pouvoir me dispenser de rapporter ce qu'il dit d'Agen. Il rapporte qu'Aygolan, roy des Sarrasins, ayant ramassé une forte armée de deux cent mille hommes pour venger sa nation des injures que Charlemagne avoit faites aux Sarrasins, entra en Aquitaine, vint à Agen qu'il prit, et qu'il y fit séjour tout l'hiver de l'année 778. Turpin ajoute que Charlemagne, le printems ensuite, revint en ce pays, et qu'il défit, près de Clayrac, l'armée d'Aygolan, conduite par Amon. Il y a près de Clayrac une petite ville qui s'appelle Castelmauron, *Castram Maurorum*, qui sans doute feut le lieu du combat, qui dura depuis le matin jusques un peu avant la nuit. Charlemagne défit l'armée des Sarrasins où Amon feut tué. Roland envoya la teste de ce général à Aygolan, dans Agen, qui, n'ayant rien receu du combat, feut si étourdi de la nouvelle et de la défaite de son armée, qu'il prit le parti de se défendre dans Agen. Cependant, Charlemagne, en recognoissance de la défaite des Sarrasins avant la nuit, et de ce qu'il avoit remporté la victoire pendant qu'il y restoit encore du jour, dota l'abbaye de Clayrac et il lui voulut donner ce nom à cause de la circonstance du gain de la bataille avant la nuit. Tous les auteurs tombent d'accord que Charlemagne a doté l'abbaye de Clayrac; ce qui ne paroist pas avoir esté fait à son premier voyage. Ensuite, Charlemagne vint assiéger Aygolan dans Agen; si l'on doit en croire Turpin, le siège dura sept mois. Cette première circonstance de Castelmauron, près de Clayrac, sur la rivière du Lot, autorise l'histoire de Turpin. Voici une seconde circonstance, qui se trouve d'ailleurs véritable : c'est que Turpin dit que, pendant le siège d'Agen, Charlemagne fit bastir une chapelle de Sainte-Croix, près d'Agen, où il donna l'ordre de chevalerie à Roland, son neveu. Je ne sçais pas d'où cet auteur, qu'on croit estre Espagnol, a sceu ce fait d'Agen; car il est vrai qu'il y a eu une chapelle de Sainte-Croix sur Saint-Vincent qui feut ensuite une paroisse, et Saint-Vincent est dans l'étendue de la paroisse de Sainte-Croix. Le nom de cette paroisse subsiste encore ; le lieu en est conneu tout près d'Agen ; l'église a été démolie ou par les huguenots, ou par le tems qui dévore tout ; les masures paroissent encore sur la montagne de Saint-Vincent. Enfin, la troisième circonstance est que cet autheur dit qu'Aygolan, se voyant pressé dans Agen par Charlemagne, se sauva vers la rivière de Garonne par des conduits souterrains qu'il y a dans cette ville. C'est une vérité constante qu'il y a vers le palais des conduits et des voustes soubs terre de la hauteur d'un homme, qui conduisent vers la rivière de Garonne, qu'on découvre tous les jours lorsqu'on fait bastir. On peut s'en éclaircir dans la maison qui estoit à M. Baille, où ces sortes de conduits sont découverts. Il y a quelque apparence que les Agenois, qui rétablirent leur ville après sa démolition, firent ces conduits souterrains pour se garantir de la violence et des coups des infidèles. Quoi qu'il en soit de ce siège d'Agen, il conte que Clayrac a été doté par Charlemagne ; que la chapelle de Sainte-Croix a été bastie par ce prince, et qu'enfin il y a des conduits soubs terre dans la ville d'Agen.

Pendant le séjour de Charlemagne en ce pays, il donna aux Agenois pour armes une aigle d'argent, au champ de gueules, tenant un bandeau avec cette inscription : Agen, à la bordure de France liserée d'azur, chargée de fleurs de lys. Les Agenois et les magistrats d'Agen ont esté si jaloux de cet honneur, qu'ils ont conservé les armes depuis Charlemagne ; ce sont encore les mesmes dont la ville se sert qui ont pour devise le verset du psaume 126 : Si Dieu ne prend le soin de la cité, le soin des hommes et leurs veilles sont inutiles. Quelques-uns ont creu qu'il donna ces armes estant empereur, sur ce que Gilles lui a fait faire ce second voyage, l'an 808, et Gilles dit que ce feut en ce second voyage qu'il combattit Aygolan ; il ajoute mesme que Charlemagne fit un troisième voyage en Espagne, l'an 809, pour venger la mort de Roland : ce sentiment n'est pas généralement receu.

CHAPITRE VIII

L'AGENOIS ÉRIGÉ EN COMTÉ ET DONNÉ PAR CHARLEMAGNE AUX COMTES DE TOULOUSE.

Charlemagne, ayant vaincu les Sarrasins, établit l'Aquitaine en royaume l'an 781. Il fit roy d'Aquitaine Louis, son fils, parce qu'il estoit né en ce pays. Charlemagne, pour s'assurer ce pays, destitua les comtes et les ducs arbitraires qui restoient en Aquitaine avant cet establissement. Il en mit à sa dévotion : Corson ou Curson ou Tursin, son parent, fut fait comte de Toulouse, et Charlemagne y joignit l'Agenois. C'est pour cela que Monet, dans la *Géographie des Gaules,* dit que les Agenois estoient Volcœbimares et Nitiobriges ; il les appelle Volceus qu'on sçait estre les Toulousains et ceux du Languedoc. Curson, s'estant rendu criminel de lèse-majesté, Charlemagne le déposséda et mit en sa place Guillaume Premier, comte de Toulouse. Ce Guillaume eut un fils, nommé Bernard, qui fut tenu sur les fonts baptismaux par Louis le Débonnaire. Ce Guillaume eut guerre dans ce pays d'Agenois, pour réduire les Agenois à se soumettre, et il les soumit au comté de Toulouse. Bernard épousa Duodène le 24 juin 823, dans la ville d'Aix-la-Chapelle. Bernard eut un fils, nommé Guillaume Second, et une fille nommée Rogelinde, qui feut mariée à un comte d'Angoulesme, nommé Vulgrin Premier, qui feut comte de l'Agenois et du Périgord par le droit de Rogelinde, sa femme.

Pour ne pas confondre le tems de ces divers changemens, il faut dire que Tursin, ou Corson, fut fait comte de Toulouse et d'Agenois, vers l'an 781. S'étant rendu criminel de lèse-majesté, il fut destitué, et Guillaume Premier lui succéda vers l'an 790 ou 792. Il est certain que Guillaume perdit une bataille contre les Sarrasins l'an 793, et qu'il assista au siège de Barcelone, mis devant cette ville par Louis le Débonnaire qui fut fait empereur, mais qui n'estoit alors que duc des Aquitains. Il fit bastir l'abbaye de Saint-Guillem-le-Désert, sur la rivière de l'Hérault, dans le diocèse de Lodève, et se fit religieux l'an 806 ; il y mourut en odeur de sainteté l'an 814. Après Guillaume Premier, Béranger fut fait comte de Toulouse et d'Agenois, vers l'an 819; il ne posséda pas ces deux comtés paisiblement. Bernard, fils de Guillaume, lui disputa le comté de Toulouse avec ses dépendances ; l'affaire traisna et fut terminée, l'an 836, par la mort de Béranger. Bernard, fils de Guillaume, fut paisible possesseur du comté de Toulouse et de l'Agenois, qui estoit, suivant Oyenard, une portion du comté de Toulouse. Bernard, comte de Toulouse et d'Agenois, dans la guerre que Charles le Chauve eust contre le jeune Pepin, feut neustre. Il estoit comte d'Agenois sous le règne de Pepin, roy d'Aquitaine, à qui Louis le Débonnaire, étant devenu empereur, avoit donné le royaume d'Aquitaine, tellement qu'Agen estoit sous le comte Bernard, qui relevoit du duc d'Aquitaine, à raison du comté d'Agenois, et sous Pepin, roy d'Aquitaine.

Il faut remarquer, pour tout le reste de l'histoire, que l'Agenois, quoiqu'il feut au comte de Toulouse, estoit de la dépendance du duc d'Aquitaine; c'estoit pour lors Renaud qui en estoit duc, sous le roy Pepin le Jeune. Prétendant estre successeur de son père au royaume d'Aquitaine, ce fut un sujet de guerre entre Pepin le Jeune et Charles le Chauve, fils de Louis le Débonnaire, pour le mesme royaume. Bernard, comte de Toulouse et d'Agen, fut neutre dans cette guerre, qui partagea tout le royaume et qui se termina par la sanglante journée de Fontenay, où Charles le Chauve emporta le royaume d'Aquitaine.

Charles le Chauve ayant été déclaré roy d'Aquitaine, Bernard, comte de Toulouse et d'Agen, qui n'avoit pris aucun parti, fut disgrascié ; et, craignant que Charles le dépouillast du comté de Toulouse et d'Agenois, envoya son fils Guillaume Second à Charles, roy d'Aquitaine, pour lui rendre hommage, quoique Guillaume ne fust asgé que de quinze ans. Charles conserva à Guillaume Second les comtés de Toulouse, d'Agen et de Périgueux ; mais il poursuivit Bernard, son père, au Parlement de France, où il fut condamné comme crimninel de lèse-majesté ; et, après sa condamnation, il fut assassiné, l'an 844. M. Le Bret, dans l'*Histoire de Montauban*, dit que Guillaume Second, comte de Toulouse, entreprit la guerre contre Charles le Chauve. Guillaume estoit puissant, étant comte de Toulouse, d'Agen et de Périgueux ; il s'associa avec les Sarrasins ; cette guerre dura jusqu'à l'an 850. Elle finit cette année par la mort de Guillaume, qui fut tué à Barcelone, suivant le P. L'Abbé, au 4e tableau généalogique des comtes de Toulouse.

CHAPITRE IX

AGEN SOUS LES COMTES D'ANGOULESME FAITS COMTES D'AGEN.

Après la mort de Guillaume, le Périgord fut saisi par Immenon, comte d'Angoulesme ; c'estoit le second comte d'Angoulesme. Cette ville fut érigée en comté par Charles le Chauve, et le premier comte qu'il establit fut un nommé Turcin, qui fut bientost après tué à une bataille contre les Normands. Immenon, qui estoit son frère, lui succéda, et, pendant qu'il estoit comte d'Angoulesme, pour profiter des débris de Guillaume Second, comte de Toulouse, il se saisit du comté de Périgord. Vulgrin, qui avoit épousé Rogelinde, sœur de Guillaume Second, comte de Toulouse, se saisit de l'Agenois pour ne pas laisser perdre à sa femme tous les droits qu'elle pouvoit avoir sur les biens de son frère et pour profiter des débris de sa ruine. Vulgrin estoit petit-fils de Charlemagne, fils de Votrude, fille naturelle de Charlemagne, qui fut mariée à Voricon, père de Vulgrin ; il tenoit du sang de Charlemagne ; ce fut un des généreux hommes de son siècle. Pendant que Vulgrin fut comte d'Agen, Carloman, fils de Louis le Bègue, estoit roy d'Aquitaine, et sous lui Richard estoit duc d'Aquitaine. Vulgrin estoit parent d'Immenon, et succéda en cette qualité au comte d'Angoulesme et de Périgord ; tellement qu'il fut comte d'Angoulesme de son chef et par le droit de succession, et comte d'Agenois par le droit de Rogelinde, sœur de Guillaume Second, comte de Toulouse. Vulgrin jouit de ses comtés d'Angoulesme et de Périgord depuis la mort d'Immenon qui arriva vers l'an 866, et de celuy d'Agen depuis l'an 850. Après la mort de Guillaume, son beau-frère, Vulgrin les posséda tous les trois jusques vers l'an 894. Ademarus et après lui Autesserre, tom. Ier, page 259, chap. 1er, disent que Vulgrin fut un des généreux hommes de son tems ; il fit merveille contre les Normands. Vulgrin estoit frère d'Adoin, abbé de Saint-Denis, parent de Charles le Chauve ; il épousa la fille de Guillaume Second, comte de Toulouse ; on le nomma Taille-Fer parce qu'il avoit coupé en deux un Normand armé de cuirasse d'un coup de sabre. Vulgrin laissa deux enfans : Aldoin, son aisné, et Guillaume, son puisné. Il donna à Aldoin le comté d'Angoulesme et à Guillaume les comtés d'Agenois et de Périgord, qu'il avoit possédés en conséquence de son mariage avec Rogelinde, sœur de Guillaume Second, comte de Toulouse. Guillaume, troisième fils de Vulgrin, commença à jouir du comté d'Agenois et du Périgord, l'an 894. Il n'y régna pas longtems, il perdit l'Agenois ; les ducs de Gascogne s'en rendirent les maistres.

CHAPITRE X

AGEN, SOUS LES DUCS DE GASCOGNE, EUT DES COMTES DE LA FAMILLE DES DUCS DE GASCOGNE.

L'Agenois passa de la maison d'Angoulesme dans la maison des ducs de Gascogne parce qu'il ne se trouve pas que Bernard, fils de Guillaume, ni pas un de ses quatre enfans, Arnaud, Guillaume-Talleran, Raoul et Richard en aient joui ; mais il se trouve que les successeurs de Sance, le deuxième duc héréditaire de Gascogne après Mitara, premier duc héréditaire de Gascogne, ont pris ce titre ; car Garsias Sance, dit le Courbé, fils de Sance, portoit la qualité de vicomte de Broüillois, l'an 910, avant la mort de Guillaume, comte d'Agen, qui mourut vers l'an 916 ou 919. Ce Sance, qui avoit étendeu la Gascogne au-delà de la Garonne jusqu'à la Dordogne, prit la qualité de vicomte de Broüillois, qui estoit une dépendance d'Agen.

Guillaume Sance eut quatre enfans et une fille : le premier s'appeloit Guillaume, le second Garsias, le troisième Bernard, le quatrième Sancius, et une fille nommée Prisque. Guillaume fut duc de Gascogne, et Garsias comte d'Agenois. Bernard et Sancius succédèrent l'un après l'autre au duché de Gascogne et comté d'Agenois. Prisque fut mariée à Guillaume, cinquième duc d'Aquitaine ; elle eut un fils, nommé Eudes, qui succéda au duché de Gascogne et ses dépendances, après ses oncles. Après Garsias, ce feut Bernard qui feut comte d'Agenois et duc de Gascogne, et après Bernard ce feut Sancius, son frère et le dernier de la maison de Gascogne.

CHAPITRE XI

AGEN REVIENT AUX DUCS D'AQUITAINE ET AUX COMTES DE TOULOUSE.

Après Sancius, Eudes, son neveu, fils de Prisque, sa sœur, et de Guillaume, duc d'Aquitaine, succéda à ses oncles au duché de Gascogne et à l'Agenois, qui estoit une dépendance de Gascogne. Et par le moyen d'Eudes, l'Agenois passa de la maison de Gascogne à la maison du duc d'Aquitaine. Après Eudes, fils de Prisque et de Guillaume Cinquième, dit le Grand, Guillaume, dit Laigret, lui succéda et jouit de l'Agenois avec le duché d'Aquitaine depuis l'an 1039 jusqu'à l'an 1058; il est signé dans la fondation de Moyrax, rapportée dans la 2ᵉ partie de l'an 1049. M. Marca dit que Guy Geoffroy, successeur de Guillaume Laigret, posséda la Gascogne. La *Chronique* de Maillezay dit : *Guillelmo mortuo successit in regno Goffridus qui jam Gasconiam acquisiverat.* S'il posséda l'Agenois après la mort de son frère ou auparavant avec la Gascogne qu'il avoit acquise, il ne conste pas clairement ; mais il est à présumer que, pendant la guerre qu'il fit pour acquérir la Gascogne, les comtes de Toulouse s'en rendirent maistres ; car Guillaume Cinq, comte de Toulouse, possédoit l'Agenois pendant que Geoffroy possédoit le duché d'Aquitaine, comme il paroist par un titre de l'an 1080, qui est rapporté par M. de la Benazie, dans son *Histoire manuscrite de la ville d'Agen*. C'est une conjecture plus que probable que, pendant que Geoffroy faisoit la guerre pour se rendre maistre de la Gascogne, dont Hemapater s'estoit saisi, que Pons Second ou Troisième, ou Guillaume Cinquième, son fils, comtes de Toulouse, se saisirent de l'Agenois. Ce Guillaume de Toulouse n'eut qu'une fille, nommée Philippe ou Philippie; elle feut mariée à Guillaume Neuvième, successeur de Geoffroy au duché d'Aquitaine l'an 1089, ou, suivant la *Chronique* de Maillezay, l'an 1094. Philippe luy porta l'Agenois, qui feut réuni de nouveau au duché d'Aquitaine. Après Guillaume Neuvième, Guillaume Dizième et dernier, duc d'Aquitaine, succéda à son père au duché d'Aquitaine et au comté d'Agenois, par le droit de Philippe, sa mère, l'an 1126. Après Guillaume Dixième, Alienor, sa fille, porta l'Agenois avec le duché d'Aquitaine à Louis Septième, dit le Jeune, l'an 1136. Louis Septième, roy de France, l'ayant répudiée, elle épousa Henry, duc de Normandie, l'an 1152, lequel feut fait roy d'Angleterre l'an 1154. Après Henry Second et mesme de son vivant, Richard, fils d'Alienor et d'Henry Second, roy d'Angleterre, feut fait duc d'Aquitaine et comte d'Agenois, l'an 1169. Richard, après la mort de son père, ayant succédé au royaume d'Angleterre, donna l'Agenois à Jeanne, sa sœur, lorsqu'elle épousa Raymond Sixième, comte de Toulouse, l'an 1196. Après Raymond Sixième, Raymond Septième feut maistre dans l'Agenois l'an 1224. Après Raymond, sa fille Jeanne, mariée à Alphonse, frère de saint Louis, succéda avec Alphonse, son mary, à l'Agenois, et Alphonse en prit possession, en vertu de son mariage avec Jeanne de Toulouse, l'an 1252. Alphonse et Jeanne moururent l'an 1270. Alphonse-Philippe Troisième, dit le Hardi, fils de saint Louis et neveu d'Alphonse, se saisit de l'Agenois, mais il le restitua à Edouard, roy d'Angleterre. Nous verrons dans la suite de l'histoire les autres comtes de l'Agenois.

CHAPITRE XII

LES DIVERSES RÉVOLUTIONS D'AGEN SOUS CES DIVERS DUCS ET COMTES DE L'AGENOIS.

Après avoir éclairci le catalogue des comtes d'Agenois et avoir prouvé leur succession, revenons à l'histoire pour voir le tems qu'ils ont joui du comté d'Agen, et sous quels roys et quels ducs ils ont vécu.

Charles le Chauve estoit roy de France quand Guillaume Second de Toulouse et comte d'Agen, mourut. Ranulphe, petit-fils de Renaud, estoit duc d'Aquitaine depuis l'an 853. Ranulphe Second lui succéda l'an 872. Vulgrin feut comte d'Agen sous Charles le Chauve, roy de France, et sous les Ranulphes, ducs d'Aquitaine. Sous ces mesmes Ranulphes et sous Vulgrin, comte d'Agenois, les Normands firent des irruptions jusqu'en Agenois. Un auteur moderne rapporte que les Normands vinrent jusqu'à Casseneuil, pillèrent et ruinèrent tout l'Agenois ; les églises feurent abattues, les villes feurent désertées, jusques-là qu'à peine trouvoit-on des chrétiens qui voulussent les habiter. Les Normands estoient des brigands chassés de leur pays. La nécessité de vivre obligea cette nation de chasser de cinq en cinq ans des bandes de jeunes gens qui, ne sçachant où s'establir, couroient toute la France ; ils vinrent plusieurs fois par Bordeaux ravager le pays le long de Garonne.

Les Normands firent d'estranges ravages dans l'Agenois. André Duchesne dit qu'Agen feut en proie aux Normands et Danois ; les

Huns le ravagèrent aussi. Ce feut contre les Normands que Vulgrin, comte d'Agenois, combattit plusieurs fois et fit des merveilles. Suivant Ademarus, c'estoit un des plus généreux capitaines de son tems. Cependant, les Gascons eurent Sance-Mitara, dit Sance Second; il feut le premier chef des ducs héréditaires de Gascogne et la tige de ceux qui se firent comtes de l'Agenois. L'an 877, Louis le Bègue succéda au royaume de France et Carloman au royaume d'Aquitaine; et, après lui, Eudes se fit roy d'Aquitaine et enfin roy de France, après Charles le Gros, l'an 888. Ranulphes mourut l'an 893. Trois ans auparavant Sance succéda à Mitara au duché de Gascogne.

CHAPITRE XIII

ORIGINE DES FIEFS, SEIGNEURIES. — AGEN LIBRE DE FIEFS A CENSIVE.

Ce feut sous le règne d'Eudes et des autres quatre roys qui s'estoient partagé le royaume que les seigneurs augmentèrent leur autorité et leur pouvoir. Ces nouveaux roys firent part de leurs usurpations aux seigneurs de leur dépendance; ils leur accordèrent toutes choses pour en avoir seulement l'hommage et le serment. Il ne faut pas douter que ces seigneurs n'en usassent de mesme à l'égard de leurs sujets ; il ne faut pas non plus douter que Ranulphe Second, voulant faire la guerre à Eudes pour s'attirer la petite noblesse à son parti, vers l'an 888, n'érigeast en seigneuries les terres d'autant de seigneurs qu'il peut pour se faire des créatures : voilà l'origine des principales terres qui se trouvent renfermées dans le comté d'Agenois subsistant de notre tems. Les familles, par la révolution des siècles et par la décadence des maisons, ont péri ; leurs domaines seuls ont resté.

Agen, qui estoit déjà sous des comtes establis, ne receut aucun changement et jouit, dans cette révolution, sous Vulgrin, comte de l'Agenois, de ce qu'il jouissoit sous les comtes de Toulouse dont Vulgrin avoit le droit ; tellement que cette ville vit establir les fiefs et les seigneuries sans tomber sous aucun nouveau seigneur qui la soumist aux nouveaux droits que les seigneurs d'une nouvelle date establissoient sur les fiefs, qu'ils érigeoient de nouveau. Après la mort de Ranulphe Second, qui mourut l'an 893, son frère Ebles, fils de Ranulphe Premier, prit la qualité de duc d'Aquitaine comme tuteur d'Ebles, fils de Ranulphe Second ; mais Ebles mourut la mesme année 893, et Ebles, son neveu, feut duc d'Aquitaine sous le nom d'Ebles Second. Guillaume le Pieux feut son tuteur et prit la qualité de duc d'Aquitaine sous le nom de Guillaume Premier. Vulgrin estoit encore comte de l'Agenois pendant ces révolutions et sous ces roys de France.

Vulgrin, comte d'Agenois et d'Angoulesme, mourut l'an 894; il donna à son aisné, nommé Aldoin, le comté d'Angoulesme, et à son cadet, nommé Guillaume, le comté d'Agenois et du Périgord, comme un droit maternel qu'il avoit acquis par Rogelinde de Toulouse, sœur de Guillaume Second, comte de Toulouse et d'Agenois et de Périgord. Guillaume, fils de Vulgrin, ne feut pas longtems comte d'Agen, bien qu'il vécust jusqu'à l'an 916 ou 919 : il perdit le comté d'Agenois l'an 900. Cette année-là, Garsias Sance, estant duc de Gascogne, voulant profiter de la minorité d'Ebles, duc d'Aquitaine, estendit le duché de Gascogne jusqu'à la Dordogne, et prit la qualité de vicomte de Broüillois, qui estoit une portion de l'Agenois. Garsias Sance mourut l'an 920, et Sance Garsias lui succéda la mesme année, et feut comte d'Agenois durant le règne de Charles le Simple. Les seigneurs, qui avoient pris goust à ces petites seigneuries, affectèrent l'indépendance ; il se fit un parti contre Charles le Simple, qui feut trahi et fait prisonnier. Raoul se fit roy de France l'an 923. Charles le Simple mourut l'an 924 et ne laissa qu'un fils, nommé Louis, qu'Ogine, femme de Charles le Simple, sauva en Angleterre, et qui feut ensuite roy de France sous le nom de Louis d'Outre-Mer. Guillaume le Pieux estant mort, Ebles, qui avoit esté sous sa tutelle, feut duc d'Aquitaine. D'Arnault, qui a continué la *Chronique Bourdeloise*, met après Ebles un Guillaume Second, duc d'Aquitaine. Après ce Guillaume, nommé Hugues ou Huguon, succéda Guillaume Teste-d'Etoupes, dit Guillaume Troisième ; il estoit duc l'an 936, l'année que Raoul mourut sans succession.

CHAPITRE XIV

DES DUCS D'AQUITAINE ET DE GASCOGNE.

Agen relevoit du duché d'Aquitaine et les comtes devoient hommage aux ducs d'Aquitaine. Sous ces divers roys et ducs, Sance, fils aisné de Sance Garsias, succéda au duché de Gascogne et comté d'Agenois après le décès de Garsias Sance, son père. Pendant que Sance estoit comte d'Agenois, Louis d'Outre-Mer, roy de France, mourut l'an 954. Lothaire lui succéda et Guillaume Troisième, dit Teste-d'Etoupes, vécut duc d'Aquitaine jusqu'à l'année 965. Trois ans avant que Guillaume Troisième ne se fist religieux, Guillaume Sance succéda, après Sance, son frère aisné, au duché de Gascogne et au comté d'Agenois, l'an 960; et il est appelé Guillaume Quatrième de nom, comte d'Agenois. La mesme année, Guillaume Sance associa au duché de Gascogne son frère Gombaut, qui, estant devenu veuf, feut fait évesque d'Agen et de Gascogne, et donna aux évesques ses successeurs dans le siège d'Agen le nom et le titre de comtes d'Agen, sans leur donner le comté d'Agenois; car Guillaume, duc de Gascogne, le possédoit après que Gombaut cessa d'estre évesque d'Agen. Guillaume, duc d'Aquitaine sous Lothaire Premier, se fit religieux dans le couvent de Saint-Cyprien de Poitiers, ensuite en celui de Saint-Mexans où il mourut. Il laissa ses Etats à Guillaume Quatrième, dit Fier-à-Bras, l'an 965.

Guillaume Sance, duc de Gascogne et comte d'Agenois, vécut jusqu'à l'an 983, comme il paroist par la fondation de l'abbaye de

Saint-Sevet qu'il avoit faite l'an 982, où il se qualifie comte d'Agenois. Il paroit par la fondation de Saint-Sevet que fit Guillaume Sance, qu'Agen estoit de sa dépendance. Le comté des Gascons comprenoit alors la Bigorre, Fezensac, Lectoure, Agen et Bordeaux.

M. Pithon s'est trompé lorsqu'il dit qu'après la mort de Gombaut et d'Hugues, évesques d'Agen, le comté feut usurpé sur les évesques par ceux qui profitèrent de la fainéantise des roys de la seconde race, puisque Guillaume Sance, après que Gombaut feut ou mort ou qu'il se feut démis de l'évesché d'Agen et avant la mort de Hugues, se disoit comte des Agenois, et que son cadet, nommé Garsias, feut comte des Agenois. Ce ne feut pas en ce siècle que les évesques d'Agen furent dépouillés du titre de comtes d'Agen : ce feut le comte Raymond Sixième qui leur osta ce titre, comme il sera expliqué dans la suite.

Guillaume Sance, comte des Agenois et duc de Gascogne, laissa quatre enfans masles et trois filles. Guillaume, qui estoit l'aisné, succéda au duché de Gascogne; le second s'appeloit Garsias et feut fait comte des Agenois; le troisième, Bernard; le quatrième, Guillaume Sancius ou Sance. Des filles, celle qui eut part à l'histoire d'Agen s'appeloit Prisque. Garsias feut comte d'Agenois l'an 983, après la mort de son père, Guillaume Sance, qui mourut l'an 983. Cependant, Louis Cinquième, dit le Fainéant, succéda au royaume de France par le décès de Clotaire qui mourut le 12 de mars, l'an 986. Louis le Fainéant ne vécut pas longtems après avoir esté élevé sur le trosne; il mourut l'an 987, et la race de Charlemagne prit fin par la mort de Louis le Fainéant. Hugues Capet feut proclamé roy à sa place.

CHAPITRE XV.

DE LA MANIÈRE DE JUGER LES AFFAIRES SOUS LES DIVERS DUCS
DE CE PAYS.

Il faut remarquer que, depuis Charlemagne, il y avoit trois manières de juger les affaires dans les provinces, dans les duchés et comtés ; il y avoit des lois particulières, car, outre les ordonnances des princes contenues dans les Capitulaires, il y avoit des lois locales dans chaque pays, composées et rédigées par des juges des peuples, que les juges devoient apprendre par cœur, car, par la loi de la nation, tous les nobles la devoient sçavoir très parfaitement. Agen a toujours conservé le droit écrit et ses lois locales, et, outre la juridiction générale des comtes, les magistrats d'Agen ont esté jaloux de conserver leur juridiction ordinaire, que leurs magistrats municipaux prétendent avoir toujours exercée, tant dans le civil que dans le criminel. Outre cette juridiction particulière, il y avoit trois grandes assemblées, comme dans tout le reste du royaume, que l'autorité du prince avoit establies et ordonnées dans toute l'estendue du royaume de France. La première estoit les plaids généraux des provinces, où les *seniores et majores natu* du peuple françois s'assembloient pour y délibérer principalement des affaires de la guerre. La seconde estoit *Conventus et Colloquia*, où les évesques et les abbés, les comtes et autres grands seigneurs se trouvoient pour y délibérer des lois et règlemens, tant pour la police et les finances que pour la discipline régulière et ecclésiastique. Ces deux dernières se confondirent en une troisième qui estoit une ébauche des Estats généraux du royaume ou des provinces, la troisième manière de juger. Les uns se servoient d'envoyés ou d'intendans fixes; les intendans n'estoient point perpétuels. L'Aquitaine n'eut point de ces intendans; Agen n'en eut point aussi. Partout ailleurs, pour ces sortes d'intendances, on joignit un comte avec un évesque; très rarement trouve-t-on deux comtes ou deux évesques dans la mesme commission : on les appeloit *Missi Dominici*, et leur détroit *Missalicum* ; c'est l'ébauche des sénéchaux. Les peuples leur fournissoient le logement et une certaine quantité de vivres ; ils s'employoient particulièrement à faire publier et exécuter les ordonnances des roys, à écouter les plaintes des peuples et à leur faire raison, à chasser l'évesque ou le comte s'ils avoient malversé, à réformer les jugemens iniques, à faire obéir les réfractaires. Que s'ils n'estoient pas les plus forts, ils en avertissoient le roy; ils dressoient le papier terrier du fonds que le roy et l'Eglise donnoient à bénéfice. Ils faisoient leur tournée chevauchée quatre fois l'année : en janvier, avril, juillet et octobre; ils ne pouvoient tenir leurs séances qu'en ces mois et en quatre endroits différens. S'ils vouloient, ils y appeloient les comtes, mais il falloit qu'ils laissassent tenir aux comtes toutes les autres séances. Ils élisoient du consentement des peuples les échevins, avocats et notaires ; les échevins estoient les assesseurs des comtes : c'estoit ce qui se passoit partout ailleurs, à la réserve de l'Aquitaine et principalement d'Agen et de la Gascogne, où il n'y avoit pas ces envoyés ou intendans pour y réformer les jugemens des comtes. Sans doute que le privilège d'appeler des juges, des comtes au conseil, les consuls ou magistrats d'Agen, a pris naissance en ce tems-là, et qu'à la place de ces *Missi Dominici*, pour réformer les jugemens des comtes, le Sénat ou Conseil d'Agen avoit ce droit, qu'il conserva lors de l'establissement des sénéchaux, comme il paroist par les anciens privilèges d'Agen, écrits en lettres gothiques et en langage vulgaire. Les magistrats d'Agen élisoient eux-mesmes les notaires et les assesseurs, faisant alors tout ce que ces intendans pouvoient faire. Ils élisoient, comme eux, les notaires et les assesseurs, comme ils font encore à l'égard des notaires, et comme ils ont pratiqué il n'y a pas bien longtems à l'égard des assesseurs ; tellement qu'Agen, n'ayant pas de ces *Missi Dominici*, estoit gouverné par les magistrats et par une espèce de Sénat appelé *le Conseil*. Dans la suite mesme, lorsque les sénéchaux feurent establis, les habitans d'Agen, pour conserver une ombre de l'authorité du Sénat, avoient introduit une voye d'appel des sénéchaux et baillis et juges aux consuls ou Conseil. L'article onze des privilèges d'Agen porte en langue vulgaire : *Quand lo Sonhor so ez assaber los Seneschals o sos bailles et alcun jutgé aura jutjat à Agen o en sos apartenemens. Si neguna de las partidas se tenia per gravada del jutjament sobre a quel jutjament pot appelar al Cosoils d'Agen*. Il est mesme porté que si le jugement n'estoit pas juste et que les consuls connussent qu'il feut besoin de refondre les jugemens, le juge le doit réparer au regard des consuls, ou les consuls le pouvoient réformer : ce qui prouve qu'Agen a toujours esté jaloux de conserver une ombre de son authorité, comme il paroist par le mesme article des privilèges d'Agen. Il y avoit alors trois sortes de levées des deniers, ou par teste, ou sur les biens, ou sur les seules marchandises dont les marchans faisoient commerce ; pour celles des usages particuliers et qui n'estoient point pour les marchans et pour le trafic, on ne payoit rien, non plus que ceux qui alloient à la guerre. Ce feut une invention pour animer les François à aller à la guerre ; la plupart des hommes, pour se garantir des levées, portoient les armes ; c'estoit général par tout le royaume, cela s'observoit à Agen.

CHAPITRE XVI

SUITE DES DUCS ET DES COMTES D'AGENOIS.

Pendant que cet ordre s'observoit dans Agen, Guillaume Sance, qui estoit duc d'Aquitaine et comte de l'Agenois, mourut l'an 983. Son fils aisné, Guillaume, succéda au duché, et Garsias, son second fils, feut comte d'Agenois. Louis Cinquième, qui avoit succédé à Clotaire, son frère, l'an 986, mourut l'an 987. Hugues Capet se fit roy de France ; il estoit son cousin-germain ; il avoit droit à la succession de la couronne, Louis estant mort sans enfans. Cependant, quelque droit qu'il y peut avoir, Guillaume Fier-à-Bras, duc d'Aquitaine, eut de la peine au commencement de suivre le parti d'Hugues Capet et de Robert, son fils, quoique l'un feut son beau-frère et l'autre son nepveu. Hugues Capet lui fit la guerre ; ce feut un désordre général. Il y en a qui disent que, sous Hugues Capet, le comte de Taleran se fit comte de Périgord et d'Agen, appuyés sur un fragment de l'*Histoire d'Aquitaine*, imprimée à Francfort, trouvé dans la bibliothèque de Pitou ; mais c'est hors d'apparence, car Garsias, fils de Guillaume Sance, comte d'Agen, avoit succédé à son père depuis l'an 983, et cette guerre se fit l'an 987. Il s'est trouvé un marbre à Aire où il y a gravé : *In idus novembris obiit Guillelmus comes et archidux Gasconorum et obitus Garsiæ fratres comitis Aginnensium Ohienard Notitia Vasconiæ.* La seconde raison est que, bien que Garsias mourust sans enfans, le comté d'Agen estoit de la dépendance et du domaine du duc de Gascogne, qui succéda à son frère Garsias, parce qu'il se trouve que l'an 1013 les ducs de Gascogne firent Hugues, fils de Gombaut, leur cousin, évesque d'Agen ; les seigneurs s'estoient rendus maistres des élections mesme sans violence. Si le duc de Gascogne n'eust pas esté seigneur d'Agen, Hugues, qui estoit de leur maison, n'eust pas esté fait évesque d'Agen; le comte qui avoit usurpé l'Agenois ne l'eust pas permis, et en eust mis un à sa dévotion. Revenons à l'histoire : Hugues Capet défit Guillaume Quatrième, dit Fier-à-Bras, qui se soumit et fit hommage de son duché à Hugues Capet l'an 988. Suivant M. Belli, en sa carte, ce duc, à l'exemple de son père, prit l'habit de religieux dans l'abbaye de Saint-Maixent, où il mourut le 3 février 993.

Hugues Capet régna seul un an, depuis 987 jusqu'à 988. Cette mesme année, il associa Robert, son fils, au royaume. Hugues mourut l'an 996. Trois ans auparavant, Guillaume, duc d'Aquitaine, se dépouilla du duché l'an 993, et Guillaume Cinquième lui succéda la mesme année, l'an 994. Il y eut une maladie qu'on appela le *feu ardent*, qui brusloit les entrailles et les autres parties qu'elle attaquoit, et faisoit tomber en pièces les parties qu'elle infectoit: cette maladie emporta cette année plus de 40,000 hommes en Agenois, Périgord, Limousin, Angoumois et dans le reste de l'Aquitaine. Cette maladie fit deux grands biens : c'est que les seigneurs estoient tous en guerre et en des querelles particulières ; la colère de Dieu, qui paraissoit en cette maladie, leur fit faire un serment solennel de faire justice à leurs sujets, et formèrent pour cet effet une sainte Ligue. Le second, c'est quantité de fondations pour les hospitaux de Saint-Antoine ; il feut fait aussi quantité de donations aux églises.

L'exemple d'Hugues Capet, qui s'estoit donné à la dévotion et qui fit plusieurs dons à l'Eglise, obligea les seigneurs particuliers, tant d'Agenois que de tout le royaume, de rendre aux églises les biens usurpés, et, pour la restitution des jouissances, ils fondèrent des monastères et des abbayes où ils donnèrent leurs terres. Sous le règne d'Hugues Capet, Guillaume Cinquième, fils de Guillaume

Fier-à-Bras, estoit duc d'Aquitaine. Pendant les désordres généraux qu'il y eut sous Hugues Capet, les ducs d'Aquitaine estoient presque souverains ; ils avoient quantité d'autres seigneurs qui tranchoient aussi des souverains, et tous se faisoient la guerre de leur authorité particulière et pour leurs interests particuliers ; les vassaux estoient engagés à ces querelles. Il est assez probable qu'Hugues Capet, pour affermir sa royauté, laissa les terres, les charges, les villes, les provinces, à ceux qui les avoient usurpées. C'est en ce tems que les *Annales de Guyenne* disent que le comte de Taleran se fit faire comte de Périgord et d'Agen. S'il l'a esté, ç'a esté une usurpation sur Garsias, qui estoit alors comte d'Agenois et auparavant. Ce mémoire n'est pas véritable par plusieurs raisons : la première est que, pendant le règne de Hugues Capet, il y avoit en Périgord un comte nommé Bernard, qui estoit fils de Guillaume, comte d'Agenois; il eut une sœur mariée à Boson le Vieux, qui eut un fils nommé Audebert, qui feut comte de Périgord à la place de son oncle Bernard, lequel eut une fille nommée Almodie, qui épousa Guillaume Cinquième, qui succéda à Guillaume Fier-à-Bras l'an 998. Les mémoires qui font Taleran comte d'Agenois du tems de Hugues Capet se trompent ; car, s'il avoit esté comte d'Agenois, il eust attiré la maison de Gascogne et celle du duc d'Aquitaine, qui, en secondes nopces, espousa Brisque ou Prisque, sœur de Garsias, comte d'Agenois, et de Bernard et de Guillaume Sancius, ducs de Gascogne, qui, après Garsias, comte d'Agenois, vécut jusqu'à l'an 998. Suivant le marbre trouvé à Aire et rapporté par Oienard, *Notitia Vasconiæ*, ils feurent comtes de l'Agenois et de toutes les dépendances de Gascogne dont leurs prédécesseurs avoient joui, comme le passage déjà cité d'Oienard en fait foy. Il est donc constant que le comté d'Agenois, après la mort de Garsias, sans succession, demeura dans la maison de Gascogne jusqu'à ce qu'il entra dans la maison des ducs d'Aquitaine par le moyen d'Eudes, fils de Prisque, qui hérita de tous les biens de ses oncles, décédés sans enfans.

Ce feut sous Hugues Capet et sous Robert que chaque seigneur faisoit bastir des chasteaux et des forteresses sur ses terres, la plûpart sur les croupes des montagnes. Il y a, dans le voisinage d'Agen, bon nombre de ces sortes de places : Castelcuiller, Puymirol, Moyrax, Estillac, et dans l'Agenois : Gabaudun, Pugeols, les chasteaux de Clermont et plusieurs autres dont le détail seroit ennuyeux. Ces chasteaux et ceux qui estoient bastis auparavant feurent occupés par des brigands, qui se retiroient dans ces fortes places et se rendoient maistres des grands chemins, des rivières, des bois, des montagnes, maltraitoient les marchands, exigeoient des tributs dont la plupart des péages ont pris naissance. Ces désordres ont été cause, à divers tems, que ces chasteaux ont été démolis en Agenois, pour dénicher ces sortes de petits tyrans et ces voleurs publics.

Pendant que tout se passoit de la sorte dans l'Agenois, Guillaume Quatrième, duc d'Aquitaine, mourut après avoir pris l'habit de religieux, à l'exemple de son père ; il eut Guillaume Cinquième pour successeur en tous ses domaines, l'an 998. Hugues Capet estoit mort auparavant, l'an 997. Robert, son fils, lui succéda et régna seul dans le royaume de France. Guillaume, fils aîné de Guillaume Sance, duc de Gascogne et comte d'Agenois, mourut sans enfans. Garsias, qui avoit hérité du comté d'Agenois par le décès de Guillaume Sance, son père, mourut presque en mesme tems que Guillaumo, son frère aisné, duc de Gascogne, comme il paroist par l'inscription du marbre trouvé à Aire, rapportée ci-devant, sur le témoignage d'Oienard. Bernard, troisième enfant de Guillaume Sance, recueillit, par le décès de ses deux frères, le duché de Gascogne et le comté d'Agenois, l'an 1003. Suivant M. Marca, Guillaume Cinquième, duc d'Aquitaine, avoit auparavant espousé en premières nopces la fille du comte de Périgord, nommé Audebert, dont il eut un fils, nommé Guillaume le Gros, et en secondes nopces il avoit espousé Prisque ou Brisque, fille de Guillaume Sance, dont il eut un enfant, nommé Odon ou Eudes. Il eut une troisième femme, nommée Agnès de Bourgogne, dont il eut deux enfans ; le premier, nommé Pierre ou Guillaume Laigret ;

l'autre, Guy Geoffroy, dit Guillaume Huitième, qui, dans la suite, disputèrent à Eudes le duché d'Aquitaine.

Bernard, duc de Gascogne et comte d'Agenois, régna jusqu'à l'an 1010. Son frère Guillaume, dit Sancion, lui succéda ; ce feut ce Sancion qui fit Hugues, son cousin, évesque d'Agen, et qui donna son consentement à la fondation régulière de l'abbaye de Condom, au rapport de M. Marca, lib. III de l'*Histoire de Béarn*, cap. 11, ce qui est une preuve évidente que l'Agenois et Condomois estoient de la dépendance de ce duc de Gascogne; puisqu'il signa l'acte de la fondation de l'abbaye de Condom avec six vicomtes de ce pays ; mais, pour ne laisser aucun doute sur ce point de l'histoire, je ne rapporterai que ce que dit Oienard, que les enfans de Guillaume Sance prirent la qualité de comtes de tous les comtés qui estoient renfermés dans les deux Gascognes.

Après ces trois enfans, Eudes, leur neveu, leur succéda. Voici comment cela se fit : Guillaume Cinquième, duc d'Aquitaine, son père, surnommé le Grand, après avoir pris l'habit de religieux dans l'abbaye de Maillezays, qu'il avoit fondée, mourut l'an 1030, le 31 janvier. Son fils aisné, nommé Guillaume le Gros ou le Gros Crassus lui succéda ; cependant Guillaume, Sancion, duc de Gascogne et comte d'Agenois, mourut ; Eudes, fils de Guillaume le Grand et de Prisque, sœur des ducs de Gascogne et comtes d'Agenois, lui succéda par le droit de sa mère, qui estoit morte auparavant. Eudes devint duc de Gascogne et comte de Bordeaux et d'Agenois.

Je n'omettrai pas qu'il arriva dans ce siècle deux choses assez curieuses pour l'histoire de la ville d'Agen : La première, qu'au même tems qu'on fit bastir les chasteaux à la campagne, la noblesse des villes, ou pour se distinguer, ou pour dominer dans les villes, fit les maisons à tourelles ; les habitans des villes ne s'y opposèrent pas, bien que la noblesse en fist ses hostels. Les magistrats, dans la suite, s'en servirent pour placer les sentinelles, afin de pouvoir observer, hors ville, les mouvemens des ennemis : de là vient que le vulgaire les appela des gaches. La seconde chose est qu'il y avoit une synagogue de juifs. J'ai vu une fondation d'obit establie sur une vigne que le fondateur avoit, *super cimeterio Judeorum*, au-dessus du cimetière des juifs. Les juifs de France avoient, par leur commerce, obligé le calife des Sarrasins, qui tenoit son siège à Babylone, de démolir le sépulcre de Jésus-Christ. La dévotion de ce tems estoit d'aller à la Terre-Sainte. Les François, estant avertis que les juifs de France avoient inspiré ce mauvais dessein au calife, en conçurent une telle haine que l'on assommoit partout les juifs ou les bannissoit ; cela arriva l'an 1009. Agen, qui estoit une ville des plus religieuses de son tems, n'espargna pas les juifs ; les Agenois les bannirent tous d'Agen, tellement qu'ils ne laissèrent après eux que le nom à la rue qu'ils habitoient, et une idée assez obscure de leur disgrasce. Robert, roy de France, qui avoit succédé à Hugues Capet, son père, et qui avoit fait couronner son fils Henry le 23 mars 1027, mourut, le 20 juillet 1031. Henry, son fils, feut son successeur au royaume de France ; Eudes cependant jouissoit du duché de Gascogne et du comté d'Agenois, lorsque son frère aisné, Guillaume le Gros, mourut l'an 1037 sans laisser d'enfans. Par son décès, le duché d'Aquitaine appartenoit à Eudes, comte d'Agenois, comme estant devenu l'aisné de Guillaume le Grand. Eudes estant averti de la mort de son frère, Guillaume le Gros, duc d'Aquitaine, tenta de se maintenir dans le duché d'Aquitaine ; mais il trouva que Geofroy, comte d'Anjou, estoit armé contre luy pour défendre les interests des enfans du troisième lit de Guillaume le Grand et d'Agnès, que Geofroy avoit espousée. Eudes lui fit la guerre sans succès ; il avoit, par le décès de son frère, uni la Gascogne et le comté d'Agenois et de Bordeaux au duché d'Aquitaine, mais il n'en jouit pas longtems. Geofroy Martel, comte d'Anjou, suivant la passion de sa femme pour eslever ses enfans, Pierre et Guy Geofroy, frères d'Eudes et fils d'Agnès et de Guillaume le Grand, fit révolter les Aquitains contre Eudes : ce dessein lui réussit comme il l'avoit souhaité ; Eudes trouva tant de résistance du costé de Geofroy Martel, tuteur de ses frères du troisième lit, qu'il feut contraint de lever le siége de devant le chasteau de Germont ; il feut enfin tué devant Mauzé, chasteau du pays d'Aunis, le 10 mars 1039, et feut enterré en l'abbaye de Maillezays, près de son père et de son frère.

Eudes n'avoit pas des enfans lorsqu'il mourut ; il laissa, par son décès, ses domaines et ses prétentions à ses frères. Ainsi l'Agenois, qui estoit une terre héréditaire aux ducs de Gascogne, feut uni au duché d'Aquitaine. Le premier dès enfans d'Agnès, nommé Pierre, succéda à Eudes et feut duc d'Aquitaine et comte d'Agenois ; il prit le nom de Guillaume Septième, dit Laigret, Acer ou Acervinus le Hardi ou le Courageux : il est signé à la fondation de Moyrax, l'an 1049. Henry estoit roy de France ; il mourut l'an 1058. Son frère, nommé Guy Geofroy, succéda au duché d'Aquitaine et prit le nom de Guillaume Huitième.

CHAPITRE XVII

L'ORIGINE DES TOURS QU'ON VOIT AUX MAISONS DES PARTICULIERS DANS LES VILLES

Durant le règne de ces ducs, vers l'an 1034 et auparavant, il arrivoit souvent des embrasemens fortuis. La plupart des villes n'estoient basties que de bois; le feu y prenoit fort aisément et se rendoit si ardent qu'on ne pouvoit l'esteindre que fort difficilement Pendant le règne de Henry Premier, il y eut des incendies très forts à Paris, Rouen et autres villes du royaume. Je ne m'arrêterai qu'aux seuls embrasemens de la ville d'Agen. Ils y avoient esté très fréquens dans ce siècle et le précédent; ce malheur, qui ruinoit alors cette ville, destermina ses habitans à bastir en pierre, tellement que pendant ce siècle, sous Hugues Capet, Robert et Henry, son fils, les Agenois s'occupèrent à réparer les brèches que les incendies avoient faites, et à bastir ces maisons où nous voyons de petites tours et quelque reste de l'antiquité. Voilà l'origine des tours anciennes que nous voyons dans Agen, à la réserve de celle de l'Hostel de Ville et des religieuses de la Visitation, qui ont esté basties de notre tems; mais presque toutes les autres feurent basties de ce tems-là. L'évesché, avec ses deux tours, estoit un chasteau-fort dont il est parlé dans l'histoire des Anglois et dont Arnault fait mention dans ses *Antiquités*. Agen avoit une cité et une ville; la cité comprenoit ce qui se trouve enfermé entre la tour de l'Horloge, la porte Joignau, la maison de M. Coquet, appelée la porte de Sainte-Angrille; la porte au coin des religieuses de Paulin, dont on voit encore les vestiges; la porte de la petite boucherie; la porte Molinié. La ville contenoit ce qui est renfermé jusqu'à la porte de la rue Saint-Jean, proche Sainte-Quiterie, où l'on vient de bastir la maison de force des filles de mauvaise vie; une porte qui estoit près le pont des Grands-Carmes; la porte qui reste encore aux tanneries, allant à Sainte-Foy, près le pont de Sainte-Foy; la porte joignant l'hospital et celles qui sont près le moulin de Saint-Caprasi. Elle feut ensuite agrandie des faubourgs, qui furent enfermés dans la ville. Ces particularités se sont découvertes par des actes costés, les uns de la cité, les autres de la ville, les autres des faubourgs qui feurent renfermés dans la ville. Enfin, c'est de là qu'est venu le style des notaires, qui mettent : Dans la ville et cité d'Agen.

Toutes les maisons à tours qui se trouvent dans la ville feurent basties par la noblesse, afin de se fortifier dans les villes. Les comtes ni les ducs ne s'y opposèrent pas, parce que les villes devenoient plus belles et plus fortes. Les magistrats y donnoient volontiers les mains, parce qu'ils en tirèrent des avantages pour le public. Si la noblesse en faisoit ses hostels, les magistrats en firent ensuite le lieu de leurs sentinelles pour découvrir les marches des ennemis en tems de guerre et les mouvemens qu'ils faisoient dans la campagne. Ce feut en ces tems qu'Agen commença à s'embellir, et que ces anciennes maisons que nous voyons encore feurent basties. Il reste peu de ces anciennes maisons, parce que la nouveauté les a fait rebastir à la moderne. La ville n'a rien perdu à ce changement que les marques de l'antiquité, qui ont été effacées par de nouveaux bastiments. Il en reste toujours certains vestiges qui réveillent le souvenir de l'antiquité, à laquelle on a substitué des édifices plus beaux et plus réguliers.

C'est une erreur de croire que les Anglois soient les autheurs de ces anciens édifices qui paraissent dans Agen; ils sont d'un siècle précédent à leur domination. Il est constant que les Anglois, étant devenus les seigneurs d'Agen en qualité de ducs d'Aquitaine, ne firent pas venir de colonies ni de nouveaux seigneurs; ils se contentèrent de recevoir les hommages de leurs vassaux et subjets establis ; ils n'innovèrent rien d'ailleurs. Guillaume le Bastard, duc de Normandie, dit le Conquérant, l'an 1067, étant fait roy d'Angleterre, donna aux Anglois toutes les maximes de France et changea toutes leurs façons barbares, tellement que les Anglois estoient autant François dans leurs maximes que les François mesmes. Le séjour des Anglois feut traversé, et Agen passa si souvent de leurs mains en celles des François, et les guerres feurent si fréquentes, qu'ils n'eurent pas le tems de songer à bastir. Les maisons estoient basties un siècle auparavant.

CHAPITRE XVIII

SUITE DE L'HISTOIRE DES ROYS, DUCS ET COMTES MAISTRES DE L'AGENOIS

Revenons à l'histoire. L'an 1059, Henry Premier, roy de France, fit sacrer roy Philippe, son fils aisné, et mourut l'année après (1060). Guy Geoffroy, dit Guillaume Huitième, succéda à Guillaume, dit Laigret, son frère, l'an 1058. Ce feut sous Geoffroy, dit Guillaume Huitième, que le comté d'Agenois feut distrait de la maison des ducs de Guienne, mais non pas de leur domination. Guillaume Cinquième, comte de Toulouse, fils de Pons Second, comte de Toulouse, et son successeur au comté de Toulouse, possédoit, vers l'an 1061, plusieurs autres comtés, entre autres celui d'Agenois. On ne sçait pas au vrai quand l'Agenois feut réuni au comté de Toulouse, parce que, l'an 1049, Guillaume Laigret en jouissoit en qualité de comte de Poitiers ; il est signé à la fondation de Moyrax. Il faut ou que les comtes de Toulouse s'en saisissent lorsque Geoffroy, frère de Guillaume, conquit la Gascogne sur Bernard Tumapale, comte d'Armagnac, descendant des ducs de Gascogne, qui s'en estoit saisi l'an 1040 et qui le tint quelque tems, ou que Bernard Tumapale, s'en voyant chasser par Guy Geoffroy, cédast l'Agenois aux comtes de Toulouse, qui se maintinrent en possession de l'Agenois comme Guillaume Cinquième, l'an 1080 et auparavant. M. Catel dit avoir veu dans les archives de l'abbaye de Moissac des donations faites par ce comte aux années 1067 et 1071, et assure qu'il feut la principale cause de l'establissement de l'institution régulière parmi les chanoines de l'église métropolitaine de Toulouse, l'an 1072, du tems que Ysarn estoit évesque de Toulouse. Il est constant qu'il vivoit encore l'an 1083, et mesme croit-on qu'il mourut seulement environ l'an 1090. Ce comte d'Agenois n'eut qu'une fille, nommée Philippe ou Mahaut ; elle feut mariée à Guillaume, neuvième du nom, comte du Poitou et duc d'Aquitaine. Après la mort de Geoffroy, dit Guillaume Huitième, qui mourut l'an 1086, Guillaume Neuvième, son fils, lui succéda au duché d'Aquitaine. Ce feut ce Guillaume Neuvième qui épousa Philippe de Toulouse, unique héritière de Guillaume Cinquième, comte de Toulouse et comte d'Agenois ; et Guillaume Neuvième, qui avoit espousé l'héritière du comte de Toulouse, hérita de Toulouse et du comté d'Agen l'an 1090. L'Agenois, qui avoit esté distrait de la maison des comtes de Poitou et ducs d'Aquitaine, feut réuni au duché d'Aquitaine et revint aux ducs d'Aquitaine.

Louis Sixième, dit le Gros, roy de France, fils de Philippe Premier, succéda à son père l'an 1108. Sous ce roy, Guillaume Neuvième assista Alphonse, roy d'Aragon, contre les Sarrasins, et fit plusieurs voyages au delà des Pyrénées. Dans toutes ces guerres, les seigneurs agenois estoient de la partie. Agen avoit fourni du monde et fait des dépenses. Agen fournissoit un homme par maison, comme il paroist dans les patentes de Philippe de Valois accordées en faveur d'Agen ; car la manière ancienne de faire la guerre subsistoit encore. Elle changea soubs les derniers comtes, et, dans les coutumes d'Agen, il est porté que les habitans d'Agen doivent fournir un homme par maison pour servir dans le diocèse d'Agen, et sans en sortir qu'à la distance d'une demi-journée, de manière qu'on revienne le soir dans le diocèse. Mais alors ils estoient obligés de marcher, de s'habiller, de s'armer et de porter des vivres pour six mois, lorsqu'on sortoit des frontières, qui estoient la Loire du costé du septentrion, et les Pyrénées du costé du midi. On peut de là juger quelle feut la dépense des Agenois en ces diverses occasions, où la religion et la fidélité, qui sont les deux caractères d'Agen, les engagèrent.

Guillaume Neuvième mourut l'an 1126. Guillaume Dixième luy succéda ; c'est le dernier duc de Guienne et comte de Poitiers. Il y a une charte de Saint-Jean-d'Angely, rapportée par le Père Labbé qui dit : *Signum Guilhelmi ducis Aquitanorum illius qui tolosana matre natus est sedente in sede apostolica Anacleto papa 2°, 1131.* Anaclet y est énoncé parce que Guillaume Dixième soustenoit le parti de cet antipape, dit Pierre de Léon, contre Innocent Second. Saint Bernard, légat du pape auprès de ce duc, le remit à l'obédience d'Innocent. Ce duc d'Aquitaine eut la guerre avec Alphonse, comte de Toulouse et fils de Raymond Saint-Gilles, oncle de Philippe, mère de Guillaume Dixième, unique héritière de Guillaume Cinquième, comte de Toulouse. Alphonse jouissoit du comté de Toulouse et prétendoit aux autres dépendances de ce comté. Guillaume Dixième, qui jouissoit de l'Agenois, prétendit au comté de Toulouse par le droit de sa mère Philippe. Le successeur de Raymond Saint-Gilles se défendoit, disant que son père l'avoit vendu à Raymond ; ou, suivant Catel, que Guillaume Cinquième de Toulouse le lui avoit vendu lui-même, avec dépendances, avant son voyage à la Terre-Sainte. D'autres disent que ce feut en vertu de la loi salique que les seigneurs avoient estendue à l'égard de leurs seigneuries. Ainsi, comme Guillaume n'avoit eu que sa fille Philippe, Raymond Saint-Gilles, frère de Guillaume, se saisit de Toulouse : c'est la pensée de Garivay et de Surta sur ce mesme fait. Cela feut cause de plusieurs guerres. Guillaume Dixième feut le premier qui fit la guerre au comte de Toulouse ; Aliénor, sa fille, mariée à Henry Second d'Angleterre, la fit une seconde fois ; et Richard, fils d'Aliénor, fit la guerre, fondé sur cette mesme prétention. Ces guerres attirèrent les armées dans ce pays, et le comté d'Agenois servit de passage à ces troupes, et fournit mesme à leur entretien ; et, quoiqu'il ne feut pas le théastre de la guerre, c'estoit le pays où les troupes se refaisoient. Reprenons la suite de l'histoire, l'an 1136.

Guillaume Dixième, duc d'Aquitaine, envoya une ambassade au roy Louis Sixième, dit le Gros, pour lui déclarer qu'il estoit en volonté de lui donner toutes ses seigneuries, pourvu qu'il voulust donner à sa fille Aliénor son fils Louis, dit le Jeune, qui devoit succéder à la couronne de France. Guillaume Dixième n'avoit point alors d'enfans masles. Le roy Louis accepta volontiers ce parti et consentit que son fils espousast Aliénor, fille de Guillaume Dixième et dernier duc d'Aquitaine.

Cependant, Guillaume, touché, d'un sentiment de pénitence et de conversion, se résolut d'aller en pèlerinage à Saint-Jacques, en Galice, pour honorer ce saint. Avant de partir, il fit son testament, dans lequel il ordonna que sa fille unique, nommée Aliénor, épouseroit le jeune roy Louis et lui porteroit toutes ses seigneuries, car son fils unique estoit mort. C'estoit cette fille qui devoit hériter de ses biens. Sur le chemin de Saint-Jacques, et au voisinage de Compostelle, il tomba malade, suivant Mezeray, mourut de cette maladie l'an 1136, et feut porté à Saint-Jacques, où il feut enterré. Mais, suivant plusieurs autres autheurs, il feignit d'estre malade et mesme d'estre mort. Par l'intelligence de son seul secrétaire, il se déroba, ne communiquant son dessein qu'à son fidèle confident, se fit ermite et habita un grotte au territoire de Sienne, au lieu qu'on appelle aujourd'hui Malavallé, où il fit une rude pénitence. On dit qu'il institua l'ordre des Guillermins, et mesme qu'il mit en société les ermites de Saint-Augustin, qu'il réforma. Mezeray croit que c'est un conte ; mais le commun des autheurs est opposé à son sentiment, et croit cette histoire véritable.

Le testament de Guillaume avoit esté porté à Louis Sixième ; il accepta le mariage pour son fils, à qui il donna un fort bel équipage, une suite de plusieurs seigneurs et plus de 500 gentilshommes pour célébrer ses noces. Il vint à Bordeaux avec ce magnifique train, où Aliénor faisoit sa résidence, et là il l'espousa à la présence des seigneurs de son duché et de ses terres. Les seigneurs d'Agen et les députés de la ville estoient allés à Bordeaux pour assister à cette solennité, et témoigner à ce nouveau seigneur leur joie et leur fidélité. L'évesque mesme d'Agen est énoncé dans les privilèges que Louis accorda au clergé. Louis leur distribua de magnifiques présents, selon l'humeur généreuse des François; il prit ensuite possession du duché et feut couronné comte de Poitiers, à Bordeaux, le 8e d'aoust, et duc d'Aquitaine, à Bourges, le jour de Noël de l'année 1136. Louis, avant de retourner à Paris, visita les principales villes de sa dépendance; il vint à Agen après avoir visité ses domaines et ses seigneuries; il amena son épouse à Poitiers l'an 1137, où il apprit la maladie dont mourut Louis, son père. Louis le Jeune succéda à la couronne de France l'an 1137. Il se hasta de se rendre à Paris et laissa le soin de conduire son espouse à Giffroy, évesque de Chartres. Par la mort de Louis le Gros, Sixième, le duché d'Aquitaine et le comté d'Agenois feurent unis à la couronne de France, sur la teste de Louis Septième, jusqu'à la répudiation d'Aliénor

CHAPITRE XIX

ORIGINE DES COMMUNAUTÉS, DES CORPS DE VILLE ET DES CHASTEAUX
OU FORTERESSES DE LA CAMPAGNE

Pendant le règne de Philippe Premier et de Louis Sixième, les villes s'acquirent bien du pouvoir. Il leur feut permis de former des communautés et de créer des magistrats, avec pouvoir d'assembler les bourgeois et de les faire marcher contre les seigneurs, qui, tenant tous les chasteaux, s'estoient rendus tyrans. L'oisiveté de Philippe avoit donné occasion à ces violences. Les seigneurs et les gentilshommes, maistres de tous les chasteaux, faisoient des courses sur les grands chemins et sur les rivières ; tous les particuliers estoient en proie à leurs pirateries. Les villes, pour se défendre, eurent recours à des permissions de créer des magistrats avec des lettres d'attache de leurs seigneurs dominans, pour courir sur ces brigans. Il se fit mesme beaucoup de chevaliers pour conduire les peuples contre ces seigneurs, devenus les tyrans de leur voisinage. Ce feut sous le règne de Louis Sixième, qui permit ces sortes de communautés, qu'Agen, se servant des droits que les roys avoient accordés aux villes, abattirent, dans le voisinage d'Agen, les chasteaux de Merens, celui de Dolmayrac, dont les vieux fondemens se trouvent encore sur l'éminence qui dominoit la rivière de Garonne, et où l'église de Saint-Urbain est bastie. Ce feut alors que les magistrats se saisirent des maisons à tourelles et des hostels des gentilshommes pour s'en servir à garder la ville, et qu'on donna à ces tours le nom de *gaches*.

Je ne veux pas décider si ce feut alors l'origine des consuls d'Agen, et s'ils prirent ce nom en ce tems-là, ou s'ils ont été depuis les Romains. Il est à croire qu'il y eut quelque changement, et que la ville d'Agen s'accommoda à l'usage de tout le royaume ; que le corps de ville changea de manière et de forme, et qu'il reçut à peu près celles où nous le voyons maintenant. Dans ce changement, les magistrats ne perdirent rien de leur autorité et de leur juridiction ; mais ce qui estoit ramassé dans une espèce de Sénat, appelé vulgairement *lou Cousel*, feut dévolu à douze et ensuite à huit consuls, et enfin à six, qui feurent les gouverneurs de la ville. Le nombre de huit répondoit à huit sortes de quartiers de la ville où il y avoit une tour appelée *gache*. Ces huit consuls estoient juges des affaires à la place du Sénat : il est mesme à présumer que ces magistrats prirent la qualité de consuls sous Louis le Gros, roy de France, et sous Guillaume pénultième, duc d'Aquitaine et comte des Agenois par sa femme, fille de Guillaume Cinquième, comte de Toulouse et d'Agenois ; et comme le terme de Consul signifioit : *Comte à qui le droit de rendre justice appartenoit*, comme a très bien remarqué M. Marca, lib. 3. de l'*histoire de Béarn*, chap. IV, de là vient qu'on trouve dans les cartulaires d'Auch et de Lescar que les comtes prenoient la qualité de consuls, par exemple : *Guillelmus Garsias consul fideciasensis*, et que dans ce titre le comte est appelé *Consulalum*. Guillaume, duc d'Aquitaine, dans l'arrest des Pairs de Gascogne donné à La Réole est nommé : *Vuillelmo Pictaviensium Consule Vasconiæ gubernando præsidete*. Cela donna occasion aux évesques d'Agen, précédemment à Simon Second, évesque de cette ville, de s'adresser à Guillaume pénultième, duc d'Aquitaine, qui confirma le titre de comte aux évesques, avec le droit de justice et de battre monnoye, car le titre de l'évesché porte : *Omnem justitiam quas ad nos pertinet reddite et comitivam ou comitiham neque auferatis neque denegetis*, etc. Les consuls ne cessèrent pas de prendre cette qualité; de là vient qu'Aldebert, un des successeurs de Simon, eut recours au mesme Guillaume, qui réitéra la mesme confirmation en faveur d'Aldebert, tant pour la qualité du comte que du droit de justice et de battre monnoye. Bertrand Beceyras, évesque d'Agen, eut aussi recours à Richard, duc d'Aquitaine, qui confirma la mesme chose en sa faveur. Cela dura jusqu'au comte Raymond Sixième, qui confirma la qualité aux consuls avec le droit de la justice ordinaire, qu'ils ont reteneu depuis ce tems-là, et les évesques discontinuèrent de prendre la qualité de comtes jusqu'après le règne des Anglois.

Sous Raymond Sixième, la justice ordinaire feut confirmée et donnée aux consuls; la justice de la sénéchaussée, que les évesques prétendoient, feut donnée aux sénéchaux et à leurs juges. Raymond Septième en vendit la moitié en parcage à Arnaud Cinquième, évesque d'Agen. Les évesques ont joui bien longtems du parcage, mais ils l'ont maintenant perdu. Ce feut encore sous Louis le Gros que les consuls, en qualité de gouverneurs, s'opposèrent à la violence des seigneurs de leur voisinage, rasèrent les maisons fortes qui ruinoient le commerce et les advenues d'Agen. Louis Septième, duc d'Aquitaine et comte d'Agenois, feut celui qui donna le plus de privilèges aux villes, pour les opposer à la grande puissance des seigneurs et de la noblesse : ce qui a été la source de cette haine implacable que les communautés ont eue et ont toujours pour la licence et les immunités de la noblesse.

Quoique les Agenois ayent été de toutes les guerres et qu'ils ayent été obligés de marcher, suivant l'article 3 des privilèges d'Agen, où il est dit que les bourgeois d'Agen doivent, une fois l'an, prendre les armes pour leur seigneur et le servir 40 jours, en telle sorte que le chef de la famille y devoit aller, ou y envoyer son fils, ou son frère, ou son neveu, ou son cousin-germain, ou son beau-frère, s'ils demeuraient en famille avec lui. Personne n'estoit exempt de marcher que les vieillards de soixante et dix ans, et les habitans qui estoient en pèlerinage ou en voyage de marchandises, ou maladies, ou dont les femmes estoient en couches. Si quelqu'un négligeoit de marcher, il y avoit soixant-cinq sols d'amende. Quatre consuls ou quatre prud'hommes estoient obligés de marcher à la teste des habitans, et fournir l'équipage et les chevaux pour porter le bagage et les armes. Cependant, il y a peu d'Agenois, dans l'histoire, qui ayent fait bruit, et peu de noblesse qui se soit rendue recommandable en ce tems-là, quoique ordinairement c'estoit des gentilshommes qu'on mettoit à la teste des élections pour servir de capitaines aux habitans. Il est vrai que le tems qui s'est écoulé depuis ces siècles et le peu de soin que nos pères ont eu de nous transmettre la réputation de ceux qui se sont signalés dans cette ville, ont effacé le souvenir et le nom des braves capitaines qu'Agen a fournis dans les guerres passées. D'ailleurs, on ne trouve pas mesme dans les histoires que beaucoup d'Agenois aient distingué leur nom par le bruit de leur fortune ou de leur élévation ; mais je n'en suis pas surpris : c'est que le naturel d'Agen, qui se borne à une honneste médiocrité, n'aime pas à suivre le mouvement de l'ambition ; il s'arreste aux simples devoirs que la fidélité inspire.

M. de Montluc, qui s'est élevé dans le seizième siècle, dit, dans ses *Commentaires*, que pendant la trêve que François Premier et Charles-Quint firent entre eux : J'essaiye, mais en vain, d'estre courtisan, dit ce grand capitaine ; je fus toute ma vie mal propre pour ce métier. Je suis trop franc et trop libre ; aussi j'y trouve peu d'acquit. Et ailleurs, il avoue qu'il n'a jamais peu se réduire à faire la cour et à s'attacher à d'autres qu'à son prince, quoiqu'il connust trop tard qu'il falloit avoir des patrons pour se soutenir, mais que ces bassesses n'estoient point de son goust ni de son génie. En effet, les Agenois n'aiment pas les bassesses qui servent de degré à ceux qui sont esclaves de la vérité. Ceux d'Agen se contentent de rendre à leurs seigneurs les devoirs que la fidélité leur a prescrits ; de là vient qu'on ne voit pas les Agenois dans les cours des grands, où l'on ne peut se soutenir que par des souplesses qu'une lasche vanité fait souvent faire aux courtisans. Ils abandonnent la poursuite des grandes élévations, parce qu'on n'y peut parvenir que par des détours et des ménagemens qui ne sont ni de leur goust ni de leur inclination. Je sçais que Scaliger, sur l'*Anagramme d'Agen*, *Agennum Nugamen*, a voulu imputer aux Agenois qu'ils n'aimoient que les bagatelles, mais il n'y avoit pas bien songé. L'heureuse rencontre de son *Anagramme*, pour se faire honneur à lui-mesme, lui a fait sacrifier l'honneur d'Agen ; et, pour faire paroistre son esprit, il a voulu desservir cette ville. Ce n'est pas ce qui a arresté les Agenois jusqu'ici dans la médiocrité, mais l'amour de la liberté est toute la passion des habitans de cette ville.

Si jusqu'ici ce naturel et cet esprit d'Agen a reculé les Agenois de ces hautes fortunes qui ont fait du bruit dans l'antiquité, du moins l'histoire n'en fait mention que de peu. Si cet esprit d'aise et de plaisir a fait oublier aux Agenois la recherche de ces élévations considérables, il ne leur a pas permis d'oublier la fidélité qu'ils doivent à leur prince; il leur a inspiré les actions d'une fidélité sincère : c'est le caractère des Agenois.

Pendant que les villes du royaume taschent, sous Louis Septième, d'abattre la tyrannie de la noblesse, Louis Septième, irrité contre Aliénor, duchesse d'Aquitaine et comtesse d'Agenois et autres seigneuries, la répudia sous prétexte de parenté au degré prohibé. La sentence de séparation feut prononcée à Beaugency en 1152. Cette princesse se retira à Poitiers, rapportant avec elle ses droits et ses domaines, mais elle ne demeura pas longtems en cet estat. Henry, duc de Normandie, héritier présomptif du royaume d'Angleterre, estoit dans la Normandie. Aliénor l'épousa la mesme année 1152. Ce prince estoit capable de réparer son injure et de maintenir ses droits. Il feut fait roy d'Angleterre; ainsi l'Agenois passa de la domination du roy de France et des ducs françois en celle des Anglois, comme l'on verra dans le Troisième Livre.

LIVRE TROISIÈME

CE QUI S'EST PASSÉ DANS AGEN DEPUIS LE COMMENCEMENT DU RÈGNE DES ANGLOIS JUSQU'A CHARLES SEPTIÈME, QUI MIT FIN A LEUR DOMINATION.

Tout ce livre prouve la fidélité d'Agen pour les roys de France contre les Anglois. Combien de fois il a été distroit du domaine des Anglois pour estre uni à la couronne. Ce qui a été fait pendant la guerre des Albigeois. Plusieurs traités entre les roys de France et d'Angleterre, avec leurs élargissements. Les diverses guerres faites contre les Anglois, du tems de Charles Septième, n'estant que Dauphin et ensuite estant roy de France. Agen tint pour lui, fit la guerre pour les intérests de Charles, contre les Anglois, par le secours du seigneur de Montpezat, sénéchal d'Agenois pour la France.

CHAPITRE PREMIER

AGEN SOUS LA DOMINATION DES ANGLOIS.

Le divorce que fit Louis Septième avec Aliénor feut une faute de politique des plus désavantageuses à la France qu'on ait jamais commises dans le royaume. Cette princesse, irritée d'un affront qu'on pouvoit lui épargner par une dispense de Rome, songea à s'allier avec quelque puissance qui pust lui donner de l'appui. Elle épousa, la mesme année que Louis Septième la répudia, Henry, duc de Normandie, héritier présomptif du royaume d'Angleterre, pour s'appuyer d'une coûronne et des forces des Anglois. Ce mariage fit naistre des guerres si sanglantes et de si longue dûrée, que la monarchie des François feut bien près de son renversement. Henry Second, qui n'estoit que duc de Normandie quand il espousa Aliénor ou Eléonor, l'an 1152, feut fait roy d'Angleterre deux ans après, en l'an 1154. Le duché d'Aquitaine et le comté d'Agenois passèrent sous la domination des Anglois.

Henry Second, pendant son règne, fit la guerre à Raymond Cinquième, fils d'Alphonse, comte de Toulouse, prétendant que Toulouse lui appartenoit. Il poursuivit les prétentions que Guillaume, dernier duc d'Aquitaine, père d'Aliénor, avoit sur le comté de Toulouse, pour soutenir les droits de sa femme. Il fit cette guerre l'an 1159; elle dura jusqu'en 1164. Ce feut en ce tems-là que la ville d'Agen donna à Henry, roy d'Angleterre, le droit du *Salin* d'Agen, avec le droit de passage franc et quitte de péage de 13 ballots de sel; le droit des *Pugnères* sur les moulins de Garonne, depuis le pont Merdalo jusqu'au pont de l'Evesque, dit de Courberieu, et le droit des mesures du blé, comme il paroist par les anciennes coustumes d'Agen, à l'article du *Salin* donné à Henry, roy, pour l'aider à soutenir ces guerres.

Henry Second d'Angleterre, comte d'Agenois, assiéga Toulouse l'an 1161. Philippe, fils de Louis Septième, roy de France, vint au secours de cette ville; il en fit lever le siège. Henry Second, pendant cette guerre, assiégea le chasteau de Castillo, qui estoit basti sur cette montagne, proche d'Agen (1162), qui porte encore ce nom, ce qui est une preuve qu'il y avoit dans l'Agenois des places qui tenoient pour le comte de Toulouse. Il est constant que cette guerre n'estoit point terminée en 1164.

L'Agenois se ressentit de cette guerre, parce que, d'un costé, Raymond Cinquième, de Toulouse, le prétendoit comme une dépendance du comté de Toulouse, ou par la loi salique, ou parce qu'il avoit esté acheté à Guillaume Cinquième, de Toulouse, grand-père maternel d'Aliénor, suivant M. Catel, ou à Guillaume pénultième, duc d'Aquitaine, grand-père paternel d'Aliénor, suivant plusieurs autheurs. D'un autre costé, Agen, estant sous la domination d'Henry, qui en estoit le maistre, fournit des troupes aux Anglois, et ce pays souffrit toutes les incommodités et charges de leur passage et de leur séjour.

Cette guerre estant finie, les deux enfants d'Henry Second, comte d'Agenois, se révoltèrent contre leur père. Henry, son aisné, se rendit maistre de la Normandie, et Richard de l'Aquitaine. Cette guerre civile prit fin par la médiation de Louis Septième, roy de France, l'an 1169. Henry, roy d'Angleterre, et Louis Septième s'abouchèrent à Saint-Germain-en-Laye, et conclurent la paix entre eux et entre les enfants d'Henry Deuxième. Le roy d'Angleterre relascha une partie des terres dont ses enfants s'estoient saisis; il donna à Henry, son aisné, la Normandie et le comté d'Anjou, et le duché d'Aquitaine à Richard; il leur assura par avancement de hoirie. Ses deux enfants rendirent au roy Louis hommage des biens que leur père leur avoit assurés, savoir : Henry, du duché de Normandie et du comté d'Anjou ; Richard, du duché d'Aquitaine, qui confirma, n'étant encore que duc d'Aquitaine et comte d'Agen, en faveur des évesques d'Agen, le droit de battre monnoye, la qualité de comte et le droit de justice, avec défense aux Agenois de troubler les évesques d'Agen en cette possession.

Pendant que Richard jouissoit de l'Agenois et du duché d'Aquitaine, il obligea Raymond Cinquième, comte de Toulouse, de recognoistre tenir le comté de Toulouse comme relevant du duché d'Aquitaine. Raymond, qui avoit soutenu la guerre contre Henry, père de Richard, pour soutenir ses droits, se relascha en ce point; il fit foy et hommage du comté de Toulouse à Richard, duc d'Aquitaine, l'an 1174. Raymond céda plus à la force qu'au droit de Richard; car, si le duc d'Aquitaine prétendoit sur Toulouse par le droit de son aïeule Philippe, fille de Guillaume Cinquième, comte de Toulouse, Raymond Cinquième en estoit légitimement maistre, et prétendoit sur l'Agenois (dont Richard jouissoit) en vertu de l'achat du comté de Toulouse et de ses dépendances, qui avoit esté fait par Raymond de Saint-Gilles, son autheur, ou de Guillaume Cinquième, comte de Toulouse, suivant M. Catel, ou de Guillaume Neuvième, duc d'Aquitaine, marié à Philippe, fille de Guillaume Cinquième, comte de Toulouse et nièce de Raymond, dit le comte de Saint-Gilles.

Henry Second, roy d'Angleterre, souffrant avec peine la révolte de ses enfants, vint en Poitou l'an 1175 ; il dompta Richard, le plus mauvais de ses enfans, à qui il avoit donné l'Aquitaine pour son partage. Louis Septième, roy de France, soutenoit les enfans contre leur père par un intérest d'Estat et de politique, pour affaiblir un ennemi de la France par lui-mesme. Il se fit une autre paix entre Louis Septième et Henry Second d'Angleterre. Louis Septième, roy de France, donna sa fille Alis à Henry Second pour la faire espouser à Richard quand elle seroit nubile. Ce feut cet Henry Second d'Angleterrre et duc d'Aquitaine qui fit mourir saint Thomas de Cantorbéry avant la révolte de ses enfans. La mort de ce martyr ternit la réputation de ce prince, et lui attira un trouble continuel sur son règne et la révolte mesme de ses enfans. Louis, après avoir donné sa fille à Henry pour Richard, son fils, mourut l'an 1180. Philippe, dit Auguste, lui succéda la mesme année.

CHAPITRE II

ORIGINE DES SÉNÉCHAUX

Les sénéchaux commencent sous Philippe-Auguste, suivant d'Autreville, dans l'état des affaires de France. En effet, le premier qui adressa ses patentes à ses sénéchaux feut Richard ; c'est sans doute pour cela que dans les *Annotations sur l'article des sénéchaux, mémoire 1er dans la conférence des ordonnances*, il est dit que plusieurs écrivent que ce mot de *sénéchal* est venu des Anglois, et que les provinces qui ont esté occupées par les Anglois ont reteneu ce mot. Le premier des Anglois qui s'en servit dans ses lettres feut Richard avant d'estre roy d'Angleterre, n'étant que duc d'Aquitaine, comme il paroist dans la confirmation des dixmes de l'église de Saint-Caprasi. Du temps d'Henry, le mot de *sénéchal* n'estoit pas encore connu. L'ancienne manière de juger et de rendre la justice prit fin ; les juges mages feurent établis sous les sénéchaux ; le ressort des juges mages ne feut pas souverain : les appels qu'on faisoit de leurs sentences ressortissoient aux sénéchaux, qui donnoient les commissions pour juger les appels interjetés, quoique les jugemens donnés en vertu de la commission des sénéchaux feussent souverains. Il y restoit deux voyes pour se pourvoir contre leurs jugements : on pouvoit s'appeler au roy, comme il paroist par une sentence donnée à Villeneuve-d'Agenois par le juge d'Agen, en vertu d'une commission d'Othon de Casonova, sénéchal d'Edouard Premier dans l'Agenois, donnée, l'an 1304, en faveur du chapitre Saint-Caprasi, pour raison du péage de Castillon, que le juge mage leur avoit fait saisir. La main-levée feut accordé au chapitre sur l'appel de la sentence du juge mage, dont le jugement feut réformé par le juge ordinaire d'Agen, en vertu de la commission du sénéchal; mais, quoique la sentence de ce juge délégué par le sénéchal feut définitive, le procureur du roy s'appela au roy mesme.

Les parties d'Agen pouvoient s'appeler aux consuls, comme il paroist dans les privilèges d'Agen, que Louis d'Anjou, frère de Charles Cinquième, roy de France, confirma, étant gouverneur en ce pays, l'an 1369, et que Charles de France Cinquième confirma l'an 1370. Il y a un article fort glorieux pour les consuls d'Agen, qui porte par exprès : « Quand le seigneur, c'est à sçavoir les Sénéchaux, baillis ou autres juges auront donné jugement pour parties d'Agen ou les appartenances de la juridiction, la partie qui se croit grevée peut appeler devant les consuls d'Agen, lesquels faisoient réformer le jugement. S'il estoit réformé, l'appelant, ayant préalablement baillé action au juge dont est appel et poursuivi en la cause d'appel, en laquelle s'il est dit bien jugé, le seigneur ou le juge dont est appel a cinq sols arnaudens d'amende sur le fol appelant. » C'est une preuve bien forte de la justice et de l'authorité des consuls et de l'ancienneté de leur droit.

Les sénéchaux n'avoient point rang de dignité dans les assemblées des Estats, parce que les ducs et pairs estoient d'une plus ancienne date que les sénéchaux : les premiers ayant esté institués par Charlemagne, et les sénéchaux par Philippe-Auguste, et parce que les ducs et comtes exerçoient la justice avant les sénéchaux. De là vient qu'ils avoient la préséance dans les Estats généraux, au rapport d'Autreville, dans le livre qu'il a composé et intitulé : « *L'Estat général des affaires de France.* »

CHAPITRE III

GUERRE AVEC LES ANGLOIS

Philippe, ayant esté sacré, ne demeura pas longtemps sans avoir la guerre avec les Anglois. Les funestes effets du divorce de son père, Louis Septième, avec Aliénor, ne finirent pas avec la vie de Louis Septième, et l'animosité héréditaire entre les deux couronnes se répandit jusques aux deux nations des Anglois et des François. La guerre s'alluma entre Philippe, roy de France, et Henry Second, roy d'Angleterre, et Richard, son fils, l'an 1187. Le sujet de cette rupture feut que Richard ne voulut pas rendre hommage du comté de Poitou, parce qu'il prétendoit qu'il relevoit immédiatement du duché d'Aquitaine, et qu'ayant rendu hommage du duché, il n'en devoit pas de ce comté particulier. Cette querelle se termina par la perte d'Issoudun, qui demeura à Philippe. Mezeray veut que ce soit cette année que Richard poursuivit le comte de Toulouse, Raymond Cinquième, sur la prétention d'Aliénor, sa mère, et que Philippe, pour faire diversion, attaqua le Berry et enleva tout ce que les Anglois y possédoient. Henry, le père, y voulut aller, mais il feut repoussé. Richard, mécontent de son père, se joignit à Philippe-Auguste. La querelle estoit de ce que son père différoit de lui donner Alis, sa fiancée, sœur de Philippe, laquelle Henry tenoit étroitement renfermée dans un chasteau. Philippe réconcilia Richard avec son père, Henry Second, qui, après cette paix, mourut l'an 1189. Richard succéda à la couronne, tellement que le duché d'Aquitaine et l'Agenois revinrent mesme au roy d'Angleterre, dont ils avoient été distraits en faveur de Richard.

Pendant toutes ces brouilleries, Agen et le comté d'Agenois essuyoient avec toute l'Aquitaine les malheurs qui accompagnent les guerres civiles. Cette ville se vit accablée de gens de guerre et ruinée par ceux qu'elle entretenoit. Les guerres civiles avoient fait relascher la discipline militaire ; si les siècles auparavant, les gens de guerre ne prenoient rien, et si les capitaines répondoient en leurs personnes de leurs vols, dans ce siècle, les troupes estoient tellement déréglées, que tout estoit au pillage. L'année 1190, Richard, qui avoit succédé à son père, feut couronné à Londres, avec les cérémonies que descrit Mallieu-Paris. Cela fait, Philippe et Richard entreprirent d'aller à la Terre-Sainte.

CHAPITRE IV

ORIGINE DES MURS ET DES TOURS AUX MURS DE LA VILLE D'AGEN. — GUERRE AVEC RICHARD. — LES LOIS DE LA GUERRE REÇOIVENT QUELQUE CHANGEMENT.

Philippe-Auguste, avant de partir, ordonna aux échevins de Paris qu'ils eussent soin de fermer leur ville de murailles flanquées de tours. Les bourgeois des autres villes, à l'exemple de ceux de Paris, se piquèrent aussi d'enceindre les leurs et les remparts. Ce feut l'an 1190 qu'Agen fit la closture que nous y voyons ; et, comme l'ordre du roy pour Paris portoit de flanquer les murailles de tours, les Agenois, croyant se bien fortifier et se garantir des insultes des gens de guerre, firent bastir des murailles autour de leur ville, flanquées de vingt en vingt pas de grosses tours. Jusques alors, les villes n'avoient d'autres murailles que celles des maisons qui servoient de closture ; mais, à l'exemple de Paris, toutes les villes se renfermèrent.

Philippe et Richard se brouillèrent; ce dernier n'ayant pas voulu épouser Alis, sœur de Philippe, ce feut une nouvelle occasion de guerre. Richard estoit un prince généreux ; il fit dans la Terre-Sainte tout ce qu'on pouvoit attendre d'un héros. A son retour de la Terre-Sainte, il suivit la route d'Allemagne pour éviter de passer en France : ce voyage lui feut malheureux. L'empereur le retint prisonnier, et exigea quarante mille marcs d'argent pour sa rançon. Sa mère Aliénor eut bien de la peine à les ramasser ; ce coup affaiblit l'Angleterre, et Philippe-Auguste, roy de France, profitant de cette conjoncture, fit la guerre contre Richard. Ce prince, revenu de sa captivité, se mit en estat de se défendre. Son courage seul arresta les efforts de Philippe, et s'il ne put, faute d'argent, réparer ses pertes, il détourna les orages qui le menaçoient.

Philippe feut le premier qui soldoya ses troupes ; et, pour en avoir toujours de prestes, il fit de très rudes exactions et changea la manière de les entretenir. Auparavant, les sujets estoient obligés de s'armer et de s'entretenir dans l'armée ; la solde a esté substituée à la place des frais que les communautés estoient obligées de faire. Les taxes et les subsides ont été inventés pour entretenir les armées. Cet usage de soldoyer les troupes ne feut pas sitost introduit dans l'Agenois, car, suivant les anciens usages d'Agen, approuvés par Louis d'Anjou, et confirmés par Charles Cinquième, roy de France, frère de Louis d'Anjou, il est porté par exprès que si le seigneur de l'Agenois a guerre, le chef de la famille doit y envoyer son fils ou son gendre, s'ils habitent avec lui, et quatre consuls doivent conduire à l'armée les habitants d'Agen, et fournir les équipages. Il est mesme porté que ceux d'Agen ne doivent marcher qu'après que le comte d'Agenois aura convoqué les habitans des autres villes, et que les Agenois n'ayent tenté d'accommoder le différend du comte avec ceux à qui il veut déclarer la guerre, et par faute de vouloir satisfaire le seigneur. Alors ceux d'Agen prenoient parti contre eux pour le seigneur. Ils ne devoient non plus prendre part au siège qu'il feroit dans l'Agenois qu'il n'eust lui-mesme, avec ses gens, demeuré huit jours au siège. Il est encore exprimé dans ces usages que les habitans d'Agen ne doivent pas sortir hors le diocèse qu'à une si petite distance qu'ils puissent le mesme jour revenir coucher dans le diocèse. Je crois devoir rapporter l'usage d'Agen, approuvé et confirmé par tous les princes depuis Raymond, comte de Toulouse, jusqu'à ce que cet usage feut entièrement aboli.

USAGE D'AGEN

« Les habitans et bourgeois d'Agen doivent, une fois l'an, faire

« ost au seigneur de quarante jours entiers par tout l'évesché d'A-
« genois ou hors de celui, si le seigneur en a besoin, pourvu que
« la mesme nuit qu'ils seront sortis en armes ils puissent retourner
« dans l'Agenois. Ce que ce fait en telle sorte que, si quelqu'un
« a fait tort au seigneur dans l'Agenois ou hors ledit évesché, il
« doit mander et faire crier généralement par tout l'Agenois qu'il
« fait levée de gens, et doit déclarer dans la ville d'Agen sur qui
« il veut courir et chevaucher ou mettre le siège, et si c'est sur
« aucun lieu de l'Agenois qu'il veuille aller ou mettre le siège avant
» que homme sorte d'Agen en armes, les consuls doivent enquérir
« les seigneur et habitans de ce lieu ; et si les seigneur et habitans
« de ce lieu veulent faire droit au regard du seigneur et de sa
« cour, le seigneur doit prendre droit si quelque homme d'Agen,
« de là en hors, n'est teneu de porter pour lui les armes, sur celui
« ou sur ceux-là, s'ils sont dans l'évesché d'Agen. Laquelle cour
« doit être des barons et chevaliers d'Agenois, et des consuls et pru-
« d'hommes de la ville d'Agen et des autres bourgs de l'Agenois. »

Il paroist par ce chapitre que les Agenois estoient regardés d'une manière bien différente des autres villes de l'Agenois, puisque le seigneur estoit obligé de leur déclarer contre qui il vouloit faire la guerre, et que les Agenois s'estoient réservé, avant de marcher, de pouvoir demander les raisons au seigneur et aux habitans du lieu qu'il vouloit assiéger, pour les faire remettre en jugement dans une cour composée de barons, chevaliers de l'Agenois et des consuls et prud'hommes d'Agen. Et, en cas que le seigneur ne voulust pas accepter ce parti, ceux d'Agen n'estoient pas obligés de marcher et d'armer pour défendre les intérests du seigneur ; ils estoient seulement obligés de marcher lorsque les habitans du lieu, que le seigneur vouloit assiéger, refusoient de satisfaire le seigneur et de vouloir remettre leur différend en jugement.

CHAPITRE V

L'AGENOIS REVIENT AUX COMTES DE TOULOUSE. — VIOLENCES DU COMTE RAYMOND DANS L'AGENOIS.

Richard, estant devenu roy d'Angleterre, donna sa sœur Jeanne, veuve de Guillaume, roy de Sicile, au comte Raymond de Toulouse, Cinquième du nom. L'Agenois lui feut donné en dot à condition de fournir cinq cents hommes lorsque l'Anglois feroit la guerre en Gascogne. Raymond avoit espousé Jeanne, sœur de Richard, et mesme conduite à Toulouse vers l'an 1196. Elle eut le Quercy avec l'Agenois pour sa dot ; l'Agenois, à raison de certaines prétentions que les comtes de Toulouse avoient sur l'Agenois. Ces prétentions venoient de ce que Raymond, dit le comte Saint-Gilles, de Toulouse, avoit acheté à son frère Guillaume Cinquième le comté de Toulouse avec ses dépendances. Le comte Raymond Sixième, descendoit de Raymond, dit le comte de Saint-Gilles, et succédoit à ses droits, et Richard succédoit aux droits de Guillaume Cinquième par Philippe, fille de Guillaume, comte de Toulouse, bisayeule de Richard : c'est le fond des prétentions des comtes de Toulouse sur l'Agenois et de Richard sur le comté de Toulouse.

Le comté d'Agenois feut alors distrait du domaine du duché et de la domination des Anglois ; il passa sous la domination des comtes de Toulouse après le mariage du comte Raymond avec Jeanne, sœur de Richard, roy d'Angleterre. Richard fit une tresve avec Philippe, roy de France ; il mourut trois ans après, le 5ᵉ d'avril 1199.

Cette guerre feut très cousteuse à Agen par les taxes et les vexations qui feurent faites pour l'entretien des gens de guerre, qui ruinèrent le pays. Jeanne, femme du comte Raymond, à qui l'Agenois avoit esté donné en dot, mourut à Rouen, l'an 1199, trois ans après son mariage; elle feut enterrée à Fontevrau avec son père Henry et son frère Richard. Par ce mariage, l'Agenois demeura entre les mains des comtes de Toulouse, Raymond Sixième et Raymond, son fils, et de Jeanne d'Angleterre, née l'an 1197; mais le sort d'Agen n'en feut pas plus heureux. Le comte Raymond, s'estant rendu l'appui des Albigeois, avant et après avoir esté chassé de ses terres du Languedoc, vint dans Agen et dans l'Agenois; il fit son séjour dans Puymirol qu'il avoit eu du chapitre de Saint-Etienne moyennant quelque somme d'argent assez modique. Il fit fortifier le chasteau à la manière qu'on voit encore, l'an 1202 ou 1203, d'où il fit tant de violences sur la terre de la Sauvetat-de-Faudres, appartenant au chapitre de Saint-Caprasi, que le chapitre feut obligé de lui en relascher la moitié, comme il paroist par l'acte de donation que le chapitre lui en fit l'an 1203. Le comte Raymond père commit toutes les violences que la nécessité de ses affaires ou l'esprit de la guerre qu'il méditoit en faveur des Albigeois lui pouvoit inspirer. Il dépouilla les ecclésiastiques; les laïques furent surchargés; il fit nourrir ses troupes dans l'Agenois; il obligea les Agenois de lui en fournir.

Revenons aux Anglois. Jean Sans-Terre succéda, après Richard, tant au duché d'Aquitaine qu'au royaume d'Angleterre, au préjudice d'Arthur, son neveu, fils de Geoffroy, qui estoit aisné de Jean Sans-Terre, Geoffroy, le troisième des enfans d'Henry Second. Richard mourut sans enfans l'an 1199, ce qui servira bientost de prétexte pour une nouvelle guerre entre Jean Sans-Terre et Philippe de France, car Philippe Second, sur le prétexte de l'injuste usurpation de Jean Sans-Terre et de quelques violences que les Anglois avoient commises en Aquitaine, fit adjourner ce nouveau roy d'Angleterre, et, par défaut de comparoistre, il lui confisqua ses terres et les fit saisir l'an 1202. Pendant que le comte Raymond estoit dans l'Agenois, il osta aux évesques d'Agen le droit de justice et confirma aux consuls, avec les autres privilèges de la ville, le droit de leur justice ordinaire. Il ne demeura pas longtems paisible dans l'Agenois; comme il se rendit le protecteur des Albigeois, il attira sur ses bras la guerre des Croisés, sous la conduite de Simon, comte de Monfort.

CHAPITRE VI

GUERRE DES ALBIGEOIS

Cette guerre feut résolue contre lui l'an 1204. Le comte Raymond feut excommunié par le pape Innocent Troisième, l'an 1208. Le pape Innocent Troisième et le roy Philippe, roy de France, commirent le soin de cette guerre contre les Albigeois au comte de Montfort, l'an 1209. Le comte Raymond feignit de se convertir cette mesme année pour éviter l'orage qui le menaçoit, mais, l'an 1210, il retourna dans l'hérésie. L'évesque d'Agen, Arnaud de Rovinhan, participa par le juste ressentiment de ce que le comte Renaud lui avoit osté les privilèges que les ducs d'Aquitaine et les Anglois avoient accordé et confirmé en faveur de ses prédécesseurs. Partie par le zèle et par l'esprit de la religion, suscita sa famille contre le comte Raymond. Hugues de Rovinhan, frère de l'évesque d'Agen et seigneur de Cassaneuil, se déclara contre le comte de Toulouse, Raymond Sixième. La mesme année, l'évesque d'Agen, Arnaud de Rovinhan, appela l'archevesque de Bordeaux, Guillaume Amanieu ou de Gebennis; c'estoit un des généreux prélats de son siècle. Il fut, l'an 1212, en Espagne contre les Sarrasins; l'année 1210, il estoit venu à Agen avec ses troupes pour y combattre les Albigeois, comme il paroist par le verbal des privilèges des évesques d'Agen adressé au pape Innocent Troisième, fait à la requeste d'Arnaud de Rovinhan, qui se vouloit pourvoir devant ce pape contre le comte Raymond, qui l'en avoit dépouillé. Guillaume, archevesque, dit dans ce verbal, qu'étant poussé par le soin qu'il doit avoir de toute sa province, il estoit venu dans Agen avec des armes victorieuses. L'évesque d'Agen s'attira la persécution du comte Raymond, qui le chassa de son siège, soit en haine de sa religion, soit parce qu'il vouloit se maintenir dans les privilèges que le comte Raymond lui avoit ostés.

Pendant ces désordres que le comte Raymond commettoit dans ses domaines, ses terres feurent adjugées au comte de Montfort dans le concile de Latran, et confisquées par le consentement de Philippe, roy de France. Le comte Raymond avoit fait beaucoup de démarches, avant ce décret du Concile, pour éviter un coup si funeste à son repos; il avoit mesme abjuré l'hérésie, receu l'absolution dans les formes anciennes, avec la verge sur les épaules, mais l'infidélité le fit revenir dans son premier parti. Ses terres feurent enfin confisquées. Le comte de Montfort, à la teste d'une armée de Croisés, entreprend cette guerre, pousse le comte Raymond et dans le Languedoc et dans l'Agenois. Le comte de Montfort prit le chasteau de Penne et fit passer au fil de l'épée les soldats albigeois. Il estoit défendu par Hugues de Faro, sénéchal du comte Raymond en Agenois, et servoit de défense à tout le pays. En 1212, le comte de Montfort, ayant reçu des secours, forma le dessein de faire de nouvelles conquestes. Il feut convié par l'évesque d'Agen, qui lui offrit son secours et celui de ses parents contre les hérétiques qui estoient dans l'Agenois. Le comte de Montfort, s'estant rendu maistre de plusieurs places appartenant au comte de Toulouse, reçut le serment de fidélité des habitants de la ville d'Agen, et, le 4 juin 1212, mit le siège devant Penne d'Agenois, comme il est dit plus haut, que Richard, roy d'Angleterre, avoit fortifiée, qui se rendit à composition le 12 juillet 1212. Le comte de Montfort, ayant reçu l'hommage de la noblesse du comté d'Agenois, fut assiéger Moissac, qu'il prit en peu de jours; le comte de Montfort poursuivit ses ennemis dans tout l'Agenois. En 1214, les habitans de La Réole, de la dépendance des Anglois, prirent les armes, par ordre de leur roy, afin de défendre, par les lois de fief, son subjet opprimé, le comte Raymond. Ces Anglois, qui commandoient dans

La Réole, pour empescher que le comte de Montfort ne prist le Mas-d'Agenois et ne passast la rivière, montèrent avec des bateaux tout armés; mais leurs efforts feurent inutiles. Malgré leur secours, le comte de Montfort passa la rivière, battit le Mas-d'Agenois sans le prendre. L'année après, il prit Montpezat, reprit Marmande, Cassaneuil et fit démolir le chasteau qui appartenoit à Hugues de Rovinhan, frère de l'évesque d'Agen. Hugues avoit rompu son serment, et Cassaneuil en estoit à sa troisième révolte, ce qui engagea le comte de Montfort de faire brusler la ville et de passer les habitans au fil de l'épée. Il se rendit maistre de tout l'Agenois et confirma, cette mesme année, les privilèges de la ville d'Agen et des consuls, parce que Agen persista dans son parti par le crédit de Pierre, évesque d'Agen et successeur d'Arnaud de Rovinhan; tellement que tout l'Agenois feut sous le comte de Montfort depuis l'an 1214 jusqu'à l'an 1217. Le comte de Montfort avoit son séneschal en Agenois, nommé Philippe Doidreville, avec une armée. L'histoire rapporte qu'estant à Montauban, ceux de cette ville envoyèrent à Toulouse pour avertir le comte Raymond que, s'il vouloit se saisir du séneschal d'Agenois et de ses troupes, il auroit beau jeu. Le comte Raymond détacha cinq cents hommes qui arrivèrent à Montauban la nuit, et y entrèrent au bruit des trompettes. Malgré les obstacles et embarras que ceux de Montauban mirent devant les portes du séneschal et de son monde, le séneschal défit les habitans de cette ville et les Toulousains: les uns se jettèrent au bas des murailles, et les autres feurent tués; la ville feut pillée. Dieu combattit pour les troupes du séneschal; les troupes du comte Raymond se précipitèrent par les murailles mesmes sans estre poursuivies.

Dans ce tems de désordre, Agen feut en proie aux effets de la guerre et le théastre de plusieurs combats. Le comte Raymond feut chassé de l'Agenois, et le comte de Montfort en feut maistre jusqu'en l'année 1217. Il mourut cette mesme année au siège de Toulouse, qui avoit reçu le comte Raymond, son seigneur naturel. Amauri, fils du comte de Montfort, lui succéda à toutes ses terres;

mais, ne pouvant résister aux forces de Raymond, qui reprit tout le pays d'Agenois, il eut recours à Philippe, roy de France qui envoya son fils Louis avec une puissante armée, l'an 1219. Louis, allant à Toulouse, assiégea le chasteau de Marmande, qui appartenoit au comte Raymond. Le comte Destarac y commandoit ; plusieurs gentilshommes s'y estoient enfermés avec Arnaud de Blancafort. Après quelques jours de siège, ils se rendirent à Louis, qui les fit prisonniers à Puilaurans, pour en faire un échange avec les prisonniers qui avoient esté faits sur Amauri. Louis fut à Agen quand il fut assiéger Toulouse ; le siège feut sans succès. Philippe rappela Louis à cause de la peste qui estoit dans ce pays ; il laissa, par sa retraite, tout l'Agenois en proie au comte Raymond qui, revenant sur ses pas, reprit le tout. Ce feut alors, vers l'an 1220, qu'il pardonna aux habitans de la ville d'Agen l'intelligence qu'ils avoient eue avec le comte de Montfort ; il confirma les statuts et privilèges de la ville d'Agen.

Jean Sans-Terre, roy d'Angleterre, mourut l'an 1215 ; il laissa trois enfans : Henry, Richard et Edmond. Henry succéda à sa couronne ; Raymond Sixième mourut de mort subite l'an 1222 ; Raymond, son fils, succéda au droit sur ses domaines et se mit en possession de l'Agenois et de Toulouse. Raymond le Jeune continua la guerre que son père avoit commencée contre Amauri, fils de Simon, comte de Montfort, tellement qu'avec son armée il vint assiéger le chasteau de Penne, en Agenois ; mais Amauri de Montfort ramassa ses troupes et le vint secourir. Le légat du pape, l'évesque de Limoges et plusieurs autres prélats vinrent rejoindre Amauri. Estant arrivé à Penne-d'Agenois, Raymond leva le siège ; ayant accordé quelque tresve et cessation d'armes pour certain tems, Raymond se maintint dans l'Agenois. Il y avoit un séneschal nommé de Cantallo, comme il paroist par la restitution qu'il fit au chapitre de Saint-Caprasi, touchant la justice du Port-Sainte-Marie qu'il avoit usurpé et qu'il restitua par ordre du concile de Montpellier, l'an 1224.

On ne descrira pas l'estat pitoyable où Agen feut réduit ; c'est assez de dire qu'il feut le théastre de la guerre, et que les François animés par l'esprit de religion contre les Albigeois, faisoient ressentir à ce pays la rigueur que les hérétiques méritoient justement, mais dont les Agenois portoient la peine sans l'avoir méritée. Agen. ni les Agenois ne furent pas généralement infectés de cette hérésie ; à la réserve de quelques bourgeois qui feurent bruslés, le général des Agenois estoit catholique. Cependant, l'Agenois, qui avoit esté sous le comte Raymond et sous les comtes de Montfort et Amauri, son fils, relevoit des rois de France, parce que, après que Philippe eut fait confisquer les terres de Jean Sans-Terre par le Parlement de Paris pour les avoir usurpées sur Arthur, prétendant légitime, seigneur de l'Aquitaine, il enleva presque toute l'Aquitaine sur les Anglois. Les Anglois néanmoins qui restaient en Aquitaine taschoient de défendre, mais faiblement, le parti de Raymond par les lois du fief, regardant l'Agenois comme un fief du duché d'Aquitaine. Philippe, seigneur dominant de l'Agenois, régna depuis 1202 jusques à l'an 1223 ; il mourut cette année. Louis Huitième succéda au royaume de France et au duché d'Aquitaine et autres terres des Anglois. Amauri, ne pouvant plus se soutenir, céda à Louis Huitième tous les droits qu'il avoit sur les terres du comte Raymond Septième ; le père estoit déjà mort l'an 1222. Le comte Raymond Septième, n'ayant pas réussi au concile de Montpellier pour estre restabli dans ses domaines, l'an 1224, se maintint dans le comté d'Agenois. Il y avoit son sénéchal, nommé de Cantallo, qui restitua, à son nom, la terre et la justice du Port-Sainte-Marie au chapitre Saint-Caprasi, sur une commission du concile de Montpellier.

Il paroist, par tout ce qui a esté rapporté, que, pendant ces désordres, le comte Raymond Sixième feut comte d'Agen jusques à l'an 1214, quoiqu'il n'en jouist pas depuis 1212 ; le comte de Montfort s'en rendit maistre cette année, mais il n'en feut le légitime seigneur que l'an 1214, après que les terres du comte Raymond furent confisquées par le roy Philippe, et qu'elles lui feurent adjugées par le concile de Latran, l'an 1214 ; mais, depuis cette année, il en feut maistre jusques à l'an 1217, qui feut l'année de sa mort, au siège de Toulouse.

Amauri, son fils, feut maistre peu de temps de l'Agenois, car le comte Raymond Septième vint s'en rendre maistre, et le soumit à l'autorité de son père. Louis, fils de Philippe, roy de France, s'en rendit maistre l'an 1219, soutenant les intérests d'Amauri ; mais, l'an 1220, le comte Raymond le père reprit tout l'Agenois, comme il paroist dans les actes de l'hostel de la ville d'Agen, en date de 1220. Son fils, Raymond Septième, se maintint avant et après la mort de son père. Raymond Septième confirma, du vivant de son père, l'an 1221, les privilèges et les franchises d'Agen, comme il paroist par les patentes signées de Toulouse en aoust 1221, qui commencent par ce terme : Raymond, fils de segnor Raymond et fils de la dona Régina, nommée Joanna. Il y confirme l'exemption de péage sur le blé et vin et autres marchandises dans toute la terre et sur tout ce qui passera par notre terre de Vascogne ; il consent qu'on ne bastira point de chasteau dans Agen pour lui ou pour ses successeurs.

Louis, fils de Philippe, estant devenu roy sous le nom de Louis Huitième, fit la guerre au comte Raymond, à la sollicitation du pape Honorius, parce que le comte Raymond n'exécuta pas la promesse qu'il avoit faite au pape Honorius d'exterminer l'hérésie des Albigeois. Sa négligence ou sa connivence feurent cause que Louis Huitième lui fit la guerre ; d'ailleurs, comme il avoit la cession du comte Amauri et qu'il estoit duc d'Aquitaine, conquise par son père sur Jean Sans-Terre, il poursuivit son vassal et tascha de le venger. Louis, roy de France, laissa Imbert de Beaujeu dans les terres du comte Raymond en qualité de gouverneur et de lieutetenant-général de ses armées. Louis Huitième mourut, retournant à Paris, l'an 1226. Louis Neuvième, son fils, dit saint Louis, succéda au royaume de France et au duché d'Aquitaine. Le comte Raymond Septième, voulant profiter de la minorité du roy Louis Neuvième, fit effort de se rétablir en toutes les terres qu'il avoit perdues ; mais Imbert de Beaujeu le pressa si fort qu'il feût contraint, après deux ans de guerre, de traiter le roy saint Louis comme il sera expliqué dans la suite.

CHAPITRE VII

L'ORIGINE DES HOSPITAUX DES LÉPREUX, ET LE COMTÉ D'AGEN DONNÉ A ALPHONSE, FRÈRE DE SAINT LOUIS

Durant tout ce siècle, la lèpre se répandit dans tout le royaume ; il y eust des maladies presque partout. Ce mal contagieux feut cause qu'on séparoit exactement de la société ceux qui estoient atteints de lèpre, et on les renfermoit dans des lieux écartés, loin de l'habitation des hommes, sur les grands chemins néanmoins, pour attirer les aumosnes et la compassion des passants. Ce feut en ce tems-là que l'on fit bastir à Agen la maladrerie, située à la Porte-du-Pin. Le nombre des lépreux devint si prodigieux qu'il n'y eust ville ni bourgade qui ne feut obligée de bastir un hospital pour les retirer. On appela ces hospitaux *ladreries*, à cause de saint Lazare, patron des pauvres languissants, nommé par le vulgaire saint Ladre.

Revenons au comte Raymond. Le gouverneur Imbert de Beaujeu estoit dans le Languedoc lorsque Louis Huitième mourut ; il continua la guerre que Louis avoit commencée, avant de mourir, contre le comte Raymond. Louis Huitième laissa cinq enfans masles : Louis, Robert, Alphonse, Charles et Jean. Suivant son testament, Louis feut roy : c'est saint Louis, dit Louis Neuvième. Alphonse eust le comté de Poitou, que son père avoit acquis sur les Anglois. Pendant le commencement du règne de Louis Neuvième, il y eust quelques brouilleries pour raison de la régence qui feut accordée à la reyne Blanche. Le comte Raymond se rétablit dans ses terres et dans ses places ; mais, l'an 1229, la reyne Blanche fit alliance avec l'empereur Frédéric et une tresve d'un an avec les Anglois. Le comte de Toulouse se trouva seul ; Imbert de Beaujeu, ayant reçu du secours, entreprit de ruiner les affaires du comte Raymond : il y réussit par une action violente ; il ne s'amusa pas à l'assiéger, mais il fit le dégast du voisinage de Toulouse, déracina les vignes, brusla les blés, rasa les maisons ; tous les habitans de Toulouse estant battus de coups, eux et le comte feurent obligés de se soumettre à telle condition qu'on voulust. Les premières propositions se firent à Meaux et s'achevèrent à Paris l'an 1228. Louis Neuvième succéda à Louis Huitième l'an 1226 ; ce feut l'an 1229 que le traité feut achevé, par lequel le comte Raymond feut dépouillé de toutes ses terres, à la réserve de l'Agenois et quelques autres places qu'on lui laissa par commisération. Dans ce traité de paix, il feut dit que toutes les terres du comte Raymond reviendroient à sa fille Jeanne, et qu'elle seroit mariée à Alphonse, frère du roy ; et que, s'il n'y avoit point des enfans de ce mariage, toutes les terres reviendroient au roy de France ; que le comte payeroit 1700 marcs d'argent, tant au roy qu'aux moines de Cisteaux ; que les murailles de Toulouse et de trente autres villes seroient démolies. Le comte et ceux de sa suite feurent à Notre-Dame de Paris recevoir, neuds-pieds et en chemise, l'absolution du légast du Saint-Siège, à cause de leur excommunication. Une autre des conditions du traité feut qu'il iroit faire la guerre aux Sarrasins pendant cinq ans. D'Arnauld, dans ses *Antiquités*, dit qu'on laissa au comte Raymond le diocèse d'Agen, Layrac, Casseneuil, Aulterive, Pugeols, Condom, Moissac, Moneur, Montauban et quelques autres villes, à condition qu'il démoliroit les murailles, et que les ruines seroient mises dans les fossés pour les combler. Les droits seigneuriaux qu'il avoit dans le diocèse d'Agen et de Cahors lui feurent conservés. Les murailles de la ville d'Agen ne feurent pas entièrement démolies, comme l'on peut voir par des recognoissances des ans 1365 et 1369, retenues par Flamene no[ne], qui font mention de la closture de la Porte-du-Pin, dans le mesme estat que les murailles feurent dans leur première bastisse flanquées de tours. Mais le traité feut exécuté en partie depuis le moulin de Saint-Caprasi jusqu'à Saint-Georges et vers la porte Saint-Antoine, parce qu'il se trouve une recognoissance d'une maison, à la vue de fond nouvelle, de l'an 1358, retenue par Flamene, qui confronte, d'un costé, à la voie publique, et, de l'autre, au fossé de la ville, qui est une marque évidente qu'il n'y avoit point de murailles de ce costé de ville. D'ailleurs, les murailles de la ville, dans cette partie, sont d'une autre fabrique, sans tours et toutes plénières. Il feut convenu de plus dans ce traité que le comte Raymond, pour assurer l'estat de l'Eglise, remettroit les forts de la ville de Lavaur, Montaigu, Penne-d'Agen et de Castelnaudary, et voulons que, dans les premiers jours d'aoust, il nous rende le fort de Penne-d'Agen, nous réservant qu'au cas qu'il ne satisfasse pas, nous garderons le fort de Penne jusqu'à ce qu'il y ait satisfait. On voit dans les archives de Toulouse et de Narbonne que saint Louis envoya des patentes aux fidèles subjets de Languedoc et des diocèses de Cahors et d'Agen, Rodez et Arles, où il leur accorde des privilèges, et marque l'ordre qu'on doit tenir pour chasser les hérétiques. Les patentes sont datées de Paris, du mois d'avril 1229.

Jeanne, fille unique et seule héritière de Raymond, naquit l'an 1220. Elle n'avoit que neuf ans lorsqu'elle feut remise, à Carcassonne, entre les mains des gens du roy saint Louis, en 1228 ou 1229. Son mariage feut arresté au traité de paix qui feut fait entre le comte Raymond, son père, et saint Louis, et célébré après avoir obtenu de Grégoire Neuvième la dispense pour la parenté, à cause de Constance de France, fille de Louis le Gros, son aïeule. La célébration de ce mariage se fit à Saumur l'an 1241, après que saint Louis eust fait son frère Alphonse chevalier, et qu'il lui eust donné les comtés de Poitou, d'Auvergne et d'Albigeois. Cette mesme année, Raymond, père de Jeanne, femme d'Alphonse, faisoit tous ses efforts pour secouer le joug qu'il s'estoit imposé par le traité de 1229, et l'an 1242 il assiégea le chasteau de Penne. Le comte Raymond, lassé de cette guerre, écrivit une lettre du lieu de Penne à la reyne Blanche, l'an 1242, au mois d'octobre, par laquelle il la prie de faire sa paix et de lui procurer les bonnes grasces du roy. Cette lettre est dans les archives de Carcassonne. Il y a dans les mesmes archives des actes où l'on voit que le comte de Toulouse, l'an 1242, estant à Loriac, se soumit, lui et sa terre, à l'obéissance du roy Louis, donnant pour assurance de sa promesse les lieux de Najac, ensemble Penne-d'Agenois. Le comte Raymond feut à Rome l'an 1243, et mourut l'an 1249. Alphonse, qui estoit outre-mer avec saint Louis et déteneu prisonnier, ne peut avoir sa liberté que l'an 1251. Estant de retour en France, il feut à Toulouse en mars 1251, où il prit possession de ce comté dans le mesme mois, et mesme année il vint à Montauban, Lauserte et Agen. Alphonse voulut suivre saint Louis au second voyage de la Terre-Sainte ; mais il mourut, et sa femme avec lui, au chasteau de Cornet, dépendant de la ville de Sienne. Il feut enterré à Saint-Denis, en France, et Jeanne feut enterrée dans l'abbaye de Notre-Dame-de-Gersi qu'elle avoit fondée. Jeanne mourut le jour de l'Assomption, et Alphonse le 21 d'aoust 1270.

CHAPITRE VIII

LE ROY DE FRANCE SE SAISIT DE L'AGENOIS

Alphonse et Jeanne estant morts sans enfans, Philippe, son neveu, en vertu du traité de l'an 1229, entre Raymond et saint Louis, se saisit du comté de Toulouse. Il fit expédier au seigneur Cohardon, sénéschal de Carcassonne et de Béziers, des patentes pour saisir le comté de Toulouse. Les commissaires de Philippe, roy de France, successeur de saint Louis, se saisirent de l'Agenois. Tous les actes qui feurent faits en conséquence de cette saisie disent que Cohardon estoit commis à la régie du comté de Toulouse et de la terre d'Agen.

Saint Louis avoit donné à Henry, roy d'Angleterre, la Guienne, qu'il érigea en duché-pairie, vers l'an 1259; il renferma la Guienne en trois séneschaussées : celles de Bordeaux, de Bazas et des Landes. L'Agenois ne feut pas compris dans le duché de Guienne : c'estoit une séneschaussée séparée qui avoit son sénéschal sous Alphonse, comte de Toulouse; il demeura uni à Toulouse, quoique Louet ait dit qu'il feut uni au comté de Poitiers, la mesme année 1259 que saint Louis érigea le duché de Guienne, démembré de l'ancienne Aquitaine. Il fit un autre traité avec Henry, concernant l'Agenois en seul, par lequel saint Louis consentit que l'Agenois feut rendu à Henry, roy d'Angleterre, non pas comme un membre de la Guienne, mais en vertu du traité qu'ils firent au mois d'octobre 1259, par lequel saint Louis promet à Henry, roy d'Angleterre, de lui rendre l'Agenois, déchargé de tout engagement, si l'Agenois lui advenoit par le décès de Jeanne, comtesse de Toulouse, qui le possédoit alors ; et cependant Louis Neuvième s'obligea de bailler au roy d'Angleterre la valeur de l'Agenois chacun an, prise sur son trésor ; et, si l'Agenois eschéoit à quelque autre, le revenu de cette terre appartiendroit au roy d'Angleterre. L'an 1261, la valeur annuelle de la terre d'Agenois feut estimée 3,720^{te} 8^{s}67, comme il est rapporté par Dutillet en son Recueil des traités entre les roys de France et d'Angleterre.

Alphonse, avant sa mort, ordonna à son sénéchal dans Agen de terminer le différend survenu pour raison des limites de l'Agenois et du Bruilhois, comme il paroist par l'acte qui feut fait vers l'an 1268. Gaston, appréhendant que ceux de Condom ne ruinassent sa terre de Bruilhois, à cause de la guerre qu'ils faisoient à son gendre, s'adressa à Alphonse, l'an 1268. Alphonse ordonna au sénéchal d'Agenois et de Cahors d'empescher que ceux de Condom ne ruinassent le Bruilhois, et de terminer le différend pour raison des limites de l'Agenois et du Bruilhois. Le sénéchal s'appeloit Philippe de Villas.

CHAPITRE IX

L'AGENOIS RENDU AUX ANGLOIS. — LES CONSULS D'AGEN PRESTÈRENT SERMENT DE FIDÉLITÉ A PHILIPPE EN 1271. — CE FUT LUI QUI RENDIT L'AGENOIS AUX ANGLOIS.

Après la mort d'Alphonse, Edouard, successeur d'Henry III, roy d'Angleterre, prit occasion de la mort d'Alphonse et de Jeanne, sa femme, comtes d'Agen et de Toulouse, pour demander la restitution de l'Agenois en échange et en récompense des terres du Limousin, Périgord et Quercy, qui ne pouvoient pas être aliénées de la couronne. Edouard passa en France et vit le roy Philippe III à Amiens. Philippe lui rendit l'Agenois, suivant le traité de paix de l'an 1259. Philippe et Edouard confirmèrent et ratifièrent le traité que leurs pères avoient fait par un nouveau qu'ils signèrent entre eux le 23 mai 1279. Il paroist, par cet acte, que Philippe, roy de France, jouit l'Agenois depuis 1270, qui feut l'année de la mort de saint Louis, jusqu'en 1279. Alors l'Agenois, qui avoit esté distrait de l'ancienne Aquitaine, revint une portion du domaine des Anglois ; il ne devint pourtant pas une portion du duché de Guienne, ni il ne feut pas restitué comme un membre de ce duché establi sur les ruines de l'ancien duché d'Aquitaine, du temps de saint Louis. Il ne feut pas restitué comme un membre de l'ancien duché d'Aquitaine, qui appartenoit au roy d'Angleterre, mais par manière d'échange. Les autheurs ont blasmé saint Louis d'avoir relasché l'Agenois et d'avoir fait le traité de l'an 1259, disant qu'il devoit s'en tenir à l'arrest de confiscation du duché d'Aquitaine sur Jean Sans-Terre donné du tems de Philippe-Auguste, son grand-père. Saint Louis voulut bien leur en faire justice, en leur relaschant et même leur faisant payer le revenu annuel pendant la jouissance d'Alphonse, tiré de son trésor; tellement que l'Agenois feut restitué aux Anglois, non pas comme une portion de l'ancien duché d'Aquitaine, dont il avoit esté distrait avant la saisie faite par Philippe-Auguste, quoiqu'on prétendist que la saisie de Philippe-Auguste sur Jean Sans-Terre n'alloit pas jusqu'à ruiner le droit de réunion des fiefs, qui doivent être réunis au domaine dont ils ont esté distraits par le défaut de vassal. De plus, Aliénor, qui vivoit encore l'an 1204, après que la saisie de l'Aquitaine feut faite sur Jean-Sans-Terre, son fils, l'an 1202, soutenoit que la confiscation estoit nulle, d'autant que l'Aquitaine lui appartenoit, comme héritière de Guillaume, duc d'Aquitaine; que la faute de ses enfans ne pouvoit pas préjudicier à son droit, puisqu'elle ne s'en estoit pas dépouillée, et qu'elle n'estoit pas coupable du crime qui attira cette confiscation sur son fils. Sur toutes ces raisons, saint Louis relascha l'Agenois au roy d'Angleterre l'an 1259, et Philippe, son fils, la rendit à Edouard l'an 1279. Edouard en jouissoit encore l'an 1284. Saint Louis, en relaschant l'Agenois pour ne pas faire tort au premier traité, qui portoit l'union de l'Agenois à la couronne de France, le rendit sous prétexte d'échange. Philippe, avant de rendre l'Agenois, confirma les privilèges de la ville d'Agen et les patentes du comte Raymond, comte de Toulouse. Les consuls, pour se maintenir dans leurs droits, donnèrent une sentence de mort contre des criminels l'an 1293, sentence qui reste encore dans l'Hôtel-de-Ville, et scellée du sceau des armes de la ville : c'est une preuve du droit ancien de la juridiction des consuls, qu'ils exerçoient alors, soit par la concession du comte Raymond Sixième, ou suivant leur ancienne prétention, comme émanée de l'authorité du sénat d'Agen, composé des plus notables de la ville, tant du tems de leurs roys particuliers que des empereurs romains et des rois mesmes des Visigoths.

Philippe Troisième estant mort l'an 1285, Philippe Quatrième, dit le Bel, lui succéda. Edouard Premier, duc de Guienne et comte d'Agen, n'avoit rien omis pour entretenir les traités qui avoient esté faits avec ses prédécesseurs et Philippe Troisième ; il vint mesme à Paris l'an 1286. Il assista au parlement qui se tint après Pasques, en qualité de duc et pair ; de là, il passa à Bordeaux et dans l'Agenois, comme il paroist par les actes signés au Port-Sainte-Marie, l'an quinzième de son règne, qui tomba l'an 1268. Cette paix dura jusqu'à l'an 1292, car Edouard régnoit en Agenois l'an 1291 et 1292, comme il paroist par les actes publics. Cette mesme année 1292, la querelle particulière de deux mariniers, l'un Normand, l'autre Anglois, entraisra les deux nations à la guerre, qui commença par la prise de petits vaisseaux les uns sur les autres. Les Anglois demandèrent les marchandises qui avoient été prises ; mais Philippe, au lieu de rendre les marchandises que les Anglois demandoient, fit assigner Edouard pour comparoistre à sa cour de parlement, comme son vassal. Edmond, croyant satisfaire à cette assignation, envoya son frère Edouard ; mais, Philippe n'en estant pas content, déclara Edouard contumax, et ordonna que ses terres fussent saisies comme estant descheu de ses seigneuries. Les lettres d'assignation feurent publiées à Agen, et, sur le défaut d'Edouard, Philippe fit saisir l'Agenois et tout le duché de Guienne l'an 1293. Depuis ce tems, les actes publics ne font plus mention des Anglois, mais seulement de Philippe. *Regnante Philippo rege Franciæ et Bertrando episcopo Aginnensi*, l'an 1294, sans faire mention des Anglois.

CHAPITRE X

L'AGENOIS SAISI PAR LES ROYS DE FRANCE

En exécution de cet arrest de saisie, le connestable Raoul de Nesle vint en Guienne et se saisit de plusieurs villes, mesme de Bordeaux, où il receut le serment de fidélité des habitans dans Saint-André. La guerre se fit en Guienne depuis 1293 jusqu'en 1296. Le comte de Valois, frère de Philippe le Bel, qui s'appeloit Charles de France, conduisoit l'armée du roy en Guienne avec le connestable Raoul de Nesle. Jean, comte de Richemond, et Edmond, frère du roy d'Angleterre, conduisoient l'armée des Anglois. Pendant ces trois années, ce ne feut que prises et reprises des villes les unes sur les autres. L'an 1296, Philippe le Bel envoya en Guienne, pour gouverner, Robert Second, comte d'Artois. Philippe le Bel avoit un sénéschal en Agenois, nommé Jean de Mégalers, comme il paroist dans les actes tirés du martyrologe de Saint-Caprasi. Robert, comte d'Artois, feut gouverneur jusqu'à l'an 1299; son gouvernement feut paisible sur la fin. La guerre, qui commença l'an 1293, se termina par une tresve l'an 1298, et enfin par une paix conclue à Paris l'an 1303. Le traité portoit que Philippe, roy de France, rendroit à l'Anglois tout ce qu'il avoit pris sur lui en Guienne.

CHAPITRE XI

L'AGENOIS RENDU AUX ANGLOIS

L'Agenois feut rendu aux Anglois, car Edouard en estoit le maistre l'an 1303 et l'an 1304, comme il paroist par le serment qu'Othon de Cassanova fit à l'évesque d'Agen l'an 1303, en septembre, et par une commission d'Othon de Cassanova, séneschal du roy d'Angleterre, donnée au juge ordinaire d'Agen pour juger un appel interjeté d'une sentence du juge-mage d'Agen : cette commission feut exécutée. Il paroist, par cet acte, que l'Agenois estoit reveneu sous la domination des Anglois.

Si je me suis arresté trop longtems sur les divers événemens qui sont arrivés en Guienne, j'ai creu que c'estoit d'une nécessité indispensable, autant pour éclaircir l'histoire du comté d'Agenois que pour faire voir quel a esté son sort en toutes ces révolutions. Le comté d'Agenois a esté une fois uni aux Anglois avec le duché d'Aquitaine, par le droit qu'Aliénor avoit receu de Philippe, sa grand'mère, héritière de Toulouse. Il en feut désuni en faveur des comtes Raymond, comtes de Toulouse, à cause de la dot de Jeanne, fille d'Aliénor et sœur de Richard, roy d'Angleterre. Alphonse, marié à la fille du comte Raymond, en jouit. Philippe le Hardi, son neveu, s'en saisit après la mort d'Alphonse ; il le restitua à Edouard Premier, qui le demanda par un droit de réversion, par le décès des anciens vassaux de l'Aquitaine dont l'Agenois avoit esté distrait. Edouard, son fils, en jouit après le décès de son père jusqu'à l'an 1324. L'Agenois leur feut enlevé, et les roys de France en jouirent jusqu'à ce qu'enfin Jean, roy de France, le donna aux Anglois pour une partie de sa rançon. Edouard, prince de Galles, en jouit en vertu de ce traité, comme nous verrons dans la suite. Pour donner quelque jour à l'histoire d'Agen, il a esté nécessaire d'expliquer toutes les révolutions, et pour authoriser les confirmations des privilèges de la ville, qui se trouvent confirmés et par les roys de France, et par les roys d'Angleterre et par les ducs de Guienne. Il a fallu éclaircir les faits de ces souverains. On ne peut sçavoir ce que l'Agenois a esté, sans éclaircir l'histoire des souverains qui l'ont eu en partage.

CHAPITRE XII

ESTABLISSEMENT DES PARLEMENS ET QUELS TRIBUNAUX IL Y AVOIT AUPARAVANT

Je reviens à Philippe le Bel : ce feut le premier qui fixa le Parlement à Paris, lui permettant deux séances par an ; mais la multitude des affaires le rendit ordinaire. Avant cela, la justice estoit exercée par les comtés et les évesques. Les évesques d'Agen l'ont exercée par concession des ducs. Le comte Raymond Sixième leur osta la justice; son fils, Raymond Septième, en rendit la moitié aux évesques d'Agen. Les séneschaux ou baillis royaux feurent ensuite establis. Agen prétend que, depuis le tems qu'il formoit une monarchie et la capitale des Nitiobriges, après estre tombé soubs l'empire romain, durant mesme les roys des Visigoths et de France de la première race, la justice a esté exercée par un Sénat et ensuite par un assesseur que ces magistrats municipaux élisoient. De là vient qu'ils firent plusieurs oppositions aux évesques d'Agen, pour le regard de la justice et dans les anciens usages d'Agen. Lorsque les séneschaux feurent establis, les Agenois, pour conserver une ombre de l'authorité de leur Sénat, firent un article assez particulier qui porte que, si le comte ou ses séneschaux ou autres juges prononcent jugement contre les Agenois, la partie grevée peut s'appeler aux consuls, qui se réservèrent le droit de réformer leur jugement, s'il estoit injuste. Les Agenois avoient, outre le droit écrit, des lois et des coustumes locales ; les magistrats estoient les gouverneurs de leur ville ; ils ont esté si jaloux de conserver un droit que ni les Romains ni les roys de la première race n'avoient pas changé, qu'ils ont observé de faire confirmer leurs privilèges par tous les seigneurs à qui les divers changemens les ont soumis. Les titres de la ville qui se sont conservés font foy que le comte Raymond le Vieux les confirma ; que le comte de Montfort en fit autant l'an 1214 ; que Philippe Troisième, sous qui ce comté feut réuni à la couronne, confirma le droit de justice seigneuriale aux consuls, avec tous leurs privilèges, l'an 1288. Avant de restituer l'Agenois à Edouard, Philippe le Bel confirma ces mesmes privilèges par ses lettres patentes adressées à son sénéschal dans le comté et la ville d'Agen l'an 1295 et l'an 1298. Tous leurs successeurs en ont fait de mesme, comme je le remarquerai dans la suite et dans leur rang. Originairement, le ressort de la justice des consuls estoit plus estendu ; il feut réduit en divers tems à la seule juridiction ordinaire. Les sénéschaux commencèrent à retrancher l'estendue de leur juridiction au commencement de leur establissement. Il y a, dans les coustumes d'Agen, qu'on s'appeloit des sénéschaux aux consuls d'Agen. Dans la suite, cet usage s'est perdu ; les affaires que les sénéschaux cognoissoient feurent attribuées aux parlemens ou y ressortirent par appel. Les présidiaux eurent enfin l'attribution de quelques autres causes qui appartenoient aux consuls, et l'ordre de la justice est devenu tel que nous le voyons maintenant, tellement qu'il n'a resté aux consuls que la juridiction ordinaire, qu'ils conservent encore en ce tems.

CHAPITRE XIII

SUITE DE L'HISTOIRE

Pour ne pas confondre l'ordre des tems, il faut remonter à Philippe le Bel et continuer de suivre l'ordre de l'histoire. Philippe le Bel, sachant qu'il se tramoit en Guienne de dangereuses factions, vint en cette province l'an 1303. Il caressa la noblesse et les habitans pour les entretenir dans son parti ; il restitua néanmoins cette mesme année l'Agenois à Edouard Premier, qui mourut l'an 1307. Edouard Second, son fils, lui succéda.

En 1309, il y avoit à Agen un juge ordinaire de toute la sénéschaussée, en paréage entre l'évesque d'Agen et le roy d'Angleterre, appelé Gaillard de Furgis, et un lieutenant de ce juge, appelé Jean Leblanc. Edouard Second feut dans Agen l'an 1308, comme il conste par un acte d'Edouard en faveur du paréage des évesques d'Agen, Bertrand estant évesque d'Agen, en date du huitième avril 1308. Pendant qu'Edouard Second jouissoit de l'Agenois, Philippe le Bel mourut à Fontainebleau l'an 1314. Louis le Hutin lui succéda. Philippe le Bel eust trois enfans masles : Louis le Hutin, Philippe le Long et Charles le Bel. Ils feurent tous trois roys de France successivement, sans laisser de successeurs. Louis le Hutin mourut l'an 1317 ; Philippe le Long, appelé Philippe Cinquième, lui succéda. Pendant son règne, les juifs feurent chassés du royaume. S'il en restoit encore dans Agen qui eussent échappé au zèle des Agenois, à la première occasion que nous avons rapportée, ou s'ils y estoient revenus lorsque Philippe Second les rappela, 1198, ils feurent, à ce coup, tous chassés d'Agen comme du reste du royaume l'an 1321. Agen effaça alors tout le reste du judaïsme, jusque-là qu'il n'en a resté que le nom à la rue des Juifs.

Quoique l'authorité des seigneurs et la souveraineté des ducs fussent fort affoiblies pendant le règne de Philippe Cinquième et de son frère Charles Quatrième, qui lui succéda l'an 1322, les lois des roys n'avoient vigueur que dans leurs terres, et n'estoient exécutées et mesme n'avoient lieu dans les terres des autres seigneurs que de leur consentement.

Philippe Cinquième et Charles Quatrième, dit le Bel, chacun dans leur règne, commencèrent à estendre leur authorité. Ils firent des édicts par lesquels ils déclaroient qu'ils ne vouloient qu'une seule monnoye dans leur royaume. Tous les évesques avoient encore le pouvoir de battre monnoye, qui leur estoit venu ou par la concession des princes et des seigneurs temporels de leurs eveschés, ou lorsqu'ils feurent faits comtes, comme celui d'Agen, qui avoit receu de Gombaut, fils du duc de Gascogne, le droit de battre monnoye l'an 977, quand ce seigneur restablit l'évesché et le siège d'Agen. Guillaume, duc d'Aquitaine, et Richard, duc d'Aquitaine, leur avoient confirmé ce droit. Les évesques s'opposèrent à cet édict; celui d'Agen suivit le torrent, et je puis dire, à l'avantage d'Agen, que le roy confirma la monnoye d'Agen, suivant les actes des archives de l'Hostel-de-Ville.

L'an 1320, il y eust procès entre le séneschal d'Agenois et Bertrand de Durfort, seigneur de Malause, pour avoir fait faire des fourches patibulaires; ledit Durfort feut maintenu dans ce droit. La sentence est au trésor de Lectoure.

CHAPITRE XIV

GUERRE AVEC LES ANGLOIS ET AUTRES FAITS CONCERNANT LES DEUX NATIONS

Pendant le règne de Charles Quatrième, dit le Bel, l'an 1322, Hugues, seigneur de Montpesat, en Agenois, avoit remis le chasteau de Montpesat, que le comte de Montfort avoit démoli. Hugues de Montpesat l'avoit fait fortifier sans le consentement du roy ; ce feut l'occasion d'une guerre en ce pays. Le roy rangea le seigneur de Montpesat, et fit raser son chasteau et prit tout l'Agenois au-deça de la Garonne, suivant Louvet. Mézeray raconte autrement cette affaire ; mais ils ne diffèrent que des circonstances. Il dit que ce n'estoit pas Hugues de Montpesat qui donna occasion à cette guerre ; qu'Edouard Second, duc de Guienne, marchandoit de rendre l'hommage deu au roy et que le sénéchal de Bordeaux pour les Anglois avoit mis garnison dans un chasteau que ce seigneur de Montpesat avoit fait bastir en un lieu qui estoit des terres de France. Gilles, en ses *Chroniques et Annales de France,* dit autrement : il écrit que le seigneur de Montpesat avoit fortifié Montpesat, en Gascogne. Comme ce chasteau estoit sur les limites de France et d'Angleterre, il feut adjugé au roy, qui y mit garnison. Hugues de Montpesat, en estant fasché, eust recours à Montferran, sénéchal de Bordeaux pour les Anglois, qui tua la garnison du roy de France et prit le chasteau. Le roy de France en demanda réparation ; mais, n'ayant pas esté satisfait, il envoya Charles de Valois, son oncle, avec Philippe et

Charles, ses cousins, fils de Charles de Valois. Ils se rendirent avec l'armée en Agenois. Agen se rendit dans ce siège, quoique Edouard, frère du roy d'Angleterre, se feut rendu dans Agen pour obliger les Agenois à soutenir le siège ; mais il feut obligé de sortir pour deux sujets : l'un, parce qu'il avoit levé une grande taille sur Agen ; l'autre, parce qu'il avoit enlevé une fille d'Agen, qui estoit de condition. Après la reddition d'Agen, l'armée feut à Montpesat, le prit et le rasa.

La remarque de Serres et de Mezeray donne lieu de dire que l'Agenois n'avoit pas esté donné par Philippe le Bel à Edouard ; mais qu'Edouard entreprit sur l'Agenois par le chasteau de Montpesat, qui estoit dans les terres du roy de France. Mais ceux qui ont eu ce sentiment se sont trompés, parce que Edouard Premier estoit comte de l'Agenois l'an 1204, comme la sentence de son sénéschal de cette année en fait foy, comme il a esté dit plus au long. Son fils, Edouard Deuxième, estoit maistre de l'Agenois l'an 1311, comme il paroist dans un acte écrit au martyrologe de Saint-Caprasi ; il en jouissoit encore l'an 1321, comme il paroist par un acte d'Edouard du 21 mars 1321, qui ordonne à son trésorier de payer la moitié des frais faits pour le petit sceau des consuls d'Agen ; et l'an 1323, les actes publics portent : *Regnante Carolo, rege Franciæ, et Eduardo, rege Angliæ, duce Aquitaniæ, domino amanuensi episcopo Aginnensi.*

La guerre, qui commença l'an 1322, s'aigrit par le défaut des Anglois. On tascha de négocier la paix ; mais, après quelques négociations où il sembloit que les Anglois n'alloient pas de bon pied, le roy Charles Quatrième envoya Charles de Valois en Guienne l'an 1324. Il serra si fort le comte Edmond, frère du roy d'Angleterre, dans La Réole, qu'il le força de se rendre ; et, dans la capitulation, il l'obligea de s'en aller en Angleterre pour porter son frère à faire raison au roy de France ; et, en cas qu'il ne pourroit pas l'obtenir d'Edouard, son frère, il reviendroit pour se remettre en prison. Le comte de Valois acheva de conquérir toute la Guienne, qui estoit alors renfermée dans le Bordelois, Basadois et Landes.

Il leur enleva tout, à la réserve de Bordeaux, Saint-Sèves et Bayonne.

Charles Quatrième, dit le Bel, confirma, en l'année 1324, les privilèges de la ville d'Agen. Un an avant de restituer la Guienne à Edouard Troisième, Edouard Second envoya sa femme Isabeau, fille de Philippe le Bel et sœur de Charles Quatrième du nom, avec son fils aisné, nommé Edouard, afin de négocier la paix. Elle conduisit l'affaire avec beaucoup d'adresse, et acheva le traité qui est au long dans Louvet, *Histoire de Guienne*. Elle obtint que son fils Edouard, qu'on peut nommer Edouard Troisième, feut investi du duché de Guienne et du comté de Ponthieu. Comme l'Agenois n'estoit pas renfermé dans les trois sénéschaussées qui composoient le duché de Guienne, l'Agenois demeura dans le domaine du roy, car le traité n'en fait aucune mention. De plus, le roy Charles donna le gouvernement de l'Agenois à Alphonse d'Espagne, sieur de Lunel, qui estoit gouverneur du Languedoc l'an 1328, comme il paroist dans les actes des années 1325, 1326, 1327 et 1328, qui disent que Charles régnoit sur l'Agenois, sans faire mention d'Edouard.

Il y a, dans les archives de l'évesché, une attestation des consuls et du juge des consuls qui prouve que l'official estoit, de toute ancienneté et de mémoire perdue, en droit de donner des tuteurs aux pupilles et des curateurs aux mineurs, d'interposer d'arrêt sur les biens, recevoir cessions et émancipations, *dato apud Aginnum 10 die decembris anno 1326, regnante domino Carolo rege Franciæ*.

L'an 1328 et le 17 février, Philippe de Valois donna des patentes en faveur d'Amanion, évesque d'Agen, pour éviter les usurpations et les violences de la noblesse sur les biens ecclésiastiques à la vacance des bénéfices. L'acte est adressé aux sénéschaux d'Agenois, Quercy et Périgord : ce qui prouve que les roys de France estoient maistres de l'Agenois.

Pendant ce mesme règne, Edouard Second, roy d'Angleterre, feut assiégé par ses barons, mis en prison et enfin tué de la manière la plus cruelle. Edouard Troisième, son fils, lui succéda au royaume d'Angleterre ; il estoit auparavant duc d'Aquitaine, mais il n'estoit pas comte des Agenois.

Charles Quatrième mourut l'an 1328. Philippe de Valois, son cousin, lui succéda. Ce feut un sujet d'inimitié entre Philippe, roy de France, et Edouard, roy d'Angleterre. Le roy d'Angleterre prétendoit au royaume de France comme neveu de Philippe le Bel et cousin-germain de Charles Quatrième par sa mère Isabeau, qui estoit sœur de Philippe le Bel. Philippe de Valois feut préféré comme cousin-germain par les masles. Il estoit fils de Charles de Valois, frère de Philippe le Bel. Edouard refusa de rendre hommage pour le duché de Guienne ; il y feut néanmoins obligé ; il vint à Amiens plutôt en roy qu'en vassal l'an 1329. Philippe de Valois ne céda pas au faste du roy d'Angleterre ; il l'humilia mesme sans ménagement, ce qui augmenta l'aigreur d'Edouard, jointe au ressentiment qui couvoit dans son cœur d'avoir perdu la couronne de France, ce qui se manifesta l'an 1336. Philippe de Valois avoit confirmé les privilèges de la ville d'Agen l'année avant cette guerre, l'an 1335.

Edouard commença la guerre en Guienne l'an 1336, qui ne finit pas de longtems. Philippe de Valois, pour conserver l'Agenois, qui estoit en son domaine, envoya dans ce pays Raoul de Nesle, comte de Guines, connestable de France, en qualité de lieutenant-général du Languedoc-Guienne, comme il paroist par les patentes données à La Réole l'an 1337, rapportées par Louvet dans son histoire de Guienne. L'année après, Jean, roy de Bohesme et père de Charles Quatrième, empereur, feut establi en ce pays lieutenant-général par Philippe de Valois, l'an 1338, et Jean, roy de Bohesme, gouverneur en ce pays, confirma les privilèges de la ville d'Agen. Cette mesme année, les Agenois, pour éviter de tomber entre les mains des Anglois, firent tant, que la maison des Frères mineurs, qui estoit vers la Porte-Neuve, où est maintenant l'enclos des Pères Carmes déchaussés, et dont les fondemens ont été découverts l'année 1685, feut démolie, afin qu'elle ne servit pas aux Anglois pour combattre les habitans, qui tenoient pour Philippe de Valois, roy de France, l'an 1338. Le roy de France avoit dans Agen un trésorier de ses finances, nommé Guillaume Valleli, comme il paroist par des actes du mois de septembre 1338. La mesme année, Pierre Lapalu, sénéschal de Toulouse et d'Albi, commandoit dans l'Agenois soubs Philippe, roy de France. Galois de la Beaume commandoit avec le sieur Lapalu, comme il paroist par des lettres que Lapalu expédia à Marmande, où Galois de la Beaume est signé avec le sieur Lapalu, de l'année 1338. La mesme année, Simon Darquerie et Galois de la Beaume commandoient en ce pays. Ils assiégèrent la ville de Penne, comme il paroist par l'acte rapporté par Louvet, tiré des archives de Toulouse. Simon Darquerie commandoit en Agenois avec Galois de la Beaume, l'an 1338.

Gaston Deuxième, comte de Foix et vicomte de Béarn et de Marsan, commanda pour Philippe de Valois dans ce pays ; cela paroist par des lettres qu'il expédia à Villeneuve-d'Agenois, le 15 décembre 1338, pour l'abolition de certains crimes dont les habitans et consuls de Penne accusoient Tibaud de Levis, seigneur de Penne, et par d'autres lettres datées de Penne, le dernier de mars 1339, par lesquelles Gaston de Foix et la Beaume donnèrent abolition à Pierre Graliac pour des crimes qu'il avoit commis. Tous ces commandemens et tous ces gouverneurs sont des témoins convaincans que l'Agenois, où ils commandoient pour le roy, estoit soumis à Philippe de Valois ; mais ce qui en doit entièrement convaincre est que Philippe de Valois accorda à Jean d'Armagnac, l'an 1339, les comtés de Fesensac, Gaure, la vicomté de Magnoac, la ville d'Erse, les terres d'Ansan et Bigorre, qui ressortissoient au sénéchal de Toulouse, fussent de la sénéchaussée d'Agenois, n'y ayant pas encore de sénéschal en Armagnac

CHAPITRE XV

PRIVILÈGES ACCORDÉS A LA VILLE D'AGEN

Philippe de Valois, qui avoit confirmé les privilèges d'Agen l'an 1335, donna d'autres privilèges à cette ville, en considération de la fidélité et des grands services rendus par les Agenois à la couronne de France et aux roys de France, ses prédécesseurs, où il fait mention d'une justice criminelle exercée par les consuls et un bailli royal et des fiefs que les Agenois peuvent posséder. Ces patentes sont de l'an 1340 et sont ci-après traduites du latin en françois.

« Philippe, par la grasce de Dieu, roy des François, sçavoir faisons à tous présens et à venir que les agréables services de la fidélité éprouvée du zèle et de fervente dilection que nos bienamés et féaux consuls, tous les bourgeois et habitans de la ville d'Agen ont donné à tous nos prédécesseurs, roys de France, qu'à nous, et les grands travaux qu'ils ont gratuitement soufferts, tant pour nous que pour les affaires de notre royaume, nous meuvent avec justice de leur accorder, par notre libéralité, les choses que nous jugeons leur estre utiles. Nous donc, en considération de leurs services, et afin que les consuls de cette ville, les bourgeois et les habitans soient animés avec plus d'ardeur à nous estre constamment fidèles, porté favorablement pour leurs supplications, nous, de notre authorité royale et de certaine science et grasce spéciale, leur accordons pour nous et pour nos successeurs les libertés, coustumes, francises, privilèges ci-après spécifiés, article par article, sçavoir que, ci-après, il ne pourra être demandé auxdits consuls, bourgeois et habitans, par nos officiers ou nos ministres, soit pour occasion des gens de guerre, d'enfans ou dot des filles, ou pour autre raison, quelle qu'elle soit, ou autre cause ou prétexte, aucun don, subside ou emprunt, voire que, si pour quelque cause susdite ou autre quelconque, il compétoit ou pouvoit compéter à nous ou à nos successeurs, à nos officiers ou ministres, le droit de demander ou d'exiger le susd. don, subside et emprunt, nous remettons à l'advenir, par nostre grasce, aux susdits consuls et habitans ce droit. Nous octroyons aussi, à cause que la ville est d'une longue enceinte et a besoin de plusieurs habitans pour sa défense, que lesd. consuls de lad. université, ses bourgeois, citoyens et habitans de lad. cité et ville, ses appartenances, puissent avoir par forme d'armée, soit pour ayde, et singulièrement pour nous ayder et nos successeurs, de personnes portant armes et des arbalestiers en la guerre que nous avons présentement et aurons à l'avenir ; et que, pour raison de toutes ces choses, ils ne soient aucunement tenus ny contraints ; et, qu'en considération desd. choses, on ne puisse rien demander d'eux, ny par manière de gratification, ny par manière d'emprunt, ny qu'autrement on puisse rien exiger qu'en ce seul cas, sçavoir : que, pour la défense du duché de Guienne et dans l'estendue dud. duché, pendant toute la guerre, tandis qu'elle durera, ils seront obligés de fournir et entretenir deux cents hommes, sans plus, pendant quarante jours ; qu'ils seront aussi obligés d'envoyer lorsqu'il se fera une armée générale dans l'Agenois ; et que, nonobstant la coustume de lad. ville, qui porte qu'une personne de chaque maison sera obligée d'aller à l'armée générale, comme aussi que sy après et à perpétuité, touts et chacun, les bourgeois de lad. ville et cité soient quittes-libres, immunes du payement de toute leude et du tribut, à présent compris sous le nom de foraine coustume, impost et péage, qui nous appartient dans le duché de Guienne et ailleurs, en tout nostre royaume ; et que, pour raison et prétexte quelconque, desd. leudes, péages, imposts, coustumes, il leur soit rien demandé en ce qui concerne nostre droit. Plus, nous accordons aux mesmes bourgeois que, sans aucune finance et sans demander autre licence de nous ou de nos officiers, quoique les bourgeois soient innobles, ils puissent acquérir dans tout le duché de Guienne et ailleurs, dans tout notre royaume, des fiefs nobles et les tenir ; et, les ayant acquis, ils puissent perpétuellement les retenir. Nous octroyons aussi de notre authorité royale que, dessus aux consuls, bourgeois et habitans susdits, lesd. consuls doivent estre appelés et admis en toutes informations qui se feront ci-après, ou qui se pourront faire par nos officiers ou commissaires, quels qu'ils soient, soit que lesdites informations soient faites pour des excès commis dans la ville et juridiction et ses appartenances, ou pour des excès qui se pourront commettre à l'advenir. Ils y assisteront pour éviter fraude, de mesme que, suivant leurs coustumes et usages, ils doivent être appelés aux enquestes criminelles. Et que, si pour raison de ces informations faites sur toutes sortes de crimes qui concernent mesme l'infraction de sauvegarde, les consuls n'y ont pas esté appelés et n'y ont pas assisté, et que pour lad. information, le prévenu se trouve quitte des crimes, lad. information sera, par ce défaut des consuls, tenue pour suspecte, sans qu'il soit besoin d'alléguer autre chose, ny faire autre enqueste. Voulons et accordons aux consuls, université, bourgeois et habitans susd., que les juges d'Agen se serviront, dans leur nouvel événement, de quelque ancien droit de juridiction et qu'ils s'obligeront, par serment, de garder les coustumes et usages, les libertés et les privilèges de lad. ville, et ne pourra le juge exercer dans lad. ville aucune juridiction, qu'il n'aye presté le serment. De plus, nous accordons auxd. consuls qu'ils pourront donner et conserver le titre des notaires royaux et de tous autres notaires, lesquels soient manans et habitans de la ville d'Agen, et ce après le décès desd. notaires, et pourront donner les titres à d'autres notaires, ainsi qu'ils verront estre à faire, de mesme que si lesd. notaires eussent été créés et présentés par lesd. défuns ; et que, sur ce subjet, les consuls ne puissent estre aucunement empeschés. En outre, nous voulons et accordons que, dès à présent, les sentences ou jugemens de leur cour et de leurs juges soient exécutés par les servants desd. consuls, c'est-à-dire par leurs soldats. Comme aussi, que les tailles et collectes et autres debtes de leur communauté soient exigées et levées par l'ordre desd. consuls, comme pour une debte du fisque, sans qu'il soit besoin d'autre commission, excepté toutefois qu'ils ne pourront pas faire exécuter les susd. choses par leurs mandés par prise de corps. Et, afin que toutes et chacune des choses ci-dessus soient fermes et stables, nous y avons fait mettre nostre sceau ; réservé entre autres choses nostre droit et en toutes choses celui d'un chacun.

« Donné à Paris, à la vallée des Escoles, l'an du Seigneur 1340. »

Ce privilège à l'égard des notaires est encore exécuté dans Agen. J'ai veu un testament de l'an 1440, où le collationnaire Jean Oliveti s'exprime en ces termes : *Ego Joannes Oliveti clericus et notarius publicus Aginni cui collatio codicum et protocollorum Bernardi Alberti notarii defuncti per duos consules præsentis civitatis facta extitit.*

Il paroist par ce qui est porté par le titre de Philippe de Valois, combien le monarque estoit content de la ville d'Agen. Il a esté rendu un arrest au parlement de Toulouse qui maintient les Agenois, en vertu de ce titre, dans l'exemption de la foraine, contre un commis de la foraine d'Auvillars.

L'an 1340, Agen estoit sous Philippe de Valois, roy de France. Il y a un acte dans les archives de la maison de ville, de cette date, qui porte que le roy donna commission à Guillaume, archevesque, à Pierre de La Palu Milés, à M. Varcambanis, sénéschal de Toulouse, pour aller dans l'Agenois, Périgord, Angoumois et le Languedoc, pour rechercher ceux qui s'estoient révoltés contre Sa Majesté, les punir ou les absoudre du crime de lèse-majesté. Ils feurent à Agen, et, ayant trouvé que Jean Cassania, bourgeois d'Agen, avoit esté révolté contre le roy et qu'il avoit quitté la ville pour se retirer vers les Anglois, ces commissaires firent démolir sa maison, qui estoit près la porte de Sancio Anguillo : c'est l'arceau près la maison de M. le président Coquet, qui vient d'estre vendue à M. Lamourous, n^nt de cette ville ; et, apparemment, c'estoit la maison de ce Jean Cassania, *loco vocato* la Courtine. Ces commissaires donnèrent les matériaux au corps de ville pour fortifier la ville vers la porte de la Croix ; ils donnèrent aussi l'emplacement de cette maison pour y transférer le marché et les mesures du blé, soit en pierre et en bois. Les consuls demandèrent cette place, sous prétexte que le marché, qui se tenoit devant l'église cathédrale, embarrassoit l'entrée et détournoit le service divin. Si les consuls y transportèrent le marché, il y a une forte conjecture qu'ils vendirent dans la suite cette place, où ils tenoient le marché, pour y bastir des maisons, et restablirent le marché où il se trouvoit auparavant, parce qu'il y a dans les archives de l'évesché que Jean Sixième, évesque d'Agen, avoit acheté une maison joignant la muraille de l'église cathédrale tout auprès de la maistresse porte, à droite, en entrant dans l'église, pour y placer les mesures, se réservant le provenu desdites mesures, qui ont esté rechangées et placées vis-à-vis la porte cochère de l'évesché, sous l'épiscopat de Mgr de Chabanes et aux dépens de la communauté.

Il paroist, par le titre de Philippe de Valois que je viens de rapporter, plusieurs chefs glorieux aux Agenois et au corps de ville. Le premier est que ce titre permet aux Agenois, mesme roturiers, de tenir partout le royaume des fiefs : c'est un privilège singulier dont les Agenois jouissoient encore il n'y a pas bien longtems. Ils ont conservé le pouvoir de créer des notaires royaux. Cette concession ne vient pas de Philippe de Valois : ce n'est qu'une confirmation d'un droit qui vient aux consuls de plus loin, lorsqu'Agen estoit gouverné par un Sénat, sous les Nitiobriges, sous les empereurs, sous les roys des Visigoths, sous les roys de la première et seconde race. Ce droit et cet usage continuèrent sous les roys de France. Lorsque les roys establirent des intendans *Missi Dominici* pour réformer les jugemens des comtes et pour faire avec le peuple, les notaires, avocats, assesseurs et échèvins (c'estoit la juridiction de ces sortes d'envoyés), l'Agenois et toute la Gascogne ne feurent pas conduits par ces sortes d'intendans ; l'authorité demeura entre les mains des magistrats. Il y avoit appel dans Agen des comtes et de leurs juges aux consuls : article onzième des privilèges d'Agen. Les mesmes magistrats d'Agen faisoient les notaires, les assesseurs, comme ces *Missi Dominici* les faisoient ailleurs où ils feurent establis. De là vient que, dans les mesmes usages d'Agen, qui sont une déclaration ou une compilation de l'ancien droit et usage des magistrats d'Agen, il est parlé que les consuls feront les notaires, leurs assesseurs et officiers subalternes. Philippe de Valois, convaincu de leur ancien droit, confirma cet usage en faveur des consuls, comme il paroist par ce titre. Les notaires, en conséquence du droit des consuls, pour marquer qu'ils avoient esté créés de leur authorité, mettoient anciennement : *Ego notarius authoritate imperiali et consulum Aginni*. Il y a des contrats passés dans ces termes de l'an 1340. Les consuls se sont maintenus dans ce droit et en ont joui depuis l'institution de la monarchie et en jouissent encore, comme on peut voir par mille titres que les consuls ont expédiés et expédient tous les jours et ans.

Le troisième chef est que les Agenois sont francs et libres des droits de foraine et leude establis à Auvillars. En conséquence de leur privilège, il leur est permis de transporter leurs denrées de la Gascogne en Agenois, sans estre subjets aux tributs et droits de foraine.

Cette mesme année 1340, que Philippe de Valois accorda les lettres patentes, le procureur du roy de Toulouse obtint des lettres royales touchant la cognoissance des affaires de l'Armagnac commises au juge d'Agenois, comme il conste par un *vidimus* desdites lettres dans le trésor de Lectoure.

CHAPITRE XVI

L'AGENOIS SOUS LES ROYS DE FRANCE

Philippe de Valois, qui confirma les privilèges d'Agen, envoya, pour gouverner en Gascogne, Guillaume de Flancourt, archevesque d'Auch, comme il conste par des lettres expédiées à Agen, conjointement avec Pierre Lapalu, en faveur des capitouls de Toulouse et des habitans de la mesme ville, datées d'Agen le 17 octobre 1340. L'an 1341, Louis, comte de Valence et de Dié, en Dauphiné, estoit gouverneur pour le roy, comme il paroist par le procès du chapitre Saint-Etienne et les Frères mineurs pour les éloigner de l'église Saint-Etienne, s'estant establis proche de lad. église cathédrale. Ce Louis de Valence commit Pierre de Caseton juge ordinaire d'Agen : *Judicii ordinario Agenni citra Garumnam*. L'an 1342, il envoya gouverneur en cette province et en ce pays Jean, évesque de Beauvais, comme il paroist par des lettres expédiées au camp de Sainte-Baseille, l'an 1342, qui feurent faites en faveur des consuls de Marmande pour les maintenir dans la possession de la paroisse de Gaviac, diocèse de Bazas. Dans ce mesme acte, les patentes de Philippe de Valois y sont insérées, par lesquelles il fait Jean, évesque de Beauvais, son lieutenant. Données à Saint-Germain-en-Laye le sixième avril 1342. Ces actes sont dans les archives de la ville de Marmande, et l'authorité accordée à l'évesque de Beauvais est des plus estendues; on peut mesme dire qu'elle est sans bornes, tant sur le militaire que sur le civil.

L'an 1343, Philippe unit la ville de Tournon à la couronne, de mesme que Monflanquin et Sainte-Foy ; donna l'Agenois à son fils ayné, duc de Normandie, qu'il affecta aux aynés de la maison royale, et, au défaut des enfans masles, l'unit à la couronne sans pouvoir l'aliéner.

CHAPITRE XVII

LA GUERRE ENTRE LES FRANÇOIS ET LES ANGLOIS. — L'AGENOIS PRIS PAR LES ANGLOIS ET REPRIS PAR LES FRANÇOIS

Le feu de la guerre, qui s'estoit ralenti, seralluma l'an 1343. Le comte Herbi, chef des Anglois, feut maistre de la campagne, après avoir défait Bertrand, comte de Lisle-en-Jourdain, lieutenant-général en Gascogne pour le roy de France. Le roy Philippe envoya en ce pays Pierre, duc de Bourbon, qui estoit dans Agen le 28 décembre 1345. Suivant l'acte qui est à l'Hostel-de-Ville, par lequel il paroist premièrement quel pouvoir il avoit en cette province, en second lieu la grasce qu'il fit à Bernard Garneri, habitant d'Agen, pour le récompenser des services rendus au roy de France contre les Anglois l'an 1346, Jean, duc de Normandie, vint en ce pays avec Louis de Bourbon. Il feut envoyé par Philippe de Valois, son père, en qualité de duc de Guienne, l'an 1345. Jean, duc de Guienne, assiégea Aiguillon l'an 1346. Il paroist, par un acte trouvé dans les archives de l'Hostel-de-Ville, que Jean, duc de Normandie, estoit aussi duc d'Aquitaine, qu'il vint en ce pays pour s'opposer aux progrès du comté Herbi et qu'il reprit les places que le comte Herbi avoit prises sur les François. Agen le reconnut pour duc l'an 1345. Il y a un acte aux archives des Cordeliers d'Agen portant que Jean, duc de Normandie, estant dans Agen l'an 1345, fit estimer le couvent et l'église des Frères mineurs qui estoient hors la ville, et que Philippe de Valois avoit pris pour en faire une forteresse; le tout feut estimé 5,000 livres tournois, que

Jean, duc de Normandie, ordonna de payer aux Frères mineurs.

Il y a dans les archives de l'Hostel-de-Ville d'Agen les patentes sur la donation que Philippe de Valois, roy de France, fit à son fils Jean, duc de Normandie, des terres que Charles le Bel et luimesme avoient conquises dans ce pays sur les Anglois, où il est porté que les habitans desd. pays conquis présentèrent requeste à Philippe de Valois, par laquelle ils consentent que lesdites terres conquises feussent réunies à la couronne, sans en pouvoir estre désunies, soient et puissent estre données aux premiers nés des enfans de France, et qu'en cas que les roys n'ayent point des enfans, elles demeureront en leurs mains; en conséquence de ce consentement, Philippe donna en souveraineté à Jean, son fils ayné, l'Agenois et les autres pays conquis, se réservant le seul droit dominant, sans hommage.

Jean vint dans Agen en qualité de souverain l'an 1345. Il est porté, dans le susdit titre qu'on lui donna, un extrait de l'article des anciens privilèges d'Agen, qui feut inséré dans la prestation du serment qu'il fit au pied des patentes de sa donation. Il est porté dans cet article que les seigneurs sont obligés, à leur premier avènement, de faire serment entre les mains des consuls d'estre bons et loyaux seigneurs. Le duc Jean, conformément à cet usage, presta le serment entre les mains des consuls, d'estre loyal seigneur et de conserver les privilèges, franchises et libertés de la ville d'Agen, dans l'église des Jacobins d'Agen, le 13 septembre 1345. Les consuls prestèrent ensuite le serment d'estre de fidèles subjets, conformes au susdit article de leurs privilèges.

L'an 1346, vers le tems que le duc Jean ramena son armée hors de ce pays, quelques habitans affectionnés pour les Anglois firent quelque émotion populaire en leur faveur. Un certain Guillaume de Cassès feut accusé d'en estre l'autheur ; sa maison, qui estoit dans la place de Saint-Caprasi, feut démolie, et cette rébellion feut d'abord assoupie.

Depuis l'an 1345, les actes publics font foy qu'Agen demeura soumis à Philippe de Valois et sous l'obéissance de Jean, duc de

Normandie ; les actes estoient intitulés en ces termes : *Regnante Philippo Francorum rege et domino Joanne ejus primogenito duce Aquitaniæ et Amanario Aginnensi episcopo.*

Jean reprit toutes les villes que le comte Herbi avoit prises, à l'exception d'Aiguillon, qu'il assiégea sans succès. Il estoit occupé à ce siège le 24 avril 1346 ; avant de sortir de la province, il confirma les privilèges d'Agen.

Jean conduisit son armée de près de 100,000 hommes hors de la Guienne ; ce feu de guerre feut assoupi par une tresve qui feut ensuite prolongée pour trois ans. L'an 1350, le roy Philippe de Valois mourut ; Jean lui succéda cette mesme année. Comme l'Agenois avoit demeuré dans son parti pendant les années 1346, 1347 et 1348 et le reste, il feut, comme roy, maistre de l'Agenois, car les actes publics portent : *Regnante Joanne rege Francorum et Amanario Aginnensi episcopo,* sans faire mention des Anglois.

En 1352, Agen estoit soubs le roy de France ; il estoit aussi du Languedoc, comme il paroist par un acte qui est aux Cordeliers d'Agen, où Nicolas Odde, receveur du Languedoc, ordonne à Pierre Marsel, son commis dans Agen à la recette des deniers du roy, de l'an 1352, de payer aux Cordeliers d'Agen mille livres que le roy leur avoit données.

Jean, estant devenu roy, confirma de nouveau les mesmes privilèges d'Agen ; l'an 1354, qu'il avoit confirmés estant duc de Guienne. Il rend témoignage, dans ses dernières patentes, à la fidélité constante d'Agen et à leur amour pour le roy de France. Il y fait mention des pertes que les Agenois ont souffertes pour conserver la ville à Sa Majesté ; et, parlant des privilèges d'Agen, il dit : *Hactenus usi sunt et fuerunt ab antiquo.* Il confirma les privilèges des Agenois et ratifia les confirmations qui avoient esté faites par ses prédécesseurs et par leurs lieutenans ; il fit mesme son sénéschal protecteur des privilèges de la ville.

CHAPITRE XVIII

POUR ÉCLAIRCIR LE DROIT DU COMTE D'AGEN POUR TREIZE BATEAUX
DE SEL EXEMPTS DES PÉAGES

Le privilège que le duc Jean accorda aux bourgeois d'Agen de passer cinquante tonneaux de sel, francs et exempts de tout péage et droit de salines, me donne occasion d'expliquer le droit de treize salines, dont le comte d'Agenois et de Condomois jouit franches et libres de tout droit de péage, en qualité d'engagiste. Il a le droit de faire sortir de Bordeaux treize bateaux de sel, sans payer aucun droit de sortie et sans payer aucun droit de péage, depuis Bordeaux jusque hors de l'Agenois : ces bateaux passent battant le tambour pour indiquer leur franchise. M. le comte d'Agenois afferme ce droit de franchise. L'origine en vient des anciens comtes d'Agen, comme il paroist par le quatrième article des usages d'Agen. Le comte Raymond, qui épousa Jeanne, sœur de Richard, duc d'Aquitaine, obtint de Richard la confirmation de ce droit, en faveur des comtes de l'Agenois ; et, depuis lui, les comtes en ont joui. Le roy, engageant l'Agenois avec tous ses privilèges et le comte avec toutes ses prérogatives, relascha ce droit à Mme la duchesse d'Aiguillon, comtesse de l'Agenois et Condomois. Son successeur jouit encore pour les treize bateaux de sel libres de tout péage.

Je rapporterai à cette occasion ce qui est porté dans le quatrième article des privilèges d'Agen, d'autant que le seigneur d'Agen avoit peu de rentes dans l'Agenois. La communauté d'Agen fit don au roy Henry, lequel en ce tems-là estoit seigneur de cette terre, d'un salin à Agen, pour les grandes dépenses qu'il faisoit en guerre qu'il avoit ; et, en l'article cinquième, la coustume du salin est telle, sçavoir que le seigneur peut faire monter le salin à Agen avec tels et tout autant de bateaux qu'il voudra, jusques à treize, une fois l'an, franchement et sans péage, qu'il n'est tenu payer en aucun lieu de sa terre, et toutes personnes, quelles qu'elles soient, peuvent monter sel en bateau à Agen, et, quand ils seront au port de Moncorni, soubs les piliers d'Agen, s'ils le veulent vendre, ils doivent le présenter au commis qui tient le salin pour le seigneur, pour l'acheter s'il le veut, et, s'il ne le veut pas acheter et en donner autant que celui qui le porte en trouve, il le peut serrer dans Agen et le vendre à qui que ce soit comme il voudra ; mais un étranger ne peut le transporter hors d'Agen sans la permission du maistre du salin, à la réserve des habitans d'Agen, qui en peuvent sortir sans congé pour leur usage et pour leurs métairies et pour leurs bestiaux ; et, si quelque marinier veut donner du sel à quelque habitant d'Agen, l'habitant le peut prendre et s'en servir pour son usage, tant à la ville qu'aux champs. La ville accorda ce don à Henry à condition qu'en tems de guerre le seigneur de ce pays doit mettre, pour défendre la ville, vingt cavaliers à cheval, lesquels doivent défendre les habitans, tant dehors que dedans la ville, aux propres dépens du seigneur, pendant la guerre. Ce grenier à sel d'Agen, accordé à Henry Second, roy d'Angleterre, par les Agenois, subsista jusqu'à ce qu'Henry Second, roy de France, osta et supprima tous les greniers à sel de Guienne, l'an 1551.

Ce salin, suivant les usages d'Agen, n'estoit ni incommode ni onéreux aux Agenois, parce qu'ils n'estoient pas obligés de prendre du sel dans ce salin par nécessité ; il estoit mesme avantageux à Agen en ce que, suivant les statuts, il falloit que le sel qu'on vouloit monter en haut pays feut mesuré dans Agen et transporté par des mariniers d'Agen. Voici à peu près la teneur de l'article : « Si quelqu'un vouloit monter sel en bateau plus haut que d'Agen, il doit s'en accorder avec le commis du salin, et le sel doit estre mesuré dans le mesme bateau où il sera audit port, soubs les piliers, et si quelqu'un faisoit monter du sel au-dessus des piliers sans estre mesuré et porté dans le port de Moncorni, le sel estoit confisqué ; et, quand le sel sera mesuré, il le faut faire tirer par des mariniers d'Agen et non autres. »

La comtesse d'Agenois jouit encore de l'entrée du sel dans Agen, et les gages des officiers d'Agen sont payés sur ce revenu. Les mesmes coustumes disent que les Agenois donnèrent à Henry certains droits sur les moulins sur Garonne, depuis le pont Mordalou jusqu'au pont de l'Evesque, dit de Corberiu. La comtesse d'Agenois jouit du droit d'attache ; les autres revenus consistent aux greffes de toutes les juridictions de l'Agenois, aux amendes, à certaines ventes dans les terres qui appartiennent au roy et d'autres qui sont en paréage avec les seigneurs et certains moulins et péages qui sont dans le comté d'Agenois.

CHAPITRE XIX

SUBJET D'UNE NOUVELLE GUERRE ENTRE LES FRANÇOIS ET LES ANGLOIS

Les tresves estant finies vers l'an 1355, Edouard Quatrième, prince de Galles, vint en Guienne, investi par son père de ce duché, faisant en cela le roy de France, sous prétexte de ses prétentions à la couronne de France, dont il feut exclu lorsque Philippe de Valois feut couronné roy de France. Ce jeune prince Edouard Quatrième poussa ses courses, bruslant, saccageant jusqu'à Béziers et Narbonne. Agen, qui se trouva sur son chemin et qui, dans toutes ces guerres, avoit tenu le parti du roy de France, comme estant de sa dépendance, ressentit les effets de sa violence. Edouard y exigea les hommages : il y en a un de Pierre Bérand, en l'an 1355, du quatrième avril, rendu au sénéschal d'Edouard pour Laffox et Monteils. Le roy Jean arma puissamment pour repousser les Anglois ; mais il ne feut pas heureux en cette guerre ; il donna cette funeste bataille à deux lieues de Poitiers où son armée feut défaite, et le roy Jean lui-mesme feut pris par le prince de Galles et conduit prisonnier à Bordeaux, l'an 1356, où il passa l'hiver, et ensuite feut mené en Angleterre. Son fils Charles, Dauphin, conduisoit cependant le royaume de France.

Edouard Troisième, et père du prince de Galles, pour profiter de la consternation du royaume que la prise du roy Jean causoit aux François, descendit à Calais avec une armée qu'il conduisit aux portes de Paris. Tout le royaume feut en prières pour obtenir la paix ; Edouard l'accorda enfin, et le traité feut fait au nom des deux aynés de France et d'Angleterre, Charles et Edouard, l'an 1360, le 8 de mars. Plusieurs autheurs disent que l'an 1360, au traité de Brétigny, il feut baillé pour la rançon du roy Jean le Poitou, le fief de Touars et de Bellerillo, le pays de Gascogne, l'Agenois, le Périgord, Limousin, Cahors, Tarbes, Bigorre gure, Rouergue, l'Angoumois, en toute souveraineté, avec les hommages des seigneurs qui sont en ce pays. Les deux roys ratifièrent à Calais, le 24 octobre, ce traité de paix, l'an 1360. Suivant Polidore, Paul Emile, Genebrard, les Agenois ne se soumirent pas d'abord; l'aversion qu'ils avoient pour les Anglois et le grand désir qu'ils avoient d'estre soumis à la France les portèrent à se joindre au reste des terres qui avoient esté données aux Anglois en souveraineté, pour porter leur acte de protestation contre le roy, soutenant qu'il ne pouvoit pas les aliéner, parce qu'elles avoient esté unies à la couronne et qu'on ne pouvoit les en désunir qu'en faveur des enfans aynés de France, conformément à la requeste qui feut présentée en faveur de Jean, n'estant que duc de Normandie. Ce feut peut-estre là cause qu'Edouard, roy d'Angleterre, donna en souveraineté à Edouard, son fils ayné, ces mesmes terres, en conséquence de cette requeste, ou pour s'y soumettre, ou pour amuser le peuple. Cependant, comme Edouard, prince de Galles, n'estoit pas fils de France on avoit de l'opposition à ce changement, on avoit bien de la peine à s'y soumettre. Quoique le roy d'Angleterre eust envoyé ses officiers dans Agen, il ne paroist pas que les Agenois se soumissent aux Anglois que l'an 1363 : ce feut seulement cette année qu'ils se soumirent. Les consuls d'Agen furent à Bordeaux, et Edouard leur presta le serment que tous les gouverneurs et seigneurs sont obligés de faire entre les mains des consuls, promettant de les maintenir dans leurs privilèges, et les consuls lui prestèrent serment de fidélité dans l'église de Saint-André, avec les protestations et sans conséquence de leurs usages qui portent que tels serments doivent estre faits dans la ville d'Agen, au premier advènement des gouverneurs, comme il paroist dans un registre qui est exprès dans les archives de l'Hostel-de-Ville d'Agen. Les consuls et habitans d'Agen envoyés pour recevoir le serment estoient : Bertrand de Talive, maistre Raymond de Cauzac, Bertrand Goilhet, Jean Malbec et Jean Bezat, consuls des habitans et université de la cité et ville d'Agen ; maistre Arnaud de Sauernas, bachelier ez loix ; M. Arnaud de Lacassagne, chevalier, Jean de Ladevese et Pierre Gautier de Talibe, bourgeois et habitans de la cité et ville d'Agen.

Voilà l'Agenois soumis de nouveau aux Anglois. Edouard Quatrième d'Angleterre, duc de Guienne et troisième de nom, comte d'Agen, faisoit sa résidence à Bordeaux. Cependant, le roy Jean, qui estoit retourné en Angleterre, mourut à Londres. Son fils, Charles Cinquième, lui succéda. Agen estoit sous la domination des Anglois, car tous les actes publics, depuis 1363, en font mention. Edouard, prince de Galles, duc de Guienne et comte d'Agenois, vint dans Agen l'an 1363, comme il paroist par les patentes datées d'Agen, l'an 1363, du 16 janvier, par lesquelles Edouard confirme le traité que fit Alphonse de Toulouse avec le chapitre Saint-Caprasi, touchant la justice du Port-Sainte-Marie et l'obligation que les consuls de ladite ville ont de prester serment de fidélité au syndic dudit chapitre. Edouard avoit, pour son lieutenant en Guienne, Chandos. Les victoires que les Anglois avoient remportées leur fit espérer qu'ils n'avoient plus rien à craindre dans la Guienne et que leur souveraineté estoit si bien establie, qu'ils n'en devoient plus appréhender le renversement. Dans cette pensée, dont ils se flattoient, ils se rendirent odieux.

Avant de passer plus avant, je n'ometrai pas que, bien qu'il ne paroisse pas d'acte pour ce regard d'Agen, qui marque que les Agenois se soumissent avant 1363, à cause de leur protestation, les Anglois, néanmoins, y envoyèrent des officiers. Edouard y avoit un séneschal, Amanieu de Montpezat, comme il paroist par un bail à nouveau fief d'un marais à Marmande, passé dans l'Hostel-de-Ville d'Agen, pour le roy d'Angleterre, l'an 1362, où il est fait mention que le revenu de ce marais sera porté à Agen, *in thesauraria Aginnensi*. Il paroist qu'avant l'an 1363, le roy d'Angleterre avoit les officiers dans Agen et qu'il y estoit le maistre, en vertu du traité de Brétigny, de l'an 1360, quoique les Agenois eussent de la peine à le recognoistre. Le seigneur Amixons Nompar de Caumon refusa de se soumettre jusqu'à l'an 1361, le 12 aoust, comme il conste par les patentes du roy Jean, portant commandement audit Caumon, seigneur de Lauzun, de faire l'hommage et service au roy d'Angleterre, du 12 aoust 1361.

Le prince de Galles, agissant en souverain, fit des imposts qui lui firent des affaires. Ne pouvant payer les troupes, il fit une imposition, nommée forage, d'une livre par feu : cela lui attira Charles Cinquième sur les bras, et toutes les villes qui avoient esté données par le roy Jean prirent occasion de revenir à l'obéissance du roy. Le seigneur de Pardaillan, Agenois, suscitoit le peuple, qui interjeta appel de ce que le prince de Galles ne maintenoit ni le peuple ni les Estats de Guienne dans leurs privilèges, et surchargeoit les peuples d'imposts. Charles Cinquième rend témoignage au zèle de ceux d'Agen pour la France dans les patentes par lesquelles il unit Agen au domaine du roy, du 18 may 1370. Les seigneurs et le peuple demandèrent protection au roy de France. Charles Cinquième refusa d'aller, au commencement, contre le traité de Brétigny ; mais enfin, l'an 1367, suivant Mezeray, il déclara la guerre aux Anglois. Charles soutenoit que le traité de Brétigny estoit nul, parce qu'Edouard ne l'avoit pas exécuté, que l'échange n'avoit pas esté fait, que d'ailleurs il avoit fait des actes d'hostilité.

Ce feu de guerre, que les Anglois croyoient éteint, se ralluma plus fortement que jamais. Charles Cinquième, regardant Edouard comme son vassal, lui envoya déclarer la guerre ; et, l'an 1367, il fit assigner le prince de Galles par Chapore et Bernat Pelo, juge des appeaux criminels de Toulouse, qui furent à Bordeaux lui signifier son assignation. Le sénéchal du prince de Galles, nommé Guillaume Le Moine, poursuivit ces deux commissaires et les prit près d'Agen, où il les conduisit, et les renferma dans le chasteau d'Agen, qui est maintenant l'évesché, qui, pour lors, estoit l'ancien chasteau de la ville.

Edouard adjugea aux consuls les paroisses d'Artigues, de Cassou, de Saint-Denis et de Sainte-Foy, contre le seigneur de Basamon, qui les prétendoit. Les patentes sont datées d'Angoulesme, en janvier 1368, et sont dans l'Hostel-de-Ville d'Agen.

Cependant, le roy Charles Cinquième fit donner un arrest par lequel il confisquoit les terres que les Anglois avoient en France : ce feut la première séance que les roys commencèrent à tenir dans les parlemens, à l'occasion d'Edouard, duc de Guienne. Les seigneurs des provinces, chacun dans leurs cantons, firent soulever les peuples. Le sieur de Pardaillan suscita les Agenois ; Louis, duc d'Anjou, et Bertrand Duguesclin vinrent dans le Quercy, prirent Cahors, Moissac et tout le Quercy, l'an 1369. Il y a dans le trésor de Lectoure une commission adressée par Louis d'Anjou au comte d'Armagnac de se transporter à Agen et autres lieux pour réduire les communautés et la noblesse à l'obéissance du roy et d'y contraindre les rebelles, de l'an 1369.

L'an 1370, les habitans de Puymirol envoyèrent Jordain de Malbez et Arnaud de la Maurets pour soumettre la ville et le chasteau de Puymirol au roy de France : ce traité fut fait par le comte d'Armagnac, tiré du trésor de Lectoure.

Agen s'estoit rendu volontairement l'an 1369 : de là vient que Louis d'Anjou, fils de France, petit-fils de Philippe de Valois, fils de Jean, roy de France, frère de Charles Cinquième et lieutenant-général en Guienne, *in partibus Auscitanis*, au mois de février 1369, vint à Agen et y reçut le serment des consuls, donna ses lettres patentes datées d'Agen, l'an 1369, dans lesquelles, outre la confirmation des privilèges, maintient les consuls dans le droit d'exercer la justice civile et criminelle, veut qu'ils ayent un juge et une cour. Les lettres patentes datées d'Agen, en février, l'an 1369 ; ce que Charles Cinquième, roy de France, confirma l'an 1370, et ratifia les patentes de son frère, Louis d'Anjou, et celles que le comte Raymond avoit accordées aux Agenois, confirma aux consuls le droit de créer des notaires. Il confirma les anciens usages

d'Agen que Louis d'Anjou avoit confirmés avant lui. Dans ces anciens usages, pour les appellations, il est dit : « Quand le sei-
« gneur, c'est à sçavoir le sénéchal, bailly ou autres juges au-
« ront donné jugement pour parties d'Agen ou des appartenances
« de la juridiction d'Agen, la partie qui se croit grevée peut appe-
« ler devant les consuls, lesquels réformeront le jugement, s'il est
« à réformer, l'appelant ayant préalablement baillé action au juge
« dont est appel et poursuivi en la cause d'appel en laquelle, s'il
« est dit bien jugé, le seigneur ou le juge dont est appel a cinq
« sols arnaldins d'amende sur l'appelant. » Charles confirma encore aux consuls le droit d'exercer la justice civile et criminelle, *quod dicti consules præsentes et futuri sunt judices uno cum bajulo Agenni seu officialibus regiis in quibuscumque causis criminalibus emergentibus in civitate Agenni, et quod dicti consules habeant curiam tenendo in ea judicem vel judices habentes potestatem agnoscendi in omnibus causis sicut retroactis temporibus habuerunt.*

Le roy Charles Cinquième fait encore mention dans ses lettres, qu'il autorise ces droits d'Agen, en considération de ce que les Agenois s'estoient soumis sans attendre les efforts de ses armes. Cette soumission d'Agen obligea Charles Cinquième d'unir à la couronne Agen avec toutes ses dépendances, l'an 1370, le 18 de may, par des lettres séparées de celles qui confirment les privilèges d'Agen ; et, unissant Agen au domaine de la couronne, il s'impose la nécessité de ne le pouvoir plus séparer, tellement que, si auparavant les actes ne faisoient mention que des Edouard, ceux des années 1369 et 1370 et autres portent : *Serenissimo principe domino Carolo dei gratia Francorum rege regnante et domino Raymundo Aginnensi episcopo,* sans faire aucune mention des Anglois. Cependant, toutes les villes qu'on avoit baillées aux Anglois par le traité de Brétigny se remirent entre les mains du roy de France. Il n'y avoit dans l'Agenois, vers l'an 1370, que Penne, le Port-Sainte-Marie, Castelmoron, Clairac et Monségur, qui estoient tenues par Amanieu Delfossat, capitaine pour les Anglois. Ledit

Delfossat feut pris par les Anglois, qui donnèrent avis au roy de sa prise. Agen, Villeneuve et Puymirol espéróient que cette prise fomenteroit ces places, comme elles se remirent en effet. L'an 1373, Louis d'Anjou fit le comte d'Armagnac capitaine général en Guienne, comme il conste par ses lettres, qui sont au trésor de Lectoure. Cette mesme année 1370, le roy de France donna au comte d'Armagnac la baronnie de Tournon, en Agenois, en recognoissance de la réduction de l'Agenois qu'il avoit moyennée. Les patentes du roy en sa faveur et les lettres de Louis d'Anjou font donation de la seigneurie de Tournon, en Agenois, au comte d'Armagnac. L'an 1373, Charles, roy de France, envoya des lettres au receveur d'Agenois de ne comprendre pas dans la récepte la ville de Tournon ni dans les affermes, et de la laisser jouir au comte d'Armagnac.

Edouard, qui estoit hydropique, ne pouvoit résister dans Bordeaux ; il estoit hors d'estat de rien faire. Les François attaquèrent la Guienne du costé de Toulouse. Edouard Troisième, roy d'Angleterre, pour faire diversion, envoya son quatrième fils, le duc d'York, en Anjou. Pendant qu'il ravagea l'Anjou, le duc d'Anjou, gouverneur de Guienne, et Duguesclin, poursuivant leurs conquestes en Guienne, après avoir reçu Agen, reçurent le Port-Sainte-Marie, Aiguillon, Tonneins et les autres places au long de Garonne. Après que le prince de Galles se feut retiré en Angleterre, à cause de son indisposition, où il mourut quelque tems après, les affaires des Anglois allèrent toujours en décadence. Les seigneurs abandonnèrent leur parti pour se joindre à la France ; tout se soumettoit au roy Charles Cinquième : l'humeur altière et farouche des Anglois les avoit rendus insupportables. Edouard Troisième, roy d'Angleterre, cassé par son grand âge et par ses fatigues, mourut l'an 1377. Richard Second, son petit-fils, dit de Bordeaux, à cause qu'il y estoit né et y avoit esté baptisé, tenu par Richard, nommé à l'evesché d'Agen, qui lui donna le nom de Richard, qu'il portoit, succéda, l'an 1377, à Edouard, son grand-père. Il estoit fils d'Edouard, prince de Galles, fils ayné d'Edouard

Troisième. Charles Cinquième envoya une armée en Guienne; elle réussit si bien qu'elle enleva aux Anglois toute la Guienne, à la réserve de Bordeaux et de Bayonne. Il y a dans le trésor de Lectoure des lettres patentes de Louis, fils de France. C'est Louis d'Anjou qui establit le vicomte de Fesensuguet gouverneur du comté d'Agen.

Agen, qui estoit uni à la couronne, demeura soubs la domination du roy de France. Il se donna un combat proche la ville d'Aymet; le duc d'Anjou avoit assiégé Bergerac. Comme il faisoit conduire les machines qui estoient à La Réole, le sénéchal de Bordeaux, avec les barons de Gascogne, poursuivirent le sénéchal de Toulouse, qui estoit lieutenant du duc d'Anjou, lequel, ayant appris le dessein des Bourdelois, envoya du secours au sénéchal de Toulouse, lequel, estant fortifié de ce secours, attendit les Bourdelois et combattit si vaillamment qu'il les défit. Montferrand, sénéchal de Bordeaux pour les Anglois, conduisoit l'armée. Les seigneurs de Duras, de Rausan, de Langouiran et de Muscidan furent pris. Après ce combat, le sénéchal de Toulouse prit Castillon, Libourne, Saint-Macaire. Le duc d'Anjou obligea ces seigneurs de prester serment, mais les sieurs de Duras et de Rausan furent parjures : ils revinrent à Bordeaux joindre les Anglois, l'an 1377.

Agen estoit toujours soubs la domination du roy de France; les actes publics des années 1379, 1381 et 1386 portent : *Regnante domino Carolo Franciæ rege et Joanne Aginnensi episcopo*, sans faire mention des Anglois.

Charles Cinquième mourut l'an 1380, le 16 septembre. Son fils, Charles Sixième, lui succéda. Il envoya pour gouverneur de cette province et du Languedoc Jean, duc de Berry. Jean confirma les privilèges d'Agen; il avoit déjà fait son lieutenant-général dans le Languedoc et dans la Guienne, et chef de son Conseil, Simon Cramaux, évesque d'Agen, l'an 1383. Richard de Bordeaux feut dépossédé de toute la Guienne, et le roy la garda dans son domaine.

Richard, se voyant dépossédé de presque toute la Guienne, fit alliance avec Charles Sixième, qui espousa la fille de Richard, et Richard espousa la fille de Charles Sixième, roy de France, l'an 1396. Il y eust une tresve de vingt-huit ans à l'occasion de ce mariage : Richard, espousant la sœur de Charles, la confirma.

Richard d'Angleterre feut mis en prison et dépossédé de son Estat et malheureusement étranglé par l'ordre du duc de Lancastre, auparavant comte Herbi. Ce comte se fit sacrer roy et porta le nom d'Henry Quatrième l'an 1399. Toute la Guienne feut reprise sur l'Anglois, soubs prétexte de punir le crime d'Henry Quatrième d'Angleterre. Toute la Guienne feut soumise à Charles Sixième, à la réserve de Bordeaux et de Bayonne. Le duc de Bourbon estant venu à Agen, sollicita par ses députés les Bourdelois à se soumettre soubs l'obéissance du roy de France, mais inutilement; le roy créa Louis, son fils ayné, duc de Guienne.

Le roy de France, voyant les Bourdelois affligés de la mort de Richard et affectionnés à la vengeance par l'arrest qui condamna un des complices à de rudes peines, dont le bras feut mis à la pointe d'une pique, sur le haut du chasteau de Lombrière, qui est l'endroit où estoit le palais du parlement, qui est encore le mesme. Pour profiter de cette douleur des Bourdelois, on les fit solliciter de se détacher du parti du meurtrier de Richard, mais inutilement. Le commerce et la crainte de perdre leur liberté les retenoient sous la domination des Anglois. Henry, cependant, qui se fortifioit dans l'Angleterre, renvoya en France Izabeau, femme de Richard et fille de Charles Sixième. Henry nourrissoit la haine des François contre la France, si bien qu'il commença la guerre par des hostilités en Guienne. Albert, devenu connestable de France, feut fait gouverneur de Guienne, sous Charles Sixième. Albert nettoya le voisinage de Bordeaux de plusieurs chasteaux dont les Anglois se servoient pour les grandes contributions de la Guienne. L'an 1404, Louis, Dauphin, estoit duc de Guienne. Jean, duc de Bourbon, feut fait gouverneur de Guienne l'an 1405. Pendant ce tems-là, l'Agenois estoit sous le roy de France.

Les Anglois taschèrent de réparer leurs pertes l'an 1412 et 1414;

ils firent plusieurs conquestes en Guienne parce que le comte d'Armagnac et le comte Albert favorisoient les Anglois. Cette nation ne vouloit pas la paix, mais Henry Cinquième, qui succéda à Henry Quatrième, décédé l'an 1413, désiroit passionnément la paix. Pour s'appuyer contre l'humeur inconstante de ses subjets, il envoya ses ambassadeurs en France, l'an 1414, dans le mois de février, pour demander en mariage pour leur roy Catherine, fille de Charles Sixième, qui portèrent une tresve d'un an. Henry, qui ne put se défendre de faire la guerre à la France, descendit au Havre l'an 1415, et défit en bataille l'armée des François, qui, pour n'avoir pas voulu escouter leurs propositions, réduisirent les Anglois, comme à Poitiers, à combattre en désespérés, ce qui feut cause de la victoire qu'ils remportèrent.

Louis, Dauphin, duc de Guienne, mourut l'an 1416. Le duc d'Orléans, frère de Charles Sixième, feut duc de Guienne; mais il ne le feut pas longtems : il feut tué à Paris, par l'ordre du duc de Bourgogne, l'an 1416. Montferrand, sénéschal de Guienne pour les Anglois, prit La Réole et le chasteau de Langon. Agen tenoit pour le roy de France, Charles Sixième. La Réole feut repris par les François; le roy Charles Sixième estoit en ce pays; il estoit venu dans Agen; il estoit au Port-Sainte-Marie l'an 1417, lorsque La Réole feut repris. Bertrand Ferrand, Anglois, prit les deux chasteaux de Dome par la trahison du capitaine qui commandoit, et ensuite prit Larroque-Timbaut. Ceux d'Agen et ceux du pays les reprirent, et le traistre feut exécuté. Charles, par la mort du duc d'Anjou et de ses frères, devint Dauphin et entra en droit de succéder à la couronne. Cependant, l'an 1418, Pont de Castillon fit la guerre à Amanieu, seigneur de Montpezat, prit sur Pont de Castillon, Dolmayrac, Frigimond, Quitimont et Sainte-Livrade; il prit Montbran la mesme année 1418. Les Anglois prirent Montégut, mais les Agenois l'achetèrent et le firent entièrement démolir. Les Agenois et ceux du pays achetèrent Tomambebouc aux Anglois pour la somme de 500^{ts}; et, incontinent, les consuls d'Agen et de Villeneuve le firent démolir pour desnicher les Anglois et les chasser loin d'eux, tellement que l'Agenois estoit pour les François contre les Anglois, au rapport du sieur Arnault, dans ses *Antiquités*, d'où les mémoires ont esté tirés.

CHAPITRE XX

FIDÉLITÉ DES AGENOIS POUR CHARLES, DAUPHIN, ET ENSUITE POUR CHARLES SEPTIÈME, ROY DE FRANCE

Charles, quoiqu'il feut Dauphin, ne feut pas heureux : sa mère et la foiblesse du roy, son père, contribuèrent à sa perte. La reyne avoit donné en mariage sa fille Catherine à Henry d'Angleterre. Ce traité portoit que le roy Charles Sixième nommoit et recognoissoit Henry Cinquième pour son héritier à la couronne de France; que de son vivant il seroit simplement régent; que les deux royaumes seroient régis par un seul, suivant les lois de chaque royaume; que les privilèges des lieux seroient conservés. Charles, Dauphin, feut déclaré descheu et indigné de succéder à la couronne et banny du royaume à perpétuité par arrest donné l'an 1420. Charles, Dauphin, ne feut pas abandonné. La haute Guienne le recognut par les intrigues du vicomte de Narbonne et du sire d'Orval. Pendant cette guerre, Henry Cinquième d'Angleterre, régent et prétendu roy de France, mourut à Vincennes l'an 1422, au mois d'aoust. Charles Sixième, roy de France, mourut la mesme année au mois d'octobre. Ces deux roys morts, le royaume feut tout en armes; l'Agenois feut le théastre de la guerre. Ce pays tenoit pour Charles, Dauphin, contre les Anglois, par le moyen des séneschaux d'Agenois, MM. Guillaume de Barbasan et ensuite du seigneur de Montpezat.

La guerre se faisoit dans l'Agenois depuis l'an 1420; car les Anglois prirent la ville de Sainte-Livrade, qui feut d'abord reprise par escalade par les habitans d'Agen, qui, sous la conduite du seigneur de Montpezat, coururent à cette expédition pour témoigner le zèle qu'ils avoient pour le parti de Charles, Dauphin. Le seigneur de Pons de Castillon vint pour les Anglois dans le pays d'Agen ; il passa le Lot et vint avec des troupes à la Sauvetat-de-Savères, mais il n'y fit pas long séjour. Le seigneur de Lustrac le suivit de près : il feut contraint de déloger de la Sauvetat et se retira à Frespech, où il feut assiégé et serré de si près qu'il eust bien de la peine à se sauver. Il se retira comme il put, et Frespech feut pris par les François. Pour subvenir aux frais de cette guerre que les Agenois estoient obligés de supporter, il feut imposé le quart denier sur le vin qui se débitoit dans la ville : l'imposition feut faite l'an 1421.

La mesme année 1421, le duc de Bourbon, gouverneur du Languedoc et de Guienne pour le roy, fit son entrée dans Agen avec les sénéschaux de Toulouse et de Rouergue : tout cela se passa du vivant de Charles Sixième. Agen ne se détacha point du parti de Charles Septième ; le seigneur de Montpezat retenoit les Agenois dans ce parti. Ce seigneur avec le sénéschal de Bazadois prirent par escalade Sainte-Foy, en Agenois, l'an 1423. En mesme tems, Vilaton fust pris par les Anglois, qui firent brusler tout ce lieu. Les Anglois, d'un autre costé, après la mort d'Henry, leur roy, vinrent en Guienne, prirent Duras, Fumel, Marmande qui avoit esté rebastie par Alphonse, comte de Toulouse et de Poitiers, environ l'an 1252. Elle feut assiégée par les Anglois l'an 1423 ; mais ils ne purent la prendre. L'an 1426, le seigneur de Caumont, Anglois, voulut surprendre Lustrac, mais le seigneur de Lustrac lui fit des embusches ; quoiqu'il n'eust que quarante hommes contre cent cinquante, le seigneur de Lustrac défit le seigneur de Caumont, qui feut tué dans ce combat et feut enterré aux Cordeliers de Penne. Bernard et Raymond, fils du seigneur de Montpezat, prirent Castelmoron pour le roy, l'an 1427, et ce lieu feut détruit par les François. Les Anglois, pour réparer cette perte, surprirent Marmande, mais ils ne la gardèrent pas longtems. Les seigneurs d'Albret et de Montpezat la reprirent sur eux pour le roy. Les Anglois s'opiniastrèrent à avoir Marmande ; ils la prirent enfin sur les François l'an 1428. La garnison se retira au chasteau, où le jeune Favol et Bernard de Sainte-Marie, après avoir soutenu vigoureusement les efforts des Anglois, furent enfin obligés de se retirer à composition. Les Anglois prirent Aiguillon l'an 1430 ; ils pillèrent cette ville, mais, ne pouvant venir à bout du chasteau, ils se retirèrent avec le butin qu'ils y avoient fait. Cette mesme année, la Garonne déborda furieusement ; l'eau entra par la porte de Saint-Georges ; il y eust une procession générale où l'on porta l'image de Notre-Dame, qui est dans la chapelle de Saint-Estienne, dédiée à son nom, et d'abord l'eau diminua. Vers cette mesme année, les Anglois prirent le chasteau, le démolirent et le firent brusler ; la ville fut presque déserte.

La guerre se faisoit sans relasche dans l'Agenois entre les Anglois et le seigneur de Montpezat, séneschal d'Agen pour le roy, l'an 1430. Les Anglois prirent Montpezat, mais le seigneur Amanieu de Montpezat le reprit l'année après, 1431. Cette mesme année, Raymond, fils du seigneur de Montpezat, reprit le Port-Sainte-Marie sur les Anglois. Henry Sixième, roy d'Angleterre, petit enfant, feut couronné roy de France, en vertu du testament de Charles Sixième, fait en faveur de Henry Cinquième, roy d'Angleterre, son père. Tout cela ne servoit qu'à allumer davantage le feu de la guerre. Agen, qui ne se démentoit pas dans son parti, feut fidèle à Charles Septième par le secours du séneschal Guillaume de Barbasan et le seigneur de Montpezat et séneschal aussi d'Agenois. L'an 1432, le baron de Frespech, qui estoit Anglois, voulut surprendre Bajamont par quelque secrète intelligence qu'il avoit dans le lieu ; le seigneur de Montpezat, ayant découvert son dessein, attendit les Anglois en embuscade ; il les surprit comme ils vouloient entrer dans Bajamont et les mit tous en pièces. Après cette petite victoire, il feut assiéger La Fox à la teste des habitans d'Agen, qui estoient armés pour les interests du roy de France, Charles Septième. Naudonet de Lustrac estoit dans La

Fox, où il feut fait prisonnier, et le chasteau feut pris. De là les seigneurs de Montpezat et de Beauville feurent se saisir du chasteau de Castelculier, qui nestoit pas encore démoli ; le seigneur de Lustrac avec les forces des François, prit Sauveterre d'Agenois et Monségur.

Cette mesme année 1432, sous Imbert, évesque d'Agen, les consuls et les habitans s'assemblèrent avec l'évesque dans la chapelle de Saint Michel, qui estoit à Saint-Estienne, pour délibérer aux moyens de se garantir des Anglois. La ville d'Agen estoit frontière et entourée des Anglois, qui leur faisoient tous les jours la guerre, et empeschoient qu'on ne portast rien afin d'obliger ceux d'Agen à des contributions ; et d'autant qu'on ne pouvoit subsister sans aliéner ces biens de la communauté, on résolut d'imposer un sixième denier sur le vin qu'on vendroit, afin d'acheter la terre et la paix avec les Anglois. L'acte est dans les archives de l'évesché, *cotte Agen, numéro 21*. Ils avoient auparavant imposé le quatrième denier sur la vente du vin dans Agen, pour fournir aux frais de la guerre. L'acte est aux archives de Saint-Caprasi.

Si les Agenois achetèrent la paix, elle ne dura pas longtems, car Raymond de Montpezat, l'an 1434, prit le bourg, l'église et la tour de Lézignan sur les Anglois.

INONDATION DE 1434

La mesme année 1434, il y eust un débordement de la Garonne si furieux, selon d'Arnault, que l'eau monta jusqu'aux barres de la Porte-du-Pin et passa aux Cordeliers par-dessus les murailles de la ville ; alors la rivière passoit à fleur des murs de la ville ; elle grossit si furieusement qu'elle passa par-dessus le pont de Garonne et entra dans la ville jusques aux Jacobins.

L'an 1437, la guerre continuoit dans ce pays : le Port-Sainte-Marie feut pris sur les François par le comte d'Asterac, lequel, après s'estre rendu maistre de cette petite ville, vint vers Agen, se porta à la Salève, et, après minuit, il prit Agen avec les gens de Fieumarcon qu'il avoit à sa suite. S'estant rendu maistre de la ville, sans différer jusqu'au jour, il fit assembler les habitans à l'Hostel-de-Ville; il s'y fit prester le serment comme lieutenant du nouveau sénéchal, le comte d'Armagnac, fait sénéchal par les Anglois. M. de Montpezat estoit mort; l'Agenois, qui estoit si souvent victorieux sous la conduite de ce sénéchal pour la France, relascha de sa vigueur par le décès d'un si généreux gentilhomme.

Les Agenois, par l'attachement qu'ils avoient pour le roy de France, souffrirent une grande violence lorsqu'ils feurent contrains de faire serment aux lieutenans des Anglois. Ils obéirent à la force contre leur inclination. La mesme année, le comte Rodrigues Larivadin, Espagnol, vint dans ce pays pour les Anglois avec quatre mille hommes. Il prit Fumel, Lausun, Laparade, la Sauvetat-de-Caumon, Tonneins, Fauillet. Pendant que ces guerres se font en Guienne, Charles Septième est reconnu roy de France à Paris. Après les victoires qu'il remporta par le secours de la Pucelle d'Orléans, il fit son entrée à Paris l'an 1437. Cet heureux succès du roy releva le cœur des Agenois, qui tenoient pour le roy Charles Septième; car la mesme année les seigneurs de Lézignan et de Beauville ayant conspiré pour les Anglois contre la ville d'Agen, par quelque intelligence qu'ils avoient en cette ville, il y eust un étrange désordre dans Agen. La conspiration feut découverte et la suite feut funeste à plusieurs des complices : il y en eust de pendus et d'autres qui feurent tués dans l'alarme, qui feut générale dans la ville.

L'an 1439, Louis, Dauphin, qui feut roy sous le nom de Louis Onze, commandoit les armées de Guienne, comme il conste par les lettres données à Albi où il convoque les Estats qui lui accordèrent 46,000^{te} pour la guerre de Gascogne. Il relascha à ceux de Toulouse leur contingent, à cause qu'ils avoient payé 8,000^{te} moutons d'or pour délivrer le chasteau de Clermont-Soubiran de la main des Anglois.

L'an 1439, le comte de Fontinton, Anglois, vint en Guienne avec 4,000 hommes; il prit le Mas-d'Agenois dans la Gascogne. Il ne s'arresta pas là; il prit Viane, Lavardac, Durance, Francescas, le Nomdieu et Lamonjoye, qui sont de petits villages sans défense. La mesme année, les seigneurs de Caumon et de Tonneins, Anglois, se saisirent du Port-Sainte-Marie; mais le seigneur de Montpezat, fils du séneschal d'Agen, reprit le Port sur les Anglois ou sur les gens de Rodrigues qui gardoient cette ville. Il prit Clayrac par escalade à la faveur des brouillards, sur le point que les sentinelles descendoient des murs. La mesme année, le seigneur de Fieumarcon, le Bastard d'Armagnac, le seigneur de Tournon et le Bastard de Montpezat, qui tenoient pour les Anglois, surprirent le Port-Sainte-Marie.

CHAPITRE XXI

LES ANGLOIS CHASSÉS DE GUIENNE. — LOUIS EUST LE MESME GOUVERNEMENT

Cependant, Charles Septième, devenu maistre de son royaume, vint en Guienne ; il passa par Grenade, Beaumont, Fleurance, Vic, et feut délivrer la ville de Castres, prit Saint-Sevet d'assaut et le fit destruire ; prit le Mont-de-Marsan par composition. Du Mont-de-Marsan, Charles vint à Condom, à Laplume et enfin dans Agen. Il y fit quelque séjour et confirma les privilèges de la ville et le droit de créer des notaires, dont les consuls jouissoient auparavant.

Pendant le séjour que Charles Septième fit dans Agen, il soumit le Port-Sainte-Marie, Tonneins et Marmande ; toutes les villes sur Garonne lui rendirent obéissance, à la réserve de La Réole, qui tint bon. Le roy, partant d'Agen, descendit à Aiguillon et à Marmande, prit La Réole d'assaut ; il prit le chasteau et le démolit, ruina la ville l'an 1442 ; cela fait, il retourna à Paris et laissa en Guienne le seigneur Coysiuj, sénéschal de Guienne.

Pendant le voyage du roy en ce pays, le seigneur de La Hire, dit Estienne de Vignoles, mourut à Montauban : c'estoit un gentilhomme de ce pays ; il estoit plus riche en mérites qu'en biens-fonds. Le roy lui avoit donné quelques terres dans l'Agenois à bénéfice, pour en jouir seulement sa vie durant. Après sa mort, pour le récompenser en la personne de ses enfans, il leur donna les terres que leur père jouissoit pendant sa vie pour en jouir à perpétuité.

L'an 1451, le comte Dunois, qui avoit défait les Anglois dans le pays de France, vint en Guienne avec les armes et les forces victorieuses du roy Charles Septième. Ses victoires obligèrent Bordeaux à se rendre : le traité feut conclu l'an 1451, où le roy confirma les privilèges et les coustumes d'Agen par un article exprès du traité où cette confirmation est insérée. Les Bourdelois, qui s'estoient rendus, tombèrent dans l'infidélité l'année après. Ils rappelèrent les Anglois. Le capitaine Talbot vint avec les forces des Anglois ; il fit quelque conqueste, mais il feut tué avec son fils au siège de Castillon, où il estoit venu pour faire lever le siège. La mort de ce capitaine affoiblit le parti des Anglois ; ils feurent entièrement chassés de Guienne. Le roy, pour s'assurer de Bordeaux, fit bastir le chasteau du Ha ; ce feut à ce coup que la Guienne feut réduite et que la domination des Anglois prit fin, qui avoit duré depuis Henry Second, roy d'Angleterre, l'an 1154. Ce feut en l'année de l'avènement d'Henry, duc de Normandie et duc de Guienne et d'Aquitaine, à la couronne d'Angleterre : cette domination dura jusqu'à l'an 1452, près de trois cents ans. Il faut donner cette gloire et cette louange à la maison de Montpezat, que par le secours d'Amanieu de Montpezat, sénéschal d'Agenois pour le roy de France, l'Agenois tint pour Charles Septième. Pendant le tems qu'Amanieu de Montpezat put agir, Agen se défendit contre les Anglois, et les Agenois les défirent en plusieurs rencontres ; mais, estant hors d'estat de combat, Agen se vit sans son appui et feut en proie aux Anglois. Mais auparavant, dans toutes les guerres qui se sont faites en ce pays, les actions les plus éclatantes que les Agenois ayent faites ont esté faites sous la conduite du seigneur de Montpezat, sénéschal d'Agenois pour la France. Cette maison feut fort attachée aux intérests du roy Charles Septième depuis Amanieu Second et son fils, Raymond de Leupé, enfans qu'eust Raymond. L'ayné, appelé Amanieu, mourut au service du roy Charles Septième à la réduction de Bordeaux ; il laissa sa succession à Charles, son frère, qui devint la tige des maisons de Montpezat qui sont dans l'Agenois. Il eust quatre enfans masles : Gui, Pierre, Antoine, Eraloin de Montpezat. Laugnac vint à Alain, seigneur de Touars par la mort d'Antoine, seigneur de Laugnac. Alain feut père de François, François feut père d'Honorat de Laugnac; Honorat feut père de Charles Second, Charles Second feut père de François Second, François Second feut père de Charles Troisième, qui mourut dans la fleur de son âge, qui avoit joint au mérite de ses prédécesseurs de Montpezat et Laugnac son mérite personnel.

CHAPITRE XXII

FIDÉLITÉ DES AGENOIS POUR LA FRANCE CONTRE LES ANGLOIS

La fidélité des Agenois pour le roy de France contre les Anglois est trop éclatante pour omettre l'attachement que les Agenois eurent pour Charles Septième pendant la vie et après la mort de M. de Montpezat, séneschal d'Agenois. Durant cette guerre que les Anglois firent aux François et à Charles Septième, les Agenois ne mettoient dans leurs actes publics que le roy Charles, et bien qu'ils aient esté pris par les Anglois, ils ne demeurèrent pas longtems sous leur domination. Tous les actes publics de l'an 1422 jusqu'à l'année 1451 portent tous : *Regnante Carolo Francorum rege* ; c'est une preuve sans reproche que l'Agenois ne reconnut point les Anglois pendant que tout le reste du royaume gémissoit sous leur usurpation. En récompense des pertes que les Agenois avoient souffertes pour Charles Septième, le roy fit dispenser Agen d'une partie des soldats qu'il devoit fournir. Il y a un acte dans l'Hostel-de-Ville, fait par Nicole Bartelot, conseiller du roy et son commissaire, et Dubreuil, secrétaire de la commission, par lequel le sieur Bartelot, commissaire, décharge Agen de payer quelque contribution en ces termes :

« Nous, soyons transportés en la ville d'Agen pour tout le
« pays d'Agenois, à laquelle Nous, ayant eu quelque considération
« aux grandes mortalités, passage de gens d'armée, pour ledit
« pays d'Agen, tirant, allant vers le Bourdelois, et autres pauvre-
« tés qu'ils ont eues à supporter, les tems passés, les consuls et

« habitans dudit pays d'Agenois, pour ces causes et autres, à ce
« Nous mouvant leur avons modéré le nombre de cinq lances
« qu'ils avoient à coustume de payer aux gens de guerre, à quatre
« lances fournies, et c'est à sçavoir à trente et un francs et val
« batu desdites cinq lances ; une tant seulement, icelle a esté di-
« visée sur tout le pays d'Agenois, le 6 d'aoust l'an 1453.

« Signé : BARTELOT et DUBREUIL. »

D'où il paroist qu'Agen avoit beaucoup souffert dans la guerre des Anglois pour les intérests de Charles Septième, et que le contingent qu'ils devoient fournir avoit esté bien modéré, puisque, originairement, ils devoient envoyer un homme par famille, qu'ensuite le nombre feut réduit par Philippe de Valois à deux cents hommes sans plus pour servir quarante jours dans l'année, lorsque la guerre se faisoit en Guienne, et enfin quatre lances fournies.

Il paroist dans les actes de l'an 1401, 1422 et 1427 qu'Agen estoit sous la domination de France : le verbal fait par le vicaire général d'Imbert, évesque d'Agen, touchant l'union du prieuré de Monesters à l'église de Saint-Caprasi d'Agen, où il est dit : *Regnante domino Carolo dei gratia Francorum rege*, de l'année 1401.

L'an 1420, Charles, Dauphin, feut déclaré descheu du droit de la couronne, le roy d'Angleterre déclaré régent du royaume du vivant de Charles Sixième. Cependant, l'Agenois ne recognoissoit que Charles, Dauphin. Il y a plusieurs actes de l'an 1422 qui portent : *Carolus regis Francorum filius regnum regens delphinus Viennæ dux Bituriæ et Honorius comes pictavisensis*. Il paroist qu'on recognoissoit, en 1422, Charles, Dauphin, en ce pays comme régent du royaume.

Enfin, l'an 1426, Charles estant roy, les actes portent : *Carolo Francorum rege regnante et Imberto episcopo Aginnensi existente*, et l'an 1427, Charles, roy, confirmant le droit de justice et de battre monnoye en faveur d'Imbert, évesque d'Agen, daté de l'année 1427 et la sixième de son règne. D'où il paroist qu'Agen tenoit pour Charles Septième par les soins d'Imbert, évesque d'Agen ; il paroist encore que cet évesque estoit conseiller au parlement de Toulouse.

J'ai voulu rapporter ces preuves de la fidélité des Agenois pour la France contre les Anglois, afin que ce que j'avois avancé à la louange de cette ville, pour avoir soutenu les interests de la loi salique et de la couronne de France, feut vérifié et qu'il n'en restast aucun doute.

CHAPITRE XXIII

L'AGENOIS DU RESSORT DE TOULOUSE. — LE PARLEMENT
DE BORDEAUX ESTABLI

L'Agenois estoit alors du ressort de Toulouse : ce parlement, qui avoit esté promis quand Toulouse feut réuni à la couronne, ne feut establi que l'an 1302 et installé en 1303 par Philippe le Bel. Du temps de Charles Septième, à cause que les ennemis du parti du duc de Bourgogne, l'an 1427, faisoient des courses dans le Languedoc et que les Anglois tenoient Paris, il fit venir ces deux parlemens à Poitiers ; mais, ayant réduit Paris, il envoya les conseillers du parlement de Paris dans cette ville et ceux du parlement de Toulouse à Toulouse et mit dans son ressort la partie de Guienne qui est au-deçà de Dordogne.

L'an 1444, comme Agen a esté de ce parlement, il est à propos de rapporter les divers sorts de cette cour où l'Agenois ressortissoit.

Le parlement de Toulouse feut supprimé l'an 1312 à cause d'une sédition arrivée l'an 1310 : il feut incorporé à celui de Paris. Charles, Dauphin, qui feut ensuite Charles Septième, restablit le parlement dans Toulouse l'an 1419 : les patentes datées de Carcassonne. Il avoit pris la qualité de régent du royaume, usa en cette rencontre de son authorité de régent. Charles en nomma les officiers ; l'archevesque de Toulouse en estoit le président. Imbert, évesque d'Agen, feut conseiller dans ce parlement ; il feut ensuite réuni à celui de Paris pour tenir tous deux leurs séances dans Poitiers, l'an 1427, pour les raisons que j'ai rapportées.

Par une déclaration de 1462, le roy ordonna que Bordeaux et le Bourdelois de deçà la Dordogne ressortiroit à Toulouse.

Le parlement de Bordeaux, qui avoit esté promis à cette ville l'an 1451, dans les articles de leur réduction, ne feut establi que l'an 1460. Peu de temps après, les Bourdelois attirèrent une suppression de ce parlement, qui feut réuni à celui de Paris, à la réserve de ce que porte cette susdite déclaration de l'an 1462, par laquelle le roy ordonne que le pays de l'ancien ressort de celui de Toulouse lui appartiendroit comme auparavant. Louis Onze, l'an 1463, restablit le parlement à Bordeaux, au mois de juin, avec le mesme ressort qui lui avoit esté donné lors de la première institution.

CHAPITRE XXIV

LES DÉSORDRES ET LES VEXATIONS DES SEIGNEURS SUR LE PEUPLE PENDANT LA GUERRE DES ANGLOIS

Il ne faut pas omettre que pendant que les Anglois faisoient la guerre en ce pays, les seigneurs et les chastelains faisoient des vexations sur les peuples et exigeoient, sous prétexte de manque à faire garde et guet de leurs chasteaux et seigneuries, de l'avoine, de la volaille, d'où sont venues les grosses rentes qui se font en blé, avoine et volaille sur leurs tenanciers. Cela paroist par les ordonnances de Charles Septième, faites en faveur des peuples de Guienne et d'Agenois. L'une est donnée à Poitiers, le 1er décembre 1451 et le 30° de son règne.

LIVRE QUATRIÈME

CE QUI S'EST PASSÉ DANS AGEN DEPUIS CHARLES SEPTIÈME, ROY DE FRANCE, JUSQU'A LOUIS TREIZIÈME DU NOM

Ce livre contient les divers changemens des comtes d'Agenois et Condomois. Comme le comté feut uni à la couronne, donné à Charles, frère de Louis Onze. Comme il feut aliéné en faveur d'Eléonor, sœur de Charles-Quint. La fille d'Eléonor, Marie, Infante de Portugal, en jouit. La reine Marguerite l'a possédé. Les divers gouverneurs de ce pays ; les guerres des huguenots. Ce que M. Monluc a fait dans ce pays pour la défense des catholiques ; le siège d'Agen soutenu par la Ligue ; divers édits publics dans Agen contre les huguenots. L'édit de pacification particulière qui exclut d'Agen l'exercice de la religion prétendue réformée, et qui déroge en faveur d'Agen aux édits de Poitiers et de Nantes.

CHAPITRE PREMIER

AGEN DU RESSORT DE TOULOUSE

La province de Guienne ayant esté réunie à la couronne, le roy n'en estendit pas d'abord les anciennes limites ; elle demeura au commencement renfermée dans les séneschaussées de Bordeaux, de Bazas et des Landes. Agen, suivant Louet, demeura uni à la province de Toulouse. En effet, Agen, qui estoit du ressort de Toulouse lors de la création du parlement de Bordeaux, demeura longtems après cette création. L'Agenois estoit du ressort de Toulouse l'an 1422, car Charles, Dauphin, dans ses patentes en faveur de Saint-Caprasi d'Agen pour l'union du prieuré de Monestiers, porte : *Carolus Regis Franciæ filius regnum regens primo parlamenti Tolosæ Ostiario salutem*. Il fait encore mention des gens tenant la cour du parlement de Toulouse. Agen demeura, longtems après la création de celui de Bordeaux, dans le ressort de Toulouse ; et, pour prouver qu'il estoit de la province de Toulouse, tous les gouverneurs du Languedoc estoient d'Agen. Jean de Bourbon, après la réduction de la province, c'est-à-dire l'année après, estant lieutenant-général en Languedoc et gouverneur d'Agen, fit son entrée dans cette ville, venant d'Aiguillon, l'an 1452. Agen a esté plus sous la domination des roys et comtes de Toulouse et gouverneurs du Languedoc que sous la domination des Anglois. A commencer l'an 419, Agen fut sous les roys des Visigoths Vualha, Théodoric, Herismondus, Théodoric Second, Evarix ou Erix et Alaric, dernier roy des Visigoths en ce pays, vers l'an

507. Tous ces roys affectoient la qualité de roys de Toulouse, comme il paroist dans le Commentaire d'Alaric, au code Théodoric, où il est dit : *Datum sub Alarico rege Tolosæ.*

L'an 581, Didier, duc de Toulouse, ayant chassé Renaud d'Agen, unit l'Agenois à son duché de Toulouse. Louis le Débonnaire, Pépin et Aribert, et les autres roys qui placèrent leur siège à Toulouse, nous rendoient Toulousains. Il y avoit mesme dans l'Agenois le chasteau de Cassaneuil qui feut destiné pour estre une des maisons royales où Louis le Débonnaire, roy de Toulouse, devoit habiter de quatre en quatre ans ; mais les comtes de Toulouse, Tursin, Guillaume Premier, Béranger, Bernard, Guillaume Second, feurent comtes d'Agen jusqu'à ce que Guillaume Second feut tué l'an 850. Alors Vulgrin, comte d'Angoulesme par le droit de Rogelinde, sa femme, fille de Bernard et sœur de Guillaume Second, comte de Toulouse et d'Agen, s'en saisit. Enfin, Guillaume Cinquième, comte de Toulouse, s'en saisit aussi ; et il n'est rentré dans la maison des ducs d'Aquitaine, de Louis Septième et d'Henry Second d'Angleterre, que comme un droit qui provenoit des comtes de Toulouse par Philippe, grand'mère d'Aliénor. Il y a cette différence entre Agen et le reste de la province de Guienne, qu'Agen, qui feut originairement de Toulouse, demeura dans ce comté.

CHAPITRE II

AGEN SOUBS LES ROYS DE FRANCE ET LES DIVERS GOUVERNEURS
DE L'AGENOIS

Après la défaite des Anglois, Agen se trouva délivré de leur domination ; il ne leur resta dans cette province qu'un droit imaginaire et des prétentions mal fondées, que la justice des armes leur ont enlevées, que les divers arrests de confiscation, par les lois des fiefs et par le défaut d'hommage, leur ont fait perdre. Agen, qui avoit naturellement aversion pour les Anglois, se vit délivré de la crainte de retomber sous leur authorité. L'aversion de ceux d'Agen passa jusqu'à ceux de Bordeaux ; les Bourdelois estoient dévoués au parti des Anglois, et rien ne put les en détacher que la force des armes des François ; au lieu qu'Agen feut toujours attaché à la fortune de nos roys ; et, si l'effort des armes soumettoit les Agenois aux Anglois, les cœurs des habitans et les affections de la noblesse estoient toujours portés pour les intérests de la France. Il y a dans la maison de ville un acte et un mémoire qui font mention qu'un habitant de la ville, nommé Lacassaigne, s'estant retiré d'Agen et ayant abandonné le parti de la France, que ceux d'Agen soustenoient, pour s'aller joindre aux Anglois, sa maison feut condamnée à estre rasée et on y mit une pierre pour flétrir la mémoire de cet habitant.

Pendant que Charles Septième est maistre de l'Agenois, il y avoit en ce pays un sénéschal nommé Odo de Leomania, Odon de Loumagne, qui prenoit la qualité de vicomte de Couseran.

Agen a toujours eu le titre de comté et n'a jamais descheu de ce titre d'honneur, quoiqu'on trouve des actes où les séneschaux se disent vicomtes d'Agen ; mais il faut remarquer que les comtes avoient des lieutenans et des vicaires ; que les lieutenans avoient soin des armées et les vicaires de la justice. Les séneschaux, qui avoient l'un et l'autre ministère, pouvoient prendre cette qualité ou la donner à leurs juges subalternes ; et il ne faut pas s'imaginer qu'Agen, qui a toujours eu le titre de comté, ait perdu cette qualité. Le roy Charles Septième, qui estoit comte d'Agenois, comme réuni à la couronne, avoit son séneschal qui estoit son lieutenant : voyez M. Catel sur les *Vicomtes de Toulouse*, qu'il qualifie seulement de lieutenant dans l'estendue du comté de Toulouse, et qui portoit la qualité de vicomte pendant qu'il y avoit des comtes à Toulouse. Ce n'est pas en ce seul tems que les comtes ont eu des vicomtes qui rendoient la justice ; mais, dans le douzième siècle, Henry Second d'Angleterre et duc d'Aquitaine, adresse à ses vicomtes ministres de la justice les patentes de la confirmation des dismes de l'église de Saint-Caprasi, annonçant que ces juges estoient vicomtes, tant dans Agen que dans toute la Gascogne.

Charles Septième, après avoir eu plusieurs fatigues dans la conqueste de son royaume, ne jouit pas longtems du fruit de ses travaux : il mourut l'an 1461. Louis Onze lui succéda. Ce prince, en recognoissance de la fidélité d'Agen, confirma tous les privilèges de la ville, maintint les consuls dans le droit d'exercer la justice criminelle par eux-mesmes et la civile par leurs assesseurs, l'an 1462. Delurbe dit que le parlement que Louis Onze avoit establi à Bordeaux, tint sa première séance l'an 1462, et reçut le serment des avocats et procureurs à l'instar de Paris. Il y a des autheurs qui disent que le parlement feut establi en 1460, mais qu'il feut supprimé peu de tems après son érection : de là vient que par une déclaration de l'an 1461, en octobre, le roy soumit Bordeaux et le Bourdelois au parlement de Toulouse ; celui de Bordeaux fut restabli l'an 1462, en juin. Chopin rapporte les lettres de ce restablissement, d'où il paroist qu'Agen estoit de Toulouse après ce restablissement, car il feut fait en juin 1462; et, en décembre 1462, il y eust un arrest donné à Toulouse en faveur des chapitres d'Agen. Il y a aussi des autheurs qui disent que le parlement de Toulouse, lors de la première suppression du parlement de Bordeaux, demanda que ce qui composoit le ressort de celui de Bordeaux lui feut uni; qu'on ne lui accorda que ce qui estoit de son ancien ressort, et qui en avoit esté démembré en faveur de celui de Bordeaux. Agen ne feut pas d'abord de ce ressort; il ressortissoit de Toulouse, comme il paroist par plusieurs arrests rendus sur les affaires des Agenois, donnés à Toulouse, entre autres ceux qui feurent donnés au frère Aimeric de Castres et aux chapitres d'Agen pour le prieuré de Renaut, par lequel les chapitres feurent maintenus; et un autre sur le mesme sujet donné auparavant contre ledit Aimeric, en 1462, date de Toulouse en parlement.

Delurbe, en sa Chronique bourdeloise, dit que l'an 1466 Philippe de Savoye feut lieutenant du roy en la province de Guienne.

CHAPITRE III

L'AGENOIS DONNÉ A CHARLES, FRÈRE DE LOUIS ONZE

Louis Onze donna à Charles, son frère, la Guienne pour droit d'apanage; il en prit possession le sixième de juin 1469. Dupleix et Delurbe disent que le duché de Guienne ne comprenoit que le Bourdelois, le Bazadois et les Landes : sur cela ils soutiennent que le roy ne donna à son frère que les trois sénéchaussées avec la Saintonge et La Rochelle; qu'Agen n'estoit pas compris dans l'apanage de Charles. Il est vrai qu'Agen n'estoit pas du duché de Guienne, mais il feut joint à l'apanage de Charles : ainsi leurs mémoires sont infidèles sur ce point. Les actes publics d'Agen faits en ce tems marquent que Charles estoit le maistre de l'Agenois.

Charles ne feut pas plutost duc de Guienne qu'il donna commission, l'an 1469, à M. Pierre Morin, son conseiller et son trésorier général, à Jacques Berziau, maistre de ses comptes, et à Bernard Degots, lieutenant du sénéchal d'Agenois et de Gascogne, sur le fait du recouvrement des terres, places et seigneuries, droits, devoirs, occupés et détenus dans l'Agenois par plusieurs nobles et gens d'église. Il donne pouvoir à ces députés de rechercher l'ancien domaine, le titre donné à Saint-Jean-d'Angély, le septième octobre 1473, dans le rosle de ceux qu'ils doivent rechercher dans la sénéchaussée d'Agenois ; il nomme le seigneur de Montpezat en ces termes : Le seigneur de Montpezat occupe de la cité d'Agen six paroisses ; et, parmi les centres nobles de l'Agenois,

il y nomme ceux du Condomois, parce qu'en ce tems, la séneschaussée d'Agenois n'estoit pas encore partagée en Agenois et
Condomois.

Il y a deux actes de Charles, duc de Guienne, l'un en faveur de
l'évesque d'Agen pour le maintenir dans le droit de recevoir les
hommages des seigneurs du pays, avec défense à ces officiers de
le troubler ; l'autre est en faveur du chapitre Saint-Caprasi, pour
le maintenir dans la possession du péage qu'il jouit devant Agen.

Il paroist par les actes susdits que Charles, frère de Louis Onze,
estoit comte d'Agenois et que l'Agenois estoit soubs sa domination
par les actes susécrits. L'acte le plus authentique est la transaction du 10 juillet 1470, passée entre le roy Louis Onze par son
procureur du roy et les consuls d'Agen, et entre Charles de
Montpezat, seigneur de Montpezat, Aiguillon, de Touars, de
Madaillan, et conseigneur de Sainte-Livrade. Il prétendoit non
seulement les droits seigneuriaux, mais la justice haute et basse
de Cardonnet, Fraiches, Dolonack, Saint-Julien-de-Terre-Fosses,
à raison des chasteaux de Madaillan et de Montréal. Les consuls,
au contraire, joints au procureur du roy, soustenoient que la justice leur appartenoit. Ce seigneur de Montpezat, les consuls et les
jurats s'assemblèrent dans l'église cathédrale de Saint-Estienne
d'Agen, et ils passèrent un contrat par lequel les consuls relaschèrent tous les droits seigneuriaux au seigneur de Montpezat, à raison du chasteau de Montréal ; et le seigneur de Montpezat relascha
aux consuls la juridiction et la justice haute et basse desdites
paroisses de Saint-Pierre, de Peche-Rome, de Saint-Cyr, de
Pauillac, de Saint-Julien-de-Terre-Fosses et des autres paroisses
qui sont au-deçà du ruisseau de Borbol, tirant vers Agen, le long
d'une rue nommée Degaute, tendant à la paroisse de Saint-
Capraise-de-Bosq, près de Falgueiroles, et tout le long du ruisseau
de Borbol, jusqu'à son embouchure dans la rivière de Garonne.
L'an 1470, régnant Louis, roy de France, et Charles, très puissant seigneur, duc de Guienne, y dominant, et Révérend Père en
Dieu Pierre, évesque d'Agen : suivent les témoins, et entre autres

Jean Normeri, licencié ez loiz, prieur de Saint-Caprasi et chanoine de Saint-Estienne, y est nommé. Il paroist par cet acte que Charles, frère de Louis onze, estoit duc de Guienne et maistre de ce pays, puisque les actes en font mention, quoique le roy soit appelé duc de Guienne : c'estoit pour conserver son droit dominant. Il paroist encore que les consuls avoient la justice de la juridiction d'Agen : de là vient que, quatre ans après, les consuls, en vertu de leur droit et de leur possession immémoriale, establirent un assesseur et donnèrent des provisions d'assesseur et de juge à M. Jean Dupaillet ; les provisions sont datées du 22 avril 1474. Charles, duc de Guienne, estant mécontent de la cour, avoit levé des troupes pour n'estre pas surpris ou pour entreprendre quelque chose, mais son dessein prit fin avec sa vie ; il fut empoisonné et mourut l'an 1472, au chasteau Dhua, dans Bordeaux.

Le roy Louis Onze, qui s'estoit approché de Guienne, s'en saisit. Le gouvernement estoit pour lors entre les mains de Pierre de Bourbon, seigneur de Beaujeu. Charles estant mort, la Guienne, par la réversion de l'apanage, feut unie à la couronne. Le parlement de Bordeaux, qui avoit esté transféré à Poitiers pendant que Charles feut duc de Guienne, retourna à Bordeaux et tint la première séance le premier de juin 1472.

Après la mort du duc Charles, le comte d'Armagnac, que Charles avoit restabli dans ses terres, dont Louis Onze l'avoit dépouillé pour les donner au duc Charles, son frère, feut chassé de nouveau de ses terres. L'an 1472, le séneschal Bocayre et Robert de Balzac, séneschal d'Agenois, assiégèrent Lectoure, et la place se soumit au roy de France ; mais bientost après, le comte d'Armagnac la reprit. Il fit plusieurs seigneurs du pays prisonniers : il y prit Pierre de Bourbon. Le roy lui fit la guerre parce qu'il s'estoit saisi de Lectoure et avoit fait prisonnier Pierre de Bourbon, seigneur de Beaujeu, qui estoit dans Lectoure. L'armée du roy vint en ce pays ; le Quercy se rendit ; dix ou douze mille hommes que le comte d'Armagnac avoit envoyés à Lauserte se retirèrent dans Agen et y firent séjour pendant deux ou trois jours. Mais, appréhendant d'estre assiégés par l'armée du roy, ils s'en retournèrent en Armagnac. Agen, qui tenoit pour le comte d'Armagnac, se rendit au roy ; Condom fit de mesme ; il n'y eust que Lectoure qui soutint un siège. L'armée du roy assiégea Lectoure et le prit ; le comte d'Armagnac feut tué. La paix, qui feut ensuite en Guienne, donna le loisir aux Agenois de réparer leurs pertes et de vivre en repos. Pendant ce calme, le roy Louis Onze avoit establi le parlement à Bordeaux, suivant les conventions du traité que Charles Septième fit avec les Bourdelois, l'an 1451, lors de leur réduction et soumission au roy de France, par lequel le roy Charles s'obligea d'y establir une cour souveraine. Les Agenois, qui feurent autrefois si jaloux de leurs lois municipales, négligèrent de les faire homologuer à ce parlement : de là vient que cette cour n'y a jamais eu égard et qu'elles ont perdu leur authorité, qu'elles avoient conservée jusqu'alors.

CHAPITRE IV

LA JURIDICTION DES CONSULS CONSERVÉE. — LE DROIT D'Y BATTRE
MONNOYE Y FEUT AUSSI CONSERVÉ

Pendant le règne de Louis Onze, qui affectoit de rendre son authorité souveraine, absolue et indépendante des lois particulières de l'Estat, toutes les authorités particulières receurent de grandes diminutions; et, dans la suite des tems, elles ont esté tellement affoiblies, qu'il ne leur en reste que l'ombre et le foible souvenir de ce qu'elles ont esté. Cependant Agen, dans ce renversement général, a conservé plus que l'ombre de son authorité : les consuls ont encore part à la juridiction ordinaire pour le criminel; ils sont gouverneurs de leur ville pendant la paix et la guerre; c'est à eux de donner l'ordre et d'establir la garde de leur ville. Ils ont perdu le droit de nommer des assesseurs ; le droit de pilori; il leur reste des prisons particulières, le droit de créer et de donner les provisions de notaires, comme un reste de leur ancienne authorité.

Louis Onze, pour abolir l'authorité des seigneurs, défendit au duc de Bretagne de battre monnoye; les évesques d'Agen avoient conservé ce droit depuis Gombaut, l'an 977, jusqu'à Louis Onze. Quelque estendue que Philippe le Long et Charles le Bel eussent donnée à leurs privilèges, ils la perdirent à ce coup, et la maison qui est devant l'église de Saint-Caprasi, où l'on battoit la monnoye, ne servit plus à cet usage ; elle feut mesme démolie, jusquelà qu'il n'en reste que quelques vieilles masures et le nom de monnoye, qui font souvenir qu'elle a esté bastie pour cet usage. Louis

Onze s'attribua cette maison, et les roys, ses successeurs, ou les comtesses à qui les roys de France donnèrent l'Agenois, Eléonor, nommée infante, et Marguerite en jouissoient. J'ay veu des comptes-rendus à ces comtesses d'Agen, où le jardin devant Saint-Caprasi estoit costé pour 8te d'afferme, comme une partie du domaine du roy dans Agen. Louis Onze acheva, l'an 1464, ce que Philippe le Long et Charles le Bel avoient commencé l'an 1322, car il défendit dans tout son royaume les cours de monnoyes faites dans les terres des seigneurs. Les évesques d'Agen ne purent pas obtenir de Louis le cours de leur monnoye, comme ils avoient fait du tems de Charles le Bel, qui promit le cours de la monnoye à Arnaudan, comme nous l'avons remarqué.

Le roy Louis Onze mourut le 29 aoust 1483. Charles Huitième, son fils, lui succéda. Charles Huitième confirma les privilèges d'Agen, l'an 1487. Les lettres feurent enregistrées par Robert de Balzac, sénéschal d'Agen, l'an 1487. Il est fait mention dans ces patentes que les consuls d'Agen avoient juridiction ez causes civiles et criminelles.

CHAPITRE V

DES TRIBUNAUX DE JUSTICE QUI ONT ESTÉ DANS L'AGENOIS

Nous avons observé que du tems des Romains il y avoit dans Agen une espèce de sénat composé des plus notables de la ville. Leurs jugemens n'estant pas souverains, ressortissoient aux présidens que les empereurs avoient establis dans les provinces. Cette manière de juger continua sous les roys des Visigoths, qui ne changèrent rien à la manière de juger. Ils se contentèrent d'establir des présidens, comme les empereurs avoient fait avant eux. Les roys d'Aquitaine et les ducs firent des intendans, *missi dominici ;* mais, comme cela ne feut pas establi dans la Gascogne, le Sénat d'Agen jugea toujours les affaires. Dans la suite, les sénéchaux feurent establis à la place des présidens ; auparavant, la plus grande partie des affaires avoit esté ostée aux consuls et aux ordinaires. Les arbitrages s'estant establis, les évesques en estoient les juges ; leurs officiers attirèrent la plus grande partie des affaires ; l'évesque d'Agen avoit la justice dans l'Agenois ; les sénéchaux feurent establis ; les parlemens le feurent ensuite ; la multitude des tribunaux partagea les affaires ; les ecclésiastiques en avoient plus que les séculiers parce qu'ils jugeoient les affaires gratis et qu'ils estoient réputés pour des juges plus équitables : ce qui obligea les séculiers et les sénéchaux d'affoiblir l'authorité des évesques et la juridiction des officiers. Ce feut ce qui fit tant de bruit sous Philippe de Valois, dans cette assemblée où Pierre de Cunières déclama contre la juridiction des évesques. Ce feut la première secousse; les parlemens ont achevé de ruiner les tribunaux des évesques, à qui il ne reste que la cognoissance de fort peu d'affaires, et toutes spirituelles ou ecclésiastiques. Les consuls d'Agen, parmi ces changemens, taschèrent de conserver leurs juridictions. M. de Durefort, seigneur de Bajamont, possédant Castel-Nouvel dans le détroit des consuls, y transporta la justice de Bajamont en 1477. Les consuls protestèrent et l'obligèrent de la transférer à Bajamont. Ils jouissoient alors de la justice haute, basse et moyenne dans la juridiction d'Agen. Quelque soin néanmoins qu'ils prissent pour tascher de conserver leur juridiction, elle feut fort affaiblie par l'érection des présidiaux, comme nous verrons dans la suite, car on leur attribua plusieurs choses dont les consuls cognoissoient auparavant.

Charles Huitième avoit dans l'Agenois un juge de tout l'Agenois, l'an 1485. Martial Cortetto obtint cet office. Les consuls, appréhendant pour leur juridiction sur ce que les provisions de Cortetto ne faisoient point mention du droit d'Agen, passèrent une transaction avec Cortetto, le quatrième aoust 1485, où il est dit que Cortetto renonça à la cognoissance des causes civiles, suivant le droit des consuls. Charles Huitième ratifia cette transaction l'an 1487, et, l'an 1492, il confirma de nouveau la justice des consuls dans le civil et dans le criminel joint; le juge royal déclare mesme que les consuls avoient la justice haute, moyenne et basse.

Delurbe, dans la *Chronique bourdeloise*, dit que l'an 1494 le seigneur de Condale estoit gouverneur de Guienne pendant le voyage de Charles Huitième en Italie. Charles estant mort sans enfans, l'an 1494, le duc d'Orléans, son plus proche parent, lui succéda et porta le nom de Louis Douzième. Ce prince bienfaisant diminua les imposts et les tailles, année par année, pour réparer les dommages que les guerres de ses prédécesseurs avoient causés. Louis Douzième confirma les privilèges d'Agen l'an 1499; sous son règne, les consuls ne perdirent rien de ce qu'ils avoient conservé de leur justice. Le juge-mage d'Agen, soutenant les droits du sénéchal d'Agenois, disputa au juge royal de tout l'Agenois, establi l'an 1485, sa juridiction et tascha de l'attirer à son tribunal, comme une attribution qui lui appartenoit. Il n'entreprit rien contre les consuls ; il y eust mesme un acte par-devant le juge-mage, du neuvième mois 1508, par lequel les assesseurs des consuls, devenus ordinaires, feurent approuvés. Pendant qu'il disputoit la juridiction au juge royal de tout l'Agenois, Louis Douzième confirma de nouveau les privilèges de la ville d'Agen l'an 1508, le 17ᵉ de mars, avec le droit des consuls de nommer les assesseurs. L'an 1512, François Second du nom, comte Dunois, premier duc de Longueville, feut gouverneur de Guienne ; et, suivant Delurbe, sur la fin de la mesme année, Odet de Foix, seigneur de Lautrec, feut lieutenant général en Guienne. Mézeray dit que ce ne feut que l'an 1514.

En 1511, la peste estoit dans Agen ; la cour du séneschal tenoit ses audiences à Villeneuve-d'Agenois.

Sous la domination des Nitiobriges, la manière de juger les affaires dans l'Agenois estoit semblable à celle qui se pratiquoit dans les Gaules. Il y avoit dans Agen, comme dans les autres villes considérables, un Sénat composé des plus nobles de chaque ville qui avoient toute l'authorité de terminer les différends des peuples. Cette sorte de justice feut conservée sous les empereurs romains ; les juges de ce Sénat s'appelèrent magistrats municipaux, quoique les Romains envoyassent des préfets et des présidens. Ce Sénat exista, et, à la place des lois locales, les villes se soumirent au droit escrit. Mais le Sénat ne feut pas supprimé pour les affaires particulières ; il confirma le droit d'establir des assesseurs et autres officiers inférieurs pour exercer la justice : c'est ce qui confirme la possession immémoriale de ces magistrats de nommer des assesseurs et des procureurs syndics, de créer des notaires.

Lorsque les Romains cédèrent aux Goths ce pays, ils voulurent les réduire au Code gothique : ce feut un subjet de contestation. Alaric, pour apaiser ces troubles, fit un extrait du Code Théodosien ; il le fit accepter à ceux qu'on appeloit alors Romani, et le Code gothique feut seulement pour les Goths nationaux ; de façon qu'ils establirent des juges des lieux ; et, dans Agen, Eutichius, père de saint Maurin, feut juge pour rendre la justice suivant le droit romain.

Lorsque l'Agenois passa sous la domination des roys de France, les magistrats et échevins conservèrent les jugemens des affaires ; ils feurent les assesseurs des juges. Partout ailleurs, il y avoit des juges ambulants, un comte et un évesque, appelés *missi dominici ;* mais, dans l'Aquitaine, il n'y en avoit pas ; le Sénat des prudes d'Agen jugeoit des affaires : de là vient que, lorsque les séneschaux feurent establis, les consuls jouirent du droit de faire réformer ou de réformer les jugemens des juges délégués par les séneschaux. L'article onzième des privilèges d'Agen en fait foy.

Lorsque les ducs confirmèrent aux évesques d'Agen le titre de comtes d'Agen, les magistrats d'Agen s'y opposèrent, parce que comte signifioit, en ce ce tems-là, juge.

Quand Louis le Gros réduisit en corps des communautés, le droit du Sénat ou conseil fut dévolu à douze consuls, ensuite à huit, et, à la fin, à six, et puis à quatre consuls. Le terme de consul signifioit comte à qui le droit de rendre la justice appartenoit, M. Marra, livre III, de l'*Histoire de Béarn,* chap. IV ; car les comtes, ministres de la justice, prennent la qualité de consuls, comme *Guillelmus Garcias, consul fiduciarius ;* et, dans ce titre, le comté est appelé *consulatus.* Dans l'arrest des pairs de Gascogne, donné à La Réole, le duc d'Aquitaine est appelé consul, *Guillelmus pictavensium consul.* Pour lors, les consuls d'Agen avoient deux privilèges : le premier estoit de conduire les gens de guerre qu'ils avoient pour s'opposer aux violences de la noblesse, et pour les dénicher des forts et chasteaux qui leur servoient de retraite. Les chevaliers de la Table-Ronde feurent establis pour se joindre aux communautés, pour détruire ces retraites de voleurs. Le second estoit qu'ils partageoient la ville en quartiers ou gaches ; chaque consul avoit son détroit comme capitaine ou commissaire du quartier.

Ensuite, comme les villes estoient dans l'obligation de fournir des troupes aux roys et aux seigneurs, qu'on nommoit l'host, les consuls estoient à la teste des troupes et les commandoient. D'où vient qu'ils se qualifient gouverneurs des villes : ces douze consuls jugeoient sommairement de la police.

Lorsque les comtes de l'Agenois et les évesques, sous le comte Montfort et le comte Raymond le Jeune, mirent la justice en paréage, et qu'ils establirent chacun leur juge, cela n'osta rien à la juridiction des consuls.

Il y eust ensuite procès entre le juge-mage et les juges des comtes et des évesques d'Agen, mais jamais les juges-mages ne donnèrent atteinte à la juridiction des consuls sur la police. Ni le juge-mage, ni les autres juges n'estendirent leur juridiction sur les affaires de police ; les jugemens des consuls estoient sommaires, les autres estoient de plods avec greffier et des avocats.

On trouve dans les patentes de Philippe de Valois que ce prince confirma aux consuls d'Agen de cognoistre des crimes des habitans d'Agen et de la banlieue, et le droit d'en recevoir les informations, conjointement avec les juges de la ville.

Tous les consuls ont eu soin, à chaque changement du roy, de faire confirmer leurs usages et privilèges. On a, à l'Hostel-de-Ville, les patentes de ces confirmations ; le roy mesme régnant les a confirmées.

CHAPITRE VI

DE LA SÉDITION DONT PARLE BOYER

L'année 1513, les habitans d'Agen, soubs prétexte d'une mauvaise conduite des consuls, qui perpétuoient la charge consulaire dans leur famille et ne rendoient aucun compte de leur administration, firent une sédition. M. Boyer, conseiller du grand conseil, rapporte, dans son *Traité des séditions*, que le peuple ne voulut pas l'entendre et refusa de se calmer. Cette foule de monde couroit tumultueusement des Carmes à l'Hostel-de-Ville pour y surprendre les consuls ; de là ils feurent aux Jacobins, menaçant de ruiner le couvent, si on ne leur mettoit en main les consuls : ce tumulte prit fin et les consuls n'en eurent que la peur.

L'année après, les consuls poursuivirent les autheurs de la sédition : l'affaire feut jugée par Bernard d'Estissar, conseiller et chambellan du roy, sénéschal d'Agenois ; Nicole Boyer, conseiller au grand Conseil ; Bertrand de Chassaignes, conseiller au parlement de Bordeaux, commissaires députés par le roy, appelés avec eux Jacques Sevin, juge-mage, Martial Cortette, Guillaume de Castillon, lieutenant du sénéschal d'Agenois, qui firent le procès aux principaux autheurs de cette sédition. Leurs noms sont énoncés dans l'arrest qui condamne les uns au bannissement pour un an, et les autres pour toujours. La douceur du règne de Louis Douze feut une cause innocente de cette émotion, dans un tems où ils espéroient jouir du soulagement que Louis Douzième donnoit à tout son royaume.

CHAPITRE VII

GUERRE DANS LA GUIENNE ET DES QUELQUES GOUVERNEURS DE GUIENNE.
LES SUITES DE LA PRISE DE FRANÇOIS PREMIER

Louis Douze mourut le 1ᵉʳ de janvier 1515, sans laisser des enfans. François Premier, son plus proche parent, lui succéda. Pendant le commencement du règne de François Premier, la guerre se faisoit en Italie; mais, dans la suite, la Guienne feut troublée par les Espagnols. Odet de Foix, sieur de Lautrec, lieutenant du roy en Guienne, se jeta dans Bayonne; il obligea les Espagnols par sa résistance de se retirer, l'an 1523. Pendant qu'Odet de Foix défendoit la Guienne, François Premier feut pris par les Espagnols à Pavie, l'an 1525, et enfin conduit en Espagne. Les deux enfans de François Premier feurent mis en ostage pour l'exécution d'un traité que le roy François Premier avoit fait avec Charles-Quint, empereur et roy d'Espagne. Cependant, Odet de Foix mourut l'an 1528; la mesme année, François Premier donna le gouvernement de Guienne à Henry d'Albret, roy de Navarre. Il fit son entrée dans Agen, le 22 juillet 1533, par la Porte-du-Pin. Les reliques des églises de Saint-Estienne et de Saint-Caprasi feurent portées et placées sur une table, à la Porte-du-Pin, où il jura sur la sainte Croix et presta le serment accoutumé entre les mains des consuls. Les deux chapitres et les quatre couvens estoient venus le recevoir processionnellement. De là, il feut conduit jusqu'à Saint-Estienne et logea chez M. Secondat de Roques. Ce roy confirma les privilèges d'Agen, l'an 1536. Sur quelque contestation survenue sur le fait de la justice des consuls d'Agen, il intervint un arrest, au Conseil privé du roy, en faveur des consuls, par lequel la justice leur feut confirmée l'an 1539.

Je n'omettrai pas une circonstance de l'histoire générale de France, qui servira pour éclaircir quelque fait de l'histoire d'Agen. Le roy François Premier, pour retirer ses enfans qui estoient en ostage en Espagne, avoit fait de grosses levées, tant sur les séculiers que sur les ecclésiastiques, l'an 1525. Ce feut en ce tems que le chapitre Saint-Caprasi aliéna la Sauvetat, le Port-Sainte-Marie, Guilhot, la Lande et Bonnel, pour payer leur contingent, montant à la somme de 1,720 livres : ces terres et ces fiefs ont esté ensuite relivrés par le chapitre. La paix entre la couronne de France et celle d'Espagne feut conclue; et, par un des articles de la paix, François Premier s'engagea d'espouser Eléonore, sœur de Charles-Quint, veuve d'Emmanuel, roy de Portugal. François Premier l'espousa à Roquefort, l'an 1530. Cette reyne, après la mort de François Premier, sera comtesse d'Agenois. Eléonore n'eust d'Emmanuel qu'un enfant masle et une fille, Marie, Infante de Portugal, qui succéda, après Eléonore, au comté d'Agenois.

CHAPITRE VIII

LE COMTÉ D'AGENOIS DONNÉ A ÉLÉONORE, VEUVE DE FRANÇOIS PREMIER. — MARIE, INFANTE DE PORTUGAL, EN JOUIT APRÈS ÉLÉONORE, SA MÈRE.

François Premier mourut l'an 1547; Henry Second lui succéda. Ce prince, pour satisfaire Eléonore, veuve de François Premier, son père, lui donna l'Agenois avec plusieurs autres terres, les unes en douaire, les autres pour le payement de sa dot. L'Agenois lui feut donné pour payement de sa dot avec droit de succession, en cas que le roy ne le retint pas, comme il paroist par le titre qui feut fait et qui suit :

« Henry, par la grasce de Dieu, roy de France, à tous ceux qui ces présentes recevront, salut. Comme en accordant par ci-devant le mariage d'entre feu, de bonne et recommandée mémoire, nostre très honoré père et seigneur, que Dieu absolve, et nostre très amie dame et belle-mère, la reyne Eléonor, ait esté à ladite dame en faveur et contemplation dudit mariage promis et accordé, tant par les traités de Madrid et Cambrai que par lettres depuis expédiées, suivant lesdits traités et accords, la somme de soixante mille livres en rente et revenu annuel, pour son douaire viager, toutes charges déduites et supportées sur le pays et duché de Touraine et comté de Poitou et leurs appartenances et dépendances, et pour sondit augment d'icelle, montant trois cent mille escus d'or soleil, la somme de quinze mille escus du soleil de rente et revenu annuel sur le pays, terres et seigneuries du Quercy, Agenois, Villefranche et séneschaussées de Rouergue, non compris les quatre chastellenies dudit Rouergue, dont jouit nostre très chère et très aimée tante, la reyne de Navarre, de Verdun et d'Albigeois, de la séneschaussée de Tolose ; toutes lesdites terres baillées par ledit assignat de dot, rachetable desdits trois mille escus soleil par une fois, pour en jouir par ladite dame, sitost que douaire en répétition de doit avoit lieu depuis le trépas duquel nostre dit seigneur et père, advenu le dernier jour de mars dernier passé, venons de nostre part accomplir la promesse et faire à ladite dame délivrance desdits dots et douaires, et députés aucuns de nos armées et faux officiers de nostre Chambre des comtes, pour, avec eux, bons et notables personnages, députés de la part de ladite dame, faire évaluation et estime du revenu annuel desdits duchés, comtés, pays et seigneuries, faisant icelui, revenus déduits, et rabattu les charges ordinaires et accoustumées ; ce que lesdits députés n'auroient encore pu, ne peuvent si promptement faire et parachever, tant à raison de la multitude des comptes qu'il a convenu et convient estre faits, visiter et extraire ; que aussi, à raison des aliénations et engagemens, démembremens qui ont esté par ci-devant faits par nostre feu seigneur et père, et autres, nos prédécesseurs, roys des domaines et revenus d'icelles, terres et seigneuries ou domaines d'icelles ; et néanmoins, désirant promptement faire jouir par effet nostre dame et belle-mère des terres affectées à sesdits dots et douaires, attendant le parachèvement de ladite évaluation, sçavoir faisons que, pour considération des choses susdites, voulons de notre part accomplir et satisfaire aux convenances et promesses faites à nostre dite dame et belle-mère ; et, agréant les susdits traités pour le regard d'icelles conventions du dot et douaires et toutes autres choses, concernant le fait dudit mariage et non autrement, et l'entretenir en ces droits, authorités et privilèges pour la grande, singulière et parfaite révérence que lui portons. Avons à icelle, nostre dite dame et belle-mère, la reyne Eléonore, baillé, délaissé et délivré, baillons, délaissons et délivrons par ces présentes la possession en jouissance réelle du duché de Touraine, comté de

Poitou, en ce compris le comté de Cayran, leurs appartenances et dépendances, pays de Quercy, Agenois et Villefranche, séneschaussée de Rouergue, non compris les quatre chastellenies dudit Rouergue que tient nostre tante, la reyne de Navarre; aussi des jugeries, fiefs, terres et seigneuries de Vieux-Verdun et Albigeois, de la séneschaussée de Tolose, ensemble des domaines, fruits, profits, revenus et émolumens d'iceux, leurs appartenances et dépendances pour nostre dite dame et belle-mère en jouir et user dorénavant et entrer en ladite jouissance et perception desdits droits, authorités, prérogatives, domaines, fruits, profits, revenus et émolumens, à commencer le jour et feste de Saint-Jean-Baptiste dernier passé, à sçavoir, pour son douaire desdits duché de Touraine et comté de Poitou, leurs appartenances et dépendances, sa vie durant seulement. Et pour sondit dot et assignat d'icelui, des pays et terres et seigneuries de Quercy, Agenois, Villefranche, Rouergue et quatre jugeries susdites de la séneschaussée de Tolose, en ce non compris lesdites quatre chastellenies dudit Rouergue, que tient, comme dit est, nostre tante, la reyne de Navarre, du jour de Saint-Jean-Baptiste dernier passé, tant pour elle que pour ses hoirs, successeurs et ayant-cause, à toujours et jusques au rachat et entier remboursement de ladite somme de trois cent mille escus d'or soleil, lequel rachat nous et nos successeurs pourrons faire quand bon nous semblera, en payant et remboursant actuellement la dame ou ses hoirs, et successeurs et ayant-cause, ladite somme de trois cent mille escus d'or soleil pour une fois, sans toutefois que pour la jouissance desdits fruits et lieux des revenus d'icelles terres et seigneuries qu'en auront fait ladite dame, ses hoirs, successeurs et ayant-cause, nous et nos successeurs leur puissions aucune chose précompter, diminuer et débattre du sort principal d'icelle somme de trois cent mille escus, ni aussi l'empescher en la perception desdits fruits, qui seront pour lors eschus, au tems que le remboursement desdits deniers se fera. De tous lesquels duchés, pays, terres et seigneuries susdites nous n'avons retenu, nous n'entendons retenir, réserver à nous fonds seulement les foy, hommage, ressort et souveraineté et aussi les bois et forests de haute fustaie dont nostre dame et belle-mère et ses officiers prendront seulement les pasturages et gland ; des amendes, forfaitures, confiscations et autres droits et revenus annuels et ordinaires, à raison d'iceux, sous le pouvoir, ou sesdits officiers rendre. Aucunement faire abattre ou couper, ni détériorer, sinon d'autant qu'il en sera besoin pour l'entretien et réparation nécessaires des maisons, moulins et édifices dépendans des terres de ses dot et douaire, et ce, par avis de nos officiers ; des liens aussi pour son chauffage de bois mort et mort bois pendant qu'elle sera en personne ezdits lieux, non autrement, et par délivrance toutefois de nos officiers des eaux et forests, et tout ainsi qu'un bon père de famille doit et a coustume de faire. Et parce que lesdits duché de Touraine, comté de Poitou, chastellenie de Cayran et terres affectées à sondit douaire ne se montent à beaucoup près de ladite somme de soixante mille livres de rente annuelle qui lui a esté promise pour ledit douaire, nous avons, à nostre dite dame et belle-mère, baillé, cédé, quitté, transporté et délaissé de par la teneur de ces présentes ; baillons ces dons et pour partie de parfermissement que nous avons encore à lui faire de l'assignat de sondit douaire, le comté de Mantes, Meulcaut, où nous faisons présentement retirer, pour dudit comté, ensemble des domaines, fruits, profits et revenus et émolumens d'iceluy, et appartenances et dépendances jouir et user par nostre dite dame et belle-mère, et entrer en jouissance dudit jour et feste de Saint-Jean-Baptiste dernier. Et tout, ainsi que nous lui avons accordé, faire que dessus est dit et davantage que pour la grande et singulière amour et dilection que nous portons à ladite dame et du désir que nous avons de l'honneur en nostre royaume de telle faveur ; que requiert le lieu de la grandeur, que y a tenu, et que voulons qu'elle y tienne pour ces causes et grandes considérations à ce nous mouvant icelle nostre dame et belle-mère et ses hoirs et successeurs et ayant-cause ; permets et permettons par ces présentes, et luy avons donné et donnons plein pouvoir, puissance, authorité et faculté de pourvoir, dès à présent, à toutes ez quante fois que vacation écherra, soit par mort ou résignation, forfaiture ou autrement, à tous les officiers de cesdits pays et terres de Quercy, Agenois et Villefranche, sénéschaussée de Rouergue et des pays et des juridictions de Verdun-Vieux, Rivière et Albigeois, sénéschaussée de Tolose ; et aussi de pourvoir à tous les offices ordinaires du duché de Touraine, comtés de Poitou, Cayran, Mantes, Meulcaut et autres terres affectées pour son douaire, sa vie durant seulement. Et, au regard des officiers extraordinaires, elle nous nommera des gens, receveurs suffisans et idoines, que bon lui semblera, pour estre à sa nomination par nous pourvus seulement et non autrement ; et, si par inadvertance ou importunité, ou en quelque sorte que ce soit, nous en faisons ci-après donner ou en venons à pourvoir d'autres au préjudice et contre la teneur des présentes, nous avons lesdits dons et provisions dès à présent comme révoqués, cassés et annulés, révoquons, cassons et annulons le tout ; déclarons nul et de nul effet et valeur. Voulons, en outre, de nostre plus ample grasce, que nostre dite dame et belle-mère et ses successeurs et ayant-cause pourvoient à tous bénéfices et dignités ecclésiastiques des susdits pays, terres et seigneuries de sa dot dont la collation nous appartient, présentation aux prélats de nostre royaume. Et quant aux bénéfices dont nous avons seulement la présentation, à sçavoir : quant aux terres de dot, pour elle et ses successeurs ; quant aux terres de douaire, sa vie durant seulement, et tout ainsi que nous ferions ou faire pourrions, tant et si longuement que nostre dite dame et belle-mère jouira des pays, terres et seigneuries dudit duché et comtés susdits ; et, pour ce, que ledit pays, terres et seigneuries dudit duché et comtés ont esté par ci-devant faites plusieurs aliénations, voulons et entendons que nostre dite dame et belle-mère entre en possession réelle et actuelle non seulement de ce qui est maintenant en nos mains, mais aussi de ce qui a esté distrait et donné à titre laxant du domaine d'icelle depuis cent ans en çà, lesquels dons gratuits nous avons dès à présent de nostre jouissance et authorité royale révoqués ; et lesdites choses ainsi données, réunies et réunissons à nostre domaine par ces présentes, pour estre délivrées à nostre dite dame et belle-mère, nonobstant opposition, appellations quelconques, interdisant à tous juges d'en prendre cognoissance, retenant icelle cognoissance à nostre personne. Et, quant aux héritages, fiefs vendus, nostre vouloir est de les retirer promptement en remboursant les deniers qui seront trouvés estre, pour raison de ce, véritablement dus aux acheteurs; après lequel remboursement que nous prétendons estre promptement fait, voulons que ladite dame jouisse des choses rachetées et réunies, et qu'elle et ses officiers en puissent prendre possession. » Suit l'ordonnance que le roy fait aux parlemens de Toulouse et de Bordeaux, chambre des comtes et autres, aux officiers de permettre l'exécution desdites patentes et la révocation que Sa Majesté fait de toutes ordonnances à ce contraires. Lesdites patentes, données à Saint-Germain-en-Laye, le huitième juillet, l'an de grasce 1547, et de nostre règne le premier. Signé : Henry. Et, sur le repli, par le roy, De Laubespin, et, sur le repli, escrit : *Registrata*.

Eléonore se retira en Flandre après la mort de François Premier; ensuite, Charles-Quint, son frère, l'amena en Espagne vers l'an 1555. Cette reyne, comtesse d'Agen, mourut à Badajos, en Espagne, l'an 1558. En vertu de ce traité, ses hoirs et successeurs devant succéder aux terres qui lui avoient esté données pour sa dot, sa fille, Marie, Infante de Portugal, succéda à ces mesmes terres. L'Agenois, qui estoit compris dans les domaines délaissés à Eléonore pour sa dot, eschut à Marie, Infante de Portugal, sa fille, et d'Emmanuel, roy de Portugal. Marie en jouit sa vie durant ; elle donna des provisions de lieutenant de juge d'Agen à Michel Boissonade, l'an 1566. Après avoir éclairé ce fait d'histoire d'Agen, je reviens à Henry Second. Le roy confirma les privilèges d'Agen l'an 1548, et, afin que la confirmation feut plus authentique, les consuls de la ville firent enregistrer les patentes du roy en la cour des trésoriers de France, le 25 juillet 1550. Ils ont esté jaloux de les faire confirmer par tous les roys à leurs advènemens à la couronne ; et, pour se maintenir, ils continuent à faire prester le serment de les y maintenir aux gouverneurs, sénéschaux, juges-mages, suivant l'article de leurs usages où il est par exprès porté que le seigneur et ses séneschaux et baillis doivent faire ce serment. Les évesques eux-mesmes le rendent, quoique la coustume n'en fasse pas mention. L'usage et la possession ancienne a fait un droit aux consuls de l'exiger des évesques à leur premier advènement, et peut-estre que cet usage subsiste depuis que les évesques jouissoient paisiblement du comté d'Agen, du tems de Gombaut et d'Hugues, évesques d'Agen ; et, après l'avoir perdu, l'usage continua et continue encore aujourd'hui.

CHAPITRE IX

DE LA FAMILLE DE SCALIGER

Jules-César Scaliger, qui estoit venu dans Agen soubs François Premier, y fixa son séjour. Cet homme, illustre autant par sa naissance que par son sçavoir, honora cette ville de son séjour et de son alliance, et a contribué à rendre Agen fameux par ses descendans. Ce grand homme vivoit dans Agen avec éclat sous Henry Second, comme il paroist par les patentes d'Henry d'Albret, roy de Navarre, qui lui donnent le titre de *son médecin*, le qualifient du titre de seigneur. Il estoit venu s'establir dans Agen avec l'évesque Marc-Antoine de Larovère, qui le retint à l'évesché. Pendant son séjour dans Agen, il espousa Endicte de Laroque de Loubéjac; il feut mesme consul de la ville d'Agen l'an 1531. C'est dans Agen qu'il a escrit avec tant d'éclat et de solidité, qu'il a mérité un rang considérable parmi les hommes illustres ; et, si ses ouvrages n'eussent pas esté altérés, ils n'auroient pas attiré la censure de l'Index que Sponde lui reproche. C'est le chef de la famille de l'Escole d'Agen et le père de ce fameux Joseph qui, par ses escrits et la multitude de ses autres ouvrages, mérite le titre de *prince des hommes sçavans*; et, si l'hérésie n'eust obscurci tant de lumières, il passeroit sans contredit pour le premier homme de son siècle. Il naquit dans Agen; il feut l'élève de son père, qui ne se contenta pas de l'avoir fait naistre : il s'étudia à former son esprit et il y réussit si heureusement que Joseph a esté le plus célèbre critique de son tems. Il estoit Agenois de naissance ; il alla demeurer en

Hollande. Jules-César Scaliger mourut dans Agen et feut enterré au couvent des Augustins ; son testament est daté de l'an 1558. La réputation de son fils Joseph a relevé celle du père, ce qui est cause que les estrangers, surtout les Hollandois qui passent dans Agen, vont visiter le tombeau du père d'un si digne fils. Joseph Scaliger mourut dans Laïsder, le 20 janvier 1609, asgé de 69 ans, après avoir laissé à la postérité, pour toute succession, les productions de son esprit. Il mourut sans enfans ; mais, en revanche, il a laissé des escrits qui immortaliseront le souvenir d'un si illustre Agenois, et feront l'honneur d'Agen dans les siècles à venir.

Les descendans de Jules Scaliger, par la branche d'Anne Scaliger, sa fille, et l'unique héritière de Joseph, ont tasché de soutenir le souvenir du mérite de leurs ancestres dans l'exercice des armes et par une probité sans reproche. M. Joseph de l'Escole, qui porte le nom et les armes des Scaliger de Véronne, en vertu des patentes de Louis Quatorze, dans lesquelles il a fait confirmer les filiations depuis Jules-César Scaliger jusqu'à lui, et, par la ligne ascendante, depuis Jules, par Benoist Nicolas jusqu'à Guillaume, dernier prince de Véronne, a glorieusement soutenu par ses emplois dans la guerre, et soutient, par sa probité, l'éclat et le nom de cette famille. Il a esté jaloux de ramasser les preuves de la généalogie de Jules-César Scaliger, descendant des princes de Véronne. La foule des autheurs italiens, allemands, hollandois, françois, véronnois, qui donnent cette gloire à Jules d'estre de Véronne et mesme descendant de la famille des princes de Véronne, font une preuve assez claire pour ne laisser plus lieu de douter que Jules Scaliger soit de la famille de Véronne. Cardan, son ennemi, qui vivoit de son tems, en rend témoignage. Ce grand homme a tasché de restablir par son sçavoir l'éclat de sa maison, tombée en décadence, et de relever par les lettres une famille que les Vénitiens ont ruinée, au rapport de Janus Donza fils, dans son épistre à M. Bussenval, ambassadeur du roy en Hollande : *Eluxit in hoc seculo Julii Scaligeri clarissimum ingenium natus erat e familia illustrissima sed e fastigio suo devoluta, quam tamen ille nominis sui gloria tantum erexit quantum fortuna depresserat.* Agen lui doit l'honneur d'y avoir demeuré et donné au monde Joseph Scaliger, qui fait la gloire d'Agen.

Joseph de l'Escole de Véronne, escuyer, ci-devant premier capitaine d'infanterie au régiment de Condole et gouverneur pour le roy au chasteau de Nérac, fils et héritier de défunt Joseph de Charrier de l'Escole de Véronne, qui estoit fils de Jean de Charrier et d'Anne de l'Escole de Véronne, laquelle estoit fille et héritière par substitution de défunt Jules César de l'Escole de Véronne, portée par son testament du quinzième de septembre 1558, lequel estoit fils de Nicolas, fils de Guillaume, dernier prince de Véronne, laquelle Anne de l'Escole, aïeule paternelle de Joseph de l'Escole, capitaine au régiment de Condole, estant demeurée seule héritière par défaut des masles de la famille de l'Escole de Véronne et par le testament de défunt Joseph de l'Escole, son frère, du 18 novembre 1609, avoit ordonné par sondit testament du 21 avril 1619, institué son héritier universel Joseph de Charrier, escuyer, père de Joseph de l'Escole, capitaine au régiment de Condole, à la charge néanmoins qu'en cas d'acceptation dudit legs, de porter par lui le nom et les armes de l'Escole, ce qui feut exécuté, confirmé et octroyé par lettres patentes de Louis Quatorze, dument enregistrées, données à Saint-Germain-en-Laye, le vingtième décembre 1671, et les patentes rapportées toutes au long dans l'*Histoire d'Agen* manuscrite, par M. Labenazie, p. 231.

CHAPITRE X.

LA JUSTICE EN PARÉAGE AVEC LES ÉVESQUES D'AGEN

Pendant que François Premier régnoit, la justice estoit encore en paréage entre les évesques d'Agen et le roy. L'évesque avoit un juge, le roy en avoit un autre de toute la séneschaussée. La justice a eu plusieurs changemens. Le Sénat d'Agen l'exerçoit pendant que toute la France avoit des comtes qui l'exerçoient et des *missi dominici* qui réformoient les jugemens des comtes. Les évesques l'exercèrent depuis le dixième siècle jusqu'au treizième sur tout le diocèse ; les consuls d'Agen la leur disputèrent vers le onzième siècle. La justice feut confirmée aux évesques par les ducs d'Aquitaine et comtes d'Agenois : cela continua jusqu'au quinzième siècle. Le comte Raymond Sixième en dépouilla Arnaud de Rovinhan ; son fils, l'an 1224, restitua la moitié de la justice aux évesques ; ils l'exerçoient tantost par eux-mesmes, tantost par leurs officiers, tantost par des juges qu'ils establissoient pour exercer en leur nom la justice en paréage avec un juge ordinaire de toute la séneschaussée de l'Agenois. Il y avoit en ce tems-là multiplicité des juges ; les séneschaux avoient un juge-mage, les évesques un juge ecclésiastique, le roy ou le comte un juge ordinaire en paréage avec l'évesque. Les consuls avoient un juge pour exercer la justice ordinaire en leur nom. Cette manière d'exercer la justice dura jusqu'à Henry Second, qui establit le présidial. On ne voit plus depuis ce tems-là aucun vestige de ces sortes de juges ecclésiastiques ; leur juridiction s'est perdue dans les présidiaux. Le juge séculier de toute la sénéchaussée ne feut pas sitost supprimé ; le juge des consuls subsista jusqu'à ce que le roy, vers le dix-septième siècle, donna des provisions au juge ordinaire que les consuls establissoient eux-mesmes auparavant.

Henry Second succéda à son père, François Premier, l'an 1547. Sous son règne arriva cette furieuse sédition dans la province de Guienne, dans le Périgord, en Angoumois et Bourdelois, pour se délivrer des greniers à sel. M. de Moneins, lieutenant du gouverneur en Guienne, feut tué l'an 1549. Agen ne se trouva pas enveloppé dans ces émotions ; l'histoire blasme le Périgord, la Saintonge, le pays d'Aunis, le Bourdelois, l'Angoumois, le Limousin, le Poitou, la Marche ; pour Agen, il ne se trouva pas compris dans ce tumulte ; et, en effet, le connestable de Montmorency, venant de Toulouse à Bordeaux, passa à Agen. Au lieu de traits de sévérité, il n'y donna que des marques de bonté ; il se contenta de faire désarmer les habitans d'Agen. Bordeaux ressentit les effets de sa juste colère par la perte de ses cloches et de ses privilèges ; mais, peu de tems après, le roy le remit dans ses privilèges, l'an 1551, et osta les greniers à sel de toute la province. A ce coup, le salin d'Agen prit fin.

CHAPITRE XI

ESTABLISSEMENT DU SIÈGE PRÉSIDIAL

Le roy, estant occupé à faire la guerre à l'empereur, fit des édits bursaux. Ce qui regarde Agen est qu'il érigea les sièges qu'on nomme présidiaux. Cette justice estant establie, on en mit dans les principales villes et séneschaussées. Agen eut un présidial, comme il paroist par les patentes d'Henry Second. « Nous avons, dit Henry Second dans les lettres de commission données à François Delage, premier président, et à Gilles de Novailles, conseiller au parlement de Bordeaux, pour se transporter dans tous les lieux d'Agenois et en faire la figure, le cinquième septembre 1552 ; nous avons establi entre autres, en la séneschaussée, deux desdits sièges présidiaux, l'un en la ville d'Agen, l'autre en la ville de Condom. »

Sous Henry Deuxième, Antoine de Bourbon estoit gouverneur de Guienne et de Languedoc. Henry d'Albret, roy de Navarre, estant mort, le roy de France vouloit se rendre maistre de la Navarre ; mais Antoine de Bourbon, qui avoit espousé l'héritière de Navarre, le prévint et se rendit maistre de ce royaume. Le roy de France, irrité, sépara le Languedoc du gouvernement de Guienne. Antoine de Bourbon feut gouverneur de Guienne dès l'an 1553 ; il mourut l'an 1562. Pendant le règne du mesme Henry Second, il sortit d'Agen un homme illustre qui feut élevé par son mérite à la charge de maistre des requestes du roy. Ronsard fit à sa louange un poème qui se trouve parmi ses œuvres. Cet Agenois s'appeloit Belot, maistre des requestes du roy. Si l'on en juge par les louanges que Ronsard lui donne, il possédoit toutes les qualités. Il y a de la peine à distinguer si la libéralité et la justice le cédoient aux lumières de son esprit.

L'an 1550, M. de Lude feut lieutenant pour le roy en Guienne. Eléonore, veuve de François Premier, s'estant retirée en Espagne, l'an 1555, le roy Henry Second, bien qu'il eust accordé à cette reyne l'authorité de pourvoir à tous les offices ordinaires de l'Agenois, pourvut néanmoins, l'an 1555, de l'office ordinaire de juge en la séneschaussée d'Agenois, maistre Augustin Alleguedes, comme il paroist par le titre rapporté dans l'*Histoire de Guienne*, par Labenazie, page 233, au bas duquel est l'ordonnance de Jean Secondat, trésorier général, qui ordonne au receveur ordinaire d'Agen ou autre de payer audit Alleguedes, par an et aux termes accoustumés, six vingts livres pour les gages de ladite charge.

Donné le 2 décembre 1555.

CHAPITRE XII

MARGUERITE D'AUTRICHE, DUCHESSE DE PARME, JOUISSOIT DU COMTÉ D'AGENOIS

Cette mesme année 1555, le revenu du comté d'Agenois et Condomois estoit perçu par Mme Marguerite d'Autriche, duchesse de Parme, comme il paroist par le compte de Bonnet du Laurens, trésorier et receveur ordinaire du domaine du roy en la séneschaussée d'Agenois, en Gascogne. Le titre de ce compte est en la forme qui suit :

« Compte cinquième de maistre Bonnet du Laurens, trésorier et receveur ordinaire du domaine du roy en la séneschaussée d'Agenois et Gascogne, de receptes et dépenses faites par ledit du Laurens, du domaine dudit seigneur en ladite séneschaussée, durant une année entière, commencée au jour Saint-Jean-Baptiste 1555, finie à semblable jour 1556. Le revenu duquel appartient à Mme Marguerite d'Autriche, duchesse de Parme, usufruitière, par don du roy, dudit domaine, comme appert par les comptes précédens, lequel compte se trouve closturé par Alfonso Vexcelli, vicaire général de M. le cardinal de Ferrare, en son archevesché d'Auch, au nom et comme procureur de Mme la duchesse de Parme.

« Signé : Alfonso VEXCELLI. »

Il paroist par ce compte plusieurs chefs de l'histoire d'Agen bien considérables : le premier que, bien qu'Eléonore eust le comté d'Agenois en propriété jusqu'à l'entier payement de sa dot, cependant le roy avoit donné les usufruits du comté à Mme Marguerite d'Autriche de Parme, fille naturelle de Charles-Quint et nièce d'Eléonore mesme, du vivant d'Eléonore, qui mourut seulement l'an 1558. Ce feut une espèce de transport : Eléonore prenoit sur l'Espagne autant de revenu que l'Agenois et les autres terres de sa dot lui en portoient. Elle céda les revenus de ces dites terres à sa nièce Marguerite d'Autriche ; la propriété demeura à Eléonore, veuve de François Premier, jusqu'à l'an 1558, qui feut l'année de sa mort. Après sa mort, Marie, infante de Portugal, sa fille, recueillit sa succession et eut en propriété l'Agenois. Le roy de Portugal, Henry Cardinal, fils d'Emmanuel et frère de Marie, après le décès de Marie, demanda les revenus dus à sa sœur, comme il paroist par un arrest du parlement de Toulouse, où le roy de Portugal est instancié comme frère et héritier de Marie, infante de Portugal, dame des séneschaussées d'Agenois et Rouergue. Cet arrest est daté du sixième juin 1581.

Le second chef, c'est que, pendant que la duchesse de Parme jouit et qu'Eléonore feut en Espagne, le roy nomma aux offices ordinaires, bien qu'il eust accordé à Eléonore de les conserver comme il paroist par les provisions du sieur Alleguedes.

Le troisième est que la duchesse de Parme avoit, sans doute, par cession de sa tante, jouissance de l'Agenois et Condomois ; et, par concession du roy, puisqu'elle en jouissoit du vivant d'Eléonore, les ans 1555 et 1556, comme il paroist par le susdit compte qui en allègue de précédens.

Le quatrième chef est que, cette année 1555, les officiers du présidial de Condom délivrèrent les affermes du Condomois que ceux d'Agen avoient aussi affermés à d'autres fermiers. Depuis ce têms-là, les officiers d'Agen ne délivrèrent que les fermes de l'Agenois et les officiers de Condom continuèrent de délivrer ceux du Condomois.

Le cinquième chef qui se découvre par ce compte est que François Raffin, dit Pauton, estoit séneschal d'Agenois et de Gascogne, aux gages de 600ᵗᵉ ; il estoit aussi capitaine du chasteau de Marmande et de la Sauvetat-de-Caumont, à cent livres pour le gouvernement de Marmande et cinquante pour celui de Caumont ; que Gailhot de Turenne, escuyer, estoit capitaine du chasteau de Puymirol, aux gages de 100ᵗᵉ, et Louis d'Estissac, chevalier, estoit gouverneur du chasteau de Penne aux mesmes gages. Alain Goudailh estoit capitaine de Castelculier aux gages de 50ᵗᵉ ; que Jacques Sevin estoit juge-mage d'Agenois de Gascogne, ayant 200ᵗᵉ de gages. Il paroist encore par ce compte que la duchesse de Parme, usufruitière, avoit plusieurs procureurs substitués à son procureur général pour l'Agenois, qui s'appeloit Hiéronimo Curho. Son procureur substitué pour recevoir l'argent à Toulouse, où le receveur d'Agen le devoit porter, s'appeloit Pierre Laquedano ; elle en avoit, pour négocier, un nommé Jean Beruni, et enfin Alfonso Vexcelli, susnommé.

L'an 1558, Eléonore mourut en Espagne ; la mesme année, le nombre de huit consuls feut réduit au nombre de six par les patentes d'Henry, roy de France. Henry Second mourut l'année après, 1559. François Second, son fils, lui succéda : ce roy, après avoir esté sacré et reconnu roy, confirma les privilèges d'Agen, la mesme année 1559.

CHAPITRE XIII

NAISSANCE DE LA LIGUE ET COMMENCEMENT DES TROUBLES DES HUGUENOTS

Ce feut sous François Second que l'orage de la guerre des huguenots, qui ruina l'Agenois et tout le royaume, commença à se former. Le mécontentement des princes et la haine des grands de la cour contre Monseigneur de Guise, qui estoit maistre de l'esprit du roy et de la reyne-mère régente, leur fit former un parti pour se défaire de M. de Guise. Ce funeste parti mit le désordre dans le royaume et establit le calvinisme naissant dans la France. Les grands, pour résister à la puissance des Guises et pour abattre leur crédit, renoncèrent à la foy qu'ils devoient à leur Dieu et à la fidélité qu'ils devoient à leur prince pour appuyer les huguenots. L'an 1560, messire François Descars estoit lieutenant et gouverneur pour le roy dans le duché de Guienne, en l'absence du roy de Navarre, comme il paroist par une transaction entre Alin de Montpezat et Gabrielle de Montpezat, de la terre de Laugnac, qui feut adjugée à Alin de Montpezat et à François, son fils, par la médiation de M. Descars.

Quelque tems après la mort de François Second, qui arriva le cinquième décembre 1560, M. de Monluc dit, dans ses *Commentaires,* que les huguenots s'estoient rendus si puissants et si hardis qu'on ne pouvoit plus faire justice sur ceux de ce parti. On ne trouvoit plus de sergens que pour vexer les catholiques. Le feu s'alluma vers Laplume, en Bruilhois. Ceux de cette petite ville, à deux lieues d'Agen, avoient pris deux prisonniers de la religion prétendue réformée. M. de Brimont, à la teste de trois ou quatre cents hommes de la religion, alla assiéger Laplume pour enlever ces deux prisonniers. M. de Monluc, qui revenoit d'une de ses maisons qu'il avoit près de Condom, au chasteau d'Estillac, qui est à une lieue d'Agen, trouva ce siège formé. Il fit tant par la médiation de son fils, le capitaine Monluc, qu'il fit retirer les ennemis, s'engageant de faire rendre les prisonniers à M. de Brimont. Ces messieurs se retirèrent ; ils se rendirent aux promesses et aux fortes remontrances qu'il leur fit, que, s'il y avoit des remuemens à faire, ce ne seroit pas de leur honneur de les avoir commencés. Le lendemain de la levée de ce petit siège, M. de Monluc obligea ceux de Laplume de remettre les prisonniers qu'ils détenoient. Ce petit feu feut esteint pour un tems par le ministère de M. de Monluc.

Ce premier signal de guerre, néanmoins, et ce premier soulèvement des huguenots jetèrent la frayeur dans les esprits ; les officiers de la justice en feurent tellement intimidés, qu'ils n'osoient informer contre les séditieux. M. de Burie commandoit seul en Guienne, en l'absence du roy de Navarre, qui en estoit le gouverneur. M. de Burie n'estant pas fort appréhendé des huguenots, soit que l'esprit de révolte le fist mépriser, soit qu'il usast de quelque fausse politique pour les retenir, le peu de crainte qu'ils en avoient leur donnoit la hardiesse de tout entreprendre. Les huguenots, qui avoient résolu d'enlever en mesme tems les vases sacrés dans tout le royaume, ne purent pas attendre en ce pays le signal général ; mais, profitant du peu d'authorité que M. de Burie avoit sur eux, commencèrent la tragédie en ce pays: Plus de deux cents hommes, revestus de capes de Béarn, armés de hallebardes, après avoir pillé et bruslé les églises de Gascogne, comme le verbal de Monteaut fait foy, l'an 1561, vinrent dans Agen brusler les archives des chapitres. Ce feut sous Charles Neuvième, qui avoit succédé à François Second depuis l'an 1560. Ces huguenots, travestis en Béarnais, renversèrent les autels et les images des églises d'Agen, comme il paroist par le verbal d'Antoine Tholon, juge criminel d'Agen, de la mesme année 1561. L'année avant cette entreprise, les huguenots estoient si puissants dans Agen, que toute la ville feut en émotion pour un ministre qui avoit commis quelque crime et qu'on n'osoit prendre ni condamner. M. de Monluc dit que, bien qu'il n'eust alors aucun commandement en Guienne, le présidial et les consuls d'Agen le prièrent de venir dans la ville pour y apaiser le trouble que les huguenots y faisoient à l'occasion de ce ministre. M. de Monluc rapporte que la ville estoit partagée et que le parti des huguenots, qui ne respiroit que la guerre, estoit le plus à craindre ; mais que son nom estoit la terreur des huguenots. La seule fermeté de cet homme et sa fidélité pour l'Eglise catholique le faisoient craindre à ceux de la religion prétendue réformée. Il accorda au présidial et aux consuls d'Agen de se mesler de cette affaire ; il vint dans Agen ; il trouva la ville en émotion les uns contre les autres. Voici comme il raconte cette action :

« A mon arrivée, dit M. de Monluc, la peur prit aux huguenots d'eux-mesmes, de sorte que les uns se cachoient dans les cours, les autres sautoient par-dessus les murailles de la ville, non que je leur eusse donné aucune occasion, car mesme je ne leur avois fait aucun mal. Je ne fis qu'aller prendre le ministre dans une maison où il s'estoit réfugié et le livrer à la justice, et après m'en retournai. »

Mais ces gens ont toujours eu peur du nom de Monluc en Guienne, comme ils avoient peur en France de celui de Guise.

Le roy de Navarre, gouverneur de la Guienne, en sentit mauvais gré à M. de Monluc, croyant qu'il avoit entrepris sur son gouvernement par l'action qu'il fit dans Agen ; ce qui ne feut qu'un pur effet de son zèle pour la défense des catholiques. Cette action arriva après la mort de François Second, l'an 1560. Après cela, M. de Monluc feut à la cour et il rapporte en ces termes :

« Je n'y demeurai que cinq jours, et la nouvelle arriva que les huguenots s'estoient soulevés à Marmande et avoient tué les religieux de Saint-François et bruslé leur monastère. Vint ensuite la nouvelle du massacre que les catholiques de Cahors avoient fait sur les huguenots, et la nouvelle de la mort de M. de Fumel, que ses subjets, qui estoient huguenots, tuèrent cruellement. Ce seigneur, n'estant qu'à l'agonie, ils le dépouillèrent tout nu, le mirent sur son lit avec un carreau derrière le corps qui le tenoit en son séant ; ses subjets inhumains tiroient à son cœur palpitant des coups d'arquebuze, criant : Vive l'Evangile ! »

Ces nouvelles firent qu'on donna ordre à M. Blaise de Monluc de revenir en ce pays pour y lever des troupes à pied et à cheval, avec permission de courir sur ceux qui prendroient les armes. M. de Monluc s'en défendit au commencement, mais son frère, évesque de Valence, l'homme le plus habile de son tems et qui fait honneur à ce pays, l'obligea de prendre cette commission. M. de Burie s'estoit rendu suspect à la cour ; par honneur, néanmoins, il feut compris dans la commission qui feut expédiée en faveur de M. Blaise de Monluc.

M. de Monluc estant arrivé à Bordeaux, la ville estoit en division, parce que les huguenots vouloient l'exercice public dans la ville. MM. de Burie et de Monluc les empeschèrent d'en venir aux mains. Cependant, ces deux seigneurs feurent quelque tems attendant les commissions que M. de Monluc avoit demandées à Paris pour faire le procès aux meurtriers de M. de Fumel. Ces commissaires estoient : MM. Compain, conseiller du grand Conseil, et Géraud, lieutenant de prévost de l'Hostel. Ils feurent envoyés pour aller commencer par Fumel, comme l'ordre et les patentes de M. de Monluc l'ordonnoient. M. de Monluc, en les attendant, leva deux cents arquebuziers et cent argoulets (gens à pied et cheval) ; il en donna le commandement au jeune Tilladet, seigneur de Saint Orens.

CHAPITRE XIV

TROUBLES DES HUGUENOTS DANS AGEN

Pendant le voyage que fit M. de Monluc à Paris, les huguenots d'Agen avoient obtenu l'exercice public de leur religion dans cette ville. M. de Burie, lieutenant du gouvernement de Guienne, leur avoit accordé l'église paroissiale de Saint-Phébade pour en faire un presche ; mais ils ne s'en contentèrent pas : ils se saisirent de l'église des Jacobins. Toute cette tragédie se jouoit dans Agen, vers la fin de l'année 1561. M. de Monluc, attendant ses commissaires pour faire le procès à ceux de Fumel, vint à Estillac, qui estoit une de ses terres, au voisinage d'Agen. Il n'y eust pas séjourné quatre ou cinq jours qu'un ministre d'Agen, nommé Bapelle, lui vint présenter un grand présent de la part de ses églises et quatre mille hommes entretenus aux dépens de ces mesmes églises. A quoy, M. de Monluc repartit que tous les présens du monde ne sauroient le faire manquer à son devoir. Peu de tems après, vint un autre ministre pour lui offrir le mesme présent que le premier ministre lui avoit offert, qu'il refusa aussi généreusement à ce coup qu'il l'avoit fait la première fois. Ce dernier ministre amenoit avec lui un soldat qui avoit servi sous M. de Monluc et qui lui dit que l'église de Nérac l'avoit fait capitaine. Ce seigneur, ayant ouï que l'église l'avoit fait capitaine se récria par un emportement de son zèle : « Quel diable d'église qui fait des capitaines ! » Les huguenots commencèrent à se soulever dans Agen, où estoit le seigneur de Menis, qui feut ensuite le chef des protestans, le seigneur de Castelsagrat et M. le sénéschal d'Agenois, Polhon, qui faisoit tout ce qu'il pouvoit pour pacifier les choses. Ces messieurs feurent à Estillac pour prier M. de Monluc de venir à Agen ; il y avoit un ministre avec eux qui l'assuroit de l'obéissance de tout le monde, mais M. de Monluc n'y faisoit aucun fondement. M. le sénéschal y alloit de bonne foy et il lui en eust cousté la vie pour défendre M. de Monluc contre la conspiration secrète que les huguenots avoient résolu d'exercer, s'il feut venu en ville. M. de Monluc, quelque soupçon qu'il eust, leur promit de venir à Agen ; mais M. Denort le fit avertir qu'il n'y avoit pas de seureté pour sa vie, ce qui obligea M. de Monluc de leur envoyer dire qu'il ne vouloit pas passer la rivière ; que, s'ils vouloient venir au Passage, ils conféreroient ensemble. Ces messieurs s'y rendirent tous, tant M. de Monluc que les protestans d'Agen, avec M. le sénéschal Polhon. M. de Monluc leur dit qu'ils devoient se contenter de l'église que M. de Burie leur avoit baillée pour leur presche, qu'ils abandonnassent l'église des Jacobins et qu'ils permissent à ces religieux d'y rentrer pour y faire les offices divins ; qu'ils missent bas les armes et acceptassent la moitié de la compagnie du roy de Navarre en garnison dans la ville, et l'autre moitié demeureroit à Condom. A quoi les huguenots ne voulurent pas condescendre. M. de Monluc avertit M. le sénéschal Polhon que ces gens vouloient se rendre maistres des villes, et qu'il devoit craindre l'exemple de M. de Fumel. Après cette conférence, qui feut sans effet, M. de Monluc se retira à Estillac, où il ne feut pas plutost arrivé qu'un de ses fermiers de Puch-de-Gontaut, qui est vers Damazan, et près de la maison paternelle de Monluc, dont les masures paroissent encore, vis-à-vis d'Aiguillon, qui portent le nom de Monluc, vint lui offrir trente mille escus, qui estoient le présent que les deux ministres lui avoient présenté auparavant, afin qu'il n'armast pas contre les huguenots et qu'il les laissast faire. Sa fidélité feut à l'épreuve de cette tentation et, si ce fermier ne lui eust appartenu, il l'eust tué pour se venger de sa témérité.

Les commissaires, cependant, arrivèrent de Paris ; ils estoient du parti des huguenots ; et, au lieu de vouloir vaquer à l'instruction du procès des protestans, ils s'en feurent à Cahors pour commencer par les catholiques. M. de Monluc, qui recognut leur mauvaise foy, ne voulut pas consentir à leur mauvais dessein : cela fit une grande contestation entre ces commissaires et MM. de Burie et de Monluc. Ces seigneurs prétendoient que les commissaires devoient suivre leurs ordres ; les commissaires, au contraire, prétendoient qu'ils étoient indépendans de l'authorité du lieutenant de la province et de M. de Monluc, soutenant qu'ils n'avoient les armes en main que pour appuyer leur justice et faire exécuter leurs jugemens. M. de Monluc, qui vit bien que cela ne tendoit qu'à favoriser les protestans contre les catholiques, fit voir à M. de Burie que leur commission portoit par exprès de commencer par Fumel ; et, sans plus différer, il partit avec les troupes qu'il avoit levées et que le jeune Tilladet commandoit, et s'en fut à Fumel, d'où il envoya quérir des conseillers du sénéschal d'Agen. Sans attendre davantage les commissaires, il fit faire le procès par les conseillers d'Agen aux criminels que M. Cancon, frère à M. de Fumel, avoit pris ; et, sans plus balancer, il fit pendre ou rouer trente ou quarante des meurtriers de leur seigneur. Cette expédition estant faite, il feut à Cahors, où sa fermeté garantit les catholiques et surtout l'archidiacre Vignoles. Les commissaires s'empressèrent de fuir la présence de M. de Monluc pour échapper à sa colère ; il les eust dépecés pour punir leur hérésie et la haine qu'ils avoient contre les catholiques.

Pendant que MM. de Burie et de Monluc procédoient à leur commission, M. le prince de Condé prit les armes et se mit à la teste des huguenots, et, appuyé de ce parti, se saisit de la ville d'Orléans. Ces nouvelles ne vinrent pas plutost dans la province que les huguenots se révoltèrent partout, l'an 1562 ; le feu de cette guerre s'estendit jusque dans Agen ; il y entra quatre mille hommes sous la conduite du sieur Méris, chef des huguenots ; ils y entrèrent par l'intelligence des huguenots de la ville, le 18 avril 1562 ; ils se saisirent des magistrats, des consuls et des chanoines d'Agen.

Ce désordre général fit revenir MM. de Burie et de Monluc ; il n'y avoit plus moyen de procéder par voie de justice ; il en fallut venir aux mains. Ces deux seigneurs, commandant l'armée du roy en Guienne, vinrent à Villeneuve-d'Agenois : tout l'Agenois estoit soulevé, au rapport de M. de Monluc. Ces deux seigneurs vinrent avec leurs troupes à un village, près le Port-Sainte-Marie, nommé Galapian ; le Port estoit révolté ; les huguenots en estoient les maistres. MM. de Burie et de Monluc se séparèrent à Galapian : M. de Burie prit la route vers Tonneins, où M. de Caumon et M. de Duras estoient fort sollicités de se déclarer chefs de leurs églises. M. de Caumon, abbé de Clairac, refusa d'estre leur chef, quoiqu'il fust très affectionné pour les huguenots et qu'il eust fait querelle à M. de Monluc, à Cahors, pour soutenir les interests des huguenots. M. de Duras n'en fit pas de mesme : il accepta le parti d'estre chef des huguenots. M. de Monluc prit sa route vers Bajamon, près d'Agen, où toute la noblesse catholique de l'Agenois se joignit à lui ; il avoit ordre d'aller joindre le roy ; mais la noblesse le pria de ne la pas abandonner. Il dépescha un courrier au roy pour l'avertir de l'estat où estoit la Guienne ; il n'y avoit qu'Auvilleu et La Réole qui tinssent pour les catholiques. Ce feut un coup de prudence à M. de Monluc de s'aviser d'envoyer un courrier à la cour, car la noblesse avoit résolu de le retenir s'il se feust mis en teste d'y aller.

Pendant que le courrier dépesché par M. de Monluc couroit pour avertir le roy de l'estat de la Guienne et du zèle des seigneurs catholiques de l'Agenois, M. de Monluc revint à Estillac, d'où il envoya le capitaine Charri pour se saisir de Puymirol, que les huguenots avoient abandonné. Ils avoient mesme porté toute l'artillerie dans Agen. Charri passa la rivière à Lamagistère et se rendit maistre de Puymirol. M. de Monluc l'avoit envoyé dans cette place pour faire la guerre aux huguenots, qui tenoient Agen, comme il est rapporté au cinquième livre des *Commentaires* de M. de Monluc.

Pendant qu'il faisoit dans cette province ses efforts pour arrester les protestans, il apprit que M. de Duras et M. de Caumon tenoient conseil dans Agen ; que M. de Duras restoit tous les soirs dans la ville et M. de Caumon alloit tous les soirs coucher au Passage-d'Agen, qui est un petit village au bord de la rivière de Garonne, du costé de Gascogne. M. de Monluc se résolut de l'enlever, mais l'avis lui vint trop tard, car MM. de Caumon et de Duras s'estoient retirés et avoient laissé le seigneur de Menis dans Agen avec quatre mille huguenots, dont il estoit le chef.

Simon Goulard, tome II, paragraphe de l'ivrognerie, rapporte qu'en 1562 il y avoit garnison au Passage-d'Agen ; que ceux d'Agen les forcèrent de se retirer ; mais que, ayant trouvé des vivres et du bon vin, se laissèrent aller à l'excès. La garnison, qui n'estoit pas allée loin, revint la nuit, et, trouvant ceux qui les avoient chassés ensevelis dans le vin, les chassèrent et soixante des dissolus feurent tués et plusieurs se noyèrent en passant la rivière de Garonne. Il cite l'histoire de France sous Charles Neuf.

Cependant, M. de Duras assembla son camp à Clairac, Tonneins et Marmande, consistant en treize enseignes de gens de pied ; chaque enseigne de sept ou huit cents hommes et sept cornettes de cavalerie, à dessein d'aller surprendre Bordeaux, où Pardaillan et Savignan, avec plusieurs autres, avoient entrepris sur le Chasteau-Trompette, ce qui ne leur réussit pas. M. de Vaillac, capitaine du chasteau, fit avorter cette entreprise. M. de Burie, qui s'estoit vu à la veille de sa perte, dépescha à M. de Monluc de venir à Bordeaux. Il marcha du costé de Gascogne ; il donna mesme plusieurs petits combats aux huguenots sur sa route ; il défit ceux de Nérac, qui estoient venus pour le combattre.

Estant arrivé à Bordeaux, M. de Duras avoit son armée entre deux mers. M. de Monluc se résolut de le combattre ; il le poursuivit jusqu'auprès de Vausan, et enfin il défit les forces des protestans, conduits par M. de Duras. Cette défaite abattit le cœur des religionnaires et releva celui des catholiques. M. de Monluc, profitant de sa victoire, marcha avec son armée vers Marmande et Tonneins : tout le monde lui quittoit la place, tant cette défaite avoit effrayé les protestans. Après avoir vengé, soumis ces deux villes, il marcha vers Clairac et Aiguillon ; il passa la rivière du Lot à Aiguillon et employa presque tout le jour à faire passer son armée, parce qu'il vouloit attendre la nuit pour marcher et pour surprendre ceux qui estoient à Agen. Pour cet effet, ayant passé la rivière, il fit faire halte à toute son armée auprès d'Aiguillon ; il avoit dessein sur Agen. Il devoit consulter pour faire réussir son entreprise, car il y avoit quatre mille hommes dans Agen, sous la conduite de M. Menis, qui avoit plus de monde que M. de Monluc, que Menis eust pu battre, au rapport de ceux de son parti ; mais l'intrépidité et le bonheur de M. de Monluc avoient jeté la frayeur dans le cœur des protestans. Il resta jusqu'au commencement de la nuit à Aiguillon ; il vouloit envelopper les troupes qui estoient dans Agen pour les enlever. Il faisoit monter trois canons par la Garonne. La nuit estant arrivée, il fit marcher son armée, peu nombreuse, mais victorieuse. Comme il marchoit pendant la nuit, on lui porta nouvelles d'Agen que les huguenots avoient abandonné la ville dès l'entrée de la nuit, ayant pris la route de Montauban. M. de Monluc dit, dans ses *Commentaires,* d'où tous ces mémoires sont tirés, qu'il s'étonnoit comme ces gens avoient tant la peur au ventre et qu'ils ne défendoient mieux leur religion. Ils n'eurent pas le tems d'emmener leurs prisonniers qu'ils tenoient dans Agen. L'effroi les saisit tout à coup quand on leur dit que M. de Monluc estoit si près de là ; ils pensoient déjà avoir la corde au col. Les prisonniers qu'ils tenoient estoient MM. de Lalande, Denord, les officiers du roy, les consuls ; ces pauvres officiers demeurèrent prisonniers trois mois, résistant à la fatigue et aux frayeurs que les menaces des religionnaires leur faisoient. M. de Burie et M. de Monluc vinrent à Agen : les huguenots y avoient fait un tel dégast, que M. de Monluc dit que la ville estoit toute ruinée (tous ces mémoires sont tirés du cinquième livre des *Commentaires* de M. de Monluc), tellement que, pendant la guerre que les huguenots faisoient dans Agen, cette ville se trouva au milieu du feu. M. Duras estoit l'appui des huguenots et M. de Monluc des catholiques. Agen avoit esté surpris, le dix-huitième avril 1562, par l'intelligence des huguenots, qui feurent maistres de la ville jusqu'au treizième aoust de la mesme année. Pendant ces trois mois, ils commirent toutes sortes de violences contre les catholiques. Ils firent prisonniers les consuls ; les églises feurent ruinées, les autels abattus, les images brisées, le corps de saint Caprasi feut enlevé, car il estoit, en 1491, dans la crypte de l'église de Saint-Caprasi. Il y a à Chaslons un cartulaire dans lequel il est fait mention que le chapitre Saint-Caprasi donna, du consentement de l'évesque Rovère, un os du bras de Saint-Caprasi à Audné d'Opet, évesque de Chaslons, ambassadeur envoyé par Charles Huitième, roy de France. L'église avoit encore le corps de ce saint ; mais, dans le sac que firent les huguenots, cette relique feut enlevée, ayant pu se transporter comme les autres au chasteau de la Mothe-Cantal, où elles feurent conservées. Les ornemens feurent déchirés, les monastères des Augustins et des Carmes entièrement ruinés, leurs archives bruslées ; ils continuèrent de faire deux presches des églises des Jacobins et de Saint-Phébade. Enfin, ils firent dans Agen tout ce que la fureur d'un parti animé par la contrariété de doctrine peut inspirer à des furieux déchaisnés.

Le calvinisme, dit Serres, avoit infecté plusieurs artisans dans Agen : ce feurent ceux qui attirèrent le sieur Menis dans la ville, où il ravagea tout jusqu'au 13 aoust 1562 ; mais, ayant appris les approches de M. de Monluc, ses troupes et les huguenots d'Agen se retirèrent sans attendre d'estre attaqués. Le mesme Serres dit que les huguenots ne pouvoient résister au courage de M. de Monluc. Il sortit avec les troupes huguenotes cinq cents habitans d'Agen qui se retirèrent, les uns au chasteau de Penne, les autres dans Puymirol. Le chasteau de Penne estoit gardé par le capitaine Liouran, que M. de Duras avoit fait gouverneur de cette ville.

Pendant que les huguenots d'Agen méditoient leur retraite d'Agen, les catholiques animés coururent à leurs armes : hommes et femmes, dévenus tous soldats, armés de plus de zèle que de force, les hommes avec leurs armes, les femmes avec des cailloux et de l'eau bouillante, poursuivirent si vigoureusement les huguenots, qu'ils tuèrent tous ceux qu'ils purent rencontrer. Leur zèle alla si avant qu'ils démolirent l'église de Saint-Phébade, que les huguenots avoient profanée. Le capitaine Boni feut le premier qui entra pour les catholiques dans cette ville. M. de Monluc y arriva le quinzième d'aoust 1562 ; il y fit pendre les huguenots qui avoient échappé à la colère du peuple. Serres dit qu'il en fit pendre dix-huit pour un jour, tellement qu'Agen, qui s'estoit vu forcé et dominé par les huguenots, se vit alors délivré des ennemis de son repos.

M. de Monluc ne s'arresta pas là ; pour venger les violences que les huguenots avoient faites dans Agen, il feut assiéger le chasteau de Penne, força la place après la mort de Liouran ; il passa au fil de l'épée hommes, femmes et enfans. Sa sévérité estoit extresme, et, poursuivant sa victoire, il prit Villeneuve, que les gens de Duras avoient prise. Il prit le chasteau de Duras, Monségur, le Port-Sainte-Marie, Tonneins, Marmande, Saint-Macaire, Bazas, Casteljaloux, où les huguenots s'estoient rendus maistres. Il prit toutes ces places, laissant partout des marques sanglantes de la vengeance qu'il tiroit des insultes des protestans, et des monumens éternels de sa religion et de sa victoire.

Lectoure, dans le voisinage d'Agen, estoit gardé par un capitaine catholique pour les huguenots, nommé Bugole, Béarnois, qui estoit à la dévotion du prince de Condé. Il avoit par courses soumis la Sauvetat, Gaure, Terraube, Larroumieu. M. de Monluc, pour arrester ses courses, y envoya le capitaine de Monluc, son fils, qui surprit deux cents hommes que le capitaine Menis amenoit à Lectoure. Bugole les avoit fait arrester en chemin, à dessein de leur envoyer une escorte pour faciliter leur passage. En effet, il fit sortir trois cents hommes ; lui-mesme marcha avec d'autres troupes vers Terraube ; le capitaine de Monluc en feut averti, fit marcher ses troupes, battit ceux qui estoient sortis de Lectoure et, repoussant ceux qui venoient se joindre à l'escorte jusque dans Terraube, les força de se retirer en Béarn. Bugole, cependant, quitte le parti des huguenots, se range sous la conduite de M. de Monluc, qui feut assiéger Lectoure. Le siège ne feut pas long ; il y fit bientost bresche ; il vint à l'assaut, mais il feut repoussé par Brimond, qui estoit dedans avec cent hommes de guerre. Avec ce peu de monde, il tascha de se défendre ; mais il feut contraint de céder à la force et aux ordres de la reyne de Navarre, à qui la place appartenoit pour lors. M. de Monluc se rendit maistre de la ville et du chasteau, et, par ses victoires, avoit nettoyé le voisinage d'Agen et l'Agenois des troupes des protestans.

Nous avons déjà dit que M. de Duras, pour tirer parti et raison des injures que M. de Monluc avoit faites à son parti, rallia ce qu'il put de monde, prit la route de l'Agenois et du Quercy. Passant en ce pays, après sa défaite près de Rausan, il fit tout ce qu'il put pour favoriser les huguenots d'Agen ; mais tout ce qu'il fit feut sans effet ; il n'osa pas s'arrester pour attendre M. de Monluc, tant la frayeur de son armée estoit grande. Si Menis eust joint les troupes qu'il commandoit dans Agen au reste du débris de Duras, les protestans eussent esté les plus forts ; mais la crainte leur fit lascher pied. M. de Duras porta le ressentiment de sa défaite jusqu'à Lauserte ; ses troupes y tuèrent cinq cent soixante-sept hommes, cent quatre-vingt-quatorze prestres, qui s'y estoient réfugiés. Cette retraite de M. de Duras feut si précipitée, qu'elle ressemble plutost à une fuite qu'au dessein prémédité d'aller à Montauban chercher des troupes pour aller à Orléans joindre M. le prince de Condé. Quoi qu'il en soit, par sa retraite, l'Agenois demeura délivré des troupes des huguenots, et les armes victorieuses du roy demeurent seules maistresses de tout l'Agenois. Il y eust pour lors un combat vers Montauban. M. Amanieu Durfort, prieur de Saint-Caprasi, et M. son frère, chanoine du mesme chapitre, qui s'estoient retirés d'Agen pendant que les huguenots en estoient les maistres, estoient au camp des catholiques, près de Montauban : ils feurent tous les deux blessés à ce combat, comme il conste par un acte du 19 octobre 1562, par lequel ils demandent leur préséance pour la feste de Saint-Caprasi. Ils feurent, en effet, tous

les deux blessés à ce combat ; la préséance leur feut accordée :
l'acte est signé de M. Ermond.

Agen, qui doit sa liberté à M. de Monluc, peut s'en faire honneur. Si ce guerrier eust tant de zèle pour la défense d'Agen, il le regardait comme sa patrie. La terre d'Estillac, qui est aux portes d'Agen, estoit à M. de Monluc ; il voulut bien marquer à cette ville qu'il avoit à cœur sa défense, parce qu'elle estoit sous l'ombre de son chasteau et qu'il avoit esté nourri en partie dans l'Agenois.

M. de Monluc se rendit tellement maistre, que M. de Duras n'osa plus y rentrer ; mais, poussé par Dubordet, que M. de La Rochefoucauld lui avoit envoyé pour l'attirer, avec ses troupes, au secours d'Orléans, il assiégea Sarlat. M. de Monluc, qui ne pouvoit souffrir un ennemi qu'il avoit battu si près de la sénéchaussée d'Agenois, se résolut, après la prise de Lectoure, de le poursuivre. Il fit lever le siège de Sarlat ; M. de Duras se flattoit que le tems pluvieux qu'il faisoit alors arresteroit les troupes du roy, commandées par M. de Burie ; il croyait que M. de Monluc estoit occupé au siège de Lectoure ; mais il feut bien surpris lorsqu'il vit qu'il estoit aussitost défait qu'attaqué par M. de Monluc. La sécurité qui régnoit dans l'armée du roy étonna si fort les huguenots, qu'ils se laissèrent rompre et défaire presque sans résistance ; l'armée du roy tua plus de six cents soldats sans défense. L'étonnement feut si grand, dit Serres, que les soldats de Duras chaussèrent des ailes pour se sauver plus vite que du pas. M. de Monluc prit leur artillerie et leur bagage, fit pendre quelques ministres qui suivoient les troupes de Duras ; il eust mesme tout dépesché, si les soldats catholiques ne se feussent amusés à profiter du butin. Leur amusement donna le tems à quelques troupes de se sauver, mais ce ne feut pas pour bien longtems : la plupart de ceux qui avoient échappé au combat feurent pris et conduits dans Agen, où M. de Monluc, au rapport de Serres, en la *Vie de Charles Neuvième*, page 192, l'an 1563, les fit pendre à un gibet ou à un pilier des cornières d'Agen, qu'il nomma le Consistoire, où l'on voit encore une corde attachée à ce pilier qu'on dit avoir esté un licol dont on se servit pour pendre ces misérables. M. de Monluc rapporte en ces termes qu'après la bataille où M. de Duras feut défait :

« Je m'en revins et renvoyai tout le monde en leurs maisons, n'y ayant rien en toute la Guienne qui bougeast, ni qui osast dire qu'il eust esté de cette religion, car tout le monde alloit à la messe et aux processions, assistant aux offices divins ; or, les ministres, trompettes de ce boutefeu, avoient vidé, car ils sçavoient bien qu'en quel coin qu'ils feussent je les attaquerois et leur ferois bonne guerre. »

La mesme année 1563, M. le prince de Condé, faisant le maistre dans le royaume, donna le gouvernement de Guienne au cardinal de Chastillon, devenu cardinal huguenot, pendant que M. de Burie l'estoit par l'authorité du roy. Le fléau de la guerre ne feut pas la seule disgrasce de ce pays : le bled feut extresmement cher, la famine suivit cette guerre dans Agen ; plusieurs pauvres moururent de faim, cette année 1563 ; la peste suivit cette famine et ruina la ville d'Agen. Elle commença en aoust et dura jusqu'à Noël de l'année 1563 (tiré de manuscrits dignes de foy). Ces deux fléaux feurent la suite de la guerre.

Ce qui se passa dans l'Agenois ne feut qu'un échantillon de ce qui se passa dans le royaume ; ces premiers troubles feurent suivis d'une paix qui ne dura que cinq ans ; et, pendant ce tems, M. de Monluc choisit Agen pour son séjour. Il y avoit fait conduire trois canons pour retenir le reste de la province, car il avoue, dans ses *Commentaires*, que par ses menaces il tenoit tout le monde en contrainte ; il ajoute, dans ses *Commentaires*, qu'Agen doit estre le séjour des gouverneurs, estant le cœur de la province et le lieu où la noblesse s'aime le plus et mieux qu'à Bordeaux.

Avant de m'engager à décrire les seconds mouvemens de la province, je ne veux pas omettre que, l'an 1564, le roy de Navarre, Antoine de Bourbon, gouverneur de Guienne, entra dans Agen à huit heures du matin, le 23 mars, pour devancer l'entrée du roy Charles Neuf. Les mémoires et anciens manuscrits portent que les consuls et le présidial feurent au-devant de M. le gouverneur, à la

Porte-du-Pin, et qu'ils lui donnèrent le dais de satin violet ; qu'il logea chez Pierre Cambefort ; qu'il fit le serment accoustumé entre les mains des consuls, et que Charles Neuvième fit, le mesme jour, son entrée dans Agen par la Porte-du-Pin. Le peuple, qui avoit pris les armes pour le gouverneur, demeura en armes jusqu'à l'entrée du roy ; les magistrats et les consuls, en robes, feurent attendre le roy à la Porte-du-Pin, qui feut conduit sous un dais de velours rouge. Le mesme jour, la reyne-mère entra dans Agen par la porte du Pont-de-Garonne. M. Duplex dit que Charles Neuvième feut deux fois à Agen, l'an 1564 et l'an 1565 : une fois, venant de Toulouse, le long de Garonne ; l'autre fois, venant de Bayonne par Condom et Nérac, où il restablit la religion catholique, d'où la reyne Jeanne l'avoit bannie, laquelle ensuite l'abolit et ruina les églises jusqu'au fondement, renversa les maisons des ecclésiastiques et se servit des ruines des églises pour bastir le chasteau de Nérac qu'on y voit encore de notre temps. Duplex, en la *Vie de Charles Neuvième*.

Le 19 septembre 1569, M. de Monluc escrivit aux consuls de faire démolir l'église de Renaud et le moulin de Saint-Georges : les consuls signifièrent cet ordre au chapitre Saint-Caprasi, qui consentit à la démolition de l'église de Renaud, qui feut démolie. Pour le moulin, ils y consentirent aussi, les consuls s'obligeant à le remettre ; cela le conserva. L'ordre portoit aussi d'avancer les fortifications de la ville et de faire les réparations nécessaires.

CHAPITRE XV

LA JURIDICTION DES CONSULS REÇOIT QUELQUES BRÈCHES

Ce feut sous le règne de Charles Neuvième que la juridiction des consuls reçut de grandes brèches, l'an 1566. Marie, Infante de Portugal, fille d'Eléonor et d'Emmanuel, roy de Portugal, héritière d'Eléonor, estant comtesse d'Agen, donna des provisions de lieutenant de juge ordinaire des bastides de l'Agenòis, au siège d'Agen, en faveur de M. Michel Boissonade ; et, la mesme année 1566, par l'édit de Moulins, le roy s'attribua la justice des villes et communautés. Les consuls, néanmoins, sur ce que le roy ne prétendoit pas dépouiller les seigneurs de leur justice, pour se maintenir dans leur possession, donnèrent des provisions à M. Pierre Daurée l'an 1566 ; et, par le décès de Pierre Daurée, ils donnèrent à Michel Boissonade des provisions d'assesseur, qui, bien qu'il eust l'office de lieutenant par les provisions de M^{de}, Infante de Portugal, prit les provisions de consul et exerça l'une et l'autre charge ; l'une, dans Agen et l'Agenois, en reste du titre de Marie, comtesse d'Agen ; l'autre, dans Agen, en vertu des provisions de consul, l'an 1571.

L'an 1572, Charles Neuvième, par son édit du mois de novembre, créa un juge royal et un procureur du roy en chaque bastille d'Agenois et Condomois, avec suppression des juges d'Agenois et Condomois, où il est notamment parlé d'Agen. Nonobstant cet édit, comme le roy n'entendoit dépouiller les seigneurs et les ecclésiastiques, les consuls continuèrent de donner des provisions de juge à maistre Michel Maurez, du onzième février 1576. Antoine Boissonade, après l'édit de Moulins, ayant pris du roy des provisions de juge royal, se départit des provisions qu'il avoit obtenues du roy et en prit des consuls, l'an 1579, et exerça, en cette qualité, la juridiction de la ville.

CHAPITRE XVI

SUITE DES TROUBLES DES HUGUENOTS DANS L'AGENOIS

Après la première paix, qui dura cinq ans, M. de Monluc, qui estoit déjà lieutenant de Guienne, découvrit par sa vigilance que les huguenots se préparoient à la guerre. Il en donna souvent avis, mais il ne feut pas cru. Les huguenots, pendant cette paix, firent une conspiration et envoyèrent par toutes les églises et aux particuliers des billets en ces termes :

Le roy pris, la reyne morte, Bergerac pris, Montauban pris, Lectoure pris, Monluc mort, qui estoit le dessein des huguenots. M. de Lauzun envoya à M. de Lalande, chanoine d'Agen, ami de M. de Lauzun et de M. de Monluc, une lettre par laquelle il donnoit avis que les huguenots avoient pris les armes. M. de Lalande envoya cette lettre à M. de Monluc. Ce gouverneur vigilant n'eut pas plustost reçu cette nouvelle qu'il fit partir incessamment le capitaine Mauriez et le capitaine Jean, d'Agen ; il les envoya à M. de Tilladet pour le faire marcher avec armes et chevaux à Sempoy, où M. de Monluc avoit une maison, et il leur donna ordre, après avoir averti M. de Tilladet, d'aller secrètement se saisir des portes de la ville de Lectoure et de parler aux consuls. M. de Monluc le suivit de près. Estant arrivé à Lectoure, il chassa Fonterailles, sénéschal d'Armagnac ; il estoit de la conspiration, il devoit livrer la ville de Lectoure le jour de Saint-Michel, jour assigné pour l'entreprise générale. Cette entreprise ayant manqué à Lectoure pour les huguenots, elle ne leur feut pas plus heureuse en France.

M. de Monluc, après avoir pourvu la ville de Lectoure, vint à Agen et appela le sieur de Nort, conseiller, et Delas, avocat du roy, qui feurent ses conseils et le servirent en ses dépesches. Le frère ayné de M. de Nort, nommé de Neaux, estoit consul ; il s'occupa toute la nuit à chercher des messagers. MM. de Monluc, de Nort et Delas écrivirent plus de deux cents lettres aux seigneurs du pays, par lesquelles M. de Monluc les assigna à Agen pour le 2 octobre. M. de Monluc et le sieur de Nort demeurèrent cinq jours et cinq nuits à faire des dépesches de tous costés. Comme M. de Monluc se promenoit sur le Gravier d'Agen, neuf jours après la Saint-Michel, le capitaine Burée lui vint de la part du roy, ayant couru mille hasards, parce que les religionnaires avoient pris les armes le jour de Saint-Michel. Ce capitaine lui portoit un ordre d'envoyer au roy les forces qu'il avoit en ce pays. M. de Monluc lui envoya toute la noblesse d'Agenois et de Gascogne qu'il avoit convoquée à Agen, d'où il se promettoit, comme il l'avoit promis à la reyne-mère, de garder la Guienne avec la noblesse casanière et avec le peuple. Pendant son séjour dans Agen, il eut ordre d'aller assiéger La Rochelle ; mais la paix survint pour une seconde fois, qui ne feut pas de longue durée : on l'appela la petite paix, parce qu'elle ne dura que huit à neuf mois. Il conste par l'acte et le mémoire qui suit que M. de Monluc donna l'ordre du roy, dans Agen, à des gentilshommes de ce pays. Voici la teneur du mémoire :

« Cejourd'hui, dimanche, neuvième de mars 1568, dans l'église cathédrale Saint-Estienne de la p^{nt} ville et cité d'Agen, et chapelle Notre-Dame-de-Forgues, Monseigneur de Monluc, lieutenant ponr le roy en Guienne, a baillé l'ordre du roy à M. le vicomte de Lausun de Saint-Orens, dit Tilladet ; et, après l'avoir reçu, sont allés ouïr la messe dans la chapelle Notre-Dame, où estoient assistans MM. les président, lieutenant, avocat du roy, consuls et plusieurs jurats ; et, après la messe finie, ledit seigneur de Monluc retourna dans ladite chapelle Notre-Dame-de-Forgues, et bailla aussi l'ordre du roy à MM. de Laussan et de Pausas et retournèrent dans la chapelle Notre-Dame ouïr la messe. Le lendemain lundi, dixième de mars, ledit seigneur de Monluc bailla aussi ledit ordre du roy à MM. de Cassaniels et de Cieurac ; en mesme tems, lesdits officiers et consuls le reçurent aussi dans le mesme lieu. Le 18 dudit mois, ledit seigneur de Monluc bailla aussi l'ordre du roy à M. de Labories en sa maison ; et, le lendemain, il le donna aussi à M. de Cancon en ladite église, lequel vint accompagné de trente gentilshommes et de M. Berdusan, sénéschal du Bazadois. »

L'an 1569, la guerre se ralluma plus que jamais. M. de Monluc fit publier dans Agen, le quatrième janvier 1569, un édit contre la reyne de Navarre, l'accusant de rébellion et donnant pouvoir à tous les chefs de son gouvernement de nuire par toutes voies aux subjets de la reyne de Navarre, tant dans le Béarn.

Pendant ce troisième trouble, M. de Monluc fit une petite armée dans l'Agenois pour s'opposer aux troupes qui venoient de Tonneins pour joindre le capitaine Pilles. M. de Monluc fut à Monflanquin, d'où il dépescha des gens de sa suite à M. de Lausun pour lui demander où l'on pourroit trouver le capitaine Pilles ; et un autre dépescha M. de Tilladet, de la maison de Saint-Orens-Tilladet, pour lui donner ordre de se rendre à Monbahus, qui est un village à M. de Lausun. Et ensuite il dépescha M. Delas, avocat du roy, d'Agen, pour faire avancer MM. de Bellegarde et Terride. M. de Monluc ordonna à son fils le jeune, à M. de Fontenilles et à M. de Madaillan d'aller vers Miramond. Pilles feut averti par les huguenots de Monflanquin que M. de Monluc estoit à Monflanquin, et qu'il le vouloit aller attaquer quand MM. de Bellegarde et Terride l'auroient joint, mais qu'ils ne pouvoient le joindre de deux jours ; que, cependant, M. de Monluc n'avoit pas plus de cinquante bons chevaux ; que l'occasion estoit favorable pour s'en défaire. Pilles, voulant profiter de cet advis et prévenir M. de Monluc, dépescha un ordre pour estre porté aux six cornettes qui estoient aux environs de Marmande et de Tonneins, pour venir surprendre M. de Monluc. Pilles crut qu'il demeureroit à Monflanquin et qu'il l'enlèveroit dans ce petit lieu par l'intelligence des huguenots de la ville; mais la vigilance et l'activité de M. de Monluc ne lui permirent pas de s'arrester à Monflanquin. Il feut, après un jour de séjour à Monbahus, et M. son fils, MM. de Fontanilles et de Madaillan feurent à Miramond, où deux cornettes des huguenots estoient arrivées et logées. Comme ces messieurs arrivèrent avec leurs troupes, deux autres cornettes des huguenots arrivoient aussi à Miramond; ces messieurs les surprirent. Comme elles ne s'attendoient pas à estre attaquées, ces messieurs les défirent, et, après les avoir battues, forcèrent celles qui estoient dedans Miramond; les deux autres, ayant appris la défaite de leurs camarades, se retirèrent vers Tonneins. Toutes les forces de Pilles estoient à Aymet, d'où il se retira. M. de Monluc, après avoir donné la chasse aux troupes des huguenots, demeura à Sainte-Foy, cinq ou six semaines. Pendant ce tems, l'an 1569, la bataille de Jarnac feut donnée, où M. le prince de Condé feut tué. Après cette victoire, M. de Monluc feut joindre M. le duc d'Anjou, car, dans la Guienne, rien n'avoit osé bouger, et il n'y avoit de place qui tinst pour les huguenots que Montauban.

M. de Monluc s'estant retiré dans son gouvernement, les huguenots remuoient toujours et se soulevoient tantost en un lieu, tantost en un autre.

M. de Montmorency, seigneur de Dampville, maréchal de France, feut envoyé à Toulouse pour gouverneur. Il estoit gouverneur et lieutenant-général ez pays de Guienne, Languedoc, Provence et Dauphiné. M. de Monluc feut le joindre à Toulouse; il feut résolu que M. de Monluc viendroit à Agen pour y tenir les Etats de Guienne, afin de sçavoir combien ce pays voudroit soldoyer de monde. M. de Monluc vint dans Agen; il y convoqua les Etats et il y feut arresté que le pays d'Agenois payeroit 1,000 ou 1,200 arquebusiers, à condition que M. le maréchal de Dampville, ayant pris une ville en Languedoc, viendroit en prendre une en Guienne. M. de Monluc choisit les meilleurs capitaines qui feussent alors dans le pays. Les Etats baillèrent la charge de recevoir l'argent à

Neaux, fils ayné de M. de Nort, d'Agen. Le pays fit ce nombre de gens de guerre et les entretint.

M. de Dampville ne voulut pas suivre la délibération des Etats ni venir en Guienne : cela brouilla ces deux seigneurs. Leur mésintelligence donna occasion à Montgomeri de venir en Guienne pour secourir le Béarn ; et parce que, depuis Agen jusqu'à Toulouse, la rivière de Garonne estoit bien gardée, Montgomeri feut passer à Saint-Gaudens. M. de Monluc vint dans Agen et tascha de rassurer les esprits. Les gens d'église d'Agen avoient fait lever une compagnie de deux cents hommes qui estoient commandés par le capitaine Raphael, Italien de nation, mais domicilié et marié dans Agen. M. de Dampville avoit donné le gouvernement d'Agen à François de Montpezat, seigneur de Laugnac, avec ordre aux consuls de lui obéir, comme il conste de ses patentes données à Toulouse le 24 novembre 1569. Pendant que Montgomeri réparoit les affaires des huguenots en Béarn, M. d'Anjou donna la bataille de Moncontour, où les huguenots feurent défaits. Cette défaite obligea l'admiral et MM. les princes de venir en Guienne pour joindre Montgomeri, se flattant de se rendre maistres de toute la Guienne.

M. de Monluc, voyant bien que la mésintelligence qu'il y avoit entre M. de Dampville et lui gastoit toutes les affaires et les mettoit tous deux hors d'estat de résister, se résolut de venir dans Agen. Déjà l'admiral estoit arrivé à Montauban avec ses troupes ; Montgomeri estoit déjà venu de Béarn à Condom ; Agen en avoit pris l'alarme, jusque-là que les marchands songeoient à se retirer. M. de Monluc, qui estoit à Lectoure, après avoir pourvu à cette ville, vint se jeter dans Agen avec trois mille hommes ou gentilshommes ou soldats. A son arrivée, M. de Lalande et les consuls, qui avoient tasché de retenir le monde, vinrent avec M. de Nort et ses enfans pour dire à M. de Monluc que la ville estoit dans la dernière frayeur ; et que, si sa présence ne ranimoit pas les habitans d'Agen, la ville alloit estre déserte. M. de Monluc fit assembler les trois ordres, les deux chapitres, le présidial et le corps de ville. Il leur proposa trois choses : la première, d'étouffer la crainte et de revenir de leur frayeur ; la seconde, de ne rien épargner, ni biens ni vie, pour s'accommoder à sa volonté ; la troisième, d'obéir à six ou huit de la ville qu'il choisiroit ou qui seroient choisis par les trois ordres ; que, s'ils lui promettoient ces trois articles, il ne les abandonneroit pas. Pour animer ceux qui craignoient la dépense, il leur dit que ce qu'il demandoit n'estoit que pour la conservation de leurs églises, qui avoient esté égratignées aux premiers troubles; que maintenant elles seroient rasées. Il représenta si naturellement l'estat pitoyable où la ville seroit réduite, qu'il rassura tout le monde alarmé et retint les marchands qui estoient prests à déserter.

Le zèle que M. de Monluc marqua pour la conservation d'Agen anima tous les Agenois. D'abord, dans l'assemblée, M. de Blasimont et M. de Lalande dirent pour le clergé qu'ils dépenseroient leurs biens et qu'ils exposeroient leur vie pour le défendre, et que tous prendroient les armes et se rendroient aussi sujets à la faction que les soldats. Cela ne doit pas surprendre que des ecclésiastiques promissent de prendre les armes. Anciennement, ils estoient obligés d'aller à l'armée, et l'histoire fournit plusieurs exemples qui prouvent que les ecclésiastiques ont eu commandement dans les armées. Encore dans Agen, les chanoines des deux chapitres sont capitaines de la ville, commandent des compagnies, et le soin de la garde de la ville leur est commis à leur tour pendant la guerre.

La justice, pour ne pas céder au zèle des ecclésiastiques, promit autant que le clergé. Ensuite, le vieux M. de Nort, avec un consul, s'engagea pour toute la ville et promit, de la part de tous les habitans, que femmes et enfans, pauvres et riches s'exposeroient à toutes les fatigues de la guerre et à toutes les dépenses qui seroient nécessaires ; qu'eux-mesmes ne s'épargneroient en rien pour la conservation de la ville et pour la défense de sa personne. M. de Monluc jura de ne les pas abandonner, et exigea un serment de la part des trois ordres et généralement de tous les jurats qui estoient là présents. M. de Monluc rapporte que, s'estant retiré de l'assemblée, les corps assemblés nommèrent sept ou huit des principaux de la ville pour veiller au soin des fortifications; et, qu'après souper, MM. de Blasimont, de Laborde, le vieux de Nort et ses enfans feurent en leur particulier lui promettre leur fidélité; et tout le monde, animé par la résolution que M. de Monluc avoit prise de demeurer dans Agen, ne parloit que de combattre. M. de Monluc ne manqua pas à sa parole; ce feut un coup des plus utiles à la Guienne : la prise d'Agen eust entraisné toute la séneschaussée. M. de Monluc feut sollicité par tous les capitaines de ne se renfermer dans pas une ville presque sans défenses, dominée de montagnes ; mais il répondit qu'un bon cœur est une forteresse.

Pendant son séjour dans Agen, il tascha d'attirer M. Dampville, à qui il promettoit mille arquebusiers d'Agen, de Villeneuve, de Lectoure et de Fleurance, et mille que M. de Monferran, qui avoit conduit ses troupes jusqu'au Port-Sainte-Marie, lui en avoit promis de Bordeaux. M. Dampville ne voulut pas sortir de son gouvernement de Languedoc. M. de Monferran, ayant appris à Agen, où il demeura trois jours, que M. le maréchal de Dampville ne venoit pas, se retira à Bordeaux. Cependant, M. de Monluc mit une compagnie d'arquebusiers à Aiguillon et trois au Port, commandées par Seberan, son neveu, fils d'Anne de Massencomme de Monluc, feue sœur à M. de Monluc. Il retira celles d'Aiguillon à la sollicitation d'un gentilhomme nommé Montazet, parce que c'estoit la terre de M. de Villars, et que le sieur Montazet promettoit que le peuple seul se défendroit ; ce qui n'arriva pourtant pas, car toute l'armée de M. de Duras, de MM. les princes et de M. l'admiral, qui estoit à Montauban, vint entre Aiguillon et le Port-Sainte-Marie. La résidence de M. de Monluc dans Agen les empescha d'y venir.

C'est avec justice que M. de Monluc se vante, dans ses *Commentaires*, lib. septième, que le service le plus considérable qu'il ait rendu feut de se jeter dans Agen, car, sans la généreuse délibération qu'il prit d'y demeurer, Agen estoit abandonné et pris sans résistance. M. l'admiral s'en venoit droit à Agen, au lieu d'aller à Aiguillon et au Port-Sainte-Marie, comme il feut contraint de faire, car le conseil feut tenu à Lauserte, où il feut résolu qu'au partir de là on viendroit se loger à Castelsagrat, Monjoy, Saint-Maurin et Ferrussac, et le lendemain à Agen, tenant pour certain que M. de Monluc ne s'y arresteroit pas et qu'ils ne trouveroient aucune résistance dans Agen ; mais estant avertis et bien assurés de la résolution de M. de Monluc, ils changèrent de dessein : toute cette armée passa à Lauserte et se vint rabattre entre Aiguillon et le Port-Sainte-Marie ; elle s'estendit dans tous les villages, jusqu'auprès de Villeneuve. Aiguillon feut pris, le Port feut enlevé.

M. de Monluc envoya son fils, le chevalier de Malte, à Villeneuve pour y commander. Sa présence empescha que la division de ceux qui commandoient avant lui ne fist perdre la ville ; il la conserva au roy. M. de Monluc, le père, demeura ferme dans Agen ; les ennemis s'élargirent jusqu'auprès de Mombran, qui est la maison de campagne des évesques d'Agen. Les reistres s'estoient logés à un lieu nommé Mejant. M. de Monluc monta à cheval, prit quelques cavaliers des deux compagnies de cavalerie qu'il avoit mises dans Agen ; il feut suivi de quelques habitans ; avec ce peu de monde, il feut attaquer les reistres près de Mombran. Cette entreprise n'eut d'autre succès que la prise de trente-six chevaux et la mort de quelques reistres, que les habitans d'Agen tuèrent en cette rencontre. Tout le pays estoit couvert des troupes huguenotes ; depuis Aiguillon et le Port-Sainte-Marie jusqu'à Villeneuve, tout le pays estoit rempli des troupes de l'armée de MM. les princes et de M. l'admiral. Du costé de Gascogne, depuis Condom jusqu'auprès de Garonne, l'armée de Montgomeri occupoit tous les postes ; elle s'estendoit jusqu'à Brax.

M. de Montgomeri envoya du monde à Moyrax, à une lieue d'Agen. M. de Monluc courut à Moyrax pour en chasser les ennemis ; son zèle estoit si grand que, bien qu'il eust un lavement dans le corps, il monta à cheval, oubliant qu'il feut malade et prodiguant sa santé et sa vie pour conserver le voisinage d'Agen et d'Estillac.

Après la retraite des ennemis, il revint à Agen, d'où il envoya à Puymirol les trois compagnies d'arquebusiers qui estoient au Port et qui s'estoient retirées lorsque l'armée de M. le prince vint se saisir du Port. Il donna le gouvernement de Puymirol à M. de Laugnac, qui eut souvent occasion de combattre. M. de Dampville l'avoit auparavant fait gouverneur d'Agen pour la conservation et la défense de cette ville.

Les princes donnèrent au baron de Langoivant, qui avoit soutenu le siège de La Rochelle, le gouvernement du Bourdelois, Agenois, Périgord et Bazadois : c'estoit sous sa conduite que les huguenots feurent plus furieux. D'Aubigné, lib. I, c. VIII, t. I, dit qu'ils faisoient la guerre non en hommes, mais en démons acharnés, conduits par Langoivant et Vivans.

Les huguenots sous M. l'admiral, pour avoir communication avec les troupes de Montgomeri, et avoir le moyen d'enlever toute la Guienne, firent un pont de bateaux au Port-Sainte-Marie, des plus forts qu'on ait vus de longtems auparavant. Clayrac et Tonneins n'avoient pas épargné leur chanvre pour faire des cables si gros que la jambe d'un homme, et ceux de Montauban avoient fourni des lesnes de fer, tellement qu'il estoit enchaisné d'un costé et lié de ces deux casbles de l'autre. M. de Monluc cognut qu'on vouloit l'attaquer ; mais, pour conserver la noblesse d'Agenois qui s'estoit renfermée dans Agen et pour garantir cette ville, il songea à rompre le pont. Pour cet effet, il fit détacher un moulin d'eau de M. de Sevin, président d'Agen, qui s'estoit retiré de la ville, et qui avoit donné soupçon de n'estre pas ennemi des huguenots. Pour mieux réussir, il fit charger le moulin de grosses pierres ; la rivière le favorisa : elle estoit extresmement grosse. Les huguenots, qui n'avoient advis d'autre entreprise que de celle de M. de Dampville, qui devoit envoyer des troupes dans des bateaux pour le rompre, ne se méfioient pas du dessein de M. de Monluc ; aussi l'exécuta-t-il si secrètement, qu'ils ne se précautionnèrent pas contre son entreprise. Le coup feut prompt et secret, car les huguenots d'Agen n'eussent pas manqué de les avertir.

Il commanda, à l'entrée de la nuit, à trois habitants d'Agen les plus résolus, que M. de Monluc ne nomme pas, pour ne pas les exposer aux poursuites que M. de Sevin eust pu faire contre eux, et à trois soldats qui estoient mariniers d'aller détacher le moulin, lorsqu'on fermeroit les portes de la ville. L'ordre feut exécuté suivant l'intention de M. de Monluc : le moulin, chargé de pierres et abandonné à la merci de la rapidité de l'eau, arriva au Port, une heure après minuit. Les soldats qui gardoient le pont crurent que c'estoient les troupes de M. de Dampville qu'ils attendoient et dont ils avoient eu advis, firent leur décharge, s'avisèrent de faire grand feu sur le moulin, mais tout leur feu feut inutile ; le choc que donna le moulin feut si rude qu'il rompit le pont et poussa les débris jusqu'à Saint-Macaire ; il y eut mesme des bateaux qui allèrent jusqu'à Bordeaux. Ce coup rompit toutes les mesures des huguenots. Ils avoient dessein de se rendre maistres de toute la Guienne ; ils feurent contraints de prendre d'autres résolutions ; ils eurent bien de la peine de faire passer l'armée de Montgomeri pour les joindre. Ils passèrent entre Agen et Villeneuve pour aller vers Toulouse, sans oser attaquer l'un ni l'autre. L'armée passa au Pont-du-Casse, à une lieue d'Agen ou deux de Bajamont ; ils passèrent près de ce chasteau, où M. Durefort, frère de M. de Bajamont, sénéschal d'Agenois, estoit alors. Le sénéschal estoit près de M. de Monluc dans Agen, et cette ville lui doit sa conservation, car il contribua beaucoup avec M. de Fregose, évesque d'Agen, et les MM. de Nort à conserver Agen au roy et à la religion catholique. J'ai cru ne devoir pas taire l'obligation qu'Agen leur doit.

L'armée des huguenots, continuant sa route, passa de Bajamont à Saint-Maurin et à Lauserte, et elle sortit enfin de la Guienne.

M. de Monluc dit, dans ses *Commentaires*, qu'il ne faisoit rien qu'il ne communiquast à M. de Fregose, évesque d'Agen, se fiant autant à lui ou plus qu'à son propre frère, le tenant pour un des meilleurs amis et de meilleure conscience que prélat qui feut en France. Et, bien que le frère de M. de Fregose eust conspiré dans Agen contre M. de Monluc, et qu'il eust entraisné son frère, l'évesque, dans ce parti, M. de Monluc rejette tout le blasme sur la mauvaise intention du frère de l'évesque d'Agen.

Le coup que fit M. de Monluc en faisant démolir le pont que les huguenots avoient fait au Port-Sainte-Marie, rebuta tellement le parti des huguenots, qu'ils changèrent de dessein, et, au lieu de continuer leur entreprise sur la Guienne, ils feurent près de Toulouse faire le dégast des maisons. Dans leur route, les protestans pilloient tout ce qu'ils trouvoient leur estre contraire. L'Agenois ressentit les effets de leurs violences. Agen fut heureusement garanti par la présence de M. de Monluc; ceux d'Agen en feurent quittes pour quelques alarmes que les religionnaires leur donnoient à divers temps. Et l'on peut dire, à la louange de M. de Monluc, que, pendant cette guerre, depuis la première surprise des huguenots que M. de Monluc chassa d'Agen, jusqu'après la retraite des princes, Agen ne tomba plus entre les mains des huguenots, soit que la fermeté qu'ils firent paroistre dans cette première occasion les eust rebutés et fait perdre l'envie de rien entreprendre sur cette ville, soit que M. de Monluc veillast à la conservation de cette place. Mais, pour n'avoir pas eu le malheur d'avoir esté prise et reprise, le premier sac feut si grand, qu'Agen eut bien de la peine d'en revenir. Il fallut beaucoup de tems pour se relever des maux que cette ville reçut et pour réparer les ruines que ces ennemis de la religion y firent dans cette première secousse. Les huguenots bruslèrent les archives de toutes les communautés séculières et ecclésiastiques, et, si la généreuse résolution des Agenois n'eust arresté ces furies détachées, ils n'eussent laissé d'autre reste d'Agen que ce que la violence n'auroit pu renverser. La religion catholique eust esté abolie, le calvinisme establi, mais la généreuse fermeté des Agenois chassa ces ennemis de Dieu et de leur ville, et conserva la religion catholique, malgré la persécution des hérétiques.

Henry de Navarre espousa Marguerite de France l'an 1572. Cette même année, les huguenots, qui ne faisoient aucune tresve aux catholiques, prirent Villeneuve; l'abbaye d'Eysses fut démolie par la ruse des huguenots l'an 1572. Ils se rendirent maistres de l'abbaye, et, après s'en estre saisis, la première chose qu'ils firent, comme nous avons appris d'un verbal qui feut fait quelque temps après, ils allèrent dans les archives, qu'on appeloit le Trésor, et, ayant pris tous les livres, papiers et titres qu'ils y trouvèrent, les apportèrent devant la porte de l'église, où ils allumèrent un grand feu, dans lequel ils jetèrent tous les papiers qu'ils avoient pris dans les archives, tous les livres de chœur et tous les ornemens de la sacristie. Ensuite, ils mirent le feu au monastère et à l'église, en sorte que tout fut bruslé ou ruiné ; et, par ce moyen, les religieux furent privés des documens qui estoient dans les archives du monastère, tant pour ce qui concerne l'antiquité que pour le revenu du monastère. Le peu de titres qu'ils ont pour le temporel ont été recouvrés chez les notaires ou des particuliers qui en avoient des copies.

Charles Neuvième, l'an 1574, mourut sans laisser des enfans. Cependant, la guerre se faisoit en Agenois. MM. de La Valette et de Losse, lieutenants en Guienne, assiégèrent la ville de Clayrac, le 30 mars 1574 ; mais, quelques efforts qu'ils eussent faits par deux assauts, ils furent contraints de lever le siège le 20 juin de la mesme année. La reyne-mère fut régente jusqu'à ce que Henry Troisième, qui, sous le règne de Charles Neuvième, portoit le nom de duc d'Anjou, feut revenu de Pologne, d'où il avoit été fait roy lorsqu'il commandoit en France les troupes des catholiques en qualité de général de l'armée. C'est ce duc d'Anjou qui défit M. le prince à Jarnac et l'admiral de Coligni à Moncontour.

Pendant le règne de la reyne-mère, les huguenots faisoient la guerre dans tout le royaume. En Agenois, quoique très faibles, ils ne se laissèrent pas enlever la ville de Clayrac ni celle de Monflanquin. Leur opiniastreté d'un costé, qui servait de fortification à ces places, qui, d'ailleurs, n'étoient pas fortes, en fut la cause, et la division qui étoit entre de Losse et La Valette, à qui la reyne avoit partagé le gouvernement de Guienne, affaiblissant les armes des catholiques, y contribua, d'un autre costé, autant que leur résistance.

Agen se conserva toujours dans le parti de la religion catholique, par le ministère de M. de Fregose, évesque d'Agen, et par le secours de M. de Bajamont, sénéschal d'Agenois et Gascogne, secondé par MM. de Nort, qui ont cette gloire, qu'il est sorti de leur famille et des gens de lettres et des gens de guerre très considérables, au rapport de Lacoste, jacobin, qui, dans l'épistre dédicatoire d'un livre qu'il fit imprimer l'an 1581, parle de M. de Fregose et de ces deux familles de Bajamont et de Nort avec des éloges très singuliers, comme ayant été les appuis de la religion catholique dans la ville d'Agen.

Henry Troisième, ayant abandonné la couronne de Pologne, vint dans le royaume pour y recevoir la couronne de France. Il arriva l'an 1574, le 5 septembre; il fut sacré roy l'an 1575. En arrivant, il fit M. de Monluc maréchal de France et l'envoya en Guienne contre les huguenots; il avoit été pourvu, l'an 1574, du gouvernement général de Guienne.

M. de Monluc assiégea le chasteau de Madaillan, ayant avec lui M. de Bajamont, sénéschal d'Agenois; il battit ce chasteau avec deux canons et une couleuvrine sans le pouvoir prendre : c'étoit un temps de pillerie. Les huguenots pilloient tout ce qu'ils pouvoient prendre.

Le onzième aoust 1575, on défit dans Agen huit huguenots qu'on prit dans le chasteau de Paradan, qu'ils pilloient; on prit aussi le capitaine de ces voleurs, nommé le Bossu de Saint-Jacques; il fut conduit dans Agen et, le même jour, il fut rompu tout vif.

Henri de Bourbon, prince de Navarre, fut fait gouverneur de Guienne et succéda à son père l'an 1566, comme il paroist par les patentes de Charles Neuvième, du 8 septembre, à son premier avènement et à sa première entrée dans la ville d'Agen. Il signa les privilèges de la ville et fit le serment, à l'imitation de ceux qui l'avoient devancé dans le gouvernement de Guienne. Lorsqu'il vit le seing de son père, Antoine de Bourbon, roi de Navarre, gouverneur de cette province, et des autres gouverneurs qui l'avoient précédé, il dit qu'il n'estoit pas de meilleure condition qu'eux ; il confirma les privilèges d'Agen et jura de les conserver.

Pendant qu'il faisoit son séjour dans Agen, il aliéna l'affection des Agenois ; trois choses y contribuèrent également : la première fut l'aversion que les Agenois avoient pour les huguenots, dont il étoit le chef, et son retour au calvinisme, qu'il avoit abjuré, le rendit aussi odieux qu'il estoit indigne à ce prince d'être relaps.

De plus, il ne tint pas à lui qu'il n'abolist l'exercice de la religion catholique et qu'il ne démolist les églises d'Agen, si M. de Montpensier n'eust recommandé cette ville au roy de Navarre, et si le sieur de Foix, député du roy de France vers le roy de Navarre, n'en eust empêché l'exécution. Il fit du couvent des Jacobins une citadelle ; plusieurs ecclésiastiques furent chassés, plusieurs catholiques bannis : cela contribua beaucoup à le rendre odieux.

La seconde fut la galanterie trop forte qu'il fit dans Agen : il devint passionnément amoureux d'une fille d'Agen, qui n'étoit pas moins vertueuse qu'elle estoit belle ; il poursuivit inutilement cette chaste fille. Comme il ne put rien gagner par les caresses, il médita d'avoir par artifice ce qu'il ne put avoir par ses recherches ; il l'entreprit et réussit. Cette fille vertueuse, quoi qu'il n'y allast rien du sien, fut tellement affligée de voir sa pudicité flétrie, que, plus généreuse que Lucrèce, elle se donna une mort un peu plus lente et plus longue que celle de cette païenne. Pour ne pas survivre à son déshonneur, elle se laissa mourir de faim ; quelque soin que le roy de Navarre prist et quelque prière que toute la cour fist à cette fille de ne pas se laisser mourir, elle se laissa dessécher et périr sans manger. Les parents de cette fille, qui faisoient quelque figure dans Agen, joints à leurs amis, firent un parti qui fit appréhender au roy de Navarre que, dans un temps de trouble, il n'estoit pas en seureté dans Agen. Il se retira à Nérac et laissa dans la ville M. de Lésignan pour y commander.

La troisième est qu'il se saisit d'Agen par adresse, sous prétexte d'y venir se divertir à jeu de paume. Il promit avec serment de n'y rien tenter ; cependant, il mit garnison dans Agen, quoiqu'il eust juré de n'en y mettre pas. Le matin, en entrant dans Agen, il ne tint pas sa parole; l'après-disnée, il y fit entrer quatre compagnies de gens de pied, lesquels furent bientost après redoublés; cela, joint avec les autres rudes traitemens qu'il fit subir aux catholiques, lui osta le cœur des Agenois.

M. Lebret, livre II, page 35, de l'*Histoire de Montauban*, dit que le duc d'Alençon se fit huguenot parce qu'on ne lui avoit pas voulu donner la Guienne en apanage; qu'allant à Montauban il passa à Agen, qu'il fortifia, qu'il se saisit de Villeneuve et autres places qui tenoient pour les réformés, mais il abandonna ce parti. Le roy de Navarre et le prince de Condé y demeurèrent fermes; ils armèrent mesme pour les huguenots, l'an 1576, le prince en Poytou et le roy de Navarre en Guienne, tous deux fort faiblement, plutost pour faire des courses que des expéditions de conséquence. Toutes les entreprises qu'ils avoient résolues manquèrent. Jean de Favas, natif de Bazas, livra la ville de Bazas au roy de Navarre pour se mettre à couvert d'un horrible assassinat qu'il y avoit commis; et, pour donner des preuves de son affection, Favas prit La Réole. Peu de jours après, le roy de Navarre fut assiéger Marmande, dans l'Agenois. Comme il avoit fait le siège avec une poignée de gens, la ville se moqua de lui et le fit eschouer dans cette entreprise.

Les affaires des huguenots ne pouvoient pas estre en plus mauvais estat : tout ce parti étoit plein de cabales, de jalousies et de divisions. Les seigneurs de la cour du roy de Navarre ne pouvoient s'accorder entre eux ni avec lui, parce qu'il donnoit trop de créance à Davardin, qu'on savait estre attaché au parti de la reyne-mère, de sorte que Lanoue abandonna le roy; Turenne et les autres seigneurs ne le servoient qu'avec chagrin et avec défiance.

Il se fit un traité de pacification à Poytiers, l'an 1577; le roi de Navarre estoit dans Agen lorsque la paix feut conclue. M. de Lésignan lui avoit gardé cette ville depuis un an. Pendant son gouvernement, les huguenots estoient devenus plus forts dans la ville; les catholiques y estoient fort faibles, tellement que Henry de

Navarre fut maistre d'Agen pendant cette guerre. Cette paix, qui feut faite à Poytiers, feut publiée dans Agen le 14 octobre 1577 : cette publication feut suivie d'un feu de joie qui feut fait à la place publique, où le roy de Navarre mit lui-mesme le feu, accompagné de MM. Tibaut, Reclu, Lombateri, Baus et Alvignac, conseillers, et de MM. d'Aspremont, Ramondi, Gordin, Laroche, Gauché, consuls de la ville cette année-là.

Cette mesme année, M. de Monluc, cassé par les fatigues de la guerre, mourut à son chasteau d'Estillac, au voisinage d'Agen, l'an 1577. Le maréchal de Monluc estoit fils de François de Massan, comme seigneur de Monluc, et de noble Françoise d'Estillac. François, son père, nomme dans son testament Amanieu, son père, et Pierre, son grand-père, et ordonna d'estre enterré au Sampoy, où ses ancestres avoient coustume d'estre enterrés. Il nomme Pierre de Massan, comme chevalier de Saint-Jean-de-Rhodes, avant la prise de cette isle, qui feut prise l'an 1521 ; il nomme, dans ce testament, Jean de Massan, comme religieux de Saint-Pierre-de-Condom, qui feut ensuite évesque de Valence, Jean de Monluc, évesque de Valence. Le baston de mareschal de M. de Monluc feut donné à Arnaud Gontaut de Biron.

La mort de M. de Monluc feut un coup bien sensible aux Agenois ; la recognoissance les intéressoit à cette perte ; il avoit donné la liberté à la religion catholique dans Agen, que les huguenots avoient opprimée ; il estoit, d'ailleurs, Agenois d'affection et de domicile. L'honneur qu'il s'estoit acquis réfléchit sur les Agenois qui avoient eu l'honneur de l'avoir pour compatriote. Le tombeau de la famille est aux Cordeliers, qui sert autant à réveiller le souvenir des belles actions qu'ont faites l'illustre Blaise de Monluc et ses descendans, qu'à attirer les prières des Agenois.

Quoique le nom de M. de Monluc y soit gravé sur le marbre, nos pères ont eu soin de le graver plus avant dans le cœur des Agenois, et tous ceux qui les ont suivis ou qui vivent en ce siècle, se font un honneur de montrer à leurs enfans le tombeau de cette famille, et s'érigent en autant de panégyristes qui publient les obligations qu'Agen doit à ceux de cette maison.

La reyne-mère vint en Guienne pour conférer avec le roy de Navarre, sous prétexte de lui mener sa femme, qu'il n'aimoit guère et dont il n'estoit guère aimé. La négociation de la reyne-mère dura plus longtemps qu'elle n'avoit cru ; elle y fut occupée pendant toute l'année 1578 ; elle n'estoit pas encore finie l'an 1579. Pendant que la reyne-mère travaillait à cette négociation, la Chambre tripartie ou de l'édit, qui avoit esté instituée et établie dans Agen, composée d'un président et de douze conseillers, tint sa première séance dans la maison de ville d'Agen, le quatrième juin 1578. Le mareschal de Biron y assista avec le président Villeneuve et huit conseillers en robe rouge ; le premier huissier estoit aussi en robe rouge. Le présidial tenoit auparavant ses séances en la maison de ville, au mesme lieu où la Chambre de l'édit feut établie, comme il paroist, par le contrat de vente du chasteau de Montrevel, de l'an 1584. Il est porté par ce contrat que M. de Biron, dès l'an 1578, establit le présidial dans le chasteau de Montrevel, qui appartenoit aux enfans de M. Vigier, sieur de Peleguignon, et l'an 1584, Mlle de Cibaut, mère administreresse dudit feu Peleguignon, fît vente dudit chasteau, pour servir au présidial, à M. Delpech, procureur du roy, audit nom, moyennant le prix de quatre cents escus, le contrat retenu par Goubin, le 29 juillet 1584.

CHAPITRE XVII

LA REYNE MARGUERITE, COMTESSE D'AGENOIS, ET CE QUI S'EST PASSÉ DANS AGEN PENDANT SA DOMINATION

La mesme année 1578, la reyne Marguerite fit sa première entrée dans Agen en qualité de comtesse d'Agen. La reyne-mère y estoit entrée auparavant, accompagnée de M. le cardinal de Bourbon, de M. de Montpensier et de MM. les deux frères de M. le prince de Condé. Les comtés d'Agen et Quercy furent assignés, l'an 1578, pour lui tenir lieu de dot. Marie, Infante de Portugal, héritière de sa mère Eléonor, en jouit jusqu'en 1578, année de sa mort ; elle ne laissa pas de postérité.

L'infante étant décédée sans successeur, vers l'année 1578, l'Agenois feut réuni à la couronne par droit de réversion. Le roi Henri Troisième donna à sa sœur l'Agenois, pour la consoler de l'éloignement de la cour de France, d'où il l'avoit renvoyée. Il paroist encore que le roy de Portugal, Henri, frère et héritier de Marie, recueillit les arrérages qui estoient dus à sa sœur, dame d'Agen, affermés par Coudoin, fermier général, par plusieurs comptes rendus à Mme Marie, infante de Portugal, et par Bonnet Coudoin, dont les descendans sont MM. de Muces, famille très ancienne de la ville d'Agen.

Pendant que Mme Marie, infante, estoit dans Agen, M. François Raffin-Pothon estoit sénéschal d'Agenois et Condomois, vers l'an 1564 et 1568, aux gages de 600te, comme il paroist dans les comptes du sieur Coudoin, au payement des gages des officiers, et l'an 1570 et 1578, M. François de Durefort, baron de Bajamont, estoit sénes-chal d'Agenois et Condomois. M. Voillac, seigneur de Voillac, le feut après M. de Durefort, l'an 1587. Il mourut cette année et messire Pierre de Peyronnenq, seigneur de Chamarand, chevalier de l'ordre du roy, capitaine de cinquante hommes d'armes de ses ordonnances, succéda à M. Voillac et feut, après lui, sénéchal d'Agenois, comme il paroist par ses provisions, données à Meaux, le 4 juillet 1587 : ces derniers estoient séneschaux sous la reyne de Navarre.

La reyne Marguerite feut faite comtesse d'Agenois, l'an 1578, comme il paroist par le contrat de délaissement que le roy lui fist donner à Paris, le 18 mars 1578. Ces lettres ne feurent enregistrées à Bordeaux que l'an 1581, par lettres de jussion, et avec les restrictions que la reyne ne pourroit pas nommer aux bénéfices consistoriaux et ne pourvoiroit qu'aux offices anciens auxquels l'infante de Portugal avoit coustume de pourvoir ; et cela, à la charge que ceux qui seroient nommés ne pourroient s'entremettre en l'exercice de leur charge sans, au préalable, avoir obtenu confirmation du roy ; que l'Agenois seroit rachetable, tant sur la personne de la reyne que sur ses successeurs. L'enregistrement du parlement de Bordeaux est du 27 janvier 1581.

Cependant, la reyne Marguerite, qui estoit en ce pays, prenoit la qualité de comtesse d'Agenois en 1578, comme il paroist par le titre de cette reyne donné à Agen, le 14 octobre 1578, par lequel elle constitue des avocats au parlement. Le titre commence :

« Marguerite, par la grasce de Dieu, reyne de Navarre, fille et
« sœur de roys, comtesse d'Agenois, Rouergue, Quercy et Morle,
« à tous ceux qui ces lettres verront, salut. »

Et l'an 1579, dans les patentes accordées à Coudoin, qu'elle constitue son receveur-général, elle prend les qualités qui suivent :

« Marguerite, par la grasce de Dieu, reyne de Navarre, fille et
« sœur de roy, comtesse d'Agenois, Rouergue et Quercy, comtesse

« de Gaure, dame des Jugeries, de Vieux-Rivière, Verdun et
« Albigeois, en la séneschaussée de Tolose. »

« Donné au Port-Sainte-Marie, le dernier de janvier 1579. »

Il paroist par ces titres que la reyne Marguerite feût faite comtesse d'Agen après le décès de Marie, infante, l'an 1578; qu'elle vint à Agen en cette qualité; qu'elle y fist des actes en cette mesme qualité et son entrée solennelle, comme nous avons remarqué.

La reyne-mère, qui estoit en ce pays, taschoit de gagner l'esprit d'Henry, roy de Navarre, mais elle n'y peut rien gagner. Cependant, au rapport de Dupleix et de M. Lebret, en son *Histoire de Montauban*, lib. II, page 138, chapitre IX, M. de Biron, lieutenant en Guienne, se saisit de Villeneuve, en Agenois. Louet dit qu'il remporta une victoire signalée près de Villeneuve; qu'il se rendit maistre d'Agen mesme, qui estoit les délices de la cour du roi de Navarre, lequel, cherchant l'occasion de s'en venger, envoya le vicomte de Turenne vers Lectoure, où il saccagea la ville de Fleurance, ce qui engagea et obligea la reyne-mère de se retirer dans Agen, d'où elle essaya de ramener les esprits; mais elle y travailla inutilement, parce que la reyne Marguerite, qui trouvoit occasion de se venger de son frère qui l'avoit chassée de la cour, prit soin de s'acquérir le cœur de Pibrac, qui estoit le compil de la reyne-mère, lequel, s'étant laissé gagner, fit accorder aux religionnaires plusieurs places de seureté, lorsque la reyne-mère les engagea à rendre plusieurs places qu'ils avoient usurpées.

Pendant cette négociation, la reyne-mère fit donner un ordre à François d'Estrades, grand-père de M. le mareschal d'Estrades, de l'escorter. François d'Estrades estoit capitaine de cent cavaliers; il receut ordre d'Henry Troisième de faire une assemblée de ses amis et d'accompagner la reyne-mère à la conférence de Nérac avec sa compagnie de cavalerie et avec autant d'amis qu'il pourroit assembler. Il exécuta cet ordre fort heureusement, dont le roy lui sentit fort bon gré. François d'Estrades fut un capitaine très fidèle aux roys Charles Neuvième et Henri Troisième, et, quelque artifice qu'Henry de Navarre employast pour l'allier à son parti, il ne peut jamais le détacher de la fidélité qu'il devoit à son prince et à la religion.

La reyne-mère s'étant retirée, on ne voyait dans la cour du roy de Navarre qu'intrigues, amourettes, entreprises. Le roy Henry Troisième, qui avoit pris en haine sa sœur, escrivit au roy de Navarre, son mari, que l'on parloit mal d'elle et du vicomte de Turenne ; mais ce prince, considérant la nécessité de ses affaires plus que tout autre chose, montra la lettre à tous les deux, et n'épargna ni prières ni caresses pour retenir le vicomte, qui feignoit de se vouloir retirer. La reyne Marguerite, outrée au dernier point, n'eut d'autre pensée que la vengeance. Pour cet effet, elle instruisit les dames de sa suite d'envelopper tous les braves de la cour de son mari dans leurs filets, et fit en sorte que lui-mesme se prit aux appas de la belle Fosseuse, qui ne pratiqua que trop bien les leçons de sa maistresse : ce feurent là les vrais boute-feu du troisième trouble ; aussi le nomma-t-on la guerre des amoureux.

Comme les envoyés du roy de France vinrent, l'an 1580, pour demander au roy de Navarre les places qu'il avoit promis de rendre dans la négociation de la reyne-mère, ces dames, par le mouvement de la reyne Marguerite, qui vouloit se venger de son frère, qui l'avoit desservie dans l'esprit de son mari, piquèrent leurs galans et appelèrent sottise de rendre les places qu'ils avoient acquises au prix de leur sang. Enfin, elles les eschauffèrent de telle sorte, qu'ils se résoleurent non-seulement de les garder, mais d'en prendre d'autres. A cette fin, le roy de Navarre dépescha du monde pour l'exécution de plus de soixante diverses entreprises qui n'eurent pas beaucoup de succès, hormis une sur Cahors, l'an 1580. Cette ville, qui estoit des terres de sa femme, refusoit de recognoistre le roy de Navarre ; il se résoleut d'en avoir raison, quoiqu'il sceut que Vensins y estoit dedans avec deux mille hommes de guerre. Il ne laissa pas de l'attaquer et d'attacher le pétard, nouvelle machine d'artillerie qu'on commençoit de mettre en usage. Quand, par cette invention, il eut fait sauter une porte, il trouva Vensins en teste qui le receut fort bravement. Ce seigneur feut tué dès la première attaque; ses gens n'en perdirent pas le cœur; ils se défendirent quatre jours durant de rue en rue. A la fin, tout feut forcé et la ville horriblement saccagée et toute inondée du sang de ses habitans, en vengeance de celui des huguenots qu'ils avoient répandu au massacre de la Saint-Barthélemy.

Le mareschal de Biron, que le roy de France avoit fait lieutenant en Guienne, arresta les progrès du roy de Navarre et repoussa ses troupes dans les places. Il leur défit trois cens hommes près de Montauban, où les deux fils du marquis de Trans, proches parents du roy de Navarre, feurent tués; et Biron poussa le reste jusques aux portes de Nérac. Il fist mesme tirer quelques volées de canon contre la ville de Nérac, quoique la reyne Marguerite feut sur les murailles pour voir l'escarmouche : ce peu de respect attira sur le mareschal de Biron le ressentiment de cette reyne. Cette princesse en feut tellement offensée qu'elle ne lui pardonna jamais.

Sur la fin de l'année 1580, la paix, qui n'estoit pas moins désirée par le roy de Navarre que par le roy de France, feut enfin conclue, quoique les huguenots eussent eu du désavantage partout. M. Dumaine nettoya le Dauphiné, M. de Lude le Poitou, M. de Biron l'Agenois. Le roy de France, avec tous ces avantages, conclut la paix, par laquelle on accorda quelques places au roy de Navarre, et on donna à la passion de la reyne Marguerite la révocation de M. de Biron; on osta à ce mareschal la lieutenance de Guienne pour la donner au mareschal de Matignon, que cette reyne demandoit. Le lieu de la conférence feut le chasteau de Fleix, appartenant au marquis de Trans, le 24 janvier 1581. La paix feut publiée dans Agen; il y eut feu de joie où M. le séneschal de Bajamont mit le feu.

Les consuls de la ville d'Agen, qui, pendant les troubles de Guienne avoient reçu quelque bresche dans leurs privilèges, eurent recours à Henry Troisième, durant la paix, pour se garantir des esdits qui donnoient quelque atteinte à leurs droits, et de diverses provisions obtenues contre leur droit de nommer des assesseurs. Henry Troisième, ayant vu les titres d'Agen et les preuves irréprochables des services que les Agenois avoient rendus pendant les guerres civiles, accorda ses lettres patentes aux consuls d'Agen, en forme de charte, le vingt-deuxième mars 1582, dans lesquelles il déroge par une clause expresse de l'esdit de Moulins, art. 71, dans lequel le roy s'estoit attribué toutes les justices royales des villes, et confirma les consuls d'Agen dans leur droit de justice, et déclare que les provisions obtenues par Antoine de Boissonnade sont obreptices et subreptices, obtenues par surprise et par la faveur du seigneur de Biron.

La mesme année 1582, le deuxième octobre, la chambre de justice, qui estoit à Bordeaux, vint dans Agen, où elle demeura environ huit mois. M. l'évesque d'Agen Fregose y assista tenant le premier rang du costé gauche; M. l'évesque de Dacqs y assista aussi; sa place fut du costé droit, après les deux présidens, M. le séneschal de Bajamont, le président de Nort; les consuls, avec leurs robes, y assistoient et estoient dans le parquet. Ce feut dans cette chambre de justice où M. Pitou, l'an 1583, prononça cette harangue si fameuse en faveur de la ville d'Agen, imprimée parmi ses ouvrages.

L'an 1585, la reyne Marguerite, estant dans Agen, fit assembler les trois ordres, M. l'évesque, M. Blasimont, prieur de Saint-Caprasi, le présidial et les consuls, les sergens de quartier et jusqu'au moindre caporal. Elle leur représenta que M. le mareschal de Matignon avoit conspiré contre elle; elle leur fit prester serment de fidélité, et, pour s'assurer de la ville, elle se fit donner les clefs de la Porte-du-Pin. S'estant rendue maistresse de la porte, elle changea le capitaine Murio, qui y commandoit, et mit à sa place le capitaine Falaschon; elle changea le sergent qui estoit à la porte du pont de Garonne et y mit quantité de gens de guerre commandés par M. Duras. Elle vouloit se rendre maistresse de la ville pour réussir dans le dessein qu'elle avoit de se révolter contre son propre mari.

Pendant que ces choses se passoient de la sorte dans Agen, les affaires du royaume et les jalousies de la cour obligèrent M. de Guise de faire une ligue, sous prétexte de religion, qu'on nomma la Sainte-Union. Ils se rendirent les chefs de ce parti, qui se forma contre les huguenots. Henry de Navarre feut le chef des protestans. M. d'Epernon, qui voyait que tous ces ressorts tendoient à le perdre, tenoit l'esprit du roy en défiance contre M. de Guise. La défiance en vint jusque-là que le roy conçeut le dessein de se défaire de M. de Guise et du cardinal de Lorraine, son frère ; mais il le dissimula et accorda plusieurs esdits contre les religionnaires. Le 19 aoust 1585, il feut publié un esdit dans Agen qui portoit que tous les ministres de la religion prétendue réformée vidassent le royaume dans un mois, et que les huguenots allassent à la messe dans le mois, autrement qu'ils sortissent du royaume de France ; le roy leur permettoit de vendre leurs biens.

Le mesme soir, il y eut feu de joie dans la ville, où la reyne Marguerite assista ; le *Te Deum* fut chanté, en recognoissance de la vigueur du roy à chasser de son royaume les protestans, pour qui ceux d'Agen avoient une extresme aversion. Henry, roi de Navarre, protesta qu'il conserveroit sa religion et sa liberté, prit les armes, emporta la ville d'Agen et Villeneuve, en Agenois, et quelques autres villes de Guienne, après la révocation de l'esdit de pacification, en 1585.

La reyne Marguerite, qui avoit en vue de se révolter contre le roy de Navarre, son mari, méditoit de faire une citadelle dans Agen, et, pour cet effet, les 15, 16 et 17 du mois de septembre 1585, elle fit abattre toutes les maisons, depuis la Porte-Neuve jusqu'aux Jacobins, pour y faire la citadelle qu'elle avoit dessein de faire pour se défendre contre son mari. Ce dessein ne lui réussit pas ; le 25 septembre 1585, les habitans de la ville, effrayés du nom de citadelle, firent retirer la reyne Marguerite de la ville ; quelques habitans se saisirent de la Porte-du-Pin : MM. Trinque, Corne, Beaulac et Gardes et autres, au nombre de trente, feurent de la partie. La reyne Marguerite les fit attaquer ; la crainte en fit retirer la plus grande partie : il n'en resta que douze, dont l'un fut tué et deux blessés. Les neuf qui restoient dans la porte se défendirent pendant quatre heures ; après quoi M. de France vint au secours de ces habitans avec trente hommes qui firent retirer les gens de la reyne Marguerite ; elle-mesme se retira et sortit d'Agen. M. de Matignon, lieutenant dans la province, qui arriva le lendemain dans Agen, approuva l'action que les habitans avoient faite.

CHAPITRE XVIII

LES SUITES DE LA LIGUE

La Ligue cependant, qui estoit formée, pressoit le roy à faire incessamment des esdits contre les huguenots. Le 20 novembre 1585, il feut publié un édit du roy qui déclarait ceux de la religion qui porteroient les armes contre lui criminels de lèse-majesté et leurs biens confisqués, et ordonnoit à ceux qui ne portoient pas les armes de faire profession de la religion catholique dans quinze jours; qu'autrement leurs biens estoient confisqués et qu'ils seroient chassés du royaume. Ce feut alors que le roy de Navarre prit les armes, qu'il emporta Agen et Villeneuve et quelques autres villes de Gascogne.

Le roy de Navarre feut fort embarrassé de voir que toute la France estoit contre lui et contre le prince de Condé; ce qui l'étonna davantage, c'estoit de voir que sa propre femme, la reyne Marguerite, se révoltast contre lui, l'an 1585. Mais, comme cette princesse ne suivoit que sa passion, qu'elle avoit mal concerté sa partie et n'agissoit pas de concert avec la France, il ne feut pas difficile au roy de Navarre de la chasser. Le P. Jean de Rechac, jacobin, dans la *Vie de saint Dominique*, dit que la reyne Marguerite, fuyant la poursuite de son mari, vint dans Agen et qu'elle se réfugia dans le couvent des Jacobins, qui estoit alors la plus forte maison de la ville; que ce couvent feut barricadé et muni de poudre.

Henry, roy de Navarre, ne pouvant souffrir que sa femme l'eust abandonné, se résolut de la poursuivre, envoya après elle du monde dans Agen. Cette princesse, qui s'estoit rendue odieuse dans Agen lorsqu'elle voulut faire une citadelle dans la ville, ne trouva pas les Agenois en humeur de la défendre ; elle feut contrainte de se faire un asile du couvent des Jacobins ; mais, le roy s'estant préparé de l'assiéger, elle se retira de ce couvent. Par une disgrasce imprévue, un des soldats d'Henry, roy de Navarre, qui estoit entré dans le couvent, mit le feu aux poudres, qui emportèrent tout le noviciat. Tous les novices et plusieurs de leurs pères y feurent écrasés ou tués sous les ruines, à la réserve de deux religieux qui se trouvèrent dans les embrasures des fenestres et des portes, l'un desquels disoit son office devant la fenestre, l'autre sortoit de sa chambre. Le P. Rechac nomme ces deux religieux, qui vivoient encore du tems qu'il escrivoit son histoire. Il rapporte cette aventure, sur le rapport de ces deux religieux qui échappèrent à cet incendie, et qu'il produit comme deux témoins irrécusables de la vérité de cet accident. Ce feut le 25 septembre 1585 que le feu prit aux poudres qui estoient dans le couvent : le petit dortoir feut ruiné, frère Estienne Audebert y fut écrasé ; il feut tué, dans cette action et cette petite guerre, soixante bourgeois et entre autres le père du frère Audebert.

La reyne Marguerite, après cette disgrasce, feut obligée de se retirer en Auvergne avec quelques gentilshommes catholiques. Sa fuite ne feut pas heureuse et un dessein conçu n'eut pas un succès fort heureux ; elle eut diverses aventures et courut beaucoup de hasards. Elle demeura en Auvergne jusqu'à ce qu'Henry IV, devenu roy de France, la rappela à Paris pour consentir à la dissolution de son mariage.

Cependant, le feu de la guerre s'alluma partout ; ce pays en feut le théastre. MM. de Mayenne et de Matignon prenoient de petites places ; le roy de Navarre, d'un autre costé, ruinoit les villes et les villages catholiques dont il pouvoit se rendre maistre. Il ruina le Port-Sainte-Marie, Saint-Maurin, Auvillars. M. de Mayenne perdit plus de deux mois de tems pour surprendre le roy de Navarre lorsqu'il viendroit au-dessus de Garonne, ou qu'il iroit voir la comtesse de Guiche, dont il estoit éperdument amoureux. Pour cet effet, il distribua sa cavalerie en divers postes sur les passages.

Le mareschal de Matignon, l'an 1586, mit une seconde fois le siège devant Castels, qu'il avoit assiégé l'année auparavant sans succès. Le roy de Navarre lui fit lever le siège ; il le réassiégea ; et, comme il estoit sur le point de le prendre, M. de Mayenne survint qui lui ravit cet honneur. Ce coup redoubla leur animosité et leur jalousie ; le mareschal de Matignon feignit d'estre malade pour ne pas se trouver avec le duc de Mayenne ; il traversa ses desseins (on croit qu'il en avoit quelque ordre secret), ce qui recula un peu les affaires. La mesme année 1586, le roy de Navarre avoit pour gouverneur de Guienne Henry de la Tour, vicomte de Turenne.

M. le mareschal de Matignon vint dans Agen l'an 1587 ; il y fit visiter les greniers de la ville pour en retirer du blé pour la nourriture de l'armée. Quelques habitans de Lésignan et d'Artigues fournirent deux cent quatre-vingts sacs de blé, comme il paroist par leur requeste présentée à M. de Matignon et par l'ordonnance qu'il fit pour ordonner le payement de ce blé, qu'il taxa cinq livres dix sols le sac. L'ordonnance est datée d'Agen, du 1ᵉʳ d'avril 1587. Pendant la mesme année 1587, la Guienne feut désolée par trois armées : le duc de Joyeuse en avoit une, M. de Matignon une autre, le roy de Navarre une troisième pour son parti. Agen feut accablé de gens de guerre. Le 4 février 1587, M. de Matignon entre dans Agen avec dix mille ou douze mille Suisses et six cents chevaux ; cette guerre dura encore l'an 1588. M. de Matignon mit dans Agen quatre compagnies de Suisses, le 6 mars 1588, et, le cinquième de mars, il feut prendre M. de Lésignan, qui estoit de la religion prétendue. M. de Monluc le prit en sa garde : le sujet de sa détention feut qu'il avoit formé le dessein de piller et de brusler Agen, et, sans Mᵐᵉ sa femme, qui eut compassion de cette ville et en donna avis, Agen eut esté bruslé.

M. de Lésignan ayant manqué son coup, pour ne laisser pas son dessein et son attroupement sans effet, conduisit le monde qu'il avoit ramassé au Port-Sainte-Marie, où il exécuta le dessein qu'il avoit eu sur Agen. Le 4 septembre 1588, l'esdit d'union entre le roy et MM. de Guise et autres princes catholiques feut publié dans Agen ; sa publication feut suivie d'un feu de joie où M. de Matignon mit le feu, et donna le flambeau à M. de Cambefort pour l'y mettre à son tour.

Cet esdit n'accorda pas les divisions de la cour ; elles augmentèrent au lieu de diminuer, et bientost le désordre de la cour partagea tout le royaume. Agen, aussi fidèle à la religion qu'au roy, entra plus avant que ville du royaume dans le parti de la Ligue, assuré par le prétexte spécieux de la religion. Ce peuple pieux et dévost y alloit de bonne foi; Marmande et Villeneuve suivirent Agen.

Le roy de France, qui n'avoit consenti à cette union qu'avec défiance de M. de Guise, médita d'exécuter le dessein qu'il avoit conçu de s'en défaire et il l'exécuta. Dans les Estats qu'il avoit assemblés à Blois, il fit tuer le duc de Guise et le cardinal de Lorraine, son frère, le 23 septembre 1588. Cette mort irrita les Ligueurs, et ce qui acheva de les détacher des interests du roy, feut qu'il s'appuya du roy de Navarre, huguenot. La tresve qui feut faite entre les deux roys feut publiée dans Agen, le 18 de mars 1589 ; avant cette tresve, le 25 d'avril, il y eut une furieuse alarme dans Agen. M. de Saint-Chamarond, protecteur des huguenots, sénéschal d'Agen, qui avoit presté le serment de sénéschal, le 8 aoust de l'année précédente, suscitoit les huguenots contre les catholiques, qui estoient fortement attachés à la Ligue. On assembla d'abord les trois ordres ; il feut résolu de prier M. de Saint-Chamarond, sénéschal d'Agenois, qui avoit presté le serment, le 8 aoust, de se retirer de la ville, ce qu'il fit pour n'augmenter pas la défiance qu'on avoit conçue contre lui, et pour ne pas s'attirer une sédition sur les bras.

La mesme année, comme les Agenois avoient espousé fortement le parti de la Ligue, on publia dans l'église de Saint-Estienne de cette ville l'excommunication du pape Sixte Cinq contre Henry

Troisième de Valois, pour avoir fait mourir le cardinal de Guise. Après la mort de ce cardinal, le pape Sixte Cinq fit afficher à Rome ce foudroyant monitoire, par lequel il déclara que le roy Henry Troisième a encouru l'excommunication portée par les canons pour le meurtre commis en la personne d'un cardinal. Le pape commanda au roy de mettre en liberté le cardinal de Bourbon et l'archevesque de Lyon, dix jours après la publication de ce mémoire aux portes de deux ou trois églises cathédrales qu'on désigne dans la bulle, qui sont celles de Poitiers, de Chartres, de Meaux, d'Agen et du Mans, et de l'en assurer dans trente jours après ; à faute de quoi il prononce, dès à présent, comme pour lors, et contre lui et contre tous les complices du massacre du cardinal de Guise et de l'emprisonnement des autres prélats, qu'ils ont damnablement encouru l'excommunication majeure. Ce monitoire feut affiché à Rome le 24 mars, publié à Chartres et à Meaux le 23 de juin. Les actes en feurent imprimés à Paris avec le monitoire chez Nicolas Nivelle et Rollin-Thiéri, libraires et imprimeurs de la Sainte-Union, avec permission du conseil général de la Sainte-Union, Senant, leur secrétaire. Ce monitoire du pape feut publié dans la cathédrale d'Agen le seizième juillet, l'an 1589, suivant la désignation qui en avoit été faite dans la bulle tirée de manuscrits dignes de foi.

L'union qu'Henry Troisième avoit faite avec le roy de Navarre ne lui feut pas favorable ; elle détacha la plupart des seigneurs et des villes de son parti, parce qu'ils entrèrent dans une grande défiance de la conduite du roy, et la religion, qui n'avoit servi que de prétexte jusqu'alors, engagea fortement les catholiques contre le parti des deux roys. Il en cousta la vie à Henry Troisième, roy de France. Jacques Clément, par un faux zèle qui tenoit de la folie, se porta à cette extrémité que de tuer le roy de France, l'an 1589. Cette mort n'apaisa pas les affaires ; elle les aigrit davantage. Henry Quatrième, roy de Navarre, qui prétendoit à la couronne, étoit huguenot. La Ligue se fortifia contre lui et s'opposa à la succession de la couronne qui lui estoit due, et nomma roy de France

Charles de Bourbon, cardinal, qui fut nommé Charles Dixième. La Ligue fit battre de la monnoye au coin de Charles Dixième.

Les Ligueurs, avant la mort de Henry Troisième, avoient fait un conseil général composé de quarante hommes choisis des trois Estats, approuvés par le Parlement, pour ordonner des affaires publiques et entretenir les intelligences avec les provinces et les villes liguées. M. de Villars, qui avoit esté fait évesque d'Agen, feut un des conseillers de ce conseil. Comme les trois principales villes du diocèse d'Agen et presque tout l'Agenois tenoient pour la Ligue, ce feut un coup de politique de nommer l'évesque d'Agen, afin de tenir cette province dans ce parti.

Après la mort d'Henry Troisième, tout se faisoit par ce conseil. Les huguenots, cependant, faisoient tous leurs efforts pour appuyer Henry Quatrième contre la Ligue. Agen, qui estoit fortement attaché à la Ligue, feut attaqué le 30 juillet 1589 par les huguenots et les partisans d'Henry Quatrième, sous la conduite du vicomte de Turenne, qui estoit lieutenant en Guienne pour Henry Quatrième. Biban, Favas, Fantaraille, Lésignan, Laugnac, Sus, Saint-Léger, Panisseau, animés par Saint-Chamarond, qui leur promettoit d'emporter Agen facilement, vinrent assiéger le Passage-d'Agen. M. de Turenne mit le siège dans les formes ; la batterie du canon fut dressée, les tranchées ouvertes. Les Agenois avoient fortifié le Passage et fait un petit fort dans ce village pour défendre la ville de ce costé. Là, M. de Turenne crut emporter d'abord ce petit fort ; mais il feut bien surpris de trouver une résistance si généreuse. La jeunesse d'Agen, qui en avoit entrepris la défense sous la conduite de M. Marlan, soutint les efforts des assiégeants onze jours durant. Il y avoit un pont de bateau sur Garonne pour avoir communication avec la ville ; la jeunesse d'Agen et les habitans, se relevant les uns les autres, firent avorter cette entreprise. Les Agenois, animés par l'aversion du calvinisme et par l'esprit de la religion, fatiguaient le vicomte de Turenne par des sorties si vigoureuses qu'il avoua n'avoir trouvé dans toute la province des gens si déterminés. Plus le vicomte s'opiniastre, plus on lui résiste ; la crainte d'eschouer dans ce petit lieu lui fit mettre tout en œuvre pour éviter cette confusion. Les canons battent ce petit fort, renversent les barricades, font quelque petit jour ; mais le vicomte de Turenne eut le déplaisir de voir les barricades aussitost redressées qu'elles estoient abattues. Si le canon enfonçoit une barrique, il y en avoit une autre aussitost preste pour la remplacer. Les Agenois, de l'autre costé de rivière, pour défendre la vie de leurs enfans et de leurs habitans, avoient fait une batterie de leurs couleuvrines sur le bord de la rivière, qui foudroyoit sur les huguenots et coupoit toutes leurs mesures. Le vicomte, voyant tous ses efforts inutiles, ne veut pas en avoir le démenti ; il tente de faire sauter ce petit fort par la mine et d'abattre quelques maisons d'où on lui tuoit ses meilleurs soldats et les plus avancés de ses troupes. Il donna l'ordre de miner. Panisseau s'en charge, sa mine est déjà faite, mais elle feut éventée ; ceux qui estoient dans le fort le contreminèrent et donnèrent jusque dans la mine que Panisseau avoit fait faire. A ce coup, M. de Turenne désespéra de rien gagner, et, pour comble de disgrasce pour lui, il apprist que M. le marquis Emmanuel de Villars, envoyé lieutenant dans l'Agenois pour la Ligue, venoit au secours avec M. Montpezat, son frère, MM. de Montespan, Monleu, Delau. Cette nouvelle jeta le vicomte de Turenne dans le dernier désespoir ; alors il tenta, mais inutilement, de rompre le pont de bateaux que les Agenois avoient fait pour establir la communication du fort avec la ville. Le vicomte de Turenne fit destacher des moulins, fit pousser des bateaux pour le rompre ; l'eau, qui estoit fort basse, ne seconda pas son dessein. Les Agenois, qui n'estoient pas moins vigilans que les ennemis, s'estoient précautionnés ; ils estoient sur le pont pour retenir le moulin, qui venoit lentement, ou du moins pour en affaiblir le choc, de façon qu'il n'en pust venir à bout. Enfin, M. le marquis de Villars arriva le onzième jour du siège, neuvième aoust 1589. M. de Villars le poursuivit et le défit : l'histoire de ce siège est tirée de manuscrits dignes de foi et du poème d'Antoine Lapujade, Agenois, où il fait paroistre autant d'esprit que de zèle pour sa patrie et de fidélité pour la religion catholique.

Son ouvrage feut imprimé à Toulouse par Raymond Colomez, l'an 1589.

Après la mort d'Henry Troisième, le cardinal de Bourbon feut élu roy de France, sous le nom de Charles Dixième. Le duc de Mayenne feut fait lieutenant-général de l'Estat royal et couronne de France : c'estoient les qualités qu'il prenoit.

Tout le royaume feut partagé; le parlement de Bordeaux ordonna, par arrest du 19 aoust 1589, à tous ceux de son ressort d'observer l'esdit d'union de l'église catholique, apostolique, romaine. Quoique cet esdit eust été donné, la plus grande partie de la Guienne suivoit Henry Quatrième, successeur d'Henry Troisième à la couronne de France. Il n'y avoit que les villes d'Agen, Marmande, Villeneuve et quelques chasteaux en Agenois et en Quercy qui estoient dans le parti de la Ligue contre Henry Quatrième. Marmande, qui avoit soutenu un siège et fait avorter l'entreprise qu'Henry, n'estant encore que roy de Navarre, avoit faite sur cette ville, l'an 1576, suivit son premier mouvement et l'aversion qu'elle avoit pour les huguenots. Villeneuve et Agen ne cédoient point à leur zèle et à leur religion.

M. le marquis de Villars estoit dans Agen quand la nouvelle vint que le cardinal de Bourbon avoit esté élu roy de France, le 28 aoust 1589; il fit faire un feu de joie pour l'élection de ce roy, le 8 février 1590. L'arrest que donna le parlement de Paris de recognoistre Charles Dixième pour roy et M. de Mayenne pour lieutenant-général, feut porté dans Agen et feut enregistré au Palais.

Agen estoit tellement attaché à ce parti qu'on y expédioit les lettres de chancellerie au nom de Charles Dixième, au lieu qu'à Bordeaux on les expédioit au nom d'Henry Quatrième. Tout ce qui venoit du costé de la Ligue y estoit reçu : l'arrest du parlement de Paris qui déclara Charles de Bourbon roy, l'ordre pour les Estats-Généraux convoqués par M. de Mayenne, l'ordre du ban et arrière-ban y feurent reçus. M. de Villars, fait lieutenant pour la Ligue, y feut reconnu; M. de Monluc feut fait sénéschal à la place de Saint-Chamarond, qui estoit huguenot. Voici l'extrait de diverses pièces qui y feurent reçues ; la première est l'arrest du parlement qui ordonne de recognoistre Charles, Dixième de ce nom :

« Sur la requeste faite par le p. g. du roy, la cour, toutes les chambres assemblées, enjoint à toute personne, de quelque estat, dignité, qualité et condition qu'elle soit, de recognoistre pour légitime roy et souverain seigneur Charles, Dixième de ce nom, et lui prester serment de fidélité et obéissance du par bons et loyaux sujets ; s'employer de tout son pouvoir pour le délivrer de la captivité en laquelle Sa Majesté est détenue, demeurant cependant les titre et pouvoir attribués au sieur duc de Mayenne, pair de France, en son entier, force et vertu pour le continuer et en user jusques à la pleine et entière délivrance de Sa Majesté. En outre, ordonne que les arrests de lad. cour et toutes lettres de chancellerie seront intitulées, inscrites, scellées sous son nom ; ensemble la monnoye qui sera fabriquée en la prochaine année gravée sous ce nom et figure.

« Et sera le présent arrest, lu et publié en tous les sièges de ce ressort, à jour et pleix et lieux tenants ; et, à cette fin, sera à la diligence dudit p. g. envoyé à tous ses substituts.

« Fait au parlement le 29 novembre 1589.

« Signé : DUTILLET. »

« Lues et publiées ont esté les présentes, dans le parquet et auditoire royal de la cour de la sénéchaussée d'Agen, pardevant M. Jean Dorty, président et juge mage. En icelle assistant le lieutenant principal, conseillers et magistrats principaux de lad. cour, consuls de la ville avec leurs robes et chaperons de livrée, ce requérant, les advocats et procureurs du roy ; en icelle de quoy leur a été octroyé acte et ordonné que semblable publication en sera faite au son de trompe et cry public par les contours et carrefours de lad. ville d'Agen et autres lieux et endroits accoustumés de lad. présente sénéchaussée. Et à ces fins, copies duement collationnées par le greffier de lad. cour, envoyées esd.

lieux, afin qu'aucun n'en prétende cause d'ignorance ; le tout à la diligence du procureur du roy.

« Fait à Agen, le 8 février 1590.

« Signé : CARGOLLE. »

« M. le sénéchal, les actions et départemens du roy de Navarre, auparavant et depuis la mort du feu roy, ont ouvertement fait cognoistre à toutes personnes de jugement sain, qu'il n'a d'autre but qu'à introduire en notre vraie et ancienne religion l'hérésie et qu'il l'eust introduite en notre royaume sans les empeschements et résistances qui lui ont esté faites par les princes, prélats, seigneurs, gentilshommes, villes et communautés de ce royaume, zélés et affectionnés à notre sainte religion, qui se sont unis pour la conservation et défense d'icelle ; qui ont volontairement exposé leur vie et leurs moyens sans y rien épargner, avec l'aide et l'assistance desquels nous avons jusqu'à présent empesché les progrès de ses pernicieuses entreprises. Or, comme nous ayant esté avertis que led. roy de Navarre, continuant ses premières intentions, se force faire un grand amas de gens de cheval et de pied, tant étrangers que autres, pour tenter un dernier effort à l'encontre de tous les catholiques et parvenir, s'il lui est possible, à l'establissement de l'hérésie, changement de notre sainte religion et ruine de tous les catholiques et gens de bien, à quoi nous sommes pour notre regard très résolus nous opposer, et ne rien omettre de ce qui sera de notre devoir pour nous acquitter dignement de la charge qui nous a été commise pendant l'absence de Mgr le cardinal de Bourbon, notre roy légitime et naturel, détenu en prison et en captivité par le roy de Navarre, son neveu, subjet et serviteur, et par les hérétiques. Estimons ne pouvoir plus glorieusement employer la vie que nous tenons de Dieu qu'en conservant notre religion et recherchant tous moyens à nous possibles pour remettre notre bon roy en liberté, y estant obligés par le devoir et fidélité et service que nous lui devons. Ce que nous espérons semblablement que tous les princes, prélats, officiers de la couronne, gentilshommes et autres catholiques du royaume s'efforcent faire, et que, volontairement, se disposent de nous assister et secourir, pour ne manquer au devoir dont ils sont tenus envers Dieu, notre souverain prince, sans qu'il soit besoin les requérir et conjurer de ce faire. Toutefois, désirant oster toute excuse auxd. catholiques, de ne s'estre trouvés à si s^{ts} effets, faute d'en avoir esté avertis en tems et saisons convenables ; et, afin de plus assurer les forces qu'avons de divers endroits, l'assistance du ban et arrière-ban dans ce royaume, qui a toujours esté estimé une des principales et des plus seures forces d'iceluy, pour estre composé de toute la noblesse en laquelle git la grandeur, seureté et conservation de notre roy, pour le secourir et délivrer ; ne pouvant estre jamais convoqués et assemblés pour affaire plus urgente et importante, au bien et salut de ce royaume auquel ceux qui y sont subjets soient plus tenus et obligés d'assister, sans y apporter aucune excuse ou demeure, s'ils ne veulent estre déclarés indignes d'estre ci-après tenus et réputés pour catholiques et vrais François ;

« Nous, à ces causes, vous prions, et par le pouvoir à nous donné, mandons qu'incontinent et sans délai, vous ayez à faire publier à son de trompe et cris publics, par tous les lieux et endroits de votre ressort et juridiction, que toutes personnes subjectes aud. ban ou arrière-ban, aient à se trouver à certain et à tel jour qui leur sera par nous limité et préfix, au lieu où l'assemblée dud. ban et arrière-ban a coustume estre.

« Fait en votre juridiction, pour là en estre fait la montre, selon et en suivant la forme qui a esté ci-devant accoustumée d'estre gardée et observée ; et, incontinent après la montre, faites marcher le plus diligemment que faire se pourra, droit la part où nous serons avec notre armée, de sorte qu'ils ne faillent de s'y rendre dans le quinzième du mois de janvier prochainement venant, pour après estre par nous employés et exploités, ainsi et sous la charge de celui qui sera par nous ordonné, en contraignant à ce faire et souffrir tous ceux qu'il appartiendra et qui, pour ce, seront à contraindre par toutes voies et manières dues et accoustumées de faire en tel cas ;

« Semblablement faire sçavoir à tous seigneurs, gentilshommes qui ont commission de nous pour lever et mettre ceux des compagnies d'hommes d'armes et chevau-légers, qu'ils aient à se rendre près de nous dans le quinzième jour de janvier prochain avec leurs dites compagnies ; et les autres, qui n'ont point de charge, avec autant de leurs amis qu'ils pourront promptement assembler, pour estre tous joins et unis ensemble, et nous opposer vertueusement à l'effort des armes desdits hérétiques ; et, avec l'aide de Dieu, donner à l'avenir seureté à notre sainte religion, et entière liberté à notre roy, et la paix tant désirée à cet Estat. Ce que nous prions, exhortons et conjurons tant qu'il nous est possible, tous les princes, prélats et officiers de la couronne, tous gentilshommes, manans et habitans des villes et autres, qui sont de l'union des catholiques, qui se voudront joindre, et de laisser et abandonner lesd. hérétiques. Vouloir promptement faire exécuter et satisfaire au contenu de ces présentes, où, à leur défaut ou demeure, il ne puisse arriver aucun inconvénient. De ce faire, vous avons donné et donnons plein pouvoir, puissance, authorité et mandement spécial ; et nous, en vertu du pouvoir à nous donné, mandons à tout justicier, officiers et subjets du roy, notre souverain seigneur, que à vous ce faisant.

« Donné à Paris le dix-huitième jour de septembre 1589.

« Votre entièrement et plus assuré et parfait ami.

« Signé : CHARLES DE LORRAINE. »

« Leues et publiées en l'audience de la cour de la sénoschaussée d'Agen pardevant M. Dorty, président et juge-mage, assistant les conseillers et consuls de lad. ville.

« Ce requérant, le pr. du roy, à Agen, le 8 février 1590.

« Signé : CARGOLLE, greffier. »

A M. LE SÉNESCHAL

« La grandeur de nos misères, qui semble surmonter tous remédes, doit exciter les gens de bien à chercher les moyens d'en sortir et les catholiques sur tous autres pour l'intérest de leur religion, qui est en péril. S'ils ne s'unissent et conspirent en mesme volonté pour la conserver néanmoins, les artifices des hérétiques ont jusqu'ici tel pouvoir pour les diviser que plusieurs d'entre eux se sont séparés de la cause de la religion et essayent tous les jours, au prix de leur sang et par leurs armes, d'agrandir l'hérésie, sous prétexte qu'ils sont appelés à la vengeance de la mort du feu roy, tué par l'entreprise d'un homme seul, ayant fait cette résolution de lui-mesme et, comme par inspiration, sans le sceu de ceux qu'ils ont publiés estre les autheurs de sa mort. A quoi ils ajoutent, pour émouvoir la noblesse, que parmi nous le peuple veut demeurer maistre et troubler et oster l'authorité et prééminence qui appartiennent aux gentilshommes, comme si les premiers qui ont pris les armes et un grand nombre de noblesse qui les assistent n'avoient eux-mesmes intérests de retenir le peuple sous l'ancienne forme de gouvernement reçue en ce royaume, et ne cognoissent bien que sa passion est mue d'un juste désir d'exterminer les hérétiques et ceux qui les favorisent ; et, s'il y a de l'excès dans ce zèle, qu'il le faut plutost doucement reprendre et corriger que sévèrement punir. Nous accusent encore appeler à notre aide les étrangers pour se saisir de l'Estat ou le dissiper avec eux, ne tenant point à blasmer le secours qu'ils tirent d'Angleterre, de Genève et autres hérétiques, mais ternir celui qui vient du roy catholique, lequel embrasse avec aussi grande ardeur la défense de la religion catholique, par toute la chrétienté, que la reyne d'Angleterre fait l'establissement de l'hérésie. Quoique il nous suffit de respondre que si tous les catholiques faisoient leur devoir, ils n'auroient besoin de chercher le secours dehors pour nous défendre contre les hérétiques ; et qu'eux, n'estant joins à cette sainte cause, et ayant mesme part que nous à la conduite des affaires, découvriront assez que c'est une pure calomnie, et que nous n'avons autre affaire que de conserver nostre religion et l'Estat en son entier. Quant au roy catholique, que tous les bons et vrais catholiques de ce royaume lui ont beaucoup d'obligation, pour n'avoir jamais requis autre serment du secours qu'il nous donne que le bien général de la

22

religion, à laquelle, outre son zèle, l'intérest et seureté de ses Estats, sont si conjoins qu'ils n'en peuvent estre séparés. Ce qu'ils ont aussi de plus familier en leur bouche, c'est que l'ambition de la maison de Guise est la vraie cause de la prise des armes et non la religion ; encore plus que leurs actions fassent cognoistre qu'ils ont couru à tous périls pour la religion, et que ses prédécesseurs sont ensevelis. En cette cause, les doive exempter de soupçon et surtout ce que, après la mort du roy, ils ont en l'instant, les premiers de tous, recognu M. le cardinal de Bourbon pour le vrai roy et souverain seigneur ; n'ayant rien obmis pour le mettre en liberté, soit en offrant des deniers, bienfaits et honneurs, jusques à implorer l'authorité du parlement et le remède des armes, ayant esté quelque tems différé, etc. »

Le reste de l'acte ne tend qu'à justifier la conduite de M. de Guise, et porter les catholiques à la défense de la religion.

« A ces causes, nous vous prions, et en vertu de nostre pouvoir, mandons qu'incontinent la présente reçue, vous ayez à faire publier la venue des Estats au lendemain de la Chandeleur, le troisième jour du mois de février, en la ville de Melun. A cet effet, convoquez et assemblez en la ville de, etc., dans le plus bref délai que faire se pourra, les trois Estats catholiques de votre ressort, selon et à la forme accoustumée en tel cas, et conférer ensemble des points susdits et autres remontrances à proposer ; député un d'entre eux de chacun ordre pour se trouver en lad. assemblée desd. Estats, auxd. lieu et jour, avec pouvoirs suffisants pour, selon les bonnes et humbles coustumes de ce royaume, délibérer, conclure et arrester ensemble ce qu'ils jugeront estre nécessaire pour la conservation et avancement de nostre religion, délivrance du roy, bien public de l'Estat, soulagement du peuple et utilité particulière de leur province. Les supplions et conjurons de faire choix de ceux qu'ils estimeront plus zélés à la religion et au bien de cet Estat, et qui auront plus de suffisance et jugemens pour discerner ce qui sera le plus utile. Nous supplions aussi MM. les princes catholiques de s'y trouver ou d'envoyer leurs députés, afin que parmi ce grand nombre de personnes choisies, Dieu fasse naistre quelque bon et salutaire conseil pour cet Estat, autrefois si florissant en piété et grandeur et aujourd'hui si prochain de sa ruine, que sans la bonté divine et ses remèdes elle ne se peut plus éviter. Nous protestons de notre part d'acquiescer et obéir à ce qui sera résolu et arresté en lad. assemblée pour le bien de la religion et du royaume, sans y contrevenir, et de faire et employer tout ce qui dépendra de nous pour aider à faire maintenir et observer, avec l'obéissance qui est due et appartient à tous ceux de notre qualité, et de n'assister à aucune délibération, afin qu'il soit procédé en tout avec plus de franchise et sincérité. Sur ce, monsieur le sénéschal, nous prions Dieu de vous avoir en sa sainte grasce.

« De Paris, ce 18 décembre 1589.

« Votre entièrement et plus assuré ami, ainsi signé :

« CHARLES DE LORRAINE. »

« Lues et publiées ont esté les présentes dans le parquet de la cour de la sénéchaussée d'Agen, pardevant maistre Jean Dorty, juge-mage et président en icelle, assistant les magistrats présidiaux et consuls de lad. ville, avec leurs robes, ce requérant, l'avocat et p. du roy en icelle ; de quoi leur a esté octroyé acte et ordonné que semblable publication sera faite à son de trompe par la ville, aux lieu et endroits désignés et accoustumés ; et, à ces fins, copies duement collationnées par le greffier de lad. cour envoyées esdits lieux, afin qu'aucun n'en prétende cause d'ignorance.

« Le tout à la diligence du p. du roy.

« Fait à Agen, ce huitième février 1590.

« Signé : CARGOLLE. »

Il paroist par tous ces actes combien Agen feut ferme pour le parti de la Ligue contre les huguenots ; ils persistèrent pendant toute cette grande guerre dans ce parti. Leur fermeté leur attira la haine des huguenots, qui ne cessoient de conspirer contre cette ville ; leur haine, qui n'osoit ouvertement entreprendre contre Agen, eut recours à ses artifices ordinaires.

Les habitans de Layrac, sous la conduite de Saint-Chamarand, sénéchal d'Agenois, taschèrent de prendre la ville d'Agen, le cinquième janvier 1591. Ils vinrent attaquer la ville lorsque l'on y songeoit le moins ; le comte de Laroche, fils du mareschal de Matignon, estoit avec Saint-Chamarand. Ce comte avoit fait entrer dans la ville Faget, fameux pétardier, et son lieutenant, sous les habits d'un paysan, qui, ayant reconnu le faible de la ville, mit le pétard à la porte du Pont, vers les deux heures du matin, et donna l'entrée à ceux qui venoient avec Saint-Chamarand. Les huguenots prirent la ville avec des eschelles, mirent des pétards à la porte du Pont, et, après l'avoir fait sauter, ils entrèrent dans la ville, tuant et pillant tout ce qu'ils rencontroient ; ils tuèrent environ cinquante hommes. Ce premier feu réveilla les Agenois, lesquels, à la première alarme, coururent aux armes, firent des barricades, et, se ralliant dans un autre quartier de la ville, vinrent attaquer les huguenots. Le combat feut assez opiniastre : M. Trinque, consul, tua le sénéchal Saint-Chamarand ; le fils de Saint-Chamarand y feut aussi tué avec son père. Enfin, on força les huguenots de se retirer par où ils estoient venus, avec perte de beaucoup de leur monde. Cette entreprise avoit esté faite par l'intelligence de quelques bourgeois de la ville, qui avoient promis de se joindre à eux avec beaucoup de monde ; mais, soit que les catholiques prévissent leur dessein, et ne leur aient pas donné le temps de se ramasser, on sçait qu'ils n'osèrent pas s'assembler dans la ville ; Saint-Chamarand trouva peu de monde qui se joignit à lui. Il n'y eust qu'un certain Boudonier qui se déclara pour les huguenots et combattit pour eux ; mais, en punition de sa trahison, il eust, huit jours après, la teste tranchée. Le sieur Mathieu, avocat et consul, fit, dans cette occasion, tout ce qu'on pouvoit attendre d'un homme de cœur : il mourut d'une blessure qu'il receut dans ce combat, le lendemain de cette surprise. En recognoissance de cette délivrance, on fait tous les ans une procession générale, le jour de saint Abdon, qui va aux Carmes de cette ville, où l'on dit la messe pour remercier Dieu de ce que les huguenots feurent défaits devant les Carmes. La tradition enseigne que led. Saint-Chamarand et son fils feurent tués du clocher de l'église des Carmes.

Agen, depuis ce moment, demeura ferme dans le parti de la Ligue : ni les alarmes que ceux de Puymirol venoient souvent leur donner, ni les enlèvemens que ces hérétiques faisoient par leurs courses jusqu'aux portes d'Agen ne le purent détacher de ce parti. Les Agenois n'estoient pas moins aguerris que les huguenots, et, quoiqu'ils n'entreprissent rien contre les rebelles et contre leurs villes, dans les sorties qu'ils foisoient sur les partis des huguenots, ils tuoient toujours de leur monde et les repoussoient jusque dans leurs places.

Cette petite guerre dura jusqu'au sacre de Henry Quatrième, après sa conversion, et jusques à la réduction de Paris à l'obéissance du roy. Alors, Henry Quatrième ayant fait prononcer ce grand arrest contre la Ligue, du trentième mars 1594, par lequel le parlement qui feut restabli à Paris, révoqua, cassa et annula tous les arrests et toutes les ordonnances et sermens faits et prestés, depuis le vingt-neuvième décembre 1588, au préjudice de l'authorité de nos roys et des loys du royaume, révoque le pouvoir qui avoit esté donné à M. le duc de Mayenne, faît défense de le recognoistre plus en la qualité qui lui avoit esté donnée, et de lui rendre obéissance ; enjoint à tous les subjets du royaume, princes, prélats, seigneurs, gentilhommes, villes, communautés et particuliers, de quitter le parti de la Ligue, et rendre au roy Henry Quatrième service et obéissance, sur peine à la noblesse et aux prélats d'estre dégradés de leurs dignités et du droit de noblesse, et de démolir et raser les villes, chasteaux et places qui persisteroient dans le parti de la Ligue.

Cet arrest, ayant esté envoyé dans les provinces, ne feut pas d'abord exécuté dans tout le royaume. Agen, Villeneuve et Marmande se soumirent à l'authorité d'Henry Quatrième, le 24 mars 1594. MM. d'Agen congédièrent M. le marquis de Villars, qui les avoit délivrés du siège de la ville, et qui estoit lieutenant de la Ligue. M. de Monluc, petit-fils de Blaise de Monluc, le maréchal de France, fit crier : Vive le roy ! dans Agen, et fit mettre hors la ville le marquis de Villars. Le vingt-unième juin 1594, on fit feu de joie en la place publique, où M. de Monluc mit le feu ; tout le peuple crioit : Vive le roy ! pour témoigner la joie qu'ils avoient de se soumettre à Henry Quatrième, qu'on commença à recognoistre.

Les consuls députèrent à Paris, pour aller protester de leur soumission et jurer obéissance au roy Henry Quatrième, qui, en recognoissance, confirma les privilèges d'Agen et ratifia les patentes d'Henry Troisième, et donna un édit de pacification particulier qui dérogeoit à l'édit de Poitiers de l'an 1577. Par celui-là, les huguenots pouvoient avoir exercice dans Agen ; mais, par ce dernier, le roy les en exclut, pour condescendre au zèle de ceux d'Agen, qui avoient tenu si ferme pour la Ligue, qui avoit voulu exclure de leur ville la religion réformée. Alors, la fidélité des Agenois pour la religion, se trouvant d'accord avec la fidélité qui est due au prince, attacha cette ville à Henry Quatrième avec autant de fermeté qu'elle en avoit eu auparavant pour la Ligue.

M. de Monluc, en récompense de la soumission qu'il avoit inspirée à ceux d'Agen, feut maintenu dans la charge de sénéschal d'Agenois, comme il paroist par des lettres expédiées l'an 1595, en faveur du chapitre de Saint-Caprasi, contre Bernard Gardès, pour raison d'un jardin au fief dudit chapitre, dans lesquelles M. de Monluc prend ces qualités :

« Charles de Monluc, chevalier de l'ordre du roy, capitaine de cinquante hommes d'armes de ses ordonnances, et son sénéschal d'Agen et Gascogne, au premier huissier, etc... »

M. de Matignon, qui avoit esté fait lieutenant du roy, en cette province, l'an 1580, et qui avoit retenu les Bourdelois dans la soumission du roy Henry Quatrième, mourut l'an 1597, le 26 juillet.

L'an 1599, les consuls d'Agen firent réparer la brèche que l'on avoit faite à la muraille proche les Cordeliers, comme il paroist par une pierre où il y a escrit : *Profuit casus l'an 1599.*

Henry Quatrième, ayant soumis tout le royaume et obtenu son absolution, médita la dissolution de son mariage avec la reyne Marguerite, fille d'Henry Second et sœur de trois roys, François Second, Charles Neuvième et Henry Troisième, ses prédécesseurs, laquelle estoit comtesse d'Agenois. Le pape donna la commission au cardinal de Joyeuse, à l'archevesque d'Arles, Horace de Montenapoltiam, et à Gaspard, évesque de Modène, nonce en France, lesquels, sur l'affinité et le défaut du consentement de Marguerite, déclarèrent le mariage nul et non valablement contracté, et permirent aux partis de se remarier ailleurs. Cette séparation feut faite l'an 1599. L'Agenois demeura en partage à la reyne Marguerite, qui feut congédiée de Paris pour donner tems aux solennités du mariage d'Henry Quatrième avec Marie de Médicis ; elle demeura ensuite dans l'Agenois jusques à l'an 1605, qu'elle obtint la permission de retourner à Paris.

L'an 1604, la reyne Marguerite avoit fait expédier des provisions de juge d'Agen en faveur de M. de Lescazes, contre la possession des consuls qui avoient donné des provisions de juge à maistre Jean Landos, et qui, pour se maintenir dans ce droit, donnèrent des provisions d'assesseur à maistre Bernard Ducros, l'an 1604 ; et, pour remédier aux provisions du sieur Lescazes, s'adressèrent à la reyne Marguerite ; et, l'ayant éclairée sur leurs droits, elle fit expédier des lettres aux consuls sept jours après celles qu'elle avoit accordées au sieur Lescazes, du 26 janvier 1604, par lesquelles elle déclare ne vouloir troubler les consuls au droit qui leur est acquis de commettre des assesseurs pour exercer la justice. Elle jouit pendant sa vie du comté d'Agenois et survécut à Henry Quatrième de cinq années. Henry Quatrième mourut l'an 1610, et la reyne Marguerite, suivant Noil, en son *Histoire universelle,* ne mourut que l'an 1615.

CHAPITRE XIX

CE QUI S'EST PASSÉ DANS AGEN SOUS DIVERS GOUVERNEMENS

Avant que la reyne Marguerite eust l'Agenois pour son apanage et qu'elle feust comtesse d'Agenois, la province feut gouvernée par plusieurs gouverneurs. Henry, son mari, en avoit esté fait gouverneur par Charles Neuvième, l'an 1566 ; en son absence, Honorat de Savoye, marquis de Villars, feut lieutenant-général dans l'absence du roy, l'an 1570. Son gendre, Melchior Desprez, seigneur de Montpezat et marquis de Villars, feut lieutenant-général pour le roy, l'an 1571 ; il l'estoit encore après qu'elle eust l'Agenois en partage. Armand de Biron feut gouverneur l'an 1577, comme il paroist par les patentes expédiées à Poitiers, le quatrième octobre 1577. Le marquis de Villars ayant esté auparavant rappelé, après M. de Biron, M. de Matignon feut lieutenant-général et mourut, l'an 1597. Le maréchal d'Ornano lui succéda, la mesme année 1597, en l'absence de M. le prince de Condé, Henry Second, qui avoit esté fait gouverneur, l'an 1595. Suivant Louet, l'an 1597, il y eust une étrange famine dans toute la province ; plusieurs pauvres moururent de faim, au rapport de Darnal, continuateur de la *Chronique bourdeloise* ; il dit mesme qu'il y eust peste dans la province, l'an 1597. Les consuls d'Agen commirent des juges pour la bourse d'Agen, pour terminer les affaires de marchands, négocians sur la rivière de Garonne. MM. Cortelle, Jean de Gaillet et Mathieu de Guillard feurent nommés commissaires.

L'an 1602, M. d'Ornano fit son entrée dans Agen par la porte du Pont-de-Garonne, où il presta le serment accoustumé entre les mains des consuls. Le huitième et le neuvième de novembre, on fit garde dans la ville d'Agen jour et nuit, pour raison d'une querelle que M. le maréchal d'Ornano avoit avec M. de Montespan, qui estoit séneschal d'Agen depuis l'an 1597. Ils s'estoient donné le duel pour un soufflet que M. de Montespan avoit donné à un consul de Condom, dans la maison de M. d'Ornano. Le parlement de Bordeaux députa M. le président Lalanne et un conseiller et le procureur général pour y mettre quelque ordre ; M. le président Cadillac y fut aussi employé. M. de Laugnac demeura huit jours détenu et gardé à la maison de Trois-Couronnes, pour éviter qu'il ne servist de second à M. le maréchal d'Ornano. Cependant, M. le maréchal se déroba et se porta au lieu du rendez-vous ; mais, avant l'heure du combat, un courrier du roy survint qui arresta ce coup, et ensuite Sa Majesté les accorda.

L'an 1609, le roy trouva bon que le maréchal d'Ornano fist son entrée et séjournast dans la ville d'Agen pour y contenir toutes choses, comme estant au milieu de son gouvernement ; tellement qu'Agen estoit le séjour de ce maréchal, et il ne quitta Agen que pour aller à Bordeaux secourir les habitans de cette ville, affligés de la peste. Il s'exposoit si charitablement que le roy lui ordonna d'aller à Libourne. La vertu de ce seigneur avoit gagné l'amitié des peuples ; il n'estoit pas moins dévot qu'il n'estoit généreux ; les pauvres trouvèrent en lui un père, les affligés un appui, la noblesse un médiateur général de ses querelles. Son esprit gagnoit les moins dociles et son courage vengeoit les plus obstinés. Il estoit particulièrement dévot à la Vierge ; il fit bastir la chapelle de Bon-Encontre ; il mourut à Paris de la taille de la pierre l'an 1610. Le roy Henry Quatrième donna en sa place M. de Roquelaure, seigneur dudit lieu, baron de Biron et de Montaut, séneschal et gouverneur de Rouergue et de Foix, maistre de la garde-robe du roy avant d'estre maréchal de France. Il feut fait lieutenant-général au gouvernement de Guienne par les lettres de ses provisions, données à Paris l'an 1610. Il fit sa première entrée dans Agen, le 18 aoust 1610, et ce seigneur avoit l'affection d'Agen, parce qu'il y avoit esté nourri, et que les Agenois le regardoient comme leur voisin. Il estoit seigneur de Lectoure.

La joie qu'Agen conçut d'avoir un tel gouverneur feut bientost troublée par la mort d'Henry Quatrième, qui mourut cette mesme année, et les honneurs funèbres feurent faits dans Agen, le 1er juillet 1610. Quatre consuls portoient le drap mortuaire depuis le Palais jusqu'à Saint-Estienne. L'assemblée feut faite au Palais. M. le président Boissonnade et M. de Lussan, la cour présidiale et les deux consuls, marchaient dans le mesme ordre et dans le mesme rang qu'ils ont accoustumé de marcher dans les processions. En cette cérémonie, ils feurent à Saint-Estienne, où M. de Gélas, frère de l'évesque, officia.

Louis Treizième succéda à Henry Quatrième, et son advènement à la couronne effaça les marques de tristesse et le deuil que la mort d'Henry Quatrième avoit fait, comme nous allons voir dans le cinquième livre.

Je n'omettrai pas, avant de finir ce livre, que l'an 1609 le Conseil donna un arrest de décharge du droit de foraine en faveur de ceux d'Armagnac pour les denrées qu'ils transportoient dans Agen et dans la Guienne. Les commis des bureaux establis à Auvillars prétendoient les y assujettir. Il establit un bureau à Layrac ; on y commit des violences ; quelqu'un des commis y feut tué. Enfin, l'affaire feut terminée en 1609 par l'arrest qui porte décharge pour les denrées qui seroient apportées à Agen et autres villes de la sénéschaussée pour y estre consommées, réservant, néanmoins, aux commis le droit de faire payer à Auvillars et au port de Pascal les droits pour ces denrées qui se transporteront du royaume à Auvillars, celles qui seront embarquées au-dessus de cette ville et au port de Pascal, celles qui seront embarquées au-dessous d'Auvillars.

Le conseil de direction ou des finances est une cour composée d'un surintendant, un controsleur général, quatre intendans, trois trésoriers de l'espargne, quatre secrétaires du conseil, trois trésoriers des parties casuelles qui reçoivent les deniers qu'on finance pour les offices de ceux qui sont morts sans payer le droit annuel appelé vulgairement paulette.

Leurs fonctions consistent : premièrement, à veiller incessamment à la conservation du fonds de l'espargne de Sa Majesté ; secondement, à en procurer l'augmentation autant que la justice leur permet, et à prendre garde qu'il ne s'épuise en profusions inutiles ; troisièmement, à chercher des moyens propres, faciles et moins rigoureux pour en recouvrer, lorsqu'il vient à manquer pour les pressantes nécessités de l'Etat ; quatrièmement, à empescher de tout leur possible que leurs commis ne commettent aucune violence ou abus dans la levée des tailles et imposts ; cinquièmement, à payer les officiers des justices subalternes ; sixièmement, à ne frustrer pas les gens de mérite des bienfaits du roy.

LIVRE CINQUIÈME

CE QUI S'EST PASSÉ DANS AGEN DEPUIS LOUIS TREIZE JUSQU'EN 1704, SOUS LOUIS QUATORZE

Les guerres des huguenots en Agenois. Les divers voyages de Louis Treize dans Agen. L'histoire de l'aliénation du comté d'Agen, après la réunion à la couronne, par le décès de la reyne Marguerite; les divers gouverneurs de cette province. Les mouvemens des guerres civiles. Les raisons pour la francise des biens ou du franc-alleu de la ville d'Agen, appuyées sur les faits de l'histoire de cette ville.

CHAPITRE PREMIER

AGEN SOUS LOUIS TREIZE ET SES VOYAGES DANS AGEN ET DANS L'AGENOIS

Henry Quatrième estant mort, Louis Treize, son fils aisné, lui succéda. M. le prince de Condé estoit gouverneur de la province depuis l'an 1595.

Son jeune asge ne lui avoit pas permis de venir en son gouvernement avant l'an 1611. Il fit sa première entrée dans Agen, cette mesme année. Il venoit du costé de Condom. MM. les consuls et le corps de ville lui firent faire une maison navale sur trois bateaux à quatre portes et à quatre fenestres, peinte en rouge par le dehors et en bleu par le dedans. Les habitans l'attendoient sur le Gravier au nombre de deux mille hommes ; il entra par la porte du Pin et presta le serment accoustumé entre les mains des consuls avant d'entrer dans la ville. Cette cérémonie estant faite, il feut conduit processionnellement dans l'église de Saint-Estienne, où le *Te Deum* fut chanté pour louer et remercier Dieu de son heureux advènement. De là, il feut conduit à la maison de M. de Roques, devant le palais de Montrevel : c'est le palais où l'on tient maintenant les audiences du présidial.

Il partit d'Agen, le 28 d'aoust 1611, pour aller à Cahors. Il feut entendre la messe à Notre-Dame de Bon-Encontre, qui estoit une dévotion naissante, où la piété attira ce prince, la mesme année 1611. M. Darnal, son doyen et chanoine de Saint-André de Bordeaux, et prieur du prieuré de Saint-Cosme-lès-Aiguillon, dans le diocèse d'Agen, fit unir ce bénéfice au noviciat des Jésuites de Bordeaux : ce prieuré estoit alors du revenu de deux mille[t].

L'an 1614, il y eut dans Agen une assemblée générale du pays pour députer aux Estats-Généraux. L'histoire, depuis 1611 jusqu'à l'an 1615, ne nous fournit rien de considérable qui se soit passé dans Agen ; mais, l'an 1615, M. de Roquelaure, lieutenant pour le roy en cette province, feut fait mareschal de France, et la reyne Marguerite mourut cette mesme année.

Par son décès, le comté d'Agenois feut réuni à la couronne. Le deuil de sa mort ne feut pas long ; on feut bientost consolé par le mariage du roy avec Anne d'Autriche, infante d'Espagne. Agen témoigna sa joie par les solennités accoustumées en de pareilles occasions : le *Te Deum* feut chanté, le feu de joie feut fait, et le peuple donna des marques de sa réjouissance par des danses et des divertissemens publics.

CHAPITRE II

LA GUERRE DES HUGUENOTS

L'an 1618, M. de Mayenne feut fait gouverneur du pays par la démission du prince de Condé. Il fit son entrée à Bordeaux, le 30 juillet 1618, d'où M. de Roquelaure se retira pour venir faire son séjour dans Agen.

M. de Mayenne, après avoir éteint un feu naissant de guerre dans le Béarn, vint dans Agen, où il fit sa première entrée, l'an 1618, le 25 septembre. Il estoit dans Agen, en 1619, lorsqu'il receut ordre de la cour de retenir la noblesse, et d'éviter que la retraite de la reyne-mère, que M. d'Epernon fit sortir de Blois, où elle avoit esté envoyée par ordre de la cour, ne fist quelque mouvement en cette province. M. de Mayenne s'acquitta dignement de l'ordre du roy ; il fixa son séjour dans Agen, attira toute la noblesse du pays en cette ville, et, par ses adresses, la retint dans la soumission et dans l'obéissance du roy, quelque intrigue qu'on eust fait pour les engager en quelque soulèvement. Il feut néanmoins accusé d'estre dans les intérests de la reyne ; il y eust mesme quelque ordre contre lui. Il estoit à Moissac quand il en receut l'avis ; il se retira dans Agen. Ceux d'Agen, pour avoir marqué trop d'attachement pour M. de Mayenne, encoururent la disgrasce du roy, mais leur conduite feut justifiée et le roy ne leur en sentit pas mauvais gré.

Ce calme ne dura pas longtemps, et la guerre qu'on avoit reculée du costé de la noblesse, s'alluma du costé des huguenots. Les religionnaires, ne pouvant plus demeurer en repos, commencèrent une nouvelle guerre, l'an 1621. M. de Mayenne receut ordre d'assiéger Nérac ; il le pressa si vigoureusement qu'il le réduisit à se rendre à composition, le 5 juillet. Cette guerre attira la cour en ce pays, le dernier de juillet 1621. M. le duc d'Orléans, frère unique du roy, entra dans Agen par la porte Saint-Antoine ; il logea chez M. de Roques et séjourna dans Agen jusqu'au neuvième d'aoust. Cependant, Clairac et Tonneins estoient assiégés ; Clairac, après quelques mois de siège, se rendit à la discrétion du roy, qui fit entrer M. de Thémines dans cette place. Le roy et la reyne estoient dans l'Agenois depuis le cinquième et le sixième d'aoust. Le neuvième de ce mois, la reyne vint dans Agen ; elle entra par la porte Saint-Antoine ; et feut conduite à l'église de Saint-Estienne et de là à l'évesché. Le 10, le roy fit son entrée dans Agen par la porte Saint-Antoine, son séjour ne feut pas long ; il partit le douzième aoust, après avoir ouï la messe dans l'église de Saint-Caprasi et feut coucher à Valence.

Il revint un petit bien à la ville d'Agen, des troubles de la province. Ces remuements feurent cause que la Chambre de l'esdit, qui estoit à Nérac, feut transférée dans Agen, le 14 aoust 1621 ; elle feut establie en cette ville et y tint sa première audience, ce requérant M. de Nort, procureur du roy, qui fit un fort beau discours, et M. Bacalan, avocat général, plaida pour la réception des advocats du présidial en la Chambre de l'esdit, lesquels y feurent reccus par M. le président Pichon.

Cependant, la guerre s'échauffoit ; l'Agenois estoit le théastre de la guerre et de toutes les tragédies qui se jouèrent en Guienne. Le 4 et le 5 du mois de septembre 1621, les habitans d'Agen feurent commandés d'aller démolir les murailles de Layrac et les autres fortifications, qu'on démolit, comme le roy l'avoit ordonné.

La guerre ne s'arresta pas dans l'Agenois. Montauban feut assiégé. M. de la Force commandoit dans cette place. M. le duc de Mayenne mourut au siège de Montauban. M. de Thémines, lieutenant-général, continua le siège sans succès. Le corps de M. de Mayenne feut porté dans Agen, le 1ᵉʳ d'octobre 1621 ; d'Agen à Aiguillon, dont il estoit duc, et il est encore à l'église des Carmes, dans un cercueil de plomb, sans estre enterré, n'ayant pas laissé de quoi fournir aux frais des honneurs funèbres dignes de sa condition. Le sieur de la Fourcade, natif d'Agen, estoit pour lors lieutenant-général d'Aiguillon : c'estoit un des beaux esprits de son temps. Il orna le cercueil de M. de Mayenne d'une infinité de pièces d'esprit, et le brillant de ces pensées disputoit à la chapelle ardente, dont la lumière brusloit sur le corps de ce prince.

Le livre des anagrammes et épigrammes qu'il fit imprimer, l'an 1641, en l'honneur de tous les grandsd e la cour, dédié à M. le cardinal Richelieu, le faisoit passer pour un beau génie. Ces sortes de saillies d'esprit estoient du goust de ce tems-là. Le sieur de la Fourcade réussissoit si heureusement dans ces sortes de traits d'esprit que, lorsqu'il fallut graver les éloges de Louis Treize sur le piédestal du cheval de bronze où la figure de Louis Treize est posée dans la place Royale à Paris, les pièces d'esprit du sieur de La Fourcade feurent préférées aux ouvrages de beaucoup d'autres qui s'estoient épuisés sans approcher du brillant et de l'heureuse rencontre des productions de son esprit. C'estoit, d'ailleurs, un homme qui, avec un esprit si vif, avoit un corps qui, bien qu'il feut de médiocre taille, estoit un des plus forts et des plus agiles de son siècle. Son esprit et son agilité lui méritèrent la faveur du duc de Mayenne pendant sa vie, et après sa mort il acquit la faveur de Louis Treize. Cet homme, dont l'asme estoit généreuse, donnoit tout à l'homme et rien à la fortune ; aussi n'avança-t-il pas beaucoup. Il se contenta d'obtenir la charge de grand-voyer de Guienne pour Jean de La Fourcade, son fils, qui l'exerça quelque tems ; mais les oppositions que les trésoriers lui firent pour ne perdre pas cette attribution, l'obligèrent à renoncer au monde, dont il prit un dégoust, pour prendre le parti de l'Église.

L'action que fit le sieur de La Fourcade fils pour défendre l'honneur de sa patrie, est trop belle pour estre omise. Ce feut ce Jean de La Fourcade qui, secondé du sieur Lescalle, petit-fils des Scaliger, fit ce fameux combat, à la Porte-Neuve, contre le baron de Fontalbe, gentilhomme de Périgord, qui se confioit en son adresse : c'estoit la meilleure épée de son tems, un homme vigoureux, d'une grande taille, et s'appuyant sur les victoires qu'il avoit remportées. Il se vantoit, dans Agen, qu'il n'avoit jamais trouvé personne qui lui feust égal, et, par mépris, il dit que dans Agen il n'y avoit personne qui osast mesurer son épée avec la sienne.

Ce jeune Agenois, qui n'avoit pas moins d'adresse que de cœur, accepta le parti sans balancer; le sieur Lescalle feut son second. Le combat se fit à la Porte-Neuve, derrière Malconté; il feut sanglant et opiniastre : l'adresse des deux parties leur fit longtems disputer l'avantage, mais enfin ce jeune Agenois l'emporta et fit avouer à Fontalbe qu'il avoit trouvé une meilleure épée que la sienne.

Les armes du roy, qui n'avoient pas réussi au siège de Montauban, donnèrent occasion aux huguenots de l'Agenois de se révolter de nouveau. Cette disgrasce des armes du roy releva le courage aux protestans; ceux de Sainte-Foy et ceux de Monheur se soulevèrent. Le seigneur de La Force se saisit de Clairac, égorgea la garnison du roy. Les huguenots de ce pays, par le soin de Boisse-Pardaillan, se soumirent au roy lorsqu'il passa pour aller au siège de Montauban. Ce seigneur, quoique huguenot, ne suivit pas le torrent des religionnaires, ni l'exemple de M. de La Force; mais, au lieu de prendre les armes et d'appuyer le parti des protestans, il s'employoit par des négociations à retenir les villes dans la soumission : c'estoit un des meilleurs capitaines du parti des huguenots. La fidélité qu'il eust pour le roy ne put jamais estre ébranlée par le prétexte de la religion, et les sollicitations de ceux de ce parti ne purent le détacher de son devoir pour l'engager aux factions des rebelles. Bien loin de prendre les armes, il assura le roy de l'obéissance des villes où il commandoit en Guienne; tellement que le roy, à son premier voyage, allant à Montauban, ne trouva aucune rébellion dans Castillon, Cadillac, Layrac, Monflanquin, Puymirol, Sainte-Foy, Casteljaloux, Mussidan et le Mont-de-Marsan. Toutes ces villes se soumirent au roy par les négociations du sieur de Boisse-Pardaillan ; mais, après la levée du siège de Montauban, Sainte-Foy et Monheur se révoltèrent par l'infidélité des propres enfans et du gendre dudit Boisse-Pardaillan. Pour lui, il demeura toujours fidèle au roy et continua de s'employer à retenir les villes dans l'obéissance ou à y remettre celles qui s'estoient révoltées.

Cependant, après avoir tasché d'assurer la ville de Monheur au roy, le sieur Pardaillan voulut aller à Sainte-Foy, où des soldats huguenots s'estoient jetés et où il avoit laissé son gendre, le sieur Théobon, qui s'y estoit séparé des intérests du roy et s'estoit joint aux rebelles ; mais, s'estant arresté à Gensac, une petite place qu'il conservait au roy, il assembla les consuls, leur représenta la nécessité qu'il y avoit d'obéir ; et, après avoir fait ces sages exhortations, il se retira chez Denouse, avocat, se flattant qu'il avoit gagné cette place au roy. Après avoir soupé, Savignac d'Ainesse entra avec quarante mousquetaires dans la maison Denouse, son parent, et attaqua ce seigneur, qui ne s'attendoit pas à une action si lasche ; mais, sans s'étonner, le sieur de Boisse saute sur ses armes et se met en estat de se défendre. Il fallut céder à la force : Savignac le fit tuer, au rapport du continuateur de Serres, dans le huitième tome de son *Inventaire*. Monheur, où le fils dud. Pardaillan commandoit, ayant appris cette mort, se révolta contre le roy.

Le roy, qui estoit à Toulouse, à dessein d'aller porter la guerre en Languedoc, retourna en ce pays, l'an 1621, pour venger la mort de Pardaillan. Il ordonna à M. le mareschal de Roquelaure d'assiéger Monheur. Sa Majesté vint elle-mesme à Damasan et s'avança jusqu'à Longueville, proche Aiguillon, où le connétable de Luynes mourut. La reyne, qui avoit suivi le roy à Montauban, revint à Agen, le sixième décembre 1621 ; le huitième, elle en partit. Les habitans d'Agen la feurent conduire avec deux compagnies, une d'infanterie et l'autre de gens à cheval. Les gens à pied la conduisirent jusques auprès du Port, et les gens à cheval jusqu'à Aiguillon.

Pendant le siège de Monheur, ceux de Sainte-Foy, cognoissant l'importance de la place de Monheur, qui rendoit les huguenots maistres de la rivière de Garonne, comme Sainte-Foy les rendoit maistres de Dordogne, se résoleurent de la secourir. Le secours partit de Sainte-Foy, la nuit, et se rendit la mesme nuit à Gontaut, petite place de l'Agenois : ces troupes huguenotes surprirent quelques gens du roy et en tuèrent trois ; le reste se sauva, qui ne perdit que quelque partie de leurs équipages. Le roy, averti de cette témérité, envoya le duc de Luxembourg avec douze ou quinze cents hommes, quatre ou cinq cents chevaux et deux canons, pour les attaquer et les forcer dans Gontaut.

Cette troupe n'attendit pas le duc de Luxembourg ; elle se retira de Gontaut, se mit en campagne et ravagea tout le pays catholique. Le duc de Luxembourg les poursuivit si vigoureusement qu'il les défit et les repoussa dans Sainte-Foy, d'où ils estoient sortis.

Monheur est cependant pressé ; le marquis de Mirebeau, fils du sieur Pardaillan, qui commandoit dans cette place, se rendit à discrétion, le 11 décembre 1621 ; la place de Monheur feut rasée. Après la prise de cette place, le roy se retira à Bordeaux pour aller à Paris ; il laissa la conduite de l'armée à M. le duc d'Elbeuf, qui combattit le sieur de La Force, proche sa maison de La Force, et s'étendit avec son armée aux environs de Sainte-Foy et de Bergerac. Il ne demeura pas longtems en ces quartiers; il vint attaquer le sieur de La Force dans Tonneins, que les huguenots avoient repris, et où M. de La Force commandoit. M. d'Elbeuf les chassa de Tonneins-Bas, où il défit quatre cents hommes des troupes réfugiées dans le Haut-Tonneins avec le sieur de La Force. M. d'Elbeuf l'assiégea et battit le secours que M. de La Force, le père, envoyoit de Clairac pour dégager son fils, renfermé dans Tonneins, et que M. d'Elbeuf tint renfermé quelques semaines sans prendre la place.

Le roy Louis Treize, voyant le feu de la guerre allumé dans l'Agenois, revint en Guienne, l'an 1622 ; la mesme année, il donne la lieutenance de la province de Guienne à M. de Thémines par la démission de M. de Roquelaure. M. de Thémines, après avoir esté pourvu de cette charge, fit sa première entrée dans Agen, le dernier février 1622. Il entra par la Porte-du-Pin, et fut logé chez M. de Selves; il partit d'Agen, le second de mars, il alla assiéger Tonneins. La ville d'Agen lui bailla deux cens hommes et les couleuvrines pour faire le siège de Tonneins. Le 16 mars, M. de Thémines prit la ville de Tonneins; le bourg Saint-Pey-de-Tonneins résista jusqu'au 18 du mois. M. de Thémines mit le feu dans Tonneins; il y eut cinq ou six cens hommes des huguenots, enfans ou femmes, de tués. Le 18, M. de Thémines prit le bourg Saint-Pey; le 28 avril 1622, il restoit encore une partie de Tonneins; M. d'Elbeuf la prit à composition : il permit aux gentilshommes de sortir l'espée au costé, aux soldats avec leurs armes déchargées, la mèche éteinte, avec le bagage qu'ils pourroient porter; il fit mettre le feu à tout ce qui restoit de la ville de Tonneins.

Après cet avantage que M. d'Elbeuf eut sur les huguenots, le roy revint dans la Guienne. Cependant, M. d'Elbeuf et M. le prince de Condé assiégèrent Sainte-Foy des deux costés de la rivière de Dordogne. Ils pressèrent les assiégés, attendant que le roy vinst au siège. M. de La Force, qui prévit la perte de ceux de Sainte-Foy, les obligea de se réduire à l'obéissance du roy. M. le prince et M. d'Elbeuf entrèrent dans la ville de Sainte-Foy, le 14 mars 1622, d'où ils chassèrent la garnison huguenote. Le roy y entra, le jour de la Feste-Dieu, où Sa Majesté, après avoir ouï la messe et restabli l'exercice de la religion, qui avoit esté aboli dans ce lieu par acte de jurade vers l'an 1561 ou 1562, et, après avoir communié, assista à la procession du Saint-Sacrement, qui feut autant solennelle que le tems et le lieu le pouvoient permettre. Le roy, jaloux de la gloire de son Dieu, le fit porter en triomphe dans le lieu d'où il avoit esté chassé, et humilia la pompe royale aux pieds du Saint-Sacrement, pour y réparer les injures que les huguenots lui avoient faites. Sa Majesté fit bastir dans Sainte-Foy une chapelle de Notre-Dame, après la réduction de la ville, qui servit de paroisse. Voulant partir de Sainte-Foy, le 28 de mars, Sa Majesté, pour s'assurer de la place, y laissa le sieur de Beaumont avec son régiment, et le sieur Andraut, conseiller du roy au parlement de Bordeaux, pour intendant de sa justice.

Sa Majesté prit le chemin d'Agen par Monségur, Marmande et Aiguillon. Serres dit que, chemin faisant vers Agen, il fit brusler Montravel et Tonneins : c'est, sans doute, ce qui s'estoit garanti de l'embrasement et du feu qu'y avoient fait mettre auparavant MM. d'Elbeuf et de Thémines.

M. le duc de Vandosme feut se rendre maistre de Clairac, le 21 de mars, et le sieur Duclos, par ordre de M. de Vandosme, entra le mesme jour dans Monflanquin, que M. de La Force avoit fait soumettre. Le roy revint pour la seconde fois dans Agen ; il y revint pour la seconde fois et y entra, le premier de juin 1622 ; il en partit le troisième pour aller à Moissac, et de là à Nègrepelisse, qui fust prise et bruslée. De là, le roy passa en Languedoc pour y soumettre les huguenots, qui s'estoient révoltés en ce pays-là.

M. de Roquelaure fit démolir les fortifications de Clairac, en juin 1622. Le pont de Sauveterre-sur-Garonne feut rasé par les consuls d'Agen dans le mois d'aoust de la mesme année. Les murs de Nérac feurent démolis en novembre, et Caumont feut rasé.

CHAPITRE III

M. D'EPERNON FAIT GOUVERNEUR DE LA GUIENNE. — CE QUI SE PASSA DANS L'AGENOIS DURANT SON GOUVERNEMENT

Pendant que la guerre se faisoit à Montpellier, le roy donna le gouvernement de Guienne à M. le duc d'Epernon, le 28 aoust 1622.
Je reviens à l'histoire particulière d'Agen, l'an 1620. Les officiers du présidial d'Agen avoient fait quelque entreprise sur le séneschal d'Aiguillon; il y eust un procès qui dura longtems. L'an 1621, il y eust un arrest, le 10 février, portant défense expresse aux officiers d'Agen de cognoistre d'aucune cause, par appel ou autrement, dont la cognoissance auroit été attribuée au séneschal d'Aiguillon, dont les appellations ressortiroient au parlement. L'éclaircissement de ce point d'histoire dépend de sçavoir que l'année 1599 les baronies d'Aiguillon, de Montpezat, de Sainte-Livrade, de Madaillan feurent érigées en duché-pairie en faveur de M. le duc de Mayenne, et que les juridictions feurent démembrées du ressort du séneschal d'Agenois pour estre soumises au séneschal d'Aiguillon, pour ressortir au parlement de Paris. Comme cette méprise transportoit le séneschal d'Aiguillon hors le parlement de Bordeaux, elle feut réparée, le trentième octobre 1601, par de nouvelles lettres adressant et distribuant les appellations au parlement de Bordeaux.

Les officiers d'Agen ne pouvant souffrir ce démembrement, si préjudiciable à leur juridiction, quoique l'arrest de 1621 leur fist défense de s'opposer au ressort du sénéschal d'Aiguillon, les officiers d'Agen ne se relaschèrent pas.

Je ne porteroi pas plus loin l'éclaircissement de cette affaire, quoique les suites ne soient pas proprement de ce tems.

M. de Mayenne estant mort sans avoir de quoi payer ses dettes, la terre d'Aiguillon fut décrétée, et, pour grossir les enchères, elle feut vendue en qualité de duché-pairie. Elle feut adjugée à M. de Puylaurens comme duché et pairie. Le sieur de Puylaurens mourut avant d'en prendre possession ; elle feut, par son décès, adjugée à Mme Marie de Vignerot, l'an 1638. En cette circonstance, cette dame obtint de nouvelles lettres d'érection en son nom, semblables à celles de l'an 1599. Elle obtint mesme davantage, l'an 1639 : le roy accorda à cette dame la justice de Sainte-Livrade, de Nicole, de Granges, de Saint-Sardos, de Lacépède, qui sont de petites justices dépendantes d'Agen. Ce nouveau démembrement réveilla l'intérest des officiers du sénéschal d'Agen ; l'affaire fut plaidée à Paris, à Bordeaux ; les officiers d'Agen obtinrent un arrest en leur faveur contre le sieur de La Fourcade, sénéschal d'Aiguillon. Enfin, le ressort a esté réuni au sénéschal d'Agen par arrest du parlement de Bordeaux, jusqu'à ce que Mme la duchesse d'Aiguillon ait indemnisé les officiers de cette cour, tellement que ce duché ne jouit pas du privilège des autres duchés. Il n'a maintenant qu'un ordinaire, pendant que les autres duchés ont un sénéschal.

L'an 1685, Mme la duchesse d'Aiguillon s'est avisée de mettre un sénéschal honoraire dans Aiguillon sans fonction ; elle en a donné le titre au sieur Sablon, fermier général de son duché.

M. d'Epernon, qui estoit gouverneur de Guienne depuis l'an 1622, fit son entrée dans Agen, l'an 1623, le 24 de mars. Il receut ordre du roy, le septième février 1626, de faire publier la paix que Sa Majesté donnoit à ceux de la religion ; elle feut publiée à son de trompe dans Agen, le 21 mars 1626. Ce feut cette année qu'arriva l'action tragique de Laburte, secrétaire de la Chambre, le huitième aoust.

Le huitième aoust, le sieur Laburte, qui s'estoit engagé à de folles amours pour avoir lieu d'espouser une fille qu'il entretenoit, médita le dessein de se défaire de sa femme. Il prétendit qu'il avoit surpris sa femme en adultère avec le sieur de Lamaurelle, qui n'avoit point de commerce familier avec sa femme, et qu'on tient qu'il envoya quérir lui-mesme au nom de sa femme. Il les tua tous deux et se remit en prison, se flattant qu'il avoit fait une action qui méritoit grasce ; mais son crime ne feut pas impuni. La vérité feut découverte, et Laburte eust la teste tranchée dans la ville de Rennes, le 28 juin 1680.

L'an 1628, il y eust peste à Agen ; elle dura jusqu'en janvier 1629. La Chambre de l'esdit se retira à Bazas ; le présidial feut tenir ses séances à Granfonds, l'ordinaire à la Table-Ronde.

Pendant que M. d'Epernon estoit gouverneur de Guienne, M. Timoléon d'Espinoy de Saint-Luc, mareschal de France, feut fait lieutenant-général au gouvernement de Guienne, par ses lettres patentes données à Paris, le 30 janvier 1627. Le 14 novembre 1627, M. d'Espernon, qui faisoit son séjour dans Agen, receut une lettre d'avis que MM. de Baumont et de Thoyras avoient défait deux mille Anglois en deux divers assauts qu'ils avoient donnés à l'isle de Ré. On fit chanter le *Te Deum* et faire feu de joie.

L'année après, 1628, et l'année 1629, la peste affligea la ville d'Agen ; et, à l'occasion de ce fléau, les consuls firent le vœu d'aller chaque année à l'ermitage de Saint-Vincent et d'y communier en robe, ce qu'ils exécutèrent, le septième novembre.

Le 27 de mars 1629, le président Pontac, qui présidoit à la Chambre de l'esdit, voyant que la peste estoit dans Agen, donna un arrest par lequel il congédia les advocats, procureurs et les parties, et les conseillers feurent tenir leur cour à Bazas.

Le 11 novembre 1630, la Chambre revint et fit son ouverture, cette mesme année 1630. Les consuls firent faire une salle ou parquet pour servir à MM. les assesseurs élus, qui avoient esté rétablis dans Agen, le 22 décembre, pour pouvoir tenir leurs audiences dans l'enclos de la maison de ville et à l'endroit où estoit le poids de la ville, qu'ils transportèrent ailleurs, et ils firent bastir dans la place de Moulinier le couvert où est maintenant le poids de la ville.

L'an 1632, M. de Chambert, gouverneur en Languedoc et commandant pour Sa Majesté en Guienne, mourut à Bordeaux. M. d'Espernon, pendant son gouvernement, fit abattre le chasteau de Castelcuiller, en vertu d'un arrest du conseil donné l'an 1632. C'estoit une petite place, à une lieue d'Agen, qui, pour sa situation, estoit une forteresse extresmement bonne : ce chasteau avoit renouvelé, dans ce tems, ce que la noblesse faisoit du tems de Charles Cinquième. Il estoit devenu la retraite des voleurs ; pour les dénicher, le roi ordonna qu'il seroit démoli. L'arrest feut exécuté et la place entièrement démolie, l'an 1633.

Le fils de M. d'Epernon, Bernard de Foix, feut reçu en survivance dans la charge de gouverneur de Guienne, avec son père, l'an 1634 ; il en presta le serment au roy à Chantilly, le 2 mars 1635. Cette mesme année, le 17 mars 1635, arriva cette tragique sédition où le peuple faillit tuer tous ceux qui marquoient quelque chose dans la ville d'Agen, dont le triste tableau mérite plus d'estre effacé que d'estre tracé de nouveau. Je n'omettrai pas que cette émotion feut apaisée par le soin de M. Dubernet, président de la chambre de l'Edit, et par les exhortations de M. d'Hospil, archidiacre d'Agen, qui prescha au peuple avec le Saint-Sacrement à la main. Son éloquence, armée de Jésus-Christ, fit plus sur le peuple que tout l'armement de la ville. Le peuple, se laissant frapper à un spectacle qui lui estoit nouveau et à une manière de prescher si forte, laissa tomber les armes de ses mains : cette émotion feut suivie du supplice des plus criminels.

M. d'Epernon, qui avoit esté fait gouverneur avec son père, l'an 1634, feut disgrascié et contraint de se retirer en Angleterre. Pendant son absence et pendant sa disgrasce, M. le prince de Condé, qui avoit esté gouverneur avant M. de Mayenne, eut une commission générale de commander en Guienne, et il y commanda depuis l'an 1638 jusqu'à l'an 1640.

M. le marquis de Sourdis, commandant en Guienne, vint dans Agen, et, par ordre exprès de Sa Majesté, fit sortir la chambre de l'édit d'Agen, et lui ordonna d'aller tenir sa cour à Bordeaux, suivant la volonté de Sa Majesté.

Henry de Lorraine, comte d'Harcourt, grand escuyer de France, eut une commission de commandement en Guienne, par les lettres données à Saint-Germain-en-Laye, l'an 1642.

M. d'Epernon le père mourut asgé de 88 ans. Pendant ce tems, il y a eu dans Agen des personnes habiles qui se sont distinguées du commun par leurs ouvrages : Bernard Lafourcade, avocat d'Agen, fit imprimer, l'an 1641, les épigrammes et anagrammes, à la louange de tous les grands de la cour, dédiés à M. le cardinal de Richelieu ; Antoine, avocat, et M. de Maurès, docteur en médecine, et enfin prieur de La Réole, tous deux enfans de la ville, ont donné au public des ouvrages qui les mettent au rang des illustres de Guienne. Louvet en fait mention dans son histoire. Antoine fit imprimer l'épitomé des œuvres de Cujas, un commentaire sur les coustumes de Bordeaux et pays bourdelois, la conférence du droit françois avec le droit romain. Il a fait imprimer un commentaire sur Perse ; Théophile, qui est né dans le voisinage du Port-Sainte-Marie, a fait honneur à sa patrie par ses poésies.

M. l'abbé Maurès, natif d'Agen, prieur de La Réole, a fait imprimer plusieurs pièces de poésie latine et un traité de la peste, qu'il composa lorsqu'il estoit docteur régent en médecine. S'il estoit habile médecin lorsqu'il estoit séculier, ce feut un des plus habiles canonistes de son tems lorsqu'il feut fait d'église.

Bordeaux a encore vu paroistre avec beaucoup d'éclat le sieur Solon, fils d'Agen, dans le collège de Guienne, où il a enseigné la rhétorique plus de vingt ans avec autant d'éclat que d'érudition.

Avant tous ces autheurs, M. Florimond de Raymond, natif d'Agen, avoit fait imprimer l'*Antechrist*, l'*Antipapesse*, la traduction de la *Couronne du soldat*, l'*Histoire de la naissance, progrès et décadence de l'hérésie moderne*, un *Traité des athéistiques, déistes et illuminés des Espagnes*. Spondé en fait l'éloge.

CHAPITRE IV

LE COMTÉ D'AGENOIS VENDU A MADAME VIGNEROT, DUCHESSE D'AIGUILLON

L'Agenois, qui avoit esté réuni à la couronne par le décès de la reyne Marguerite, l'an 1615, demeura entre les mains du roy jusqu'à l'an 1639 ou 1642.

Le roy, par la nécessité de la guerre, mit en vente le comté d'Agenois et Condomois, l'an 1639. Les enchères estant faites dans la forme, le comté d'Agenois et Condomois feut délivré à Made Marie Vignerot, duchesse d'Aiguillon, l'an 1642. Cette vente feut faite, puis confirmée et ratifiée au Parlement de Bordeaux et au bureau des finances de Guienne. Made Vignerot en a joui jusqu'à l'an 1675, qui feut l'année de sa mort.

Le 27 de mars, l'an 1642, M. Duburg, trésorier général, mit en possession ladite dame du comté d'Agenois, au palais d'Agen, où les consuls assistèrent en robe rouge. M. Duburg s'assit au haut siège du palais et mit en possession Géraud de Boissonnade, receveur des tailles, assisté de M. Redon, procureur du roy, et de M. Lescassés, avocat du roy.

La considération que ceux d'Agen eurent pour M. de Richelieu, fit qu'ils ne s'opposèrent pas à cette prise de possession. La ville estoit fondée à faire opposition, parce que, lorsque l'Agenois feut uni à la couronne et au domaine du roy, par Charles Sixième, l'an 1370, ce feut à la charge de n'en estre jamais désuni, comme il conste par ses lettres patentes, qui sont dans l'Hostel-de-Ville d'Agen.

Les consuls firent leurs représentations touchant leurs privilèges. Lorsque ledit sieur Duburg presta le serment que les comtes sont obligés de prester entre les mains des consuls, de les conserver dans leurs franchises et privilèges, ledit Duburg presta ledit serment, l'an 1642, au nom de Made la comtesse d'Agen.

Cependant, Louis Treize mourut l'an 1643. Louis Quatorze, son fils, lui succéda. La reyne régente rappela M. le duc d'Epernon, qui s'estoit réfugié en Angleterre pendant sa disgrasce; elle le remit dans son gouvernement, le 13 aoust 1643. Il vint ensuite en cette province, et fit sa première entrée dans Agen, le 17 avril 1644 : ce feut une des entrées les plus pompeuses qui se soient faites dans Agen. La dépense de la ville feut excessive; les tableaux et les autres ornemens qui ornoient la Porte-du-Pin estoient également riches et curieux. Les plus notables de la ville estoient en armes ; chaque estat fit sa compagnie ; les procureurs, les bourgeois, les marchands, les artisans, par confréries, firent chacun les leurs. Elles estoient distinguées par des couleurs différentes. Cette joie publique et ce concours attira l'affection de M. d'Epernon, qui, dès ce moment, choisit Agen pour son séjour. Sa résidence feut avantageuse à Agen. Outre que cette ville devint le séjour de la noblesse, il en fit le séjour du plaisir. Ce seigneur demeuroit dans la maison de M. Maurès, près les pénitens bleus. Deux jeunes demoiselles, filles de M. Maurès, dont l'esprit ne cédoit pas à leur bonne grasce, trouvèrent le secret de gagner l'affection de ce seigneur et d'arrester ses complaisances dans Agen. Tout le tems de son séjour se passa en divertissemens : il fit des courses de bagues, de carrousels, des parties de masques. Il voulut bien qu'Agen se sentist de sa faveur; il garantit cette ville, pendant qu'il y resta, des partisans et des gens de guerre. Il ne se contenta pas de cela : il fit faire ce beau jardin de Malconté, avec ces belles allées et un beau labyrinthe, et, pour rendre ce jardin un lieu de plaisance, il le renferma de murailles dans un enclos, pré, jardin, vigne, verger, labyrinthe, allées de charmes qui concourent, avec le reste des ornemens de ce jardin, à en faire une agréable promenade et une des plus belles qui soient aux portes d'Agen.

Ce feut sous son gouvernement que la porte et le pont Saint-Louis feurent bastis, avec les écuries publiques qui sont auprès de cette porte.

L'amour que ceux d'Agen avoient pour lui attira son affection sur la ville, et ses bienfaits enlevèrent les cœurs et l'affection des peuples. Cela dura jusqu'à la guerre qu'il eut avec le parlement de Bordeaux.

Quelques particuliers avoient décrié sa conduite : ces discours, mal digérés, firent changer son amitié en haine. Il se porta à une vengeance publique ; il fit loger ses gardes, au nombre de plus de deux cens, chez tous les habitans d'Agen, sans faire aucune différence des conditions. Les conseillers, les bourgeois, les marchans, les artisans feurent opprimés ; ce coup feut d'autant plus rude que, depuis longtems, on ne savoit ce que c'estoit que le logement des gens de guerre.

Ces gardes, animés par leur maistre, suivant les ressentimens de sa vengeance, exercèrent toutes sortes de violences : cela fit haïr ce seigneur autant qu'il avoit esté auparavant aimé, jusquelà qu'un des beaux esprits de ce tems fit cette forte satire anonyme qui porte pour titre : *le Pernonisme borné*, qui n'est qu'une naïve peinture des excès commis dans Agen par les gardes de M. d'Epernon.

Il ne s'arresta pas là : il poussa sa vengeance sur les chasteaux de Lusignan et de Coupet ; il fit desmolir le chasteau de M. de Lusignan et brusler un moulin à bateau qu'il avoit sur la rivière de Garonne, parce que M. de Lusignan avoit pris le parti de Bordeaux contre lui et s'estoit fait le chef de leurs troupes. Il fit aussi desmolir le chasteau de Coupet, qui appartenoit à M. Bordes, conseiller au parlement.

Avant tous ces désordres, et pendant que M. d'Epernon estoit gouverneur en Guienne, M. Charles de Chombert, duc d'Alhuin, pair et maréchal de France, gouverneur et lieutenant pour le roy en Languedoc, eut ordre de commander en Guienne, par ses patentes données à Versailles, le troisième mars 1649, enregistrées au parlement de Bordeaux, le quatrième mars 1649.

François d'Espinay, lieutenant-général pour le roy en la province de Guienne, estoit marquis de Saint-Luc et fils de Timoléon d'Espinay. Ce seigneur n'aimoit pas moins Agen que M. d'Epernon l'avoit aimé.

Pendant ce tems, la ville d'Agen vit paroistre trois illustres Agenois : MM. de Faura, de Daurée, de Trestous, si habiles qu'ils ne cédoient ni en conseil ni en éloquence aux plus éclairés de leur tems.

CHAPITRE V

LA DILIGENCE DES CONSULS D'AGEN POUR CONSERVER LEURS DROITS

L'an 1650, les consuls, qui n'estoient pas moins jaloux de leurs privilèges que leurs prédécesseurs, les voyant attaqués dans leur juridiction ordinaire, se pourvurent vers le roy Louis Quatorze, qui confirma leurs privilèges, comme il paroist par les patentes que Sa Majesté leur accorda en la forme qui suit :

« Louis, par la grasce de Dieu, roy de France et de Navarre, à tous présens et à venir, salut. »

CONFIRMATION DES PRIVILÈGES DE LOUIS QUATORZE DE L'AN 1650

« Nos chers et bien-amés les consuls, manans et habitans de
« la ville d'Agen et université d'Agen, nous ont fait dire et remon-
« trer qu'en l'année 1221, Raymond, duc de Narbonne, comte de
« Toulouse et marquis de Provence, leur avoit octroyé plusieurs
« beaux privilèges, lesquels auroient esté confirmés par les roys
« Philippe, Charles Septième et Huitième, Louis Huitième et Dou-
« zième, François Premier, Henry Deuxième, François Deuxième,
« Charles Neuvième, Henry Troisième et Quatrième, et par le
« défunt roy Louis Treizième, nostre seigneur et père, que Dieu
« absolve. A plein contenus et déclarés, par lettres de confirmation
« desdits privilèges accordés auxdits consuls, manans et habitans
« de ladite ville et université d'Agen par le roy Charles, l'an
« 1442. En outre, pour leur donner plus de moyen de se conserver

« et maintenir en l'obéissance, fidélités requises envers cette cou-
« ronne, et d'exercer ladite charge consulaire avec plus de dignité,
« il leur auroit aussi accordé certains droits, octrois et autres dons
« y contenus, dont ils ont bien et dûment joui et jouissent encore
« de présent, et tout ainsi qu'est contenu auxdites patentes ; et,
« craignant d'y estre troublés, ils nous ont fait très humblement
« supplier leur conserver tous et chacun leurs privilèges, dons et
« octrois, et leur accorder, sur ce, nos lettres nécessaires.

« A ces causes, désirant favorablement traiter lesdits consuls,
« manans et habitans de ladite ville et université d'Agen, pour
« leur donner d'autant plus occasion de continuer les services
« qu'ils font au public, en l'exercice de leur charge de consul, et
« ne les rendre de pire condition qu'ils estoient au tems de nos
« prédécesseurs roys, en considération des grandes dépenses aux-
« quelles lesdites charges les obligent, et de l'obéissance et fidélité
« qu'ils ont toujours eues à cette couronne, de l'avis de nostre mère
« régente, nostre très honorée dame, et de nostre conseil, qui a vu
« lesdits privilèges, concessions et confirmations des roys, nos
« prédécesseurs, s'y attacher sous notre scel, Nous avons, en con-
« firmant lesdits privilèges, déclarations et édits, dit et déclaré,
« voulu et ordonné, et de nostre grasce spéciale, pleine puissance
« et authorité royales, disons et déclarons, voulons et nous plaist,
« par ces présentes signées de nostre main, que lesdits consuls,
« manans et habitans de ladite ville et université d'Agen, jouissent
« pleinement et paisiblement de tous les privilèges, dons, octrois,
« et autres droits accordés par ledit comte Raymond, en ladite
« année 1221, et Louis Douzième, François Premier, Henry
« Deuxième, François Deuxième, Charles Neuvième, Henry Troi-
« sième et Quatrième, et par le défunt roy Louis Treizième, nostre
« très honoré seigneur et père. Comme d'abondant en tout que de
« besoin seroit, nous les avons conservés et conservons en iceux,
« sans qu'il leur soit mis aucun trouble ni empeschement, et
« généralement de tous autres droits, privilèges, exemptions à eux
« attribués et desquels ils ont ci-devant joui et jouissent et

« usent encore du présent. Donnons en mandement à nos
« amis conseillers, les gens tenant nos cours de parlement,
« chambres de comtes, cour des aydes, sénéschal d'Agenois et
« autres, nos officiers, qu'il appartiendra que ces présentes ils
« fassent enregistrer, et du contenu en icelles faire jouir et user
« lesdits manans, consuls et habitans de ladite ville et université
« d'Agen, tant en général qu'en particulier, paisiblement et perpé-
« tuellement. A ce faire souffrir et obéir contraignant et faire
« contraindre tous ceux qu'il appartiendra, cessant et faisant cesser
« tous troubles et empeschemens au contraire, car tel est notre
« plaisir. Nonobstant toutes lettres et édits contraires auxquels
« nous avons dérogé et dérogeons par ces présentes; et, afin que
« ce soit chose ferme et stable à toujours, Nous avons fait mettre
« nostre scel à cesdites présentes.

« Données à Paris, le mois de janvier, l'an de grasce 1650, et
« de nostre règne le huitième.   « Signé : Louis. »

Et sur le repli, par le roy, la reyne régente, sa mère, présente, Philipaux, et au costé visa contenu, signé Anne.

Pour éclaircir ce point, il faut remarquer que les consuls produisirent leurs patentes depuis le comte Raymond, qui confirma leur droit de la justice ordinaire et de commettre des assesseurs. Ils soutenoient qu'ils estoient en possession de ce droit, depuis que l'Aquitaine feut soumise aux Romains. Les villes libres jouissoient des justices municipales; leurs magistrats estoient appelés juges municipaux. Agen, comme ville libre, a conservé sa justice sous les Romains, sous les roys des Visigoths, sous les roys d'Aquitaine et de France.

Agen, ayant esté donné à Jeanne par Richard, duc d'Aquitaine et roy d'Angleterre, lorsqu'elle feut donnée en mariage au comte Raymond, le comte Raymond maintint Agen dans ce droit de justice ordinaire. Le comte de Montfort ayant chassé le comte Raymond pendant la guerre des Albigeois, conserva ces mesmes privilèges, l'an 1214. Le comte Raymond donna ses patentes, l'an 1221.

Agen, ayant esté réuni à la couronne après la mort d'Alphonse et de Jeanne, sa femme, fille du comte de Toulouse, Philippe, s'estant saisi de l'Agenois, confirma ce droit aux consuls l'an 1278 ; Philippe le Bel, les années 1295 et 1298, confirma aux consuls le droit de justice et de nommer des assesseurs, et ratifia les patentes du comte Raymond et celles de Philippe Troisième, son père. Philippe le Bel s'estoit rendu maistre de l'Agenois, après une légitime confiscation des terres de l'Anglois.

Sur la contestation des limites de la juridiction d'Agen, Brax et Monbusc, contre le comte de Brouillois, Philippe le Bel envoya à son sénéchal des lettres où il déclara que les consuls d'Agen avoient droit de justice. Charles Quatrième, dit le Bel, confirma les privilèges d'Agen par les patentes de l'an 1324. Philippe de Valois, qui succéda à Charles Quatrième, les confirma, l'an 1335. Jean, roi de Bohesme, qui estoit gouverneur de Languedoc et de l'Agenois, qui en dépendoit, confirma ce mesme privilège, l'an 1338. Jean, fils ayné de Philippe de Valois, duc de Guienne, confirma ce mesme droit, l'an 1344 ; et, après avoir succédé à la couronne par la mort de Philippe de Valois, son père, il confirma comme roy ce qu'il avoit confirmé comme duc de Guienne, l'an 1354.

Louis d'Anjou, fils de Jean, roy de France, confirma les privilèges des consuls de la ville, en qualité de gouverneur de cette ville l'an 1369. Charles Cinquième ratifia la confirmation de Louis d'Anjou, son frère, et confirma lui-mesme les droits de la ville et des consuls, l'an 1370. Jean, fils de Charles Sixième, lieutenant-général en Languedoc et en ce pays, confirma ce droit de justice par ses patentes de l'an 1384. Charles Septième confirma cette possession, l'an 1442. Louis Onzième, pour recognoistre la fidélité d'Agen, donna ses patentes confirmatives de ce droit, l'an 1462. Charles, frère de Louis Onzième, ayant esté fait duc de Guienne, confirma ce mesme droit en qualité de duc, l'an 1470. Charles Huitième, roy de France, en fît de mesme, l'an 1483. Louis Douzième confirma ce mesme droit, l'an 1499 ; François Premier, l'an 1314, et

Henry Deuxième, le 29 février 1548, confirma la juridiction des consuls, le droit d'élever des assesseurs et de créer des notaires. Ces patentes feurent enregistrées en la cour des trésoriers, l'an 1550. François Deuxième confirma ce mesme privilège, l'an 1559.

LOUIS TREIZIÈME DÉROGE A L'ÉDIT DE MOULINS ET MAINTIENT LES CONSULS DANS LA JUSTICE ORDINAIRE

Les consuls ayant reçu quelque atteinte en leurs privilèges par les provisions que Marie, infante de Portugal, fille de Manuel, le roy de Portugal, et d'Eléonor, mariée en secondes noces avec François Premier, donna, en qualité de dame de l'Agenois, à Antoine de Boissonade, les provisions de lieutenant, de juge ordinaire des bastilles de l'Agenois au siège d'Agen, en date de l'an 1566 ; la mesme année 1566, article septième de l'édit de Moulins, le roy s'attribua toutes les justices. Les consuls, pour se garantir de cet édit, eurent recours à Henry Troisième, qui, pour recognoistre les services que les consuls et les Agenois avoient rendus pendant les guerres civiles, octroya ces lettres patentes en forme de charte, l'an 1582, le 22 de mars, par lesquelles le roy confirma les consuls dans leur justice et dérogea par une clause expresse à l'édit de Moulins ; et, pour mieux autoriser leurs droits, déclara que les provisions obtenues par Antoine de Boissonade estoient subreptices et obtenues par surprise. Henry Quatrième donna ses lettres patentes pour confirmer ce droit des consuls, l'an 1595, et ratifia la confirmation de Henry Troisième, avec la clause dérogatoire de l'édit de Moulins.

Ces lettres de l'an 1595 feurent enregistrées au parlement de Bordeaux, le 22 décembre 1597, par un ordre exprès d'Henry Quatrième. La reyne Marguerite, qui avoit expédié des provisions contre le droit des consuls, les révoqua, l'an 1604, le 26 février, et déclara, par ses lettres, n'avoir entendu troubler les consuls dans leur droit de justice et de nommer des assesseurs. Louis Treizième confirma le mesme privilège ; Louis Quatorzième en fit de mesme, l'an 1650, ce qui a esté aussi fait par Louis Quinzième, heureusement régnant.

Avec un droit si ancien et si bien confirmé, il semble que les consuls ne doivent jamais estre dépouillés du droit de nommer des assesseurs ; cependant, le roy est maintenant, depuis quelques années, en possession de donner des provisions au juge de l'ordinaire. Les consuls, néanmoins, n'ont pas tout perdu ; il leur reste encore le droit d'estre conjuges dans le criminel avec le juge royal, de créer des notaires sous le titre de notaires royaux, et d'en faire expédier eux-mesmes les titres. Ils conservent encore la qualité et les fonctions de gouverneurs de la ville, le droit de donner l'ordre pendant la guerre et d'estre maistres des clefs de la ville, tant dans la guerre que dans la paix. Le soin de l'hospital leur appartient et ils sont en possession de nommer les syndics et d'y commettre des administrateurs. Ils sont en possession de marquer des armes de la ville toutes sortes de mesures : c'est un reste de leur seigneurie et de leur ancienne authorité.

Dans le second chapitre des privilèges d'Agen, il est porté, quand le seigneur vient nouvellement dans l'Agenois : il doit jurer, en cette qualité, qu'il sera loyal seigneur aux consuls et autres habitans d'Agen ; de garder leurs coustumes, franchises, droits ; et, après qu'il a presté le serment, les consuls font serment de fidélité.

Le sénéschal et le juge-mage sont pareillement obligés à prester serment aux consuls, ce qui s'observe encore aujourd'hui. M. l'évesque d'Agen fait le mesme serment aux consuls à son premier advènement, ce qui a pris son origine dans le tems que les évesques estoient seigneurs et comtes d'Agen ; ce qui n'a pas discontinué lorsque le comte Raymond les dépouilla de la dignité de comte.

CHAPITRE VI

DE LA GUERRE CIVILE DANS LA PROVINCE ET DE CE QUI SE PASSA DANS AGEN

L'an 1648, M. d'Epernon commença la guerre contre les Bourdelois, et, pour s'en rendre maistre, il se saisit de Marmande-sur-Garonne et de Libourne-sur-Dordogne, pour estre maistre de ces deux rivières et oster les vivres à Bordeaux : cela causa tous les mouvemens de la province.

L'an 1650, il y eut une grande contestation entre MM. du présidial et MM. de la cour des aydes establie dans Agen pour raison des bancs qui sont à Saint-Estienne et dont le présidial est en possession d'en jouir. Sur le trouble qui leur feut fait, le présidial fit faire des actes à l'avocat général des aydes, nommé M. Robillard, par Besse, notaire royal. L'avocat général fit appeler le syndic des notaires et lui fit inhibition et défense de notifier d'actes aux officiers de la cour des aydes sans leur aveu, et, cependant, fit donner un arrest par lequel il fit adjourner le sieur Besse, notaire. Le présidial, voyant les entreprises, pour y remédier et arrester une authorité qui se vouloit rendre plus que souveraine, prononça une sentence, le neuvième mars 1650, par laquelle lad. cour présidiale ordonna qu'on feroit de très humbles remontrances au roy sur les entreprises du sieur Robillard, et déchargea Besse du décret d'ajournement personnel et assignation à luy donnée en la cour des aydes, en vertu dud. arrest, et fit inhibition à tous sergens et huissiers de mettre en exécution l'arrest de la cour des aydes contre le sieur Besse, à peine de mille livres d'amende et de plus grande, si le cas y eschoit ; enjoint aud. Besse et autres notaires du destroit de la cour présidiale de faire tous actes requis contre les officiers de la cour des aydes, avec la civilité requise, à peine de suspension de leur charge, despens, dommages et intérests des parties.

La cour des aydes en vint jusque-là que de lacérer ce jugement présidial en pleine audience de leur cour, à la présence de toute la ville, convoquée sous prétexte d'un plaidoyer d'apparast. Les brouilleries feurent si grandes entre ces deux cours, pour raison des préséances, qu'il fallut supprimer la procession générale de la Feste-Dieu pour éviter des rencontres et quelques massacres scandaleux.

La cour des aydes prétendoit encore que les consuls ne devoient point porter la robe à la procession de la Feste-Dieu. Le corps de ville, joint au présidial, augmenta le feu, qui feut venu à quelque grand désordre si l'on n'eust supprimé la procession de la Feste-Dieu.

M. d'Espernon, s'estant rendu odieux à toute la province, feut rappelé de ce gouvernement. Sa révocation feut faite, le 1er octobre 1650 ; sur quoi, le parlement de Bordeaux donna un arrest par lequel il ordonna de ne plus recognoistre pour gouverneur M. d'Epernon, en date du 20 décembre 1650.

Le roy donna le gouvernement de Guienne à M. le prince de Condé, Louis de Bourbon, fils d'Henry de Bourbon, qui avoit esté gouverneur de Guienne, l'an 1640, pendant la disgrasce de M. d'Espernon. Les patentes de Louis de Bourbon sont en date du 16 mars 1651.

Cette nouvelle ne feut pas plutost portée en cette province, que les peuples ne peurent s'empescher d'en témoigner leur joie. Agen feut une des villes qui en témoigna le plus : le présidial par des festins publics, et le peuple par des feux de joie.

Le souvenir des violences qu'on avoit commises à leur égard et la joie d'avoir acquis un gouverneur de la qualité et du mérite de

M. le prince firent que ceux d'Agen passèrent jusque dans les excès. La place du Palais fut changée en une espèce de salle ; du costé du palais, il y avoit un couvert de toute l'étendue du palais, sous lequel il y avoit des fontaines de vin, une table publique où tous les conseillers et les plus qualifiés de la ville mangèrent publiquement parmi les acclamations et les cris de joie. Du costé de M. de Roques, il y avoit un théastre dressé où tous les plus habiles danseurs feurent invités pour donner un ballet public, afin de donner quelques divertissemens à la ville.

Cette joie estoit trop grande pour durer longtemps. M. le prince estant venu en province, mécontent de la cour, suscita cette guerre civile qui partagea toute la Guienne et qui ruina tout le pays.

Le parlement de Bordeaux donna, l'an 1651, un arrest d'union avec M. le prince : cet arrest feut porté à Agen par M. le prince lui-mesme, qui tascha d'engager ceux d'Agen à s'unir à son dessein. Les trois ordres feurent assemblés ; cet arrest d'union partagea toute la ville ; le torrent l'emporta et entraisna tout le peuple, qui se soumit à cet arrest. Il y eust néanmoins plusieurs personnes de mérite et de qualité qui s'y opposèrent. Dans le clergé, M. d'Hospil, grand archidiacre, et M. Barbier, chanoine de Saint-Caprasi, feurent les plus fermes contre cette union. M. Faure, advocat, aussi fidèle au roy qu'il estoit habile en son estat, s'y opposa fortement, et, par ses discours éloquens, balança quelque tems la jurade. Mais enfin la foule des jurats qui s'estoient engagés à M. le prince l'emporta sur lui, et toute la jurade consentit à cette union.

Cette union feut bientost suivie des divisions de toute la Guienne ; tout ne respiroit que la guerre, on n'entendoit partout que le bruit des tambours pour la levée des gens de guerre. La plupart de la noblesse de l'Agenois prit parti dans l'armée de M. le prince. M. de Saint-Luc, lieutenant-général de la province, secondé de M. de Marin, tascha de s'opposer aux armes de MM. les princes.

L'an 1652, M. le prince de Conti, suivi de M. le marquis de Lusignan, assiégea Caudecoste, en Gascogne, où M. de Poupas, gentilhomme du pays, commandoit. M. le prince de Conti, suivi de M. le marquis de Lusignan, MM. de Gondrin, de Choupes et de Galapian, força cette petite place à se rendre.

La mesme année, 1652, M. le prince de Conti et M. de Saint-Luc, qui feut fait lieutenant général dans la Guienne, l'an 1651, faisoient la guerre dans le voisinage d'Agen : M. de Conti pour les intérests de sa famille, et M. de Saint-Luc pour les intérests de la cour.

Leurs armées estoient en face, au voisinage de Miradoux, sans faire rien de considérable ; mais M. le prince de Condé, arrivant à l'armée de son frère, anima par sa présence toute l'armée ; son seul nom valut un secours des plus forts. Jusque-là, les armées n'avoient rien osé entreprendre ; mais, dès le moment que M. le prince de Condé feut arrivé, la frayeur saisit les troupes de l'armée du roy. Elle décampa en désordre, et, quelque soin que M. de Marin prist pour faire une retraite en bon ordre, toute l'armée se destacha et feut défaite sans combattre. Il n'y eust que le régiment de Champagne, commandé par M. de Lamothe-Bedel, gentilhomme de Puymirol, qui soutint le choc de l'armée victorieuse et arresta les progrès de la victoire de M. le prince. M. de Marin et M. de Lamothe-Bedel se retirèrent en bon ordre dans le lieu de Miradoux, en Gascogne, qui est une petite ville à trois lieues d'Agen.

M. le prince s'amusa à assiéger cette bicoque, parce qu'il crut l'emporter avant d'avoir formé le siège : c'estoit une place sans défense qui feut conservée par la seule vigilance de M. de Marin et par la valeur de Lamothe-Bedel.

Le siège feut formé avec toute la régularité de l'art militaire ; la ville feut battue avec les canons, qui firent une brèche suffisante pour forcer le lieu ; mais elle feut inutile à M. le prince, parce que la brèche feut faite à une maison où il y avoit une cave si profonde que c'estoit un précipice, et que, d'ailleurs, les soldats du régiment de Champagne conservèrent une profonde fosse qu'ils remplirent de bois et de feu, tellement que l'armée de M. le prince n'osa pas tenter l'assaut. Cette vigueur et cette opiniastre résistance de M. de Marin et de M. de Lamothe-Bedel arrestèrent la fortune de M. le prince et firent périr son armée.

Le siège feut long et aussi malheureux à M. le prince qu'il feut glorieux à ces deux gentilshommes de l'Agenois, qui résistèrent jusqu'à ce que M. le comte d'Harcourt, général des armées du roy, qui venoit du pays de France pour commander en Guienne, vint au secours de cette place. M. d'Harcourt répara, par sa conduite et sa valeur, le désavantage que la défaite de M. le marquis de Saint-Luc avoit porté aux armes du roy. Le siège de Miradoux feut levé avec assez de confusion; les gardes de M. le prince de Condé et, trois ou quatre cens chevaux feurent pris dans le quartier où Persan commandoit, et M. le prince de Condé lui-mesme feut contraint de quitter son fort, de passer la rivière de Garonne à Boé, et se retira à Agen, où il arriva, le 12 mars 1652.

Pendant son séjour, il bannit d'Agen les familles de M. de Boissonade, juge-mage, de M. de Lasserre, M. de Daurée, écuyers, de M. Faure, advocat, de M. Labenazie, qui feurent contraints d'aller chercher quelque asile dans les villes qui tenoient le parti du roy.

Les divisions qui partagèrent toute la ville firent assez cognoistre à M. le prince qu'Agen ne demeureroit pas dans son parti; qu'il n'y seroit retenu que par sa présence ou une forte garnison. Ce feut aussi pour s'en assurer que M. le prince de Condé résoleut de faire entrer le régiment de Conti, le 21 mars 1652. M. le prince, après avoir exhorté les consuls de la ville d'Agen de souffrir garnison dans leur ville, quelques-uns des consuls, qui estoient, cette année-là, MM. de Boissonade, receveur, Misa, controsleur, Boyer-Vieux d'Espalais, assesseur, Ducros jeune, Sabouroux, médecin, n'osèrent refuser ce que M. le prince demandoit. MM. d'Espalais et Sabouroux lui représentèrent que malaisement le peuple souffriroit une garnison. M. le prince en feut irrité contre le sieur Sabouroux, et soudain il commanda de faire venir les capitaines de quartier, les sergens et les mages des fréries, pour savoir leur sentiment. Son commandement feut exécuté : ils feurent d'abord mandés, et, après midi, M. Boissonade, premier consul, les présenta.

M. le prince leur fit sentir la nécessité des affaires ; il leur fit un discours également généreux et éloquent ; il leur représenta qu'il estoit obligé de s'en aller, qu'il laissoit son frère, M. le prince de Conti, et, pour l'assurance de sa personne, il vouloit faire entrer quatre cens hommes pour sa garde ; que son dessein n'estoit pas de fouler le peuple ; qu'il vouloit les loger aux écuries publiques de la ville, promettant de mettre un fonds entre les mains des consuls pour leur subsistance. Sous ce prétexte, il n'avoit pas d'autre dessein que de renfermer toute son infanterie dans Agen pour arrester M. le comte d'Harcourt par un siège.

Comme son dessein ne feut pas secret, il feut bientost répandu dans la ville ; tout ce qu'il promettoit n'estoit qu'un prétexte pour désintéresser le public et ne pas rebuter ceux qu'il avoit fait assembler. M. de Lescase, capitaine de quartier de Saint-Estienne, porta la parole pour tous les capitaines et dit que, pour son particulier, il obéiroit à Son Altesse et qu'il consentoit que la garnison feust reçue. Après lui, le sieur Brumond, libraire, sergent de quartier de la paroisse Saint-Estienne, dit à Son Altesse, suivant l'ordre que ses camarades lui avoient donné, que le peuple grondoit fort sur le mot de garnison, et que malaisement la souffrirait-on dans la ville. M. Bressolles, conseiller au présidial et capitaine de quartier de la paroisse Saint-Hilaire, dit que le peuple estoit alarmé de la proposition qu'on leur avoit faite de recevoir garnison dans la ville.

Les mages des savetiers et des bouchers se présentèrent à M. le prince, lesquels se laissèrent éblouir à la promesse de M. le prince et promirent à Son Altesse de souffrir tout ce qu'il voudroit, contre ce qu'ils avoient promis, dans la maison de ville, à MM. les consuls.

M. le prince de Condé crut tenir tout, et, pour s'en mieux assurer, sortit de chez M. de Roques, où il avoit disné avec M. le prince de Conti, qui logeoit dans cette maison, et M. le prince de Condé logeoit au prieuré de Saint-Caprasi.

Son Altesse, partant de la maison de M. de Roques, feut par toute la ville avec quantité de noblesse, caressant le peuple, pour l'engager à ses intérests, lui demandant s'il ne l'aimoit pas et s'il ne vouloit pas tout ce qu'il vouloit, sans s'expliquer davantage. Ces caresses enlevèrent tout le peuple, qui, ne pénétrant pas le dessein de M. le prince, crioit : « Vivent le roy et M. le prince ! » La plupart, néanmoins, ne se laissèrent pas entraisner au torrent, et, s'ils crioient : « Vive M. le Prince ! » ils crioient de leur chef, suivant leur inclination : « Point de garnison ! »

M. le prince, voyant le commun du peuple gagné, crut pouvoir réussir. Se flattant que le peuple estoit disposé à recevoir la garnison qu'il avoit dessein de mettre dans Agen, il commanda secrètement d'aller faire avancer le régiment de Conti, qui estoit logé à Boë. MM. d'Espalais et Sabouroux et quelques habitans, zélés pour le repos de leur ville, avertis de cet ordre, s'assemblèrent, les uns pour arrester ce coup, les autres pour se rendre aux ordres que les consuls leur donnoient, résolus de périr avant de souffrir garnison.

Son Altesse, estant avertie que ces gens s'approchoient, monta à cheval et, s'en allant à la porte de Saint-Antoine, suivi de MM. de Marillac, de Larochefoucauld, de Marin, de Goudrin, de Lusignan, de Galapian et quelques messieurs du parlement de Bordeaux, M. le prince trouva le grand pont levé par l'ordre de M. de Sabouroux, consul. Son Altesse demanda à M. Caussé, chanoine de Saint-Caprasi, qui commandoit ce jour-là en qualité de capitaine de la compagnie, qui gardoit le pont Saint-Anthoine, qui avoit fait lever le pont. M. Caussé répondit que c'estoit un consul qui l'avoit fait et qu'il n'avoit point droit de l'en empescher. Son Altesse demanda les clefs au sieur Caussé, qui lui répondit qu'il ne les avoit pas et que les consuls étoient les maistres des clefs des portes. Le portier se présenta à l'instant avec les clefs, et M. le prince commanda d'abaisser le pont et donna ordre à M. de Lusignan de voir si le régent estoit loin. M. de Lusignan sortit au galop, mesme au petit pont ; il fit avancer les troupes et les fit entrer quatre à quatre, balle en bouche, et la mesche allumée des deux bouts. Quand les gens de guerre furent entrés dans le corps de garde, où le sieur Caussé avoit fait mettre ses soldats en armes, M. le prince commanda à ses troupes de s'ouvrir à droite et à gauche, tellement que ce commandement mit hors de défense les gens que le sieur Caussé commandoit. Soudain, les soldats du régiment se rendirent maistres du corps de garde, au haut de la porte, et on échangea les sentinelles.

Les consuls et les habitans, ayant appris que ce régiment estoit venu jusqu'à la porte Saint-Antoine, prirent les armes et se préparèrent à faire des barricades. M. le comte de Lasserre courut à la porte Saint-Antoine en avertir M. le prince, qui, ne croyant pas cet avis, donna ordre à M. de Marsin de demeurer avec le gros du régiment à la porte Saint-Antoine et de lui renvoyer deux compagnies pour se saisir de la maison de ville. Son Altesse vint se rendre devant la porte de l'Hostel-de-Ville, et les deux compagnies qui le suivoient s'avancèrent en bataille, tambour battant, jusques à la rivière de Garonne, où la rue de Saint-Antoine aboutit. Le tambour estant entendu par quinze ou seize habitans de la rue de Garonne, ils y accoururent, sous la conduite du sieur Bru, sergent de quartier. Ils arrestèrent ces deux compagnies tout court, MM. de Sabouroux et Ducros, consuls, vinrent d'abord commander aux compagnies de se retirer ; qu'autrement on leur alloit tirer dessus. Les officiers, qui n'avoient aucun ordre, ne sçavoient à quoi se résoudre. Entendant crier : Aux armes ! M. Lamagdelaine, commandant du régiment de Conti, arriva pour commander son monde ; mais un habitant feut assez résolu pour lui dire fièrement que, s'il ne faisoit retirer ses gens, on le mettroit en pièces. Le sieur Lamagdelaine ayant répondu qu'il n'en vouloit rien faire, sur-le-champ il lui feut tiré un coup de mousquet qui lui brusla tous les cheveux, et les balles rompirent, derrière lui, le fusil d'un de ses soldats. D'abord, son monde lascha le pied, les habitans le poursuivirent, l'espée aux reins, jusqu'à la porte Saint-Antoine, où ils avoient leur gros, et là ils firent fermer.

Les habitans, ne se voyant pas assez forts pour les forcer, firent deux barricades : l'une au coin de M. de Galapian, à cinquante pas de la porte Saint-Anthoine, l'autre cinquante pas au-deça, vers la maison de ville, où cette rue aboutit. Les habitans se partagèrent pour garder les deux barricades.

Le reste de la ville, sachant les habitans aux prises avec M. le prince et ses troupes, pour repousser la garnison, se barricada ; et, moins de deux heures après, il y eut cent trente barricades dans les rues : les femmes et les petits enfans mesme y travaillèrent. Quelque division qu'il y eust dans la ville, tout le monde feut d'accord de ne pas recevoir de garnison. Les hommes coururent aux armes, les femmes firent provision de pierres sur leurs fenestres, et d'eau bouillante dans les maisons, pour estre de la partie et contribuer, de leur costé, à la défense de la ville.

M. le prince, voyant cette commotion si grande, crut l'apaiser par sa présence. Il partit avec toute la noblesse de sa suite et avec ces messieurs les conseillers de Bordeaux, allant de barricade en barricade, priant le peuple de vouloir les mettre à bas. Ceux de la suite de Son Altesse coururent un grand danger. Quelques habitans mirent bas leurs barricades pour leur donner passage, à condition que Son Altesse feroit sortir la garnison de la ville ; d'autres feurent assez fermes pour le refuser, résolus de ne point abattre leurs barricades que la garnison ne se feust retirée. Ceux mesmes qui les avoient défaites pour donner passage à M. le prince dans les rues, les remettoient plus fortes qu'auparavant.

Il suivit presque toutes les rues sans pouvoir rien obtenir ; quelques messieurs de sa suite coururent risque de leur vie ; le peuple mutiné s'estoit jeté sur eux, mais le prince les dégagea par sa présence.

Son Altesse feut extrésmement faschée de voir que cette émotion, bien loin de finir avec le jour, s'augmentoit à tous momens : la chose ne pouvoit demeurer dans cet estat-là. Les troupes, comme j'ai dit, tenoient la porte Saint-Anthoine ; le peuple estoit sous les armes, les rues estoient barricadées, il y avoit des corps de garde partout ; la nuit approchoit, qui eut augmenté le désordre, et M. le prince de Condé se voyoit réduit à sortir honteusement de la ville, ou à la faire piller et brusler; mais l'un ou l'autre de ces deux partis ruinoit ses affaires. Car, s'il eust quitté Agen, les troupes du roy y estoient reçues; s'il le brusloit, ce traitement soulevoit contre lui toute la province. Ces raisons le portèrent à tenter quelque accommodement qui sauvast son authorité en apparence, et qui lui servist de prétexte pour pardonner au peuple d'Agen.

Le duc de Larochefoucauld parla aux principaux bourgeois et les disposa à aller à l'hostel de ville pour députer quelqu'un d'entre eux vers M. le prince, pour lui demander pardon et le supplier de venir à l'assemblée pour leur prescrire le moyen de lui conserver Agen dans la soumission et la fidélité qu'on lui avoit jurée, lorsque Son Altesse vint à Agen pour engager la ville dans l'union avec les princes.

Son Altesse, s'estant rendue dans la maison de ville, donna ordre pour faire sortir ce régiment, et fit porter cet ordre au sieur de Lamagdelaine par M. de Lusignan. Les troupes de M. le prince n'eurent pas plutost abandonné la porte Saint-Anthoine qu'une compagnie de marchands, commandée par MM. Ducros et Beaulac, conseillers au présidial, se feut saisir de la porte Saint-Anthoine. M. Sabouroux et le sieur Bru sortirent hors la ville, pour faire loger les troupes dans les maisons qui sont hors ville. Cependant, le corps de ville, pour apaiser M. le prince, lui proposa que pour la garde de son frère on feroit un régiment des habitans de la ville, qui serviroit aussi pour garder quelques demi-lunes qu'on avoit commandées aux portes de la ville : ce que M. le prince fit semblant d'accepter, à la charge que les commandans lui agréassent, ce qu'on lui accorda. Il mit M. de Galapian maistre de camp, M. de Saint-Gillis vieux, lieutenant-colonel, MM. Galibert, Coquet, Esleu, Barroussel jeune, Lafon, de Cujula jeune, Galau, de Ligue, pour officiers. Voilà ce qui se passa dans Agen le 21 mars 1652.

Le lendemain, 22 mars 1652, le régiment de Conti partit d'Agen et feut logé à Clermont, près du Port-Sainte-Marie. Messieurs les consuls, pour sauver apparemment l'honneur de M. le prince, commandèrent aux mages des fréries d'aller voir Son Altesse et lui demander pardon du peu de respect qu'ils avoient eu de Son Altesse, et le prier de conserver les privilèges de cette ville et d'oublier ce qui s'estoit passé, ce que M. le prince promit de faire.

On remarque qu'entre tous les habitans qui se signalèrent en cette occasion, les principaux furent : MM. de Chibeau, de Sevin jeune, de Monleil, jurat, Maussairé, notaire, Forrés, marchand, Gignac, sellier, et Briet, orfèvre.

M. le prince de Condé partit d'Agen, le jour des Rameaux, le 24 mars 1652. Il laissa M. le prince de Conti dans la ville, qui n'y fit pas long séjour après lui. Sur la nouvelle qu'il reçut par les coureurs, le 28 mars, que M. le comte d'Harcourt faisoit passer son armée à Lamagistère et à Auvillars, il partit avec précipitation et dit aux consuls qu'il laissoit MM. de Laugnac et Galapian pour commander dans la ville, et qu'ils se défendissent bien. Il feut coucher au Port-Sainte-Marie, où il faillit estre surpris par la cavalerie de l'armée du roy et en délogea à la haste, et le Port receut M. d'Harcourt.

M. le prince de Conti feut à Clairac où l'on ne voulut le recevoir que lui, cinquième, et à Marmande on ne voulut pas qu'il entrast dans la ville, mais on permit qu'il passast le long des murailles de la ville.

Cependant, M. de Saint-Luc avoit escrit d'Estillac, où il estoit logé, une lettre aux consuls d'Agen et aux habitans. Sur cette lettre, les trois ordres feurent convoqués pour en faire lecture et représenter que nous n'estions pas en estat de soutenir un siège. Le clergé et la plupart des jurats estoient de ce sentiment ; mais, comme les consuls avoient appelé MM. de Laugnac et Galapian à cette assemblée, ils firent ce qu'ils purent, en cette assemblée, pour faire condescendre tout le monde à résister à M. d'Harcourt et à soutenir un siège, ce qu'ils ne purent obtenir. D'abord, M. le président Boissoñade alla, dans la salle de l'audience, haranguer le peuple qui s'y estoit assemblé, et leur dit la délibération des trois ordres, qui estoit de crier : « Vivent le roy, les consuls et la liberté ! » ce que le peuple cria d'une commune voix. Il n'y eut que MM. de Laugnac et Galapian qui crièrent : « Vive M. le prince », mais personne ne répondit. Il avoit esté résolu qu'on feroit réponse à la lettre de M. de Saint-Luc : l'assemblée nomma pour conseillers et commissaires MM. d'Espalais, Bordes, Grimord, Daurée et Saint-Gillis vieux, ce qu'ils remirent au lendemain.

Cependant, MM. de Galapian et Laugnac furent solliciter leurs amis de prendre leur parti, qui, avec leurs domestiques et leurs amis, s'assemblèrent. Les consuls furent avertis par M. d'Albarel, chanoine de Saint-Caprasi, que MM. de Laugnac et Galapian se vouloient saisir de la maison de ville. Il feut commandé à Bru, sergent de quartier, de prendre les meilleurs habitans de sa cognoissance et de s'en rendre maistre, ce qu'il fit avec diligence, et M. Loret, conseiller esleu, qui commandoit une compagnie, se vint aussi rendre à la maison de ville pour faire la ronde-major et demander des soldats pour l'escorter, ce qui lui feut refusé.

Sur la nuit, M. Galapian en vint demander pour l'escorter à la visite qu'il alloit faire des corps de garde, ce qui lui feut pareillement refusé. Il lui feut mesme répondu que M. Ducros alloit partir pour faire la ronde-major, qu'il n'avoit qu'à se retirer.

Le vendredi saint, 29 mars 1652, l'armée de M. le comte d'Harcourt, estant arrivée au Passage, effraya les habitans d'Agen. Plusieurs s'estoient rendus à la maison de ville, où se rendirent aussi MM. de Galapian et Laugnac, où Bru estoit toujours en garde avec une troupe de fidèles habitans de la rue de Garonne, et les deux MM. de Saint-Gillis, frères et jurats, qui n'abandonnèrent jamais l'hostel de ville.

La jurade et les trois ordres feurent assemblés pour lire une lettre que M. le comte d'Harcourt avoit envoyée par un trompette, qui feut introduit à l'assemblée ; mais MM. de Laugnac, Galapian et Moncaut, firent entrer des gens armés dans la salle de la jurade, le mousqueton et le pistolet à la main, disant qu'il falloit tenir pour M. le prince ou mourir.

Cette violence étonna beaucoup de jurats, qui se retirèrent ; mais MM. de Sabouroux et de Saint-Gillis frères, et quelques habitans des plus fidèles au roy, ayant résolu de mourir plutost que de se séparer du service du roy, s'assemblèrent et résolurent d'assembler chacun ses amis et de se rendre à la maison de ville, nonobstant toutes les violences. Il feut député par les trois ordres à M. le comte d'Harcourt, pour l'assurer de l'obéissance des habitans d'Agen ; pour le service du roy, deux des messieurs les consuls et quatre jurats feurent députés, sçavoir : MM. de Langelier, de Mucy, Girles et Ratiée, qui feurent au Passage-d'Agen, où M. le comte d'Harcourt s'estoit rendu pour attendre la réponse de la lettre qu'il avoit écrite.

Pendant ce temps, les MM. de Laugnac, Galapian et Moncaut, avec leurs domestiques et quelques habitans, feurent par la ville crier : « Vivent le roy et M. le prince ! ». Ils firent assembler tout ce qu'ils purent de gens armés chez MM. de Laugnac et Galapian ; ils firent garnir des tables, firent boire et manger tous ceux qui estoient de leur parti et qui crioient : « Vive M. le prince ! », comme firent quelques autres personnes de condition qui avoient juré fidélité à M. le prince.

Pendant que ces messieurs estoient occupés à attirer plusieurs personnes à leur parti par la bonne chère, quelques dames de condition qui soutenaient les mesmes intérests s'avisèrent de donner des rubans feuille morte et bleu ; le peuple, qui partoit de leurs maisons avec ces livrées, crioit : « Vivent le roy et M. le prince ! » mais toutes ces inventions ne réussirent pas ; leur dessein feut renversé.

Les députés, estant arrivés, assurèrent que Son Altesse d'Harcourt les avoit reçus avec toutes les démonstrations d'amitié qu'ils pouvoient espérer, avec parole qu'ils pouvoient lui demander tout ; que, se tenant dans l'obéissance du roy, rien ne seroit refusé, ce qui anima les habitans fidèles au roy, et fit redoubler d'efforts ceux qui suivoient le parti de M. le prince. Ils taschèrent de débaucher les bouchers et charretiers, mais MM. de Saint-Gillis, de Sevin jeune, retenoient Saint-Hilaire dans le parti du roy; M. Ducos, ceux de la Porte-Neuve; M. Duffort, prestre, ceux du Carré ; MM. Lauret et Maurès s'estoient saisis du pont de Garonne et de l'église des Pères Jacobins, secourus par quelques habitans de ce quartier qui s'y estoient réfugiés. Pour la Porte-du-Pin et la rue Saint-Jean, les habitans estoient presque tous du parti de M. le prince, à la réserve de quelques sergens.

Le mesme jour, M. de Galapian vint à la maison de ville et, se servant de la facilité de quelque consul, fit conduire une couleuvrine sur le rempart, derrière les Capucins, avec un baril de poudre et quatre boulets, et commanda Claverie jeune avec quinze mousquetaires pour aller hors la ville, sur le bord de la rivière, attaquer ceux qui estoient au Passage. Ils commencèrent l'attaque, mais les troupes du roy les reçurent si bien par une décharge, qu'ils tuèrent Poulayrac, cordier, et firent perdre à ces fougueux l'envie de continuer leur attaque.

Les habitans qui tenoient pour le roy, voyant qu'on avoit traisné cette pièce sur les remparts, et que, par l'ordre de M. de Galapian, quelques habitans avoient commencé l'attaque à l'insu des consuls, qui ont seuls le droit de commander dans la ville, à la teste des habitans, alla enlever la poudre et fit enfermer la couleuvrine entre les deux portes du pont, se saisit des clefs et laissa bonne garde à la porte.

Le second et le troisième de mars 1652, les députés de la ville partirent pour Bruch, où M. le comte d'Harcourt estoit allé ; ils portèrent les articles dressés par les trois ordres. Cependant, M. de Saint-Gillis vieux, à la teste de quelques habitans de la rue de Garonne, fit faire une barricade devant la porte de la maison de ville, et envoya quérir la compagnie qu'il avoit mise sur pied pour le régiment de la ville, et la posta à la barricade. Il mit les habitans de la rue de Garonne dans la maison de ville, pour empescher que ceux de l'autre parti entrassent les plus forts et pour donner aux jurats la liberté d'opiner.

M. de Laugnac, averti de cette barricade, vint d'abord se plaindre qu'après l'avoir prié de rester dans la ville, on travailloit à l'en chasser. Ces plaintes particulières feurent suivies d'une alarme générale ; tout le peuple se mit en estat de faire des barricades ; il en feut fait jusqu'au nombre de 333.

Le 31 de mars, jour de Pasques, les habitans les plus considérables de la ville se ramassèrent à l'Hostel-de-Ville. La compagnie du sieur Coquet, qui gardoit le palais, vint à l'Hostel-de-Ville pour fortifier la garde. Le sieur Bru, sergent de quartier, porta du monde à toutes ces avenues, tellement que ceux qui avoient dessein de renverser ou forcer la maison de ville n'osèrent rien entreprendre. Le petit peuple, poussé par ceux qui vouloient soutenir un siège et ne pas recevoir M. d'Harcourt, donna une nouvelle alarme. Le lundi premier avril 1652, M. de Mucy, revenant de faire signer les articles, feut bien surpris de trouver la ville en cet estat. Les autres députés, qui avoient obtenu tout ce qu'ils pouvoient espérer, firent assembler les trois ordres, où, malgré l'opposition de quelques artisans mutinés, il feut résolu de députer à M. d'Espalais pour prier M. d'Harcourt de donner quelques jours pour venger ces mutineries et soumettre le peuple, que le repos des festes, joint à la débauche, avoit révolté contre les magistrats.

Le mardi, second d'avril, la ville estoit toute barricadée, et ceux qui tenoient pour M. le prince firent un dernier effort pour se rendre maistres de la ville. M. de Galapian feut par toute la ville pour attirer le peuple dans ce parti ; mais la plupart du peuple, se recognoissant, l'abandonna. Il ne put qu'amener une cinquantaine d'enfans où jeunes garçons à qui M. de Moncaut faisoit crier : Vive M. le prince ! Il vint avec ce peu de monde vers la maison de ville ; on estoit disposé à le recevoir de bonne façon : toutes les avenues, toutes les fenestres estoient bien gardées. Il feut détaché quinze mousquetaires, conduits par M. d'Escuilhez, lieutenant de M. Coquet le jeune, pour aller recognoistre M. de Galapian. Ces mousquetaires l'environnèrent et le mandèrent jusques à la barricade, où l'on eut bien de la peine de retenir les soldats de tirer sur lui. M. de Galapian, se voyant hors d'estat de forcer l'Hostel-de-Ville, se relascha de son dessein.

Cependant, les plus sensés du peuple, fatigués par ces alarmes et ces émotions, se recognurent et se rendirent à l'Hostel-de-Ville. On y assembla de nouveau les trois ordres ; il y feut résolu qu'on prieroit MM. de Laugnac et Galapian de se retirer de la ville. Les députés y feurent ; mais ces deux messieurs refusèrent de sortir. On y envoya, une seconde fois, leur réitérer cette prière, ou qu'autrement on les y obligeroit par force. Cette menace leur fit promettre de sortir le lendemain, ce qu'ils firent avec leur suite.

Le mercredi, troisième avril, ces messieurs feurent priés de tenir leur promesse, ce qu'ils se disposèrent de faire. M. de Galapian sortit par la porte Saint-Antoine pour saluer M. de Sainte-Colombe et MM. de Vaillac et de Goas ; mais il n'eut pas plutost mis le pied hors du pont, qu'il feut levé par l'ordre de M. de Mucy. Madame sa femme, en estant avertie, sortit avec toute sa maison ; M. de Laugnac en fit de mesme. M. de Moncaut, ne se croyant plus en seureté, sortit de la ville avec quelques habitans des plus attachés à M. le prince.

Les honnestes gens d'Agen, s'estant délivrés de la présence de ces messieurs, que M. le prince de Conti avoit laissés dans la ville pour y commander, reçurent M. d'Harcourt. Il ne faut pas omettre, à la louange de MM. de Laugnac, de Galapian et de Moncaut, qu'ils firent, en gens d'honneur, tout ce qu'ils purent pour le parti qu'ils soutenoient. C'estoit le malheur du tems qui les engagea à défendre un parti que le peuple abandonna ; mais il ne tint pas à la fidélité qu'ils avoient jurée à M. le prince qu'ils ne le fissent réussir.

Ce jeudi, quatrième avril 1652, M. d'Harcourt entra par la porte Saint-Antoine, suivi de beaucoup de noblesse. Il feut conduit à Saint-Estienne, où M. Soldadié le harangua, et le *Te Deum* feut chanté. Il feut ensuite conduit chez M. de Roques, où il logea. Le lendemain, 5 avril 1652, M. le comte d'Harcourt fit assembler les trois ordres à la maison de ville ; il fit lire sa commission par son secrétaire ; il harangua ensuite l'assemblée, les exhortant à se maintenir en l'obéissance du roy, et reçut les protestations de fidélité de tout le corps de ville, les exhortant d'inspirer au peuple leurs obligations envers Sa Majesté. Enfin, pour s'assurer de la ville, il bannit ceux qui avoient paru le plus opiniastrement attachés au parti de M. le prince, et rappela ceux que M. le prince avoit bannis.

Entre tous ces exilés, M. de Faure se distingua, et le zèle qu'il avoit fait paroistre par les éloquentes oppositions qu'il fit à M. le prince, lorsqu'il demanda l'union de cette ville avec son parti, l'an 1651, lui mérita une lettre que le roy lui escrivit et dont voici la teneur :

« A nostre cher et bien-amé seigneur de Faure, premier consul de nostre ville d'Agen, de par le roy.

« Cher et bien-amé,

« Ayant toujours fait estime de votre zèle et dévotion au bien de notre service, et vous ayant considéré pour un des plus affectionnés serviteurs que nous ayons en nostre ville d'Agen, nous avons appris aussi que vous vous estes vigoureusement opposé, pour empescher l'union à l'arrest que nostre cour du parlement de Bordeaux a donné en faveur de nostre cousin, le prince de Condé, et qu'il ne se peut rien ajouter aux témoignages que vous avez donnés de votre fidélité en cette occasion. Sur quoi, nous avons voulu vous faire cognoistre la satisfaction qui nous en demeure de ce service, ainsi que le sieur Marin, maréchal de nos camps et armées, vous dira plus particulièrement de notre part. A cela, vous ajouterez toute créance, estant bien informé de nos intentions, suivant lesquelles, vous employant pour faire remettre nostre dite ville en nostre obéissance, nous avons soin de vous gratifier et faire ressentir les effets de nostre bienveillance en toutes les occasions qui s'en offriront. N'y faites donc faute, car tel est nostre bon plaisir.

« Donné à Poitiers, le vingt-huitième jour de novembre 1651.

« Signé : Louis ; et plus bas, Philippeaux. »

Quelque tems après que M. le comte d'Harcourt se feut retiré d'Agen, il feut assiéger Villeneuve-d'Agenois, qui tenoit pour M. le prince. M. d'Harcourt l'assiégea du costé d'Eysse, et M. de Saint-Luc du costé de deçà du Lot. Les habitans, animés par leur commandant, M. Detherbon, se défendirent avec une résistance aussi vigoureuse qu'on eust pu attendre de gens aguerris. Ils faisoient de fréquentes sorties qui fatiguoient l'armée du roy. M. Lamothe-Bedel, qui commandoit le régiment de Champagne, et qui s'estoit signalé en plusieurs occasions et surtout en la défense de Miradoux contre M. le prince, feut tué en une sortie.

L'entreprise ne réussit pas à M. d'Harcourt ; l'armée du roy leva le siège, et M. d'Harcourt, mécontent de la cour, l'avoit abandonnée pour se retirer dans ses terres.

Cette guerre feut suivie d'une famine générale. Le dégast, que les armées avoient fait à la campagne, causa une disette dans toute la province. Agen feut rempli de pauvres qui ressembloient plutost à des cadavres animés qu'à des corps vivants. Les couvens d'Agen, appelés les Cornières, devinrent un Hostel-Dieu, où tous les pauvres du voisinage cherchèrent une retraite, où l'on ne voyoit que des languissans et des malades. Agen fit paroistre que la charité est le caractère des Agenois : les habitans, depuis les plus nobles jusqu'aux artisans aisés, se partagèrent les pauvres ; et, pour éviter l'accablement et la foule, on donna à chaque famille certains pauvres à nourrir. Cet ordre s'observa, tout l'hiver, assez régulièrement ; mais, quelque soin qu'on prist de soulager les pauvres, la multitude et l'insuffisance de la ville à y pouvoir fournir, feurent cause qu'il en mourut beaucoup de faim et de misère.

INONDATION DES 25 ET 26 JUILLET 1652

Ce fléau feut suivi d'une inondation des plus furieuses que la rivière de Garonne ait jamais faites. La saison en laquelle elle arriva, la rendit extraordinaire. Les 25 et 26 juillet, l'an 1652, les jours de Saint-Jacques et de Sainte-Anne, l'eau entra dans la ville bien plus avant qu'elle n'avoit fait, il y a plus d'un siècle; on alloit en bateau jusques au poids de la ville et devant les jésuites. L'eau estoit si corrompue et si puante, qu'elle n'infectoit pas seulement l'air, mais corrompoit la chair à ceux qui feurent baignés de l'eau qui resta dans les caves de la ville; tout le plus grand mal feut à la campagne : c'estoit dans un tems où toutes les gerbières estoient à dépiquer; elles feurent entraisnées tellement que, pendant deux jours, la rivière estoit couverte de gerbes et de meubles. Une grande partie de la muraille de la ville, entre les Jacobins et la porte Saint-Antoine, feut renversée par la rapidité de l'eau. On eut recours aux prières : le jour de sainte Anne, vers les neuf heures du matin, le chapitre feut en procession avec les reliques par la Porte-Neuve, jusqu'auprès de l'eau, qui estoit à cinquante pas, ou environ, de la porte, du costé des écluses : c'estoit la seule porte par où l'on pouvoit sortir, toutes les autres estoient inondées.

Après avoir chanté les prières qu'on a coustume de chanter en pareille occasion, l'eau commença à diminuer ; car, rentrant par la mesme porte, les mémoires de ce tems-là font foy, qu'elle paroissoit avoir diminué de deux doigts, et qu'elle laissa une telle puanteur et une telle corruption, que ceux qui en feurent touchés feurent ulcérés aux jambes.

Cette année feut une année de malheurs pour Agen. Le 23 septembre 1652, à neuf heures du soir, il y eut un incendie à la rue de Garonne ; le feu sauta d'un costé de rue à l'autre, par le moyen d'une toile cirée qui estoit au-devant de la boutique d'un marchand. Le feu feut si grand et si violent qu'il brusla plusieurs maisons de chaque costé. M. de Serres, marchand, se confiant à la vouste de sa cave, y fit mettre ses marchandises et son argent ; mais le feu qui brusla sa maison feut si grand, sur la vouste de sa cave, que toutes les marchandises feurent bruslées. En une autre cave, le vin se conserva dans les vaisseaux, sans qu'ils fussent endommagés.

CHAPITRE VII

LE PARLEMENT TRANSFÉRÉ A AGEN

L'année 1652, le roy envoya le parlement de Bordeaux à Agen, avec la Chambre de l'esdit, la cour des aydes et le bureau des trésoriers. L'arrest de cette translation feut donné à Pontoise, lo huitième octobre 1652. Le parlement y demeura jusqu'à l'an 1653, et y exerça la justice jusqu'à la Saint-Jean.

La peste, qui suivit les autres fléaux, nous ravit l'honneur qui nous revenoit du séjour du parlement. Cette cour, profitant du malheur d'Agen, prit l'occasion de demander au roy de la retirer de cette ville. Sa Majesté la transféra à La Réole. La peste feut si ravageante que toute la ville feut désertée. Plus de la moitié des habitans y périrent : on compte jusqu'à six cents personnes ou environ qui moururent dans ce tems-là. Il en mourut autant de pauvreté que de peste.

La charité d'une veuve d'Agen est trop remarquable pour estre omise. On l'appeloit Mlle de Baratet, veuve à M. de Baratet, consul cette année, qui mourut dans son consulat et pendant ce feu de peste. Cette bonne femme donna au frère Vincent, ermite de Saint-Vincent d'Agen, une somme d'argent pour distribuer aux pauvres. Ce bon frère donnoit, à chacun de ceux qui se présentoient, deux sols de pain. Cette digne femme fit distribuer pour deux cents escus de pain.

Il faut encore donner cette louange à M. de Mucy, receveur, à

M. Ratier, advocat et consul, qu'ils restèrent presque seuls dans la ville.

On ne peut, sans injustice, omettre le zèle de M. Ratier, advocat ; ce magistrat oublia son intérest particulier, et, ne se souvenant que des obligations de sa charge et de sa charité, qu'il devoit à sa patrie, sacrifia sa vie à la conservation d'Agen. Il resta pour veiller au bien public et aux nécessités des pauvres habitans, affligés et abandonnés, sans autres secours que celui qu'il leur procuroit par ses soins, et celui de cette charitable veuve dont j'ai parlé. La peste finit vers la Toussaint, après avoir affligé tout Agen pendant quatre mois.

L'année 1654, M. Godefroy d'Estrades, natif d'Agen, lieutenant-général des armées du roy, colonel-général d'un régiment d'infanterie en Hollande, maire de Bordeaux, nommé chevalier de l'ordre, par le brevet de Sa Majesté, commandant à La Rochelle, à Brouage et isles adjacentes, gouverneur de Mazières et, auparavant, de Piombine et Portolangonne, en Italie, et de Dunkerque, feut fait lieutenant général des armées du roy, en Guienne, pour y commander en tout ce qui dépend du pouvoir et de l'authorité du gouverneur et lieutenant général, en la mesme province, par lettres patentes données à Paris, le quatrième mars 1654, et par autres lettres du quinzième juin, mesme année, vérifiées au parlement à La Réole, le 3 juillet suivant, pour avoir entrée, séance et voix délibérative, en la mesme cour du parlement, au rang qui lui estoit due, en qualité de lieutenant général.

La maison d'Estrades est une des anciennes de l'Agenois : on peut en voir la généalogie dans Louvet, Dupleix, Frossard et Duchesne ; on y verra leur ancienneté. Il y a eu un mareschal de France de ce nom, dans la ville d'Agen, nommé Raoul d'Otratis. Il y a, dans les archives de Saint-Caprasi, quelques actes de l'an 1496, où MM. d'Estrades sont appelés, en latin, *de Stratis Petrus*. De Stratis reconnut, au chapitre Saint-Caprasi, son bien de Boneil, en 1496, qui appartient aujourd'hui à M. de Sevin.

Il y a, dans les archives de l'hostel de ville, trois lettres patentes

portant commission du roy Philippe-le-Hardi, adressées au mareschal de Stratis, pour establir Edouard Premier, roy d'Angleterre, en possession des comtés d'Agenois et Gascogne : l'une d'elles est datée de l'an 1279.

Un lundi après la saint Jean-Baptiste, le mareschal de Stratis fonda deux chapelles dans l'église cathédrale Saint-Estienne d'Agen, dont les successeurs ont esté toujours patrons, nommés maintenant d'Estrades. En cette qualité, M. d'Estrades, d'à présent, nomma M. Bressoles, archidiacre de Condom ; et, depuis la mort du sieur Bressoles, M. d'Estrades a nommé le sieur Salat, neveu du sieur Bressoles.

François d'Estrades estoit capitaine de cavalerie ; il escorta la reyne Catherine de Médicis, par ordre du roy, à la Conférence de Nérac, faite avec Henry de Navarre, l'an 1579.

Godefroy, comte d'Estrades, feut volontaire en Hollande, l'an 1630, où il servit trois campagnes. L'an 1636, le cardinal de La Valette lui envoya un brevet d'ayde de camp pour servir près de sa personne, en cette charge. Il servit au siège de Saverne. Il seroit ennuyeux de faire le panégyrique et l'histoire de cet illustre Agenois ; il suffit, pour comble d'honneur pour cette famille et pour Agen, qui l'a vu naistre, de dire que le roy le fit plénipotentiaire dans la dernière paix de Nimègue, et que l'habileté qu'il avoit dans les négociations contribua beaucoup à faire réussir cette dernière paix entre les Hollandais, le roy et les potentats de l'Europe. Comme dans les ambassades qu'il avoit eues en Hollande, il s'estoit acquis un ascendant sur l'esprit et le cœur des Hollandais, il feut choisi, comme le plus propre, pour réduire les esprits de Hollande. Il avoit esté fait gouverneur de Maestricht, il a esté récompensé d'un baston de mareschal de France.

M. l'abbé d'Estrades, né dans Agen et fils de M. le mareschal, a si bien profité de l'exemple et des instructions de M. son père, et s'est rendu si habile dans les négociations, que le roy le fit son ambassadeur à Venise. Le tems de l'ambassade estant fini, il feut envoyé ambassadeur en Savoie. Le roy lui donna l'abbaye de

Moissac pour marque de l'estime qu'il en fesoit, bénéfice qui avoit esté possédé avant lui par le cardinal d'Est et le cardinal Mazarin.

M. d'Estrades, son père, pour pousser sa fortune, vendit tous les biens qu'il avoit en ce pays. Sa maison feut achetée par la ville et est, maintenant, la maison du roy, joignant l'hostel de ville. Ses autres biens feurent achetés par des particuliers : les MM. de Sevin en jouissent une partie. Tout ce qui nous reste de cette famille est un honneur immortel pour cette ville, qui a vu naistre et nourri des personnes d'un mérite si singulier.

La fortune de MM. d'Estrades a élevé plusieurs personnes d'Agen, ou par leur exemple ou par la faveur : M. de Las de Gayar a eu des emplois fort considérables dans les armées ; Jules César de Nord, comte de Savignac, petit-fils d'Antoine de Nord, conseiller du roy, juge mage en la sénéchaussée d'Agenois, conseiller au conseil de la reyne Marguerite, et maistre des requestes ordinaires de son hostel, par les patentes datées de l'an 1584, signées : Marguerite ; et, par la reyne de Navarre, Ferran, avec un sceau de cire rouge, et la prestation de serment en la forme qui suit :

« Séant le conseil de ladite reyne, et entre les mains de M. le chancelier de Salmati, chef d'iceluy, le susd. président de Nord a presté le serment, en tel cas requis, de conseiller, au conseil de Sa Majesté, et de maistre des requestes ordinaires de son hostel et dud. Estat, a esté mis en possession par led. Salmati, en le foisant asseoir aud. conseil.

« Fait en iceluy tenu à Agen, le deuxième jour de janvier 1684.

« FERRAN. »

MM. de Nord ont esté élevés aux grades militaires et ont servi le roy avec distinction ; entre autres M. de Nord, petit-fils d'Antoine, qui feut fait mareschal de camp, et qui auroit poussé sa fortune plus loin, si ses blessures ne l'en avoient empesché.

M. Saint-Glandre fils, d'Agen, qui commence à porter le mousquet au régiment des gardes, feut fait lieutenant dans le régiment de Condole. M. d'Epernon le fit capitaine dans le mesme régiment; il feut ensuite capitaine au régiment de Bourgogne, l'an 1655; il commandoit le régiment. Ce régiment ayant esté cassé, M. de Chombert lui donna une compagnie dans son régiment d'infanterie; il feut son ayde-de-camp au siège de Dunkerque et à la bataille des Dunes, à la prise de Gravelines, de Bergues. Enfin, il feut fait capitaine de cavalerie en Portugal, dans le régiment de Chombert. Après vingt ans de services, les blessures qu'il avoit reçues en tant d'occasions, l'obligèrent de se retirer pour finir ses jours dans sa patrie, plein d'honneur et de mérite.

Ce seroit dérober à l'Agenois une grande gloire, si l'on ne faisoit pas mention des maisons de Duras et de Caumon, qui tiennent un rang des plus distingués dans le royaume. Il y a plusieurs maréchaux de France dans leurs familles : ils sont Agenois et se font un plaisir de rendre service à ceux de cette province.

MM. de Boissonade père et fils se sont distingués dans la robe. MM. de Boissonade père et fils ont exercé les charges de président et juge-mage. Le père du dernier juge-mage a eu plusieurs enfans; l'ayné succéda au père en la charge de juge-mage. Guillaume de Boissonade, son cadet, a esté fait évesque de Bazas; le sieur d'Orty, son puisné, après avoir passé par tous les degrés de l'armée, parvint à estre premier capitaine du régiment des gardes, brigadier de la maison du roy, et, enfin, gouverneur de Bapeaume. Cette famille est près de s'éteindre : il ne reste que trois demoiselles; le dernier frère, qui estoit chanoine de Saint-Estienne, vient de mourir, et l'ayné de la famille est mort sans se marier.

M. le président Montesquieu ne s'est pas arresté dans cette ville; il a porté plus haut son élévation : il a esté président du parlement de Bordeaux, il estoit fils d'Agen et venoit, du costé de son père, de cette ancienne et noble famille de Secondat, dont la branche des aynés a foit la famille de M. de Roques. Le père de M. de Montesquieu estoit un cadet de cette famille; il venoit, du costé de sa mère, de cette ancienne famille de Sevin dont les branches ont donné à Agen deux juges-mages, des conseillers au grand conseil et au parlement de Toulouse et de Bordeaux, et un évesque à Cahors. Sa mère avoit esté mariée en premières nopces à un cadet de la famille de Secondat. M. de Montesquieu naquit de ce mariage. Elle espousa, en secondes nopces, M. le président Dubernet, qui feut premier président d'Aix, ensuite premier président de Bordeaux. Elle a vécu dans la pratique d'une vertu exemplaire, jusqu'à l'asge presque de cent ans, sans que l'asge eust affaibli son jugement ni sa vertu. M. de Montesquieu, digne fils d'une telle mère, a rempli dignement la charge de président au parlement. Son mérite et son crédit lui avoient attiré la faveur de Sa Majesté; il estoit parfaitement bien dans l'esprit du roy Louis Quatorze. Son fils, qui est mort depuis peu d'années, a laissé un ouvrage imprimé, intitulé : *l'Esprit des lois*, qui l'immortalise à jamais.

Les Anglois, qui connaissoient son mérite, ont fait frapper une médaille à son honneur et gloire. Il lui reste un fils qui passe pour un génie profond, dont la sœur est mariée, dans cette ville, avec M. de Secondat, et la sœur de ce grand Montesquieu est religieuse ici, au couvent de Paulin.

M. Delpech fils, d'Agen, conseiller au parlement de Bordeaux, s'est acquis l'estime et la réputation d'un juge intelligent et équitable. L'intégrité et la probité sont les deux caractères de cet illustre magistrat, qui, estant soutenues par un esprit éclairé, lui ont acquis l'estime d'un grand justicier.

CHAPITRE VIII

DES DIVERS GOUVERNEURS DE LA PROVINCE

Après que M. le comte d'Estrades eut exécuté la commission que Sa Majesté lui avoit donnée en cette province, M. Armand de Bourbon, prince de Conti, frère de M. le prince de Condé, feut fait gouverneur de Guienne, par ses lettres patentes, données à Paris, le 3 septembre 1655. Il fit son entrée à Agen, l'an 1658. M. de Saint-Luc estoit lieutenant-général de la province de Guienne. Après que M. le prince de Conti feut transféré au gouvernement de Languedoc, M. d'Epernon feut rétabli dans le gouvernement de Guienne ; M. de Saint-Luc estoit lieutenant du gouvernement.

Le troisième février 1660, le roy de France estant à Aix, en Provence, receut la ratification des articles de paix du roy d'Espagne entre les deux royaumes.

Le 24 du mesme mois, messieurs les conseillers receurent ordre de M. de Pontac, premier président, et M. l'évesque d'Agen le receut du roy, pour faire chanter le *Te Deum*, et les consuls de faire le feu de joie. Les consuls portèrent d'abord le paquet à M. d'Epernon, qui estoit en ville comme gouverneur de province ; mais, comme ses provisions estoient envoyées à Paris pour les faire sceller et qu'il falloit les faire enregistrer aux parlements de Paris et de Toulouse, il ne voulut pas paroistre en qualité de gouverneur ; mais il commanda qu'on fit tout avec éclat. Les consuls firent publier la paix, le 28 février; le lendemain, on chanta le *Te Deum*, et le feu de joie feut fait.

Après la mort de M. d'Epernon, M. de Saint-Luc feut fait lieutenant pour le roy en Guienne, dont il exerça la charge jusqu'à sa mort. Pendant son gouvernement, M. Pelot, maistre des requestes, estoit intendant en Guienne ; il fit son séjour dans Agen. Il aimoit cette ville et voulut bien y laisser les marques de son amitié : c'est lui qui fit bastir le palais du présidial de la manière que nous le voyons aujourd'hui. Cet embellissement à la moderne a effacé le souvenir et les vestiges de cet ancien palais de Montrevel, qui portoit encore ce nom au commencement du dix-septième siècle. Ce palais n'en a maintenant aucun reste ; le nom mesme en est perdu.

Ce n'est pas le seul bien que M. Pelot a fait dans Agen : il fit faire ce long pavé qui va de la Porte-du-Pin à la Croix-Belle.

Les jurats de la ville, poussés par l'inclination naturelle que les Agenois ont toujours eue d'embellir leur ville, firent bastir, l'an 1662, ce beau portail et cette belle impériale qui est au-dessus de l'hostel de ville, l'horloge et la grosse cloche de la jurade qu'on y voit encore aujourd'hui.

On doit aux soins de M. de Bassignac l'allée d'honneur qui estoit au Gravier, que la vétusté a obligé de renouveler, telle qu'on la voit aujourd'hui, en l'année 1756, de mesme que celles de la porte Saint-Anthoine, qui avoient esté plantées par les soins de MM. de Sabouroux et de Girles.

C'est à M. Redon de Fosses qu'on doit aujourd'hui les belles promenades du Gravier et de Saint-Anthoine ; c'est lui qui s'est donné tous les soins imaginables pour faire réussir les arbres que l'on y voit.

Les allées qui sont à la Porte-Neuve et qui vont à la Porte-du-Pin, on les doit aux soins du sieur Carton : tous ces messieurs ont travaillé, pendant leur consulat, pour orner la ville.

Après la mort de M. de Saint-Luc, lieutenant-général du gouvernement de Guienne, le gouvernement feut donné, l'an 1671, à M. le mareschal d'Albret et sire de Pons, qui fit son entrée dans Agen, le mois d'avril de la mesme année. M. de Montégut feut fait lieutenant de la basse Guienne, et M. le marquis d'Ambre, lieutenant-gouverneur de la haute Guienne.

Pendant le gouvernement de M. d'Albret, Agen jouit d'un repos assez tranquille : c'estoit du tems des triomphes du roy dans les Pays-Bas et en Hollande, qui donnèrent à Agen, comme à tout le reste du royaume, occasion de faire des profusions pour les feux de joie, aussi multipliés que les conquestes du roy et que les prises des villes estoient fréquentes.

FROID DE 1670

Le 8 janvier 1670, le froid feut si rude en cette province, que la Garonne se prit, et la glace estoit si forte que presque tout Agen passa sur la rivière sans y trouver aucun danger. Une charrette y passa dessus le neuvième janvier ; le charretier estoit sur la charrette avec trois hommes ; et, avec cette mesme charge, il repassa sans que la glace fondist sous ce poids.

Après la mort de M. le mareschal d'Albret, qui mourut l'an 1676, dans la ville de Bordeaux, et dont on fit les honneurs funèbres dans Agen, le 14 septembre de cette mesme année, le fils de M. le duc de Roquelaure, qui avoit esté lieutenant de gouverneur pendant le tems du gouvernement de M. le duc de Mayenne, l'an 1616, feut fait gouverneur de la province, l'an 1676, et fit son entrée dans Agen, le 20 de mars 1677. M. le comte de Lasserre, de la maison d'Aubeterre, fils du mareschal d'Aubeterre, et séneschal d'Agen et de Condom, feut lieutenant de province en l'absence des gouverneurs et de M. de Montégut. Ses lettres furent enregistrées à La Réole, au parlement de Guienne, l'an 1678, où il feut receu avec autant de joie qu'il estoit considéré. M. Ducros, qui a fait imprimer les anciens privilèges d'Agen, a fait son panégyrique, qui se trouve inséré dans son livre des privilèges d'Agen, imprimé l'an 1665. Cet ouvrage est un témoin de l'attachement que M. Ducros avoit pour l'honneur de sa patrie.

L'an 1675, Mme de Vignerot, comtesse d'Agenois et Condomois, et duchesse d'Aiguillon, mourut et laissa ses domaines à Mme Marie-Magdelaine de Richelieu, sa nièce, qui a pris le nom de Vignerot, avec substitution, pour le duché d'Aiguillon et comtés d'Agenois et Condomois, en faveur de M. le marquis de Richelieu, son neveu.

La mesme année, le parlement de Bordeaux feut transféré à Agen, le 25 novembre; et, le dixième janvier 1676, il feut transféré à Marmande, en Agenois.

La conduite de M. le comte de Lasserre apaisa une émotion populaire que les paysans avoient faite vers Monflanquin, et éteignit un feu qui alloit s'allumer dans toute la province, à l'occasion d'un arrest que messieurs du parlement avoient donné, à la requeste de M. le procureur général, contre les paysans, sous des peines pécuniaires. L'alarme feut si grande que les paysans se soulevèrent, et cette étincelle, qui avoit éclaté vers Monflanquin, Pauillac et Villeneuve, alloit allumer un feu général si M. le comte de Lasserre n'eust arresté ce désordre.

L'an 1681, le désordre que ceux de Biscaye et Fontarabie firent contre les pescheurs de Bayonne et d'Andaye, faillit susciter la guerre entre l'Espagne et la France. Les Espagnols, naturellement ennemis des François, entreprirent de tuer les pescheurs de Bayonne : ils en firent mourir plusieurs cruellement. Le roy envoya des troupes pour se saisir des habitans et des pescheurs qui estoient auprès de Fontarabie ; les troupes enlevèrent quelques Espagnols, et le roy en envoya dans la prison d'Agen près de soixante ou quatre-vingts, avec ordre de les garder comme des criminels d'Estat ; tellement que, depuis l'année 1682, les habitans ont continué de faire garde.

M. de Roquelaure, gouverneur de Guienne, mourut à Paris, l'an 1683. M. de Montégut resta lieutenant du gouvernement de Guienne : c'est un seigneur que le mérite a élevé à cette charge, et sa fidélité reconnue lui fit obtenir le gouvernement du chasteau Trompette.

CHAPITRE IX

RAISONS DU FRANC-ALLEU A AGEN

Le franc-alleu et franchise des biens d'Agen et de sa juridiction ont souvent esté attaqués par les traitans du domaine du roy. L'an 1679 et l'an 1680, ils y donnèrent des atteintes; le procès feut mesme instruit, mais il ne feut pas décidé. L'an 1680, le sieur Boyer, commis des fermes de Mme la duchesse d'Aiguillon, engagiste du comté d'Agenois, eut une commission de faire faire le dénombrement des biens d'Agen tenus en franc-alleu et de ceux qu'on tenoit à fief sous des seigneurs particuliers. Les trois ordres feurent convoqués, pour voir si l'on pouvoit se défendre de donner ce dénombrement ; il feut résolu de s'y laisser contraindre par saisie et par la vente des meubles. Enfin, on rendit ce dénombrement; cette affaire demeura sursise jusques à l'an 1683 ; alors on recommença les poursuites de cette affaire.

Les Agenois prétendant estre exemps, parce qu'avant la monarchie les Agenois possédoient leurs domaines *jure hereditario,* les empereurs romains, les roys, les Visigoths, les roys mesme de la seconde race ne changèrent rien dans leur manière de jouir de leurs domaines ni dans leurs possessions, se contentant de les avoir soumis à leur souveraineté dominante ; ils prétendent mesme que, lorsque les fiefs feurent ou usurpés du tems d'Eudes, vers l'an 888, qui, pour s'assurer de l'authorité royale qu'il avoit usurpée, permit aux seigneurs particuliers de se faire des fiefs, s'en réservant le seul hommage, ou lorsqu'ils feurent establis par les princes, leurs domaines demeurèrent libres, comme estant du pays régi par le droit escrit. Ils soutiennent encore n'avoir pas esté soumis sous les conditions des fiefs; en effet, les fiefs, dans l'origine, estoient des concessions gratuites à bénéfice, *in beneficio ad vitam*. Les seigneurs, à la mort des vassaux, estoient en liberté de les donner ou à leurs enfans ou à des étrangers. Dans la suite, ils devinrent patrimoniaux, à la requeste des vassaux, qui présentèrent des gratifications aux seigneurs, pour rendre les domaines héréditaires et patrimoniaux dans les familles, d'où sont venues les rentes acceptées, lots et rentes qui sont des présens pour le consentement que donnent les seigneurs, *laudare,* c'est-à-dire *approbare propter subscriptionem.*

Les Agenois s'appuient sur deux fondemens : le premier est qu'ils soutiennent n'avoir jamais esté soumis sous les fiefs à bénéfice ; le second, qui fortifie ce premier fondement, est qu'ils sont et ont esté toujours sous les lois et droits de Toulouse, pour avoir esté régis, comme Toulouse, par le droit escrit, et pour avoir esté de la dépendance de Toulouse, lorsque les fiefs feurent usurpés ; et, comme Toulouse a esté maintenu dans le franc-alleu roturier, Agen prétend le mesme avantage.

L'histoire nous apprend qu'Agen a esté une dépendance de Toulouse, lors de l'establissement du comté de Toulouse, suivant Viénard, qui dit d'Agen : *Dunasteiam seu præfecturam Aginnensem, quæ Tolozæ olim pars fuit,* comme il a esté rapporté au livre second de l'*Histoire d'Agen*, l'an 781.

Ayant esté chassé pour crime de lèse-majesté, l'an 789, Guillaume Premier succéda à ces deux comtés, la mesme année 789, et Guillaume continua la guerre que Hersen avoit commencée pour soumettre les Gascons et les Agenois, qui refusoient de recognoistre les comtes de Toulouse ; mais Guillaume les vengea et les soumit à son authorité, suivant la disposition de Charlemagne.

Après Guillaume Premier, Béranger, comte de Toulouse, feut aussi comte d'Agenois vers l'an 819. Il ne posséda pas paisiblement les terres de Guillaume. Bernard, fils dudit Guillaume, lui fit procès qui traisna jusqu'à la mort de Béranger, l'an 836, et les comtés de Toulouse et d'Agen feurent adjugés à Bernard.

Après Bernard, Guillaume Second, son fils, feut comte de Toulouse et d'Agen, l'an 841. Suivant Le Bret, *Histoire de Montauban*, Guillaume avoit les comtés d'Agen et de Périgueux, outre le comté de Toulouse ; il le posséda jusqu'à l'an 851. Sa sœur, nommée Rogelinde, mariée à Vulgrin, succéda, après son frère, au comté d'Agen. Comme nous avons remarqué, sur le témoignage d'Ademorus, il passa de la maison d'Angoulesme et Périgord en Gascogne et en la maison des ducs d'Aquitaine.

Guillaume Cinquième de Toulouse, regardant Agen comme une prétention légitime de Toulouse, s'en rendit maistre ; et, par sa fille Philippe, grand'mère d'Eléonor, l'Agenois revint à la maison des ducs d'Aquitaine, et, par ce moyen, à Eléonor, au roy Louis Septième, et, après lui, à Henry Deuxième, roy d'Angleterre.

M. Pitou, dans la harangue qu'il prononça dans Agen, dit que l'Agenois ayant esté donné en dot par Richard à sa sœur Jeanne, qui espousa le comte Raymond, Raymond le receut comme ayant prétention légitime sur l'Agenois.

Le fond de cette prétention venoit de ce que Guillaume Cinquième, comte de Toulouse, père de Philippe, grand'mère d'Eléonor, vendit Toulouse et ses dépendances à Raymond Saint-Gilles, son frère, comte de Toulouse, autheur de *Raymond* ou à raison de la loi salique. C'estoit le fondement de ses prétentions ; car, bien que les Anglois l'eussent par Eléonor, duchesse de Guienne et comtesse d'Agenois, elle estoit petite-fille d'une héritière du comté de Toulouse. Son père est signé à une charte de Saint-Jean-d'Angély : *Guillelmus dux Aquitaniæ qui ex Tolosana matre natus est*.

Les comtes Raymond regardoient Agen comme une portion de Toulouse, car, dans tous leurs titres, ils ne se qualifient pas en particulier comtes d'Agenois, mais seulement comtes de Toulouse, comprenant l'Agenois dans ce comté, comme en estant un membre et une dépendance.

Alphonse, frère de saint Louis, et sa femme Jeanne, fille du dernier Raymond, comte de Toulouse, ne prenoient d'autre titre que celui de comtes de Toulouse, pour exprimer qu'ils estoient comtes d'Agen, *Alphonsus filius regis Franciæ comes Pictaviensis et Tolosanus,* comme il paroist dans le traité que fit Alphonse pour la moitié de la justice du Port-Sainte-Marie avec le chapitre Saint-Caprasi, l'an 1259. Sa femme, dans la confirmation de ce traité, ne prend d'autre qualité que celle de comtesse de Toulouse et de Poitiers, englobant l'Agenois dans le comté de Toulouse.

Nous avons assez prouvé qu'Agen estoit du gouvernement de Toulouse, pendant que les Anglois possédoient la Guienne, renfermée dans les trois sénéschaussées de Bordeaux, Bazas et Landes. Sur ce principe, Agen se flattoit devoir jouir du privilège de Toulouse, qui a esté maintenu dans le franc-alleu roturier.

Les traitans du domaine, pour infirmer les titres de l'Agenois, opposoient plusieurs raisons : la première, que l'Agenois a esté subjet aux anciens fiefs; pour cet effet, ils produisirent un serment rendu à Edouard dans l'église Saint-André de Bordeaux. De plus, ils ajoutèrent qu'il a esté soumis à l'obligation d'aller servir à la guerre et produisirent les patentes de Philippe de Valois et les anciens usages d'Agen, où il est porté que, dans chaque maison, un homme doit aller servir le seigneur pendant quarante jours. La troisième raison, qu'Agen est un membre de Guienne qui doit subir le sort de Bordeaux, qui a esté condamné et qui a perdu le franc-alleu. La quatrième, qu'Agen n'a pas esté de Toulouse, puisque Eléonor le porta à Louis Septième, roy de France. La cinquième, que, bien qu'il eust esté de Toulouse, il ne doit pas avoir plus d'avantages que Alby, Montauban, Pamiers, qui sont au-deçà de Toulouse, entre Toulouse et Agen, lesquels sont soumis à des fiefs et à des seigneurs ; et, pour ces raisons apparentes, concluent qu'Agen ne doit pas estre exempt de droit de vente ni jouir du franc-alleu.

Les Agenois répondirent à toutes ces difficultés : à la première, que, pour avoir fourni des soldats, ce n'est pas un devoir réel, mais personnel ; c'est une marque qu'on est subjet, mais non pas qu'on soit vassal. Ceux d'Agen ont dans leurs privilèges un article qui fait assez cognoistre qu'ils ne sont pas absolument contrains à ce devoir comme vassaux, ni comme des subjets ordinaires le doivent à leur prince ; car ils se sont réservé qu'avant de prendre les armes pour le seigneur, ils tenteroient auparavant d'accorder ceux qui lui ont donné lieu de les poursuivre ; et, en cas qu'ils ne lui fissent raison, ils espouseroient ses intérests ; ils marcheroient non pas comme des vassaux, mais comme parties pour venger le refus des rebelles. D'ailleurs, l'obligation d'aller à l'armée n'estoit pas une marque seure de servitude, de fief ni de vasselage, puisque Toulouse en fournissoit. Cependant, il a esté déclaré libre des fiefs et estre en franc-alleu ; et, pour preuve manifeste que les Agenois n'estoient pas à l'armée comme vassaux, l'article troisième des usages d'Agen porte qu'avant qu'aucun homme sorte d'Agen en armes, les consuls doivent enquérir le seigneur et les habitans du lieu que le seigneur veut assiéger ; que si les habitans de ce lieu veulent faire droit au seigneur, à l'égard de sa cour, le seigneur doit l'accepter ; et, faute par le seigneur de l'accepter, les habitans d'Agen n'estoient pas obligés de le suivre ni d'armer.

Pour ce qui regarde le serment fait à Edouard, c'est une erreur de le prendre pour un hommage : c'est un serment en exécution des anciens usages d'Agen, où il est porté que le seigneur, à son premier advènement, est obligé de faire serment au corps de ville, et que les consuls sont obligés ensuite de lui en prester à lui-mesme. Ses prédécesseurs en avoient fait autant et ses successeurs continuent encore de faire le mesme serment.

L'article second des usages d'Agen pour les seigneurs, séneschaux et juges-mages, est encore aujourd'hui observé à tous leurs premiers advènemens. Le serment de fidélité ne dit pas *vasselage*, mais *foy* et *obéissance* que les subjets doivent à leur prince, parce qu'ils disent qu'Agen a esté un membre de Guienne, et qu'il a esté uni comme un membre de Guienne : c'est une erreur.

Si l'on monte jusqu'à l'origine du duché de Guienne, il ne

renferma que la sénéschaussée de Bordeaux, des Landes et de Bazas. Suivant l'érection qu'en fit saint Louis, Agen n'y feut pas compris, puisqu'il estoit possédé par Alphonse, comte de Toulouse ; et, bien que saint Louis l'ait délaissé et que son fils Philippe le Hardi l'ait rendu aux Anglois, la restitution n'a pas esté faite comme d'un membre de Guienne, mais comme une dépendance de l'ancien duché d'Aquitaine, qui appartenoit à Éléonor, vivant pendant que l'Aquitaine feut saisie, à son préjudice, sur Jean-Sans-Terre, et par droit de réversion faite de vassal, il devoit revenir aux Anglois. Ce feut là le motif qui obligea saint Louis de le restituer aux Anglois.

Lorsque Charles, fils ayné de France, le bailla pour la rançon de Jean, son père, les Agenois protestèrent avec le Périgord qu'il ne pouvoit pas l'aliéner.

C'est encore une erreur de dire qu'Agen n'ait pas esté du comté de Toulouse, parce que Éléonor n'avoit l'Agenois que comme une succession, qui lui venoit de Philippe, sa grand'mère, héritière de Guillaume Cinquième, comte de Toulouse.

C'est enfin une erreur de croire que parce que quelques membres du Languedoc sont subjets à des fiefs, Agen doit y estre soumis.

On sait que le comte de Montfort feut le seigneur qui establit des fiefs : l'origine en est connue. Le comte de Montfort ne fit ces coustumes et cet establissement de fiefs, l'an 1212, que pour les terres de Carcassonne, Béziers, Alby, Razès, qui lui feurent données par le vicomte Raymond de Trincanel, l'an 1211. Le comte de Montfort, après cette donation, les osta au comte Raymond de Trincanel. Après que le comte de Montfort eust osté les terres qui lui avoient esté données, il les distribua aux barons et aux soldats : ce feurent ces terres qu'il mit en fief, sur lesquelles le comte de Montfort fit des lois et establit ces coustumes, qui prouvent que le comte de Montfort n'establit ces règles de fief que sur ces terres particulières et qu'il ne prend dans ces lois que les titres de ces domaines particuliers. *Bitterarum et Carcassonæ vicomes dominus Albiensis et Rasensis de consilio venerabilium dominorum archiepiscopi Burdigalensis et Tolosensis et Aginnensis episcoporum,*

En effet, il ne peut pas avoir fait ces coustumes pour Agen et pour Toulouse, l'an 1212, parce qu'il n'en estoit pas le maistre; et il ne le feut, à juste titre, que l'an 1215, après que le concile de Latran les y eut adjugées et que le roy de France y eut donné son consentement. De là vient que le comte de Montfort n'a pris la qualité de comte de Toulouse qu'après cette adjudication faite, en sa faveur, par le concile de Latran. De plus, la circonstance de ce que l'évesque d'Agen feut du conseil du comte de Montfort, est plus favorable au droit d'Agen qu'elle ne lui est contraire, parce que Arnaud de Rovinha, évesque d'Agen, avoit esté chassé de son siège par le comte Raymond. Il estoit dans la cour du comte de Montfort comme dans un asile, ce qui marque évidemment qu'Agen estoit encore alors sous le comte Raymond, puisque l'évesque qu'il avoit cassé d'Agen n'estoit pas encore restabli dans le siège dont le comte Raymond l'avoit chassé, comme il paroist par la lettre synodale du concile de Lavaur, l'an 1213.

Le comte de Montfort ne rendit pas les héritages d'Agen patrimoniaux, puisqu'ils l'estoient avant lui sous les comtes de Toulouse, et que, d'ailleurs, le comte de Montfort lui-mesme, ayant reçu le serment des habitans d'Agen, confirma leurs privilèges et leurs usages, l'an 1214.

Les traitans du domaine, poussés par leur avidité, sans avoir égard à ces raisons, ont prétendu soumettre la juridiction sous la censive du roy; et, en 1692, le roi mesme fit une déclaration qui portoit qu'il estoit le seigneur direct de toutes les terres de son royaume, et que les franchises ne venoient que de la concession des seigneurs suzerains ou de leur négligence, ce qui ne pouvoit porter préjudice au droit de Sa Majesté; et que, pour ne pas troubler ceux qui estoient en possession de ces francs-alleux, il les confirmoit dans ce privilège en, par eux, payant une année de revenu des héritages tenus en franc-alleu. La mesme déclaration exempte la province de Languedoc et ceux qui sont en pays de droit escrit.

Quoique Agen feust dans les deux cas d'exemption de la recherche des partisans, ils firent plusieurs commandemens à des particuliers de payer les taxes contenues dans leurs rosles. Les consuls d'Agen se pourvurent au conseil et obtinrent l'arrest que j'ai voulu ici inscrire, tant pour confirmer la liberté d'Agen que l'avantage que cette ville a d'estre une ancienne dépendance du comté de Toulouse.

EXTRAIT DES REGISTRES DU CONSEIL D'ESTAT

Sur la requeste présentée au roy, en son conseil, par les consuls et habitans de la ville d'Agen, contenu qu'encore qu'ils soient en pays du droit escrit, où le franc-alleu roturier et naturel a lieu ainsi qu'il a esté préjugé en faveur de la province de Languedoc par l'arrest célèbre du 22 mars 1667, et que lesd. habitans de la ville d'Agen et des autres villes aussi régies par le droit escrit, et ayant prétendu les pouvoir obliger de rapporter les titres d'allodialité par eux possédés, cette prétention a fait naistre la matière d'une instance importante au Conseil, dont le rapport a esté commencé et continué, en différentes séances, par le sieur Dargonges de Vannes, maistre de requestes au bureau du sieur Pussort, conseiller d'Estat mesme au Conseil. Comme led. Buisson reconnut enfin l'injustice de sa prétention, n'ayant pu justifier, comme il avoit avancé, que Sa Majesté eust aucune censive dans la ville et juridiction d'Agen, il eut l'artifice, pour allonger sa condamnation, de faire plusieurs productions nouvelles, et mettant, par cet artifice, l'instance hors d'estat de faire subroger, pour rapporter au lieu et place dud. sieur Dargonges de Vannes le sieur de Vertamont, aussi maistre des requestes, lequel a pris cognoissance de l'instance de laquelle il est prest de faire son rapport au Conseil ; au préjudice de quoi, maistre Jean Fumée s'est avisé d'intelligence et collusion avec led. Buisson ; et, sous prétexte qu'il est chargé du recouvrement des droits de franc-fief et des taxes, pour la confirmation du franc-alleu, noble et roturier, de comprendre dans le rosle plusieurs particuliers habitans, possédant des maisons et héritages en franc-alleu dans la ville et juridiction d'Agen, et de leur faire ensuite des commandemens de payer les sommes pour lesquelles ils se trouvent taxés par led. rosle. Faute de ce, ils y seront contraints, etc.

Mais, d'autant que tout ce procédé purement artificieux est un attentat en formes, et qualifié dans l'instance pendante au conseil, pour raison de franc-alleu roturier et naturel, au moyen duquel les suppliants sont exempts de toutes recherches, ils se trouvent obligés de se pourvoir en quoi ils estiment estre d'autant mieux fondés, que Sa Majesté, par son esdit du mois d'aoust 1692, a expressément ordonné l'exécution dud. arrest célèbre du 22 mars 1667, à l'égard des possesseurs des terres en franc-alleu roturier de lad. province de Languedoc, lequel elle a déclaré n'estre pas compris en lad. recherche ; et, pareillement, tous les possesseurs de semblables terres en franc-alleu roturier, dans les pays du droit escrit, et ainsi que sont justement les possesseurs des biens situés dans la ville et juridiction d'Agen, qui est un ancien membre et une ancienne dépendance du comté de Toulouse, comme il est justifié par l'histoire particulière des comtes de Toulouse et par plusieurs historiens des plus célèbres, entre autres par Mézeray, ainsi que lesd. consuls ont plus amplement establi dans le procès.

A ces causes, et attendu que les suppliants sont en possession immémoriale dud. franc-alleu roturier naturel, qu'ils sont justement dans le cas de l'exemption portée par l'édit du mois d'aoust 1692, et que le procès estoit en estat de juger ; auquel ils déclarent, en tant que de besoin, qu'ils n'ont rien à ajouter, requérant qu'il pleust à Sa Majesté casser et annuler les exploits de commandement faits à la requeste dud. Fumée, aud. nom, aux nommés Fres Miquel et Jean-Joseph Raignal, propriétaires des maisons et jardins situés en la ville d'Agen, estant en franc-alleu roturier naturel, en date du 10 mars 1692, et tous autres semblables exploits qui pourroient avoir esté faits depuis à d'autres particuliers habitans, en la ville et juridiction d'Agen, propriétaires de semblables maisons et héritages, et ensemble de tout ce qui pourroit estre ensuivi, comme estant attentoire à l'authorité du conseil et à l'instance pendante en iceluy, pour raison du franc-alleu roturier et naturel. Faire défense aud. Fumée, aud. nom, de faire aucunes poursuites ni procédures ailleurs qu'aud. Conseil, à peine de nullité, cassation, et de tous dépens, dommages et intérests.

Vu lad. requeste, signée Chambreau, advocat des supplians, et pièces y attachées; ouï le rapport du sieur Vertamont, conseiller du roy en ses conseils, maistre des requestes ordinaires de son hostel, commissaire à ce député, qui en a communiqué aux sieurs Pussort et autres commissaires généraux des domaines, et tout considéré :

Le roy, en son conseil, a ordonné et ordonne qu'aux fins de lad. requeste, les parties se communiqueront respectivement leurs pièces, écriront et produiront tout ce que bon leur semblera dans trois jours, pour tout délai, et joint à l'instance, sauf à disjoindre, s'il y échet, et cependant fait Sa Majesté défense aud. Fumée, ses procureurs et commis, de faire aucune poursuite jusqu'à ce qu'autrement il en ait esté ordonné.

Fait au conseil d'Estat du roy, tenu à Versailles, le vingt-unième jour d'avril 1693.

Signé : DUJARDIN.

L'arrest feut signifié au bureau de Fumée, le 2 de mars 1693, par de La Ville, huissier ordinaire du roy.

Les mémoires qu'on avoit fournis pour prouver qu'Agen estoit un ancien membre du comté de Toulouse feurent le fondement de cette requeste ; et ceux qui avoient esté fournis auparavant, ont fait l'ample instruction de ce fait establi dans le procès.

CHAPITRE X

LES ÉLOGES D'AGEN

Agen, après tant de révolutions, est une des plus agréables villes de la province de Guienne. Louvet dit qu'Agen est à la Guienne ce que la Guienne est à la France.

Cette ville, qui estoit autrefois la deuxième ville de la deuxième Aquitaine, ayant perdu l'honneur de siège royal, a conservé le titre d'estre la seconde ville de la province de Guienne. Elle est entre Toulouse et Bordeaux ; et, si l'esprit du repos, qui domine dans cette ville, lui permettoit de profiter de son avantage, il n'en est pas de mieux située pour le commerce ; mais l'esprit du plaisir, qui est la passion dominante des Agenois, leur fait négliger cet avantage.

Cette ville a, du costé du nord, la montagne de Pompéjac, devenue fameuse par le martyre de saint Vincent, qui lui a fait changer son nom ancien en celui de la montagne de Saint-Vincent. Entre la montagne et la ville, il y a une petite prairie qui la sépare de la montagne, dont le penchant est enrichi d'un vignoble très fertile. Le haut de la montagne, ou plutost le rocher, est devenu, par la dévotion des chrétiens, un ermitage des plus beaux du royaume.

Les premiers chrétiens, pour honorer la retraite de leur premier évesque, saint Caprasi, et le martyre de saint Vincent, qui y feut martyrisé, commencèrent de creuser dans le rocher la chapelle que nous y voyons aujourd'hui.

Saint Vincent lui-mesme, pendant sa vie, pour honorer la

mémoire de son prédécesseur, en fit son séjour et son oratoire, où il faisoit ses fonctions et ses prédications.

Peu de tems après, l'église feut achevée dans la roche, toute d'une pierre carrée, dans le rocher. Elle est maintenant l'objet de la dévotion d'Agen, tellement que la piété des Agenois, jointe à celle des princes et de la reyne-mère, Anne d'Autriche, en a fait un ermitage qui ne cède en rien aux plus beaux ermitages de France.

Cette vaste plaine, qui est au pied de la montagne, le canal de Garonne, qu'on voit, près d'une lieue, venir se perdre au pied de cette montagne, rendent ce lieu aussi beau qu'il est dévost par sa solitude.

Si, du costé du nord, la ville d'Agen est si agréable, le levant et le midi ne sont pas moins riches. C'est une vaste et riche plaine qui est la nourrice de ce pays par l'abondance de ses grains, qui fait le plaisir d'Agen par la beauté des maisons de campagne qui font l'ornement de cette plaine.

Du couchant, le canal de Garonne sépare le diocèse d'Agen d'avec celui de Condom. La rivière, qui passoit autrefois auprès des murailles de la ville, a changé de lit et s'est retirée pour contribuer à la beauté d'Agen.

Entre la ville et la rivière, il y a un vacquant qu'on nomme le Gravier, qu'une allée double d'ormeaux rend une des plus belles promenades de la province.

Agen est un séjour commode pour la vie : tout ce qui peut contribuer à l'aise de la vie y est assez abondant. Les habitans sont dociles, les honnestes gens y sont commodes ; c'est un lieu où les étrangers s'aiment et où ils sont beaucoup aimés. Les esprits y sont naturellement beaux, mais peu cultivés. On se pique d'honnesteté dans Agen ; les honnestes gens y sont appliqués à leurs devoirs.

Agen est le siège d'un présidial des plus considérables de la province de Guienne, le siège d'une élection. Le corps de ville a des privilèges qui sont particuliers à cette ville. Les consuls estoient conjuges avec le juge royal, et le sont devenus avec le sénéchal, dans les affaires criminelles, par la suppression du juge royal.

Les consuls ont le droit de créer des notaires royaux ; ils sont gouverneurs de la ville, ils ont le commandement dans la guerre et le gouvernement dans la paix.

La ville est renfermée dans des murs flanqués de grosses tours de vingt en vingt pas. Toutes les maisons, tant soit peu considérables, ont des tourelles relevées qui servent de belvédère. Il y a plusieurs clochers en pointe d'aiguille, des tours en forme de dosmes, ce qui a donné occasion d'appeler Agen *urbs turrita,* la ville des tours, ou plutost la ville des églises.

Il y a, dans sa petite enceinte, deux chapitres : une cathédrale, sous le titre de Saint-Estienne; un collégial, sous le nom de Saint-Caprasi. Il y a quatre paroisses : celles de Saint-Estienne, Saint-Caprasi, Sainte-Foy et Saint-Hilaire. Il y a neuf communautés de religieux : les Jacobins, les Carmes, les Augustins, les Cordeliers, les Jésuites, convertis, depuis leur suppression, en un collège de prestres séculiers, les Capucins, les Minimes, les Tiercères et les Carmes déchaussés. Il y a six communautés de religieuses : l'Ave-Maria, la Visitation, le Tiers-Ordre, les Carmélites, le Chapelet et Notre-Dame. Il y a trois chapelles de pénitens : bleus, blancs et gris ; une église des Commandeurs de Malte, dédiée à sainte Quiterie, où il a esté establi, depuis peu, une maison de force pour les filles ; une maison de filles orphelines, avec sa chapelle ; un hospital avec sa chapelle ; un ermitage des plus sains et des plus beaux du royaume, avec sa chapelle ; un séminaire, avec sa chapelle ; et, à une demi-lieue d'Agen, il y a un couvent de religieux du Tiers-Ordre de Saint-François, avec une belle église dédiée à Notre-Dame de Bon-Encontre, qui est une dévotion de ce pays, qui ne cède ni à Notre-Dame de Lorette, en Italie, ni à Notre-Dame de Garaison, en Gascogne, ni à Notre-Dame des Vertus, à Paris.

Agen est une ville où la piété est entretenue par l'exemple des ecclésiastiques et des religieux. Le peuple est entièrement charitable. Outre cinq communautés de mendians que la libéralité du peuple fait subsister, les pauvres courent en foule à cette ville, et le nombre des pauvres étrangers qui s'y rabattent ne rebute pas la charité des Agenois. On y voit augmenter les aumosnes à proportion que le nombre des pauvres devient plus grand.

Les marchands, depuis quelques années, s'attachent au négoce et poussent assez avant leur fortune; il y en a mesme plusieurs de riches. Les habitans de cette ville jouissent d'une honneste médiocrité; il y en a pourtant certains qui jouissent d'une fortune brillante.

Cette ville a conservé beaucoup des privilèges qui lui estoient particuliers. Le premier estoit que les bourgeois d'Agen pouvoient tenir des fiefs sans finances et sans estre obligés d'avoir de licence et permission ou patente pour cela. Ce privilège est énoncé dans les patentes de Philippe de Valois de l'an 1340.

Les bourgeois d'Agen, quoique roturiers et innobles, estoient en possession de ce droit; et le privilège estoit si grand qu'il n'estoit pas limité au duché de Guienne, mais il s'estendoit dans tout le royaume. Ils en sont privés aujourd'hui par la perte du franc-alleu, procès qui a esté bien mal défendu, que les Agenois ont perdu, contre Mme la duchesse d'Aiguillon au conseil.

Le second privilège que cette ville possède est que les consuls créent des notaires, sous le titre de notaires royaux. C'est un ancien privilège qu'ils ont conservé depuis la monarchie des Nitiobriges et depuis le Sénat d'Agen, sous les empereurs romains, sous les roys de France de la première et seconde races, lorsqu'ils envoyèrent des intendans appelés *missi Dominici,* avec pouvoir de réformer les jugemens des comtes et de créer les notaires, advocats, assesseurs.

Du consentement des peuples, les magistrats d'Agen conservèrent le droit de réformer les jugemens des comtes et de leurs juges, et le pouvoir de créer des notaires et assesseurs. De là vient que leurs privilèges, en effet, portent par exprès, en deux articles différens : « Sous les roys de la troisième race, les magistrats se sont maintenus dans ce droit de créer des notaires royaux. » Leurs possessions et leurs droits paraissent d'autant plus authentiques qu'ils se sont maintenus et contre l'ordonnance de Philippe le Bel et contre l'usage des évesques d'Agen; qui faisoient des notaires épiscopaux.

Philippe le Bel, l'an 1302, article 20, comme on peut le voir dans la conférence des ordonnances, ordonne en ces termes : « Interdisons à tous séneschaux et autres justiciers de ce royaume, et la retenons à nous, la puissance de créer notaires publics ». Il se réserve par là la faculté de créer des notaires royaux.

Cependant, Agen, nonobstant cette ordonnance, se maintint dans son ancienne possession, comme il paroist par les actes des notaires de ce tems-là, qui portent : *Ego notarius authoritate imperiali et consulum Agenni*, l'an 1340. Ce droit feut autorisé par l'ordonnance de Louis Douzième, l'an 1510, article 42, où il dit par exprès : « Ordonnons qu'à nous ou à notre chancelier, des offices de son pouvoir, appartienne donner les offices de sergent, de notaire » ; et, en suivant les ordonnances : « Défendons à tous les baillis, séneschaux et autres officiers, de donner dorénavant lesd. offices vacans, sinon qu'ils aient privilège, par écrit, de ce faire.

Comme les usages d'Agen, confirmés depuis l'an 1220 par Raymond Sixième, comte de Toulouse et d'Agenois, par tous les comtes et roys de France jusqu'au roy Louis Quinzième, heureusement régnant, portent que les consuls créeront les notaires : les consuls se sont maintenus dans ce droit, dont ils jouissent encore aujourd'hui ; et ces notaires royaux, de la création des consuls, jouissent des mesmes prérogatives que ceux qui sont créés par le roy. Ils ont les mesmes avantages que les autres notaires du royaume. Les notaires apostoliques et épiscopaux sont supprimés, et maintenant il n'y a plus que ces notaires royaux qui recevoient les contrats en matière profane, conformément à l'ordonnance de Charles Huitième, de l'an 1490, article 24, qui porte : « Défendons à tous les subjets, lois de n'en faire, passer leurs contrats par notaires impériaux, apostoliques ou épiscopaux; en matières réelles et profanes, sous peine d'estre déclarés nuls ; maintenant, dans Agen, où il y avoit autrefois des notaires impériaux et apostoliques et épiscopaux, comme il paroist par plusieurs actes des notaires qui se qualifioient : « *Notarius authoritate imperiali.* »

J'ai vu, dans le protocole de Joliveti, l'establissement d'André, notaire, créé par Sigismond, roy des Romains, ou *authoritate apostolica* ou *authoritate episcopali.* Il n'y a que les notaires royaux, créés par les consuls, lesquels ne recevoient pas seulement les actes en matière profane, mais encore tous les actes en matière ecclésiastique ; il n'y a que ces seuls notaires qui subsistent dans Agen.

Le chapitre 49 des usages d'Agen porte que les consuls d'Agen ou une partie, pour eux et pour toute la communauté, créent et font et mettent notaires en la ville d'Agen ; et iceux peuvent en faire mettre et donner pleine authorité de faire généralement chartes, instrumens, notes, protocoles, actes, et écrire dépositions de témoins, examiner, publier, enquester et faire toutes et chacunes autres choses, en tous et chaque lieu où ils en seront requis.

Cette coustume a esté observée et concédée et approuvée successivement et sans aucune interruption depuis le temps que, premièrement, feurent faits et créés notaires, et mis à Agen et en l'évesché d'Agenois. Ce sont les termes de l'ancienne traduction des usages en langue vulgaire, approuvés et confirmés par les roys de France. Depuis la réunion de l'Agenois à la couronne, les consuls jouissent encore de ce droit.

Ils conservent encore plusieurs autres privilèges fort honorables. Les consuls ont des prisons particulières ; ils ont droit de pillards, ils sont les maistres des ponts et des murailles de la ville. Dans la guerre, ils donnent des ordres aux habitans, à la réserve de M. l'évesque et le juge-mage ; donnent le mot du guet, créent les capitaines et tous les officiers de guerre, disposent des portes. Tant sur les ecclésiastiques, qui sont capitaines de la ville, que sur les présidiaux ou autres officiers séculiers, ils sont en possession de recevoir le serment de MM. les évesques à leur premier advènement, des gouverneurs, séneschaux et juges-mages.

Les habitans d'Agen ont conservé un privilège bien considérable: c'est que le linger prévaut sur les seigneurs des fiefs d'Agen, et un parent l'emporte sur le droit de prélation au chapitre des fiefs, dans les usages d'Agen. Cet usage a esté autorisé, en faveur des Agenois, par plusieurs arrests, tellement qu'on peut dire, sans exagération, que cette ville et cette communauté, tant à l'égard des habitans que des consuls, est une ville des plus privilégiées du royaume; et ce, pour marque de sa fidélité. C'est que ceux d'Agen n'ont jamais attiré aucune juste privation de leurs privilèges; mais, au contraire, pour récompense de leur fidélité, les roys de France jusqu'à Louis Quinzième, qui les a confirmés, les ont maintenus dans ces privilèges, comme il paroist par leurs confirmations, où la fidélité des Agenois est généralement reconnue et louée par tous les roys de France depuis la réunion de l'Agenois au domaine de la couronne.

L'an 1685, Mme de Richelieu, comtesse d'Agenois et Condomois, relascha en faveur de M. le marquis de Richelieu, son neveu, les comtés d'Agenois et Condomois, auxquels Mme Vignerot l'avoit substitué à Mme sa tante, laquelle, avant sa mort, en a fait relaschement en faveur de son neveu, comme il paroist par la procuration qu'il a faite au sieur Duchanain, intendant de ses affaires, enregistrée au séneschal d'Agenois, où M. le marquis de Richelieu se qualifie : « comte d'Agenois et Condomois ».

L'an 1686, pour se faire recognoistre, il fit afficher dans les deux comtés que les officiers des juridictions de l'Agenois et Condomois eussent à représenter leurs provisions dans deux mois, et déclarant qu'à faute de ce faire il y pourvoiroit en conséquence du pouvoir à lui donné par le roy.

Le neuvième de mars 1686, M. le marquis de Boufflers receut ordre de commander dans la province, et les consuls receurent ordre de lui rendre les devoirs qui sont dus à ceux qui commandent en chef dans la province.

En octobre 1686, M. de Saint-Ruth succéda à M. le marquis de Boufflers dans le commandement des troupes de la province. La mesme année, M. Bazin de Besons succéda à M. le marquis de Crillon, inspecteur général, qui commandoit sous M. de Saint-Ruth dans l'Agenois.

M. Bazin de Besons succéda à M. Ris, à l'intendance de Bordeaux.

L'an 1685, 1686 et 1687, la cavalerie, qui estoit en Guienne, campa au camp nommé de Cazères pendant l'été. Les cavaliers feurent ensuite départis dans les paroisses de la campagne : un, deux ou trois dans chaque paroisse, suivant la portée des paroisses et des juridictions.

Le 26 juillet 1687, le campement des troupes estant fini, il vint dans Agen onze compagnies de cavalerie ou des dragons, qui en partirent le 27 pour aller se rafraischir dans les villes voisines.

Dans le mois de juillet, mesme année, il gresla si prodigieusement dans l'Agenois, par plusieurs diverses reprises, qu'une partie du diocèse feut battu jusqu'à n'y laisser rien, et à ravager et à ruiner mesme les vignes. La gresle feut si nombreuse, qu'il parust manifestement que c'estoit une vengeance du Ciel.

CHAPITRE XI

LA GÉNÉALOGIE DE LA MAISON DE DURFORT

Le 6 de mars 1688, M. Sylvestre Durfort, marquis de Boissières, sénéschal et gouverneur des pays d'Agenois et Condomois, fit son entrée dans Agen. Ses lettres feurent enregistrées, le 7 du mesme mois.

Il est issu des deux plus anciennes familles de l'Agenois : de Durfort et de Delget : celle-ci des anciens roys de Navarre par les ducs de Gascogne et par les comtes d'Armagnac. Cette maison feut alliée à celle de Durfort par deux filles d'Arnaud Garsie de Goth, frère du pape Clément Cinquième. Régine feut mariée à Arnaud Durfort, dont elle eut Jean, à qui Bertrand, fils d'Arnaud Garsie, substitua le vicomté de Lomagne et celui d'Auvillars ; et Marquaise de Goth, qui feut mariée à Arnaud Durfort, seigneur de Flamarens, dont elle eut Aymeric Durfort, à qui Duras feut substitué, et par Pierre Guillard de Goth, et par Bertrand de Goth. C'est de cette branche que descend la maison de Duras. Raymond Bernard de Durfort, descendu d'Aymeric, feut marié avec l'héritière de Boissières, dont M. le sénéschal est issu, et prouve sa généalogie par quatorze générations.

La maison de Durfort descend des anciens comtes de Toulouse, ducs et marquis de Gothie, Bernard et Guillaume Deuxième, qui feurent comtes de l'Agenois. Cette famille tomba en quenouille. Bernard Durfort, le dernier des masles, n'eut qu'une fille, vers l'an 1110. Il paroist, par un cartulaire composé par l'ordre de Louis le Jeûne, l'an 1168, que cette fille feut mariée à Roger de Foix, qui prit le nom de Durfort, d'où sont issues les branches des de Durfort, qui ont rempli ce pays d'hommes illustres, d'où descendent Mgrs les mareschaux de Duras et de Lorge frères, et M. le marquis de Boissières vient de cette mesme branche ; tellement que ces deux anciennes familles de l'Agenois, réunies en sa personne, donnent à l'Agenois ce sénéschal si digne de sa charge par son mérite personnel et par la beauté de son génie.

Avant lui, celle de Goth, qui a donné à l'Eglise le pape Clément Cinquième, avoit donné à Agen deux évesques, Arnaud et Bertrand de Goth, évesques d'Agen en 1270 et 1291.

Après ces oncles de Clément Cinquième, il y eut trois de ses neveux ou parens évesques d'Agen : Bernard, Bertrand et Amanieu des Fargis, qui sortoient d'une sœur du pape ; un lieutenant général, Bernard de Goth, un sénéschal de Goth, seigneur de Roillac.

Celle de Durfort, qui a possédé dans l'Agenois Clermont-Dessus, appelé Soubiran, et qui recueillit, de l'hérédité de Bertrand de Goth, la terre et le nom de Duras, à cause de la substitution faite à Aymeric de Durfort, fils d'Arnaud Durfort et de Marguerite de Goth, tante de Bertrand, a donné, à l'église de Saint-Caprasi, quatre prieurs : Jean, Alain, autre Jean et Annanieu Durfort, qui ont tenu successivement ce prieuré plus de quatre-vingts ans, et un sénéschal à Agen, nommé François Durfort, un sénéschal de Guienne, Guillard Durfort.

La première maison de Durfort est sortie, par les masles, de l'ancienne maison des comtes de Toulouse, ducs et marquis de Gothie, qui a donné l'origine aux maisons souveraines d'Auvergne, de Carcassonne, d'Aragon, de Foix et de Provence : ce qui se trouve justifié par un ancien registre ou cartulaire qui fut composé, l'an 1168, par l'ordre du roy Louis le Jeune, dans la ville de Barcelone, où les titres de ce comte sont enregistrés.

Cette maison de Durfort finit, l'an 1110, en la personne d'Ave, fille de Bernard Durfort, qui mourut sans enfans masles et la laissa héritière des villes de Durfort, de Fangeaux, de Mirepoix, d'Urban, de Vieux et plusieurs autres villes et chastellenies, dans les diocèses de Béziers et d'Agen.

Elle espousa Roger de Foix, qui prit le nom de Durfort, ce qui paroit par la distribution que ledit Roger et Ave firent à leurs enfans, par laquelle ils laissèrent à leur fils ayné, Bertrand de Durfort, la chastellenie de Clermont et de Durfort, en Agenois : c'est Bajamont.

En 1163, une fille de Bernard Durfort, nommée Aiguira, fit donation de la moitié de l'église de Balbase au monastère de Moissac. Bernard estoit cadet de Bertrand, tous deux fils de Ave et de Roger de Foix, dit Durfort.

En 1186, Bernard et son fils, Bernard, donnèrent exemption de droit de lude et péage aux religieux de Grand-Selve pour les denrées qui passeroient sur la rivière de Garonne, comme il conste par les archives de cette abbaye. Les mesmes firent quelque autre donation en faveur de lad. abbaye, en 1187.

Il se trouve un Bernard Durfort, qui fit une donation aux religieux de Grand-Selve en 1200, 1221. Un Bernard Durfort est signé au serment que le comte Raymond fit aux consuls de Moissac, extrait de l'hostel de ville de Moissac. En 1225, Raymond Bernard Durfort exempta l'abbé et les religieux de Belleperche du droit de péage dans les terres par eau et par terre. En 1252, Alphonse, comte de Toulouse, donna une commission à Raymond Durfort pour terminer quelque différend.

En 1259, il y eut différend pour les droits de péage entre Ponts, abbé de Grand-Selve, et Baudois Durfort, fils du seigneur de Clermont-Soubiran, lequel feut terminé par l'official d'Agen.

Cette famille a eu plusieurs branches, mais il ne reste que celles de MM. de Duras et de Boissières, sénéschal et gouverneur des pays d'Agenois et Condomois, qui aient conservé le nom de Durfort.

Raymond Bernard de Durfort feut celui qui se maria avec l'héritière de Boissières, et, depuis la séparation de ces deux branches, celle de Boissières prouve la généalogie par quatorze générations, avec des alliances très illustres, sçavoir : avec la maison de Biron, de Pompadour, de Genouillac, grand-maistre de l'artillerie, de Roquefeuil, de Gimel, par où M. le duc de Bouillon a eu le vicomté de Turenne, qui lui a esté porté par l'alliance d'une fille de cette maison, et de Goth, d'où la maison de Duras est venue à la famille de Durfort, et qui a donné le nom de Duras à la branche qui porte ce nom.

Arnaud de Durfort, père du marquis de Boissières, mourut jeune; il feut maistre de camp de cavalerie. Jean Durfort, de la branche de Boissières, feut fait cordon bleu par Henry Quatrième. Léon Durfort, cadet de la mesme branche, feut fait lieutenant-général de l'artillerie en chef, surintendant des fortifications de France, et conseiller d'Estat d'épée. Le marquis de Boissières, séneschal, feut fait capitaine du régiment d'Albret ; il avoit esté, l'année auparavant, au passage du Rhin ; il commanda le régiment d'Albret. M. le mareschal de Créqui lui commanda, avec deux cens hommes, d'entrer dans Fribourg, à la face des ennemis, ce qu'il exécuta avec vigueur. Il a donné, dans toutes les occasions où il a esté commandé, des marques de sa valeur et de sa conduite.

CHAPITRE XII

CE QUI S'EST PASSÉ DANS AGEN DURANT LA GUERRE DES PRINCES CONFÉDÉRÉS CONTRE LA FRANCE

Cette mesme année 1688, le roy réunit à son domaine tous les biens des calvinistes qui avoient quitté le royaume, contre les expresses défenses qui en feurent faites. Cela n'empescha pas qu'il ne sortist du royaume plus d'un tiers de ces hérétiques.

M le comte de Crillon, qui commandoit dans l'Agenois en qualité de brigadier de cavalerie, feut fait mareschal de camp. M. de Saint-Sylvestre feut envoyé pour commander à sa place dans l'Agenois l'an 1688.

La fin de cette année feut malheureuse par la mésintelligence du pape et du roy de France. Le pape, poussé par un conseil ennemi de la France, se déclara si peu sensible au respect que le roy marqua pour sa dignité, que rien ne put le fléchir de l'animosité qu'il avoit conçue contre le roy et contre son royaume. Il ne laissa échapper aucune occasion de faire éclater son ressentiment. Cette fermeté d'Innocent Onzième devint préjudiciable à la tranquillité de l'Estat. Dans un tems où le roy travailloit à ranger les protestans de son royaume, il se vit réduit à la nécessité d'armer contre le pape, qui s'estoit entièrement déclaré son ennemi.

La guerre s'alluma pour quatre motifs bien glorieux pour le roy, mais peu louables pour le conseil du pape et pour la cour de Rome : l'élection du cardinal de Fustemberg, ami de la France, par la pluralité des voix, à l'électorat de Cologne, en fit un motif. Le pape traversa cette élection, toute canonique qu'elle estoit, parce que ce cardinal estoit dans les interests du roy de France ; mais le principal motif feut que le roy de France, qui s'estoit déclaré le protecteur de la catholicité, ne put souffrir que le prince d'Orange, qui s'estoit déclaré le protecteur des protestans, eust entrepris sur l'Angleterre, par un armement qui menaçoit et le roy d'Angleterre et son Estat, en haine de ce que ce roy vouloit establir la catholicité dans son royaume.

Il y eut un autre motif : les intérests que M. le duc d'Orléans, frère unique du roy, avoit sur le Palatinat, à cause de sa femme, firent que le roy récusa le pape, à qui il avoit remis la décision de ces prétentions, à cause qu'au lieu de se montrer père commun, il se déclaroit ennemi de la France.

Le quatrième feut à cause du duc de Parme, qui avoit esté dépouillé des Estats de Castro et de Roncigbione. Le roy espousa les intérests de son allié. Le roy fit publier un manifeste pour justifier la malheureuse nécessité où il estoit réduit de faire la guerre, dans le mois d'octobre 1688. Ce premier signal de guerre feut un funeste présage des malheurs que cette rupture du pape et du roy devoit entraisner après elle. Le roy n'omit rien de ce qui pouvoit détourner cet orage ; mais ses soumissions au Saint-Siège et le grand bien qu'il avoit fait à l'Eglise en supprimant l'exercice de la religion réformée feurent inutiles pour apaiser l'esprit du pape, ulcéré de ce qu'en France on ne recognoist pas, avec la mesme soumission, l'authorité de sa souveraineté comme prince temporel, comme on recognoist son authorité de prince et chef de l'Eglise.

Le roy se saisit d'Avignon et fit retenir l'évesque de Besens, M. Genest, qui avoit entretenu et fomenté les régalistes. Il fit assiéger Philisbourg par M. le Dauphin, le 7 octobre ; il feut pris le 29. M. le Dauphin y entra le jour de la Toussaint, qui estoit le jour de sa naissance, afin que le jour où il estoit entré dans le monde feut aussi le jour où il estoit entré dans sa première conqueste.

Le roy ayant esté obligé d'augmenter ses troupes de soixante à quatre-vingt mille hommes, la province de Guienne lui fournit plus de capitaines et de soldats qu'aucune autre province du royaume. Le seul Agenois fournit plus de cinquante compagnies ; il sortit d'Agen seul, l'an 1688, sept capitaines avec leurs compagnies, sans compter ceux qui estoient avec les vieilles troupes.

M. de Laugnac de Montpezat fit une compagnie de cavalerie dans Agen ; MM. Momer de Bonel, Verges et M. Molimort firent des compagnies d'infanterie ; il y avoit déjà dans les vieilles troupes des capitaines : MM. Laurichesques de Bordes, Lafond du Cujula, Dallot, de Lasbordes, Drouille et Dupouy, capitaines des fusiliers.

Les affaires s'estant échauffées, le roy déclara la guerre aux Hollandois, par son ordonnance faite à Versailles, le 26 novembre 1688, qui feut publiée à Agen, le 12 décembre 1688. Presque toute l'Europe se déclara contre le roy : l'Angleterre, dont le prince d'Orange chassa Jacques Deuxième, légitime roy, suivit le mouvement des autres protestans du nord ; tous les souverains d'Allemagne, tant protestans que catholiques, s'unirent, et le roy de Suède avec eux, pour faire la guerre au roy de France.

Le roy mit sur pied près de trois cent mille hommes ; outre cet armement nombreux, il ordonna de faire quarante mille hommes d'infanterie de milice dans les généralités du royaume. Chaque paroisse qui portoit deux mille livres de taille devoit donner un homme armé et habillé, et celles qui en faisoient quatre mille deux ; et, à proportion de deux mille livres en deux mille livres, les paroisses donnoient autant d'hommes.

L'an 1689, le roy donna à la province de Guienne M. le comte de Toulouse, amiral de France, pour gouverneur, et pour commandant général, M. de Lorge, mareschal de France, frère de M. de Duras, l'un et l'autre Agenois. Le chasteau de Duras est en Agenois.

Le roy donna pour gouverneur à la ville de Bordeaux M. le marquis de Feuquière, mareschal de camp.

Il ne faut pas omettre, en faveur de la famille de M. de Duras, que M. le mareschal de Duras commandoit l'armée du roy, sous

M. le Dauphin, dans les conquestes que M. le Dauphin a faites dans le Palatinat; que milord Duras, comte de Fevershan, son frère, dans la décadence des affaires du roy d'Angleterre, contraint de se retirer en France, a soutenu les intérests de son maistre contre le torrent de cette révolte générale des Anglois contre leur roy; que M. le comte de Lauzun, Agenois, sauva la reyne d'Angleterre et le prince de Galles, son fils, par sa fermeté et sa conduite, les conduisit à Calais, en France.

Dans ce tems, où les Anglois révoltés menaçoient la Guienne d'une invasion par l'intelligence des protestans, le roy a confié cette province à la valeur et à l'expérience de M. le mareschal de Lorge, frère de M. de Duras, pour commander dans la province, jusqu'à ce que M. le comte de Toulouse feust en asge de faire ces fonctions de gouverneur. Ensuite, M. le mareschal de Duras feut fait général des troupes et de l'armée contre toutes les puissances d'Allemagne assemblées sur le Rhin.

Ce pays a eu l'honneur d'avoir plusieurs lieutenants de province, mareschaux de France natifs du pays. M. Blaise de Monluc le feut sous Charles Neuvième et Henry Troisième; il estoit seigneur d'Estillac. M. Gontaut de Biron, mareschal de France, l'estoit en 1577. M. le mareschal de Roquelaure le feut en 1620, et M. Godefroy d'Estrades, qui est mort mareschal de France, natif d'Agen, feut commandant général en Guienne en 1654; ensuite M. de Lorge, mareschal de France, Agenois, né dans le chasteau de Duras, et commandant général dans la province de Guienne.

L'affaire que M. le marquis de Richelieu avoit commencée contre les fermiers généraux du domaine du roy, touchant les hommages des terres en justice des seigneurs du comté d'Agenois, feut terminée au conseil et jugée en faveur du roy. Il prétendoit, comme engagiste des comtés d'Agenois et Condomois, que les seigneurs lui devoient, en qualité de comte, les hommages de leurs terres. Il feut jugé, par arrest, que le duché d'Aquitaine n'estant pas engagé avec le comté, les hommages ne lui appartenoient pas; mais au roy, comme duc, l'arrest lui a seulement conservé les hommages des terres royales en justice ; mais il a perdu ceux des terres seigneuriales. Ce préjugé a jugé au roy, en qualité de duc d'Aquitaine, les hommages des terres et des justices seigneuriales qui sont renfermées dans les comtés d'Agenois et Condomois, comme Lauzun, Duras, Gabaudun et les autres terres seigneuriales. Les comtés d'Agenois et Condomois ont perdu cette prétention par arrest de justice donné au conseil. M. le comte d'Agenois, seigneur engagiste, a perdu ce droit pour ne l'avoir pas assez bien éclairci, et parce qu'il n'estoit pas propriétaire. Il conste que les seigneurs hauts justiciers ont rendu aux comtes hommage de leurs terres en justice. Le seigneur de Montagut en rendit de sa maison aux comtes de Toulouse, l'an 1247, comme il conste par le livre marqué XI, dans le coffre des titres et documens de la chambre du Languedoc.

Il y a encore des hommages rendus aux évesques qui ont esté comtes d'Agen, et, depuis le paréage avec le comte Raymond, en 1224, par les seigneurs du pays Fumel, Roquecorn, le vicomte de Bruillois, le seigneur de Madailhan, le seigneur de Clermont-Dessus et plusieurs autres seigneurs, comme il paroist par les hommages rendus à Guillaume, évesque et comte d'Agen, l'an 1263.

La distinction du duché de Guienne et d'Aquitaine a donné lieu à ce préjugé qu'Agen a esté du duché d'Aquitaine ; mais il n'a pas esté un membre du duché de Guienne, dans son érection, et, s'il a esté donné aux ducs de Guienne, c'est par des traités séparés et comme une terre séparée du duché. Ainsi, s'il se trouve que les seigneurs du comté d'Agenois aient rendu aux ducs de Guienne des hommages, ce n'est pas comme ducs, mais comme comtes et seigneurs du comté d'Agenois, que le duc de Guienne jouissoit, non pas comme une dépendance du duché, mais comme une seigneurie séparée du duché de Guienne, renfermée dans les seules sénéchaussées de Bordeaux, Bazas et Landes.

Le 2 avril 1689, le ban et arrière-ban feurent publiés dans la sénéchaussée d'Agen. M. de la Boissière, sénéschal d'Agenois, estoit en ville ; il le fit publier.

Cette mesme année, M. Roquard, conseiller au parlement de

Guienne, feut dans Agen avec une commission subdéléguée du parlement, qui receut ordre d'envoyer des commissaires pour faire ce qu'avoit fait la chambre des grands jours dans le Limousin. Sa commission s'estendoit dans l'Agenois. Ce commissaire rechercha toutes les informations négligées pour punir tant la négligence des juges ou leurs malversations que pour punir les criminels que le crédit avoit mis à couvert de la justice.

Les milices de ce pays eurent ordre, en mars, de se rendre à Bazas, qui estoit le lieu de rendez-vous du régiment de M. de Laboissière, sénéchal d'Agen. M. Labarthe, lieutenant du roy, de Puymirol, en estoit le lieutenant-colonel; M. de Castelnau, premier capitaine; M. de Saint-Amans eut aussi le commandement d'une compagnie, M. Lamothe-Bedel en eut une autre; celle de M. Castelnau feut faite dans la banlieue d'Agen, celle de M. Lamothe-Bedel dans la juridiction de Penne, celle de M. Saint-Amans, dans la juridiction de Clairac, celle de M. Labarthe dans la juridiction de Puymirol.

M. le comte de Lorge, mareschal de France, commandeur des ordres de Sa Majesté, général des armées du roy, fit publier une ordonnance portant défense du jeu et de donner des cartes : elle feut affichée dans les coins des rues de cette ville, le 29 avril 1689.

Le deuxième de juillet de la mesme année, les lettres patentes que le roy avoit données pour l'establir commandant en chef dans la province, feurent publiées et enregistrées dans la cour du sénéchal d'Agen. La mesme année, en septembre, il alla à Paris par ordre du roy ; dans le mois de septembre, les milices feurent renvoyées dans leurs paroisses jusqu'à nouvel ordre ; dans le mois de décembre, M. Laboissière, leur colonel et notre sénéchal, convoqua quatre compagnies de ces milices, et en fit la revue sur le Gravier.

On imposa, cette année, une taxe pour l'ustensile des troupes qui estoient sur les frontières, et le contingent pour le payement des milices que les communautés entretenoient à leurs frais. Celles de l'Agenois et du Bourdelois, en deux régiments, partirent d'Agen pour aller en Dauphiné dans le mois d'avril 1690.

CHAPITRE XIII

LAUZUN ÉRIGÉ EN DUCHÉ-PAIRIE EN FAVEUR DU COMTE DE LAUZUN,
QUI FEUT COMMANDER L'ARMÉE DU ROY JUSQUES EN IRLANDE

L'an 1690, au mois de février, le roy destina M. le comte de Lauzun pour aller commander, en Irlande, l'armée du roy Jacques Second, roy d'Angleterre, contre le prince d'Orange. Sa Majesté très chrétienne destina d'envoyer un secours à ce prince dépossédé du royaume d'Angleterre, huit cens hommes et cent carabiniers à cheval pour la garde du comte de Lauzun, avec toutes les choses nécessaires pour la subsistance de l'armée d'Irlande. Ce que le roy de France y envoyoit estoit si abondant qu'il falloit sept mille cinq cens charrettes pour le débarquement des provisions que M. le comte de Lauzun devoit porter. Il partit de Brest avec une flotte de quarante-deux vaisseaux de guerre, le 17 mars 1690.

Ce gentilhomme Agenois fait honneur à son pays : la maison de Lauzun est très ancienne dans l'Agenois ; c'est une branche de la maison de Caumon. Depuis que cette famille s'est divisée en deux branches, celle de La Force et celle de Lauzun, on compte, dans celle de Lauzun, de père en fils, par masles, quinze chefs de famille.

Le comté de Lauzun feut érigé en duché-pairie, l'an 1692. Cette année feut glorieuse pour les Agenois. M. de Lauzun feut commander les troupes de France, en Irlande, pour secourir le roy Jacques d'Angleterre contre le prince d'Orange, usurpateur de la couronne. M. le mareschal de Lorge, frère de M. de Duras, natif de Duras, en Agenois, feut commander les armées du roy en Allemagne, sous Monseigneur le Dauphin, comme M. le mareschal de Duras avoit fait en 1688.

M. de Saint-Ruth, commandant en Guienne en l'absence de M. le mareschal de Lorge, ayant esté employé à l'armée du roy, M. François d'Escoubleau de Sourdis, seigneur d'Estillac et descendant de la maison de Monluc, d'où Estillac est venu à sa famille, feut envoyé pour commander en chef dans la Guienne, l'an 1690. Il descend de Charles d'Escoubleau, marquis de Sourdis, prince de Chabonois, comte de Carmaing et Monluc, chevalier des ordres du roy, capitaine de cent hommes d'armes de Sa Majesté, gouverneur et lieutenant des pays Orléanois, Blaisois, Sologne, Durois, Perche, Chartrain et Vendomois, bailli et gouverneur d'Orléans, de la ville et chasteau d'Amboise, lieutenant-général des armées du roy en Guienne sous M. le prince de Condé, l'an 1639. Il estoit frère de François, cardinal de Sourdis, archevesque de Bordeaux, et d'Henry de Sourdis, aussi archevesque de la mesme ville. Il avoit épousé Jeanne, fille d'Adrien de Monluc et de Jeanne de Foix. Il succéda à l'emploi que Charles de Sourdis et Blaise de Monluc ont eu dans cette province.

François d'Escoubleau de Sourdis, commandeur des ordres du roy, commandant en Guienne, arriva dans Agen, le 23 aoust 1690. Sur l'avis qu'il receut à Bordeaux de l'émotion générale qui arriva, le 21 d'aoust, où en moins de deux heures les paysans et tous les peuples du diocèse prirent les armes sur une fausse alerte que les huguenots s'estoient attroupés. En moins de deux heures, par le moyen du beffroi, plus de cent mille hommes feurent sous les armes. M. de Sourdis trouva cette émotion apaisée, l'alarme s'estant trouvée fausse. Le zèle du peuple parut en cette occasion, et fit comprendre aux protestans que, s'ils méditoient quelque soulèvement, ils avoient plus à craindre que les catholiques, puisque un seul coup de cloche fit mettre sous les armes tout un diocèse en moins de deux heures.

Le 16 octobre 1690, il parut à Agen deux soleils : le naturel paroissoit sous une nuée obscure dont les rayons en pénétroient l'obscurité; l'autre paroissoit du costé du nord, assez loin de cette nuée obscure, beaucoup plus clair que l'aube du soleil naturel, et entouré d'une couronne jaune.

Dans le mois de mars 1691, M. de Sourdis receut sa commission de lieutenant du roy dans la province de Guienne, avec les mesmes honneurs que M. de Lorge avoit avant lui en Guienne. La mesme année et le mesme mois, il ordonna à toutes les juridictions et paroisses de son détroit de faire l'exercice pour discipliner les peuples, afin qu'en cas de besoin on feut en estat de se défendre contre les ennemis de l'Estat. Il establit dans l'Agenois M. du Brescou, inspecteur général, pour veiller à l'exécution de cet ordre et pour faire faire exactement l'exercice aux peuples des juridictions et paroisses de leurs dépendances. La guerre, qui estoit allumée entre la France et tous les princes de l'Europe, n'estoit point terminée en 1694, depuis 1691. Jusqu'en ce tems, les armes du roy feurent victorieuses en Piémont, en Flandre, en Catalogne et en Allemagne ; on chanta plusieurs *Te Deum* dans Agen, en action de grasce des heureux succès, tant sur mer que sur terre, pour plusieurs victoires et plusieurs villes prises sur les alliés.

Cette guerre, qui engageait le roy à des dépenses extraordinaires, lui fit prendre la résolution de faire une capitation dans son royaume ; l'édit date de Versailles, du 18 janvier 1695. Cette déclaration feut publiée le 25 janvier 1695.

Le 30 janvier, le roy donna la lieutenance générale de Guienne, avec la survivance pour le mareschal, son père, au comte de Noailles, second fils du duc de Noailles.

Le 26 mars, le roy donna le gouvernement de Guienne au duc de Chaulnes, avec survivance en faveur du duc de Chevreuse.

L'an 1696, la paix conclue entre la France et la Savoie feut publiée.

En 1697, la paix feut conclue entre la France, l'Angleterre et la Hollande et publiée dans Agen.

La mesme année, la paix feut faite entre l'empereur et l'Espagne, et publiée, dans Agen l'an 1698.

En janvier 1698, M. le marquis de Chazeron mourut dans Agen, venant de Catalogne. Il estoit chevalier des ordres du roy, lieutenant-général des armées et lieutenant-général du Roussillon et pays adjacents. Il feut enterré aux Cordeliers, dans les tombeaux de M. de Laugnac, qui avoit espousé la fille dud. seigneur de Chazeron.

M. de Chaulnes, gouverneur de Guienne, mourut, le 4 de septembre 1698. M. de Chevreuse, qui en avoit la survivance, ui succéda.

CHAPITRE XIV

CE QUI S'EST PASSÉ DANS AGEN DEPUIS 1700 JUSQU'A LA MORT DE LOUIS QUATORZIÈME, ARRIVÉE LE 1ᵉʳ SEPTEMBRE 1715

Le roy d'Espagne mourut, le 1ᵉʳ novembre 1700, environ trois heures après midi ; il fit son testament en faveur des enfants de France. Le 2 d'octobre, la mesme année, il donna ses royaumes au duc d'Anjou, second fils de M. le Dauphin ; et, en cas qu'il décédast sans successeurs, il appelle à sa succession le duc de Berry, troisième fils de M. le Dauphin. Toute l'Espagne le reconnut roy. Le roy de France le reconnut roy et lui fit rendre tous les honneurs dus à Sa Majesté catholique. Il prit le nom de Philippe Cinquième.

Cette élévation de la famille de Bourbon réveilla la jalousie de l'Angleterre, des Provinces-Unies et de l'empereur, qui firent une ligue pour l'intérest prétendu de l'empereur sur cette couronne d'Espagne.

La guerre se ralluma plus cruelle que ne feut la précédente. Le roy, qui avoit fait espouser la fille aynée du duc de Savoie au duc de Bourgogne, fils ayné de M. le Dauphin, fit encore espouser la fille cadette du duc de Savoie au roy d'Espagne, pour engager, par ces alliances, ce duc à entrer dans les intérests du nouveau roy ; mais, par une trahison cruelle, il entra dans la ligue des ennemis de la France, et attira le roy de Portugal dans ce mesme parti. Le feu de cette guerre feut des plus ardens.

GRESLE DE 1703

L'an 1703, il y eut dans Agen et dans le voisinage une gresle furieuse qui tomba pendant l'espace d'une demi-heure, qui gasta toute la récolte du vin et emporta plus de la moitié de la récolte du blé.

A la fin de la campagne de la mesme année, on chanta le *Te Deum* et on fit feu de joie pour la prise de Brisac sur l'empereur, et la prise de Landau, et la victoire remportée près de Spire sur les Impériaux par l'armée du roy, commandée par le mareschal de Tallard.

Au mois de décembre 1703, on publia dans Agen la déclaration de guerre contre le duc de Savoie, pour avoir abandonné le parti du roy de France et estre entré dans la ligue de l'empereur, des Anglois et des Hollandois.

Le 2 janvier 1704, on chanta le *Te Deum* pour la prise d'Augsbourg par les troupes de France et le prince de Bavière, allié de la France. Les François estoient commandés par le mareschal de Marcin, seigneur de Clermont-Dessus.

Par l'esdit du roy donné à Versailles, en janvier 1704, il y eut du changement dans le corps de ville. Les consuls qui, autrefois estoient au nombre de huit, ensuite à celui de six, enfin à celui de quatre, tous électifs, le roy, par cet esdit, en establit, entre ces quatre, deux héréditaires. Il rendit vénaux le premier et le quatrième, et en laissa deux électifs, et donna des privilèges aux deux qui achèteroient les deux héréditaires; et, au défaut, il commit en régie.

Il osta tous les privilèges des jurats, et les exclut d'avoir voix délibérative dans les assemblées publiques ; il établit aussi en charge héréditaire les concierges et gardes-meubles des maisons de ville, en finançant et taxant lesd. charges, tant des consuls que des autres officiers.

Le roy, dépouillant les jurats de participer au gouvernement de la ville remit, par ce mesme esdit, tout le gouvernement au maire, au lieutenant de maire, aux consuls et aux assesseurs : cet esdit feut enregistré au séneschal d'Agen.

Le roy a aussi establi deux auditeurs de comtes, des municipaux de la ville, et de ceux dont les consuls ont la gestion. Il establit aussi un nouveau receveur de décimes par deux esdits qui feurent enregistrés au séneschal d'Agen, le 3 mars 1704. Il a aussi establi une charge de mesureur et peseur par un esdit qui feut aussi enregistré au séneschal d'Agen. Cette charge regarde tous les marchans, les maçons mesme qui mesurent, les mesureurs de grains et les autres marchans qui vendent à poids.

L'estat du procès entre M. de Richelieu, duc d'Aiguillon, avec les habitants de Madaillan, de Montpezat.

Les habitans prétendent que ces deux terres sont de l'ancien domaine du roy, et qu'ainsi, estant usurpées, elles doivent estre restituées au roy. Ils prouvent : 1° que l'Agenois est de l'ancien domaine du roy : Agen estoit la capitale des Nitiobriges. Ce royaume dura jusqu'à ce que César, qui se fit empereur de Rome, eust soumis à l'empire romain tout l'Agenois. Les empereurs en jouirent jusqu'à Honorius, qui le donna aux roys des Visigoths. Clovis le conquit sur ces roys ; ainsi l'Agenois entre dans le domaine des roys de France ; les roys de France l'ont joui ou par eux ou par leurs enfans, à qui ils le donnoient comme leur apanage, jusqu'à Charlemagne.

Charlemagne, sous Louis le Débonnaire, le bailla aux comtes de Toulouse, et, par défaut de feudataire, il feut réuni à la couronne par saint Louis. Il est vrai qu'il le restitua aux Anglois ; mais, par défaut d'en rendre hommage, il feut réuni à la couronne.

Les roys de France le jouirent jusqu'au roy Jean. Ce prince ayant esté fait prisonnier par les Anglois, son fils le bailla aux Anglois, en souveraineté, pour la rançon de son père, et les Anglois le receurent comme un domaine dépendant du roy de France. Charles Neuvième le conquit sur eux ; ses descendans en ont joui ;

Louis Treizième engagea le comté en faveur de Mme de Combalet, de qui M. de Richelieu l'a pour succession...

Ils prouvent l'usurpation de ces deux terres, Madaillan et Montpezat, par une enqueste qui est dans les archives des trésoriers de Guienne, datée de l'an 1311, où il est prouvé qu'Amanieu de Fossac, se disant seigneur de Madaillan, avoit usurpé sur le roy la justice de Madaillan.

La guerre entre la France et l'Angleterre donna occasion à plusieurs seigneurs d'usurper le domaine d'Agenois. La paix estant faite, Edouard, pour rappeler ces usurpations faites sur le domaine, députa l'archevesque de Cantorbéry avec deux milords qui commirent un nommé Casas, juge d'Agen, qui fit lad. enqueste en 1311, attestée par quinze témoins.

Le domaine du roy est inaliénable et imprescriptible.

M. de Richelieu se fonda sur une possession de plusieurs siècles, sur plusieurs transactions passées par ses prédécesseurs avec les habitans de ses terres, et employa la présomption ; et, de plus, la transaction passée entre les consuls d'Agen et Charles de Montpezat, par laquelle les consuls lui cèdent Madaillan, en 1470.

Les habitans répondirent que ces transactions par des personnes sans caractère n'ont pu faire préjudice au roy, ni à son domaine. Ils ont aussi répondu que les recognoissances des habitans n'interrompent point le droit du roy ; qu'ainsi la possession estant vicieuse dans sa naissance, n'est pas validée par les subjets du roy, dont les droits sont inaliénables et imprescriptibles.

Enfin, M. de Richelieu oppose que lorsque Aiguillon feut érigé en duché-pairie en faveur de M. de Mayenne, l'an 1638, et ensuite en 1639, énonça lesd. terres de Madaillan et de Montpezat, et que, par là, le roy a cédé de ses droits.

Les habitans répondent : 1° qu'il n'est pas d'autre voie d'aliénation de don et de concession de l'ancien domaine de la couronne, qu'à titre d'engagement rachetable ; tout autre titre est invalide et inutile. Les concessions des voix qui sont surprises ne portent point de préjudice au domaine du roy ; et, par les raisons susdites, ils demandent de rentrer sous la justice et seigneurie directe immédiate du roy.

L'an 1706, le 12 mars, il y eut une éclipse de soleil qui feut remarquée vers les neuf heures du matin, et dura jusqu'à près de dix heures : le tiers du disque du soleil estoit couvert.

J'ajoute ici une particularité d'une ville du diocèse. La ville de Duras feut commencée vers le douzième siècle, après que le vicomte de Basamont eut démoli la ville de Saint-Ayrand, qui estoit à une portée de mousquet de son chasteau, qui porte maintenant le nom de Duras. Ses dismes et autres droits ecclésiastiques feurent donnés au prieuré de La Réole, vers l'an 977, par Gombaut, évesque de Bazas, et par Sance, duc de Gascogne.

Le vicomte de Basamont, ayant ruiné la ville de Saint-Ayrand, fit aussi bastir une petite maison avec une chapelle pour sa commodité et pour celle du public. L'église paroissiale resta à l'endroit de Saint-Ayrand, où se faisoient les fonctions curiales, jusqu'à ce qu'on eust fait bastir une grande et belle église, sous le titre de Notre-Dame, où le service feut transféré et continué environ deux cens ans, jusqu'à la guerre des huguenots, qui se saisirent de Duras, qui pervertirent les habitans. Ils firent de cette église leur temple, y ayant effacé toutes les marques de la religion catholique; ils le rasèrent à la fin, crainte qu'on le leur ostast. Le service de la paroisse feut fait dans la chapelle susdite qui reste encore, et qui feut bastie lorsqu'on transporta la ville de Saint-Ayrand à Duras. Les huguenots firent bastir un autre temple qui a esté changé en église par le consentement du roy et par les soins de Mascaron, évesque d'Agen.

En 1709, l'année feut très disetteuse en grains; l'hiver feut plus rigoureux qu'on n'avoit vu d'un siècle. Il y eut, à la vérité, l'année 1608 qu'on pouvoit appeler un hiver continuel; la gelée feut si grande, que les rivières estoient comme pétrifiées; la plupart des arbres périrent, les vieilles vignes feurent gelées ; la récolte des blés feut abondante ; idem en cette année 1709. Presque toutes les vignes périrent, les chesnes noirs, les figuiers, les lauriers, les arbres fruitiers, les lierres, les pins, etc.; on n'avoit vu depuis longtemps un pareil dégast; les grains feurent gelés; il vint quelques retours qui promettoient une récolte abondante, mais les brouillards qui suivirent avant la maturité bruslèrent tous ces retours. La récolte feut très médiocre; la plupart n'eurent presque rien au-delà des semences; on s'avisa, pour se dédommager, de semer des millets qui suppléèrent à l'entretien de la vie et pour le soulagement des pauvres. La pauvreté feut générale par la cessation du commerce et par les charges qui feurent imposées pour fournir aux frais de la guerre. On n'eut presque point de vin; toutes les vignes presque gelées ne portèrent point de raisins; elles poussèrent des rejetons, qui firent présumer que l'année suivante il y aurait du vin.

Dans cette misère générale, on a inventé une boisson qu'on fait avec de l'orge et du genièvre. On fait bouillir l'orge dans de l'eau, pour en extraire la teinture, évitant qu'elle ne crève; on passe cette eau, qu'on met dans une barrique neuve, ou une où il y a eu du vin blanc; on jette l'orge, on en met trois picotins qu'on dit estre suffisans pour l'extrait de l'orge; on fait ensuite bouillir du genièvre, à égale proportion dans de l'eau; on met ce genièvre et cette eau dans la barrique. Il faut avoir assez de ces deux extraits pour remplir la barrique; on la bonde bien; cette liqueur bout comme le vin dans le tonneau. A mesure qu'on en tire, on la remplit d'eau où l'on a fait bouillir de l'orge de nouveau. Cette liqueur n'est pas dégoustante; pour la rendre agréable, on met dans la bouteille un peu de sucre et de cannelle pulvérisée, et on tire la liqueur sur cet apprest.

Pour suppléer au défaut des grains, on découvrit en Languedoc, vers Montauban, à Bordeaux et aux Landes, une racine à qui l'on a donné plusieurs noms. Les autheurs la nomment *asphodèle* ou l'hascle royale, *hastula regia*; les paysans, en Médoc et aux graves de Bordeaux, l'appellent *laudoüe*, entre deux mers *lalade*, d'autres *asphodèle*.

On la doit bien préparer, on la fait bouillir deux fois, et on jette les eaux ; c'est le moyen de la purifier et de lui oster ce qu'elle a de vicieux ; après quoi, on la passe dans un tamis, comme qui fait de la marmelade, afin de la bien monder, car elle a beaucoup de filets ; on la mesle avec de la bonne farine, on y met du levain et on la prépare comme le pain ordinaire ; mais il n'y faut pas beaucoup d'eau. Les uns mettent la moitié de cette racine et moitié farine de blé ou de seigle ; d'autres, trois quarts ; à la moitié, le pain est si beau qu'on a de la peine à le distinguer du pain de pure farine. Les médecins ont négligé d'en faire l'analyse. L'usage a rendu ce pain commun à Bordeaux. L'expérience découvrira si cette racine a de la malignité, ou si elle est entièrement salutaire.

Cette découverte m'a fait souvenir d'un coup de la Providence divine en Lorraine lorsque le roy de France en chassa les ducs de Lorraine pour punir leur félonie. On fit un dégast si général, que les terres feurent incultes plusieurs années. Dieu, pour n'abandonner le peuple, fit naistre dans ces champs incultes des carottes jaunes musquées qui servirent de nourriture au peuple.

Le défaut de noix a fait aviser de faire de l'huile de chou-rave ; il rend suffisamment et l'huile est très bonne à manger.

AUTRE PRÉPARATION DE LA RACINE ASPHODÈLE

MM. les médecins de la faculté de Bordeaux en firent l'analyse, le 20 septembre, et en ont approuvé l'usage et appris la vraie manière de s'en servir, différente de la première, ci-dessus écrite.

Après avoir lavé les racines avec de l'eau froide, il faut les faire bouillir dans une eau jusqu'à ce que l'écorce se sépare ; et, l'ayant ostée, il faut couper ces racines à tranches minces, et les jeter dans une nouvelle eau qui soit tiède ; après quoi, il faut les faire sécher au four, prenant garde de ne les pas consumer ni les dessécher trop. Quelques-uns les exposent au soleil, lorsque la saison le permet.

Ces racines ainsi préparées, et ayant consommé le suc visqueux qui paroist suspect à quelques-uns, il faut prendre autant de blé que de racine, et, en ayant fait le mélange, faire moudre le tout, ayant soin de passer la farine au pressoir. Il est bon d'observer qu'il faut un peu plus de levain que pour une paste ordinaire. Il faut aussi remarquer qu'il est nécessaire de prendre garde au sel, cette paste en ayant moins besoin que l'autre paste.

Lascous et Boyrie, médecins, ont fait faire les épreuves et on donné au public leur approbation, par ordre de MM. les maires et jurats de Bordeaux, le 20 septembre 1709.

Cette mesme année, M. de Rosel, lieutenant-général, commandoit dans Agen.

L'année 1712 feut si stérile, que tout l'Agenois n'eut pas double semence.

Le 10, on chanta le *Te Deum* et on fit feu de joie pour la prise de Douai sur les alliés. Le 4 septembre de la mesme année, on reprit sur les alliés le Quesnoy; la garnison se rendit à discrétion.

Le 1er septembre 1715, Louis Quatorzième, roy de France, mourut; son arrière-petit-fils succéda à son bisaïeul sous le nom de Louis Quinzième. M. d'Orléans feut déclaré régent du royaume, et se chargea de l'éducation du roy, qui estoit encore sous la conduite de Mme de Vantadour. On donna pour confesseur au roy M. l'abbé Fleury, qui avoit esté sous-précepteur des enfants de M. le Dauphin, qui mourut avant Louis Quatorzième, son père. Son ayné feut déclaré Dauphin, et, enfin, le dernier des enfans de Monseigneur de Bourbon a succédé à son bisaïeul Louis Quatorzième.

L'an 1717, en aoust, le duc de Duras, fils de M. le mareschal de Duras, vint à Agen en qualité de gouverneur de l'Agenois, sous M. le mareschal de Varrik. Son séjour y feut court; il se retira à son duché de Duras.

Le 15 septembre 1717, après la suppression des maires et consuls héréditaires, la jurade feut rétablie et nomma six consuls, conformément à l'ancien usage.

Dans ce mesme tems, on ne voyait que changemens des monnaies : tantost le prix diminuoit, tantost il augmentoit; ces changemens affligeoient beaucoup le public.

Le 6 février 1721, l'ambassadeur de la Porte, envoyé de la part du grand seigneur au roy de France, passa sur la rivière de Garonne : il ne s'arresta pas à Agen. On lui avoit fait meubler la maison du roy, et fait mettre les habitans sous les armes pour le recevoir. Toute la ville feut sur le Gravier pour le voir passer.

FAIT POUR MÉMOIRE

Le dix-neuvième juin 1777, Louis-Stanislas-Xavier de France (Monsieur), frère du roy, arriva à Agen à huit heures du soir, venant de Bordeaux. M. le comte de Fumel, commandant pour le roy dans la ville, le corps de ville avec les jurats et la noblesse feurent le recevoir au-dessus du pont, qui est sur le chemin, et au bout des allées de Saint-Anthoine. Le prince, y estant arrivé, descendit de son carrosse. M. de Fumel lui présenta d'abord le corps de ville et les jurats ; il feut complimenté par le chevalier de Varennes, lieutenant de maire, le maire estant absent ; puis après, la noblesse lui feut présentée. Le prince feut, de son pied, jusqu'à la maison du roy, où il coucha. M. le comte de Fumel lui donna à souper.

Les bourgeois estoient sous les armes et bordèrent le chemin et les rues jusqu'à son logis, où le prince receut le présent de ville et les harangues des deux chapitres et du présidial. Il y eut grande affluence de monde ; on cria beaucoup : « Vivent le roy et Monsieur ! » Grande illumination à Saint-Anthoine et dans toute la ville ; les rues par où passa le prince feurent tapissées. Le prince soupa à son grand couvert, entendit la messe, le lendemain, aux Carmélites, d'où il monta dans son carrosse pour se rendre à Toulouse, sortit par la porte du Pin ; les rues estoient tapissées et bordées par la bourgeoisie jusqu'à la porte. Les cloches sonnèrent à son arrivée ; beaucoup du canon, à l'arrivée et au départ.

FIN

www.ingramcontent.com/pod-product-compliance
Lightning Source LLC
Chambersburg PA
CBHW050912230426
43666CB00010B/2132